AF746683

Démocratie, mémoire et droit international

Le droit aujourd'hui

La collection « Le droit aujourd'hui » regroupe des études juridiques concernant des problèmes d'actualité nationale et internationale, dans divers domaines (éthique, politique, questions de société...).

Dernières parutions

Béatrice BLOHORN-BRENNEUR (dir.), *La médiation sur les cinq continents, rêve ou réalité ? GEMME 20 ans déjà !*, 2024.
Anaïs VIAL, *Le droit à la mort*, 2024.
Béatrice BLOHORN-BRENNEUR (dir.), *Médiation, écologie, environnement et intelligence artificielle*, 2024.
François GERBER, *Tempête Xynthia. La responsabilité des acteurs locaux dans les conséquences de la submersion*, 2023.
Olivier SALOMON, *Interprétation artistique et propriété intellectuelle, Essai d'une théorie du voisinage des droits exclusifs au sein de la propriété littéraire et artistique*, 2023.
Sarah TOUBAL, *Le rebond du débiteur. Contribution à l'étude du droit de la défaillance économique,* 2023.
Claire BORREL, Loïc PELISSIER, Abélisse PINCHON, *Altruisme et Droit*, 2023.
Cristina Elena POPA TACHE, *Le dynamisme du droit international public contemporain et la transdisciplinarité,* 2023.
Charles COLOMAR, *Le droit de l'art en question(s). 20 réponses juridiques sur des thématiques artistiques*, 2023.
Marcel Yannick MISONGUI, *La protection juridictionnelle par la Cour de justice dans l'ELSJ et la PESC après le Brexit*, 2023.
François CAMPAGNOLA, *Précis de droit de l'énergie*, 2023.
Sébastien DEMAY, *La charge de travail à l'ère du numérique*, 2023.
Meganne NATALI, *Le droit international face au trafic illégal de biodiversité sauvage,* 2023.
Rahma BENTIROU MATHLOUTHI (dir.), *Proportionnalité, droits fondamentaux et juge, Proportionality, fundamental rights and judges*, 2023.

Scott FOUGÈRE-GREEN

Démocratie, mémoire et droit international

La justice transitionnelle en Amérique latine

L'Harmattan

À Lydie, à ma tante Jacqueline, à ma tendre Granny, à mon cher Jean, qui auraient tant voulu voir l'achèvement de mon parcours universitaire.

5-7, rue de l'École polytechnique, 75005 Paris

www.harmattan.fr
978-2-336-43640-1
9782336436401

Sommaire

Remerciements

Après cinq années de recherches et d'écriture, ma thèse s'achève enfin. C'est avec un immense soulagement, mais aussi une grande fierté, de pouvoir rendre ce travail de longue haleine. En premier lieu, je souhaite remercier très chaleureusement mon directeur de thèse, Monsieur Jacobo Ríos Rodríguez, maître de conférences en droit public, Doyen de la Faculté de Droit de l'Université de Perpignan Via Domitia, de m'avoir proposé d'effectuer ce travail de recherche et de l'avoir dirigé. Je le remercie très chaleureusement pour la confiance qu'il m'a témoignée tout au long de ces années. La fréquence régulière de nos contacts, qu'ils soient en présence ou par courriel, m'ont permis de disposer d'excellents conseils de recherche et d'écriture qui m'ont été fort utiles. Je voudrais aussi le remercier lorsque, dans les dernières semaines d'écriture de la thèse, il m'a fait part de son sens de l'écoute, sa bienveillance ainsi que son humanité durant ces moments de doute et d'inquiétude que j'ai connus, pour ne pas dire de panique.

Je saurai infiniment gré à Madame Claire Picod, PRCE d'espagnol, d'avoir accepté de codiriger ma thèse. Son travail de relecture et de correction me furent très précieux. Je la remercie très chaleureusement d'avoir pris de son temps pour me signaler la moindre faute d'orthographe ou de grammaire ainsi que pour toute sa patience et sa disponibilité, permettant d'améliorer la qualité de ma thèse. Je voudrais encore la remercier pour son écoute et ses conseils avisés.

J'apporte mes plus vifs remerciements à Monsieur Xavier Arbós Marín, Professeur de droit constitutionnel à l'Université de Barcelone, pour l'honneur qu'il m'a fait d'avoir accepté d'être rapporteur de mon travail de thèse et membre de mon jury de thèse. Je lui exprime mes plus sincères remerciements, en raison des difficultés liées au calendrier.

J'apporte de manière très chaleureuse mes plus sincères remerciements à Monsieur Éric Savarese, Professeur de sciences politiques à l'Université de Montpellier, pour avoir accepté d'être membre du jury et le rapporteur de ma thèse. Je suis très honoré qu'il ait répondu positivement, en dépit de cette même problématique de temps, pour occuper ces deux fonctions.

D'ailleurs, je remercie Madame Marie-Clotilde Runavot, Professeur de droit public à l'Université de Perpignan Via Domitia, de m'avoir fait l'honneur et la gentillesse de se rendre disponible afin d'être membre de jury de ma thèse.

Je tiens également à remercier Monsieur Yann Jurovics, maître de conférences en droit public à l'Université d'Évry Val-Essonne, pour le grand honneur qu'il me fait en participant à ce jury, malgré la distance et les difficultés liées à l'emploi du temps.

Je voudrais également remercier Madame Nathalie Thomé, avec qui j'ai eu l'honneur de délivrer les travaux dirigés de droit international public à l'antenne de Narbonne, et qui a suivi avec attention mon parcours de thèse. Ces quatre années d'enseignement à ses côtés furent un bonheur à la fois professionnel et personnel. J'ai pu tisser avec Nathalie Thomé, un lien très fort qui relève aujourd'hui de l'amitié. D'ailleurs, je remercie l'ensemble des étudiants que j'ai encadrés pour la qualité de leur travail.

En outre, je remercie Madame Marie Lissart, conservatrice de la Bibliothèque de l'Université de Perpignan, d'avoir accepté mes nombreux rendez-vous dans les dernières semaines d'écriture. Cela fut très précieux dans la mise en forme de ma thèse en me faisant connaître les subtilités du traitement de texte. Sans cela, ce travail n'aurait pas été mené à bien. D'ailleurs, je voudrais remercier l'ensemble du personnel de la Bibliothèque pour sa gentillesse et son écoute.

Je remercie l'ensemble du personnel pédagogique de l'Université de Perpignan qui m'a fait part de sa confiance en délivrant les séances de travaux dirigés au sein de la Faculté de Droit. J'adresse mes remerciements à Monsieur le Professeur Yves Picod et Monsieur le Professeur Marcel Sousse, respectivement directeurs de l'École Doctorale INTER-MED et du Centre de Droit économique et du Développement, au sein de l'Université de Perpignan.

Ainsi, au terme de ce long parcours, je voudrais remercier mes amis pour leur soutien et d'avoir été le témoin de ces années de recherche et d'écriture, que j'avais un peu délaissés ces derniers mois pour terminer la thèse. Je les remercie pour leur patience et leur compréhension face à mes tracasseries doctorales. Je voudrais aussi remercier les très nombreuses personnes, que je ne peux malheureusement pas toutes citer, qui m'ont apporté leur soutien et leur amitié. J'espère qu'ils se reconnaîtront dans ses lignes. Je peux enfin leur répondre positivement à cette fameuse question « Alors cette thèse ? ».

Je ne peux terminer cette thèse sans remercier ma famille, particulièrement mes parents, notamment ma mère, qui a suivi mon parcours avec attention, qui a dû composer avec ma thèse, particulièrement dans les derniers mois, confinement oblige. Je suis conscient que je lui ai fait subir mon stress, mes doutes et quelquefois mes angoisses, sur mon parcours doctoral. Je n'aurai pas assez de mots pour la remercier de son soutien indéfectible. Aussi, je voudrais remercier ma très chère « british family » de son soutien permanent par toute son affection, en dépit des milliers de kilomètres qui nous séparent.

Liste des abréviations

CIDH	Cour interaméricaine des droits de l'Homme
CIJ	Cour internationale de justice
Com. IDH	Commission interaméricaine des droits de l'Homme
CONADEP	Commission nationale sur les disparitions forcées de personnes
CPJI	Cour permanente de justice internationale
CPI	Cour pénale internationale
CVR	Commission Vérité et Réconciliation
ONU	Organisation des Nations unies
TPIR	Tribunal pénal international sur le Rwanda
TPIY	Tribunal pénal international sur l'ex-Yougoslavie

Préface

Vérité, justice, réparation. Mais aussi besoin d'aller de l'avant et de soigner les blessures du passé des États. Cela, dans un cadre normatif international évolutif, favorable à la lutte contre l'impunité et la protection des droits humains, tout particulièrement à partir de la fin du XXe siècle et jusqu'à aujourd'hui.

Comment concilier donc démocratie, mémoire et droit international ? Quelles sont les influences que ce dernier exerce sur la justice transitionnelle ? Les interactions entre le droit international et les droits internes et l'utilisation du premier comme instrument de promotion des droits et de la démocratie lors des évolutions des régimes internes des États sont au cœur de cet ouvrage, axé tout particulièrement sur l'Amérique latine et l'Espagne. Ces deux espaces géographiques peuvent apparaître de prime abord comme un jeu de miroirs réciproque, mais leurs influences vont bien plus loin.

Si cet ouvrage s'intègre dans le droit international pénal, il prend en considération les particularités de l'action interne en matière de lutte contre l'impunité, offrant au lecteur une analyse comparative riche et très actuelle. L'auteur s'attache notamment à analyser le rôle des normes internationales dans l'action des juges internes contre la violation des droits fondamentaux lors des dictatures. Mais, pour comprendre la portée de son analyse, il convient de rappeler dans quel cadre cet œuvre a été élaborée.

Il s'agit, à l'origine, de la thèse de doctorat de son auteur, Scott Fougère-Green, excellent juriste, qui y déploie toutes ses qualités, et notamment un style fluide et qualitatif ainsi qu'une argumentation très précise mais contextualisée et extrêmement bien référencée. Ces qualités formelles sont ici un moyen au service du fond de son travail et des valeurs qu'il sous-entend comme propres au droit international public. À la lecture de cet ouvrage, l'on comprend que la force de conviction avec laquelle le Docteur Fougère-Green développe ses idées est liée à la passion qu'il ressent par son sujet d'étude, qu'il a développé au long de plusieurs années de travail lors de son doctorat, couronné avec succès à l'Université de Perpignan Via Domitia.

Ce contexte permet de comprendre la méthode rigoureuse et très documentée que ce travail, fondé notamment sur des conventions et de la jurisprudence internationale, utilise pour étudier ses deux axes principaux. Il s'agit, d'une part, de la justice transitionnelle, désormais consacrée et codifiée, avec un intérêt prononcé pour le droit international régional en Amérique latine, et, d'autre part, de l'obligation internationale de poursuivre les auteurs des violations des droits humains. Un mouvement d'aller-retour s'opère donc à plusieurs reprises entre l'Europe et l'Amérique, voire entre l'universel et le régional, pour revenir une dernière fois à l'universel.

Et c'est sur ce plan global que l'on peut apprécier la véritable ambition de l'auteur. En effet, les perspectives qu'il ouvre constituent alors des réflexions qui peuvent parfaitement être appliquées dans d'autres cadres, voire de manière prospective, dépassant alors une délimitation géographique ou temporelle trop étroite pour montrer une vocation d'universalité. Ainsi, la dimension *jus cogens* du droit international dans la lutte contre l'impunité ne se limite pas aux descriptions des transitions à la démocratie qui sont livrées au lecteur. Elles sont comprises comme un laboratoire d'influences croisées et utiles pour la société internationale dans son ensemble. L'Espagne, l'Argentine, l'Uruguay et le Chili ne sont alors que des exemples choisis à travers lesquels l'auteur entame toute une série de réflexions sur la justice transitionnelle et les objectifs profonds du droit international, conçus comme ayant une portée éventuellement supérieure à certains objectifs des États, car ils sont au service des êtres humains.

Sans doute, la personnalité de l'auteur se reflète dans la vocation universaliste et humaniste de son analyse, dans sa vision du droit international, et dans l'influence que ce dernier exerce et pourrait exercer, selon lui, dans les transformations profondes des États dans la société internationale contemporaine et future. Cela donne à ce travail un grand intérêt, tourné vers un avenir où la vérité et la réconciliation nationale ne devraient pas être incompatibles. Ils seraient au contraire vecteurs des mêmes principes et valeurs avec, en toile de fond, le développement de la démocratie et la lutte contre l'autoritarisme et l'arbitraire.

Jacobo RÍOS RODRÍGUEZ
Maître de Conférences HDR en droit public
Doyen de la Faculté de droit et des sciences économiques de Perpignan
Université de Perpignan Via Domitia

Introduction

> « *Priver les gens de leurs droits fondamentaux revient à contester leur humanité même* »
>
> Nelson Mandela (1918 – 2013),
> Président de l'Afrique du Sud de 1994 à 1999.

Vérité, justice, réparation, mémoire. Quatre mots désignant les revendications des victimes de crimes qui ont retiré la vie à de nombreuses personnes. Vérité, justice, réparation et mémoire sont les demandes des victimes des attentats perpétrés à Paris le 13 novembre 2015. Les crimes commis par des groupes terroristes ou des États ayant retiré la vie à un nombre important d'individus ne peuvent s'oublier. Les victimes estiment nécessaire la tenue d'un procès. Sans établir un parallèle, les victimes des violations des droits de l'Homme perpétrés en Amérique latine et du régime franquiste en Espagne réclament justice, vérité, réparation et mémoire. En effet, ils sont issus du combat contre l'oubli des violations des droits de l'Homme.

En effet, un gouvernement a décidé d'anéantir intentionnellement une partie de sa propre population en estimant qu'une partie de celle-ci nuirait à l'application de sa politique. Ces faits sont d'autant plus révoltants en raison de la qualité de leurs auteurs. Dans le cas de l'Amérique latine, l'armée fut l'une des principales institutions de ces États, issues d'anciennes colonies espagnoles. Ainsi, les militaires furent soutenus dans leur quête de pouvoir et lorsqu'ils dirigèrent ces États, car ils se présentaient comme les seuls garants de l'ordre contre la subversion. Or, bien souvent, les subversifs n'étaient que les opposants réels ou supposés aux dictatures militaires. Toute personne opposée à la dictature devait être éliminée sous prétexte qu'elle subvertirait la Nation. Les dictatures militaires se sont créées un « ennemi de l'intérieur ». Les violations des droits de l'Homme perpétrées en Amérique latine sont considérées comme des crimes contre l'humanité. Les victimes ont été enlevées, torturées, assassinées avant que leur corps n'ait disparu. Outre leur caractère odieux, les crimes perpétrés par les régimes militaires latino-américains se sont déroulés dans les années 1970, soit plus de trois décennies après la Seconde Guerre mondiale. Trente ans après la fin du nazisme, un État attentait à la vie et à l'intégrité de milliers d'individus. L'Amérique latine était l'un des terrains d'affrontement indirect des deux grandes puissances en raison de la Guerre froide. La crainte des États-Unis était l'apparition d'un nouveau Cuba dans cette région du monde. Des régimes démocratiques ont été déstabilisés. Les États latino-américains devaient faire face à des mouvements révolutionnaires d'extrême gauche. Les Forces armées des États d'Amérique latine étaient très puissantes, ce qui tend à expliquer la profusion de *putschs* dans cette région du monde. Cette oppression permanente sur la population est qualifiée de « terrorisme d'État » en raison de l'attaque de sa population par ses propres forces de sécurité. Durant les années 1970, de nombreux exilés ont quitté l'Argentine, en Chili ou l'Uruguay en quête de terres plus hospitalières. Cela a engendré une abondante production culturelle sur le sujet, notamment dans le domaine littéraire et cinématographique[1].

Ainsi, lorsque les Forces armées rendent le pouvoir à un régime démocratique, celui-ci se voit confier la lourde tâche de gérer ce lourd passé. Déjà confrontés à d'importants économiques, les nouvelles démocraties latino-américaines vont être confrontées à deux nécessités contradictoires. Il faut essayer de réconciliation une Nation déchirée par la dictature tout en devant reconnaître la souffrance des victimes de ce que l'historien du droit Mark Osiel appellent « crimes administratifs » puisqu'ils sont commis par l'État. Les victimes veulent que justice se fasse. Aidées par des associations et l'opinion publique, elles réclament que les agents et responsables gouvernementaux ayant accompli la répression criminelle doivent être poursuivis et condamnés par la justice pénale. Dans les premières années de la transition démocratique, les nouveaux gouvernants estiment ne pas pouvoir répondre aux demandes des victimes. La configuration du rétablissement de la démocratie et le poids des forces de sécurité favorables aux idéaux de l'ex-dictature rend impossible l'action de la justice. Pour le diplomate et universitaire Pierre Hazan, « la justice transitionnelle indique la voie vers des réformes institutionnelles et politiques qui contribueront progressivement à l'établissement, puis à la consolidation de la paix et de

---

1 (C.) PICOD, « L'exil, une histoire racontée : *El cielo con las manos* (1981), *Que solos se quedan los muertos* (1985) de Mempo Giardinelli (1985) » *in* (M.) DOAT, (C.) PICOD (*dir.*), *Raconter l'exil et la dictature*, Actes du colloque, Université de Perpignan Via Domitia, 23-24 novembre 2017, Mare et Martin, Paris, 2020, pp. 237-247.

l'État de droit. Il y a là (...) la volonté de s'extraire du tragique de l'histoire, une dé-fatalisation du monde»[2]. L'étude de la justice transitionnelle est relativement récente dans l'histoire du droit et de la science politique. La fin de la décennie 1980 et le début des années 1990 voient la fin des régimes militaires en Amérique latine, l'effondrement du monde soviétique symbolisée par la Chute du Mur de Berlin, la démocratisation des pays d'Europe de l'Est et la fin de l'apartheid avec la libération de Nelson Mandela qui accèdera à la Présidence en Afrique du Sud en 1994. De nombreux observateurs avaient alors eu l'espoir de la victoire totale de la démocratie sur le totalitarisme[3]. Le philosophe américain Francis Fukuyama évoquait « la fin de l'Histoire ». Dans un article intitulé publié en 1989 dans la revue américaine *The National Interest*[4], il estimait que le développement du capitalisme économique libéral et de la démocratie étaient les seules modes d'organisation humaines rationnels. Seuls les libéralisme politique et économique seraient vecteurs de progrès humain[5]. Le 11 septembre 1990, George H. Bush, alors président des États-Unis, prononce un discours devant le Congrès des États-Unis où il annonce « un nouvel ordre mondial », faisant écho à la théorie de la « fin de l'Histoire » Ainsi, le multilatéralisme, avec l'Organisation des Nations unies débarrassé du veto des grandes puissances comme l'ex-URSS, les droits de l'Homme, la démocratisation, l'action humanitaire seraient les vainqueurs du tournant de la décennie 1990[6].

Pour Sandrine Lefranc, chercheuse à Sciences Po Paris, la justice transitionnelle n'est pas un concept. Elle désignerait le processus qui comprend «les poursuites judiciaires, les dispositifs de mise au jour d'une vérité historique sur un passé de violence, les initiatives favorisant la "réconciliation" des groupes en conflit, les politiques de réparations aux victimes (matérielles et symboliques) et les réformes institutionnelles ayant une finalité de prévention de la récurrence des crimes »[7]. Le *Centre International pour la Justice transitionnelle* la définit comme «l'éventail complet des divers processus et mécanismes mis en œuvre par une société pour tenter de faire

---

2 (P.) HAZAN, « Mesurer l'impact des politiques de châtiment et de pardon : plaidoyer pour l'évaluation de la justice transitionnelle », *Revue internationale de la Croix Rouge*, volume 88, n° 861, 2006, p. 2.

3 (P.) HAZAN, Juger la guerre, juger l'Histoire. Du bon usage des Commissions de Vérité et de la justice internationale, Presses universitaires de France, Paris, 2007, p. 10.

4 De cet article, Francis Fukuyama en publiera un essai, *La Fin de l'histoire et le Dernier Homme*, Collection Histoire, Flammarion, Paris, 1992, 452 p.

5 (M.) HAUBERT, « Francis Fukuyama, La fin de l'histoire et le dernier homme », *Revue Tiers Monde*, tome XXXV, n° 138, avril-juin 1994, p. 467.

6 (P.) HAZAN, « Mesurer l'impact des politiques de châtiment et de pardon : plaidoyer pour l'évaluation de la justice transitionnelle », *op. cit.*, p. 10.

7 (S.) LEFRANC, « La justice transitionnelle n'est pas un concept », *Mouvements*, n° 53, 2008, p. 62.

face à des exactions massives commises dans le passé, en vue d'établir les responsabilités, de rendre la justice et de permettre la réconciliation »[8]. Ces processus y peuvent être des mécanismes à la fois judiciaires ou non judiciaires, avec la possibilité d'une action de la communauté internationale. Ainsi, la justice transitionnelle comprend des actions en justice engagées contre des personnalités, des réparations financières, des investigations établissant la vérité, une réforme des institutions, des contrôles et des révocations, ou une addition de ces mesures. Le terme de « justice transitionnelle » (*transitional justice*), même s'il peut porter à confusion, apparaît dans le monde anglo-saxon. Cette notion est née en 1992 sous la plume de l'universitaire Ruti G. Teitel. La même année, la ville de Salzbourg accueillait la fondation américaine *The Charter 77 Fondation* qui réunissait pendant deux jours une cinquantaine de personnes ressortissantes de plusieurs pays en voie de démocratisation, d'Europe centrale et orientale, d'Amérique latine ainsi que d'Afrique du Sud. Il s'agissait de réfléchir à l'organisation politique, juridique, symbolique, culturelle de la période de transformation d'un régime dictatorial à un système démocratique[9]. Ces journées de réflexion déboucheront sur l'existence d'outils communs à tous les États pour favoriser la « réconciliation nationale ». La conférence de Salzbourg de la Charte 77 aboutira à un ouvrage publié en 1995. Intitulé *Justice in Times of Transition*, il se veut être un manuel pour des démocraties naissantes[10]. La juriste Ruti G. Teitel considère la justice transitionnelle comme « un concept de la justice, intervenant en matière de changement politique, qui se caractérise par une réponse juridique aux méfaits des régimes répressifs résolus ». Ces mesures sont les Commissions de Vérité, symbole même de la justice transitionnelle, un Tribunal pénal international ou semi-international, les lois d'épuration, les réparations individuelles et collectives, les expressions publiques de pardon, l'ouverture des archives, les réformes politiques et constitutionnelles, la réécriture des manuels d'Histoire, les cérémonies du souvenir ainsi que les lois mémorielles. La justice transitionnelle repose sur le pari que les politiques de châtiment et de pardon peuvent maîtriser la violence. Si le crime contre l'humanité décime le lien social, la justice transitionnelle entend faire l'inverse en restaurant la communauté politique[11]. La justice transitionnelle est le fruit d'une révolution juridique, culturelle et psychologique. Elle modifie les politiques

[8] (N.) TURGIS, *La justice transitionnelle en droit international*, Bruylant, Bruxelles, 2014, pp. 22-23.
[9] *Ibid.*, p. 11.
[10] (K.) ANDRIEU, *La justice transitionnelle*, Collection Folio Essais, Gallimard, Paris, 2012, p. 480.
[11] (P.) HAZAN, Juger la guerre, juger l'Histoire, du bon usage des Commissions de Vérité et de la justice internationale, *op. cit.*, p. 12.

de résolution des conflits, les processus de réconciliation nationale et la mémoire des crimes de masse. Pour Pierre Hazan, la justice transitionnelle suscite un « horizon d'atteinte » en mobilisant les opinions publiques, la presse, en déclenchant des débats passionnés sur les questions relatives au lien entre démocratie balbutiante et impunité, justice restauratrice et justice pénale, impératif de justice et impératif de paix[12].

Si la notion de justice transitionnelle se développe dans le contexte « optimiste » de la « fin de l'Histoire » du début des années 1990, l'idée de poursuivre des chefs d'État criminels n'est pas nouvelle. Cette volonté remonte au lendemain de la Première Guerre mondiale où le traité de Versailles avait prévu de sanctionner Guillaume II devant un tribunal[13]. Néanmoins, la décision de condamner les plus hauts dignitaires d'un État coupable d'atrocités d'une gravité inouïe à l'encontre de populations civiles devient effective durant la Seconde Guerre mondiale. En effet, la « matrice de la justice transitionnelle » est la gestion par l'Occident de la mémoire des crimes du Troisième Reich[14]. Le triptyque « vérité, justice, réparation », par le biais de la justice pénale, notamment internationale, les politiques mémorielles, les réparations ainsi que les expressions de repentir, apparaissent dès le lendemain de la Seconde Guerre mondiale avec les procès de Nuremberg. Ces grands procès internationaux vont accoucher d'une « leçon d'histoire »[15].

Une nouvelle approche va naître avec la vague démocratique caractéristique de la fin de la Guerre froide. À la fin des années 1980, des hommes politiques, des défenseurs des droits de l'Homme, d'anciens prisonniers politiques, des journalistes, des avocats, des universitaires, juristes, philosophes, politistes, mais aussi prêtres, vont réfléchir ensemble, au-delà de leurs continents d'origine, sur la gestion du passé criminel d'un État. Ainsi, la problématique centrale est le « sacrifice de la quête de justice » au profit de la réconciliation nationale. L'*Aspen Institute* organisa en 1988 la première conférence sur ce thème intitulé « State crimes : *Punishment or Pardon* (Crimes d'État : sanction ou pardon) ». Celle-ci avait pour objectif de réfléchir aux problèmes d'ordre moral, politique et jurisprudentiel. Ces problématiques apparaissent dès qu'un régime favorable aux droits de la

---

12 *Ibid.*, p. 13.

13 (S.) MAUPAS, « La justice internationale en procès », *Le Monde*, 18 septembre 2014, https://www.lemonde.fr/idees/article/2014/09/18/la-justice-internationale-en-proces_4489666_3232.html (consulté le 10 octobre 2018).

14 (P.) HAZAN, *op. cit.*, p. 17.

15 *Ibid.*, p. 19.

personne humaine succède à un gouvernement coupable de violations flagrantes des droits de la personne[16].

La justice transitionnelle est l'addition de deux notions aux contours flous, la justice et la transition. En effet, la problématique est de savoir comment un pays est véritablement en voie de démocratisation. La question de la transition naît aux États-Unis dans les années 1980. Il s'agissait à l'époque d'étudier les processus de démocratisation en Europe du Sud durant les années 1970. En effet, le Portugal retrouve la démocratie à la suite de la Révolution des Œillets du 25 avril 1974. En juillet de la même année, le régime des colonels s'effondre en Grèce, permettant le rétablissement d'un pouvoir civil démocratique. Le 20 novembre 1975, Franco s'éteint trente-six ans après sa prise du pouvoir en 1939 à la suite de la Guerre civile qui déchira l'Espagne pendant trois ans. Les transitions démocratiques en Amérique latine des années 1980 s'étaient effectuées par le biais d'accords conclus entre l'opposition et les dirigeants des régimes militaires. En effet, « les démocratisations latino-américaines ont rarement offert le spectacle d'un combat clair entre des secteurs nettement délimités, les uns acquis et les autres hostiles à l'avènement d'un régime de liberté »[17].

La problématique de la gestion d'un passé dictatorial de l'État a été mise en exergue durant les années 1990. Cette décennie est marquée par l'avènement de la mondialisation économique. Les échanges mondiaux ne se limitent pas aux marchandises et aux capitaux. L'historien français Henry Rousso évoquera « une mondialisation de la mémoire » en notant une similarité des formes d'actions publiques et de mobilisations collectives dans la prise en compte d'une « histoire criminelle ». Une prise de conscience des « fautes » ou des « crimes » du passé nécessitera la reconnaissance des victimes, à partir des années 1990. Cela se traduit par le renouvellement du récit historique collectif en rappelant les souffrances des victimes. Cette prise en compte de la douleur se traduit en une qualification ou une requalification juridique de faits passés.

Des actions judiciaires nationales ou internationales, pénales ou civiles, sont lancées pour des requêtes en réparation des dommages subis. Des politiques d'indemnisation, des rituels traditionnels, à l'instar des monuments des commémorations, ou les Commissions de vérité. Cette « mondialisation de la mémoire » est mise en avant de l'intervention de manière supranationale

---

16 (R.) G. TEITEL, « Généalogie de la justice transitionnelle » *in* (K.) ANDRIEU, (G.) LAUVAU, *Quelle justice pour les peuples en transition ?* Collection Philosophie appliquée, Presses universitaires de France, Paris Sorbonne, Paris, 2014, p. 47.

17 (G.) HERMET, « L'apurement du passé », *Pouvoirs*, n° 98, 2001, p. 95.

des organisations non gouvernementales ou des institutions internationales qui sont relayées par les demandes et des actions publiques. L'affaire Pinochet est l'un des cas d'espèce[18].

Par sa raison même, la justice transitionnelle représente une forme de paradoxe. En effet, l'institution judiciaire est soumise au pouvoir politique lors du contexte particulier d'une transition démocratique. La justice transitionnelle incorpore ce paramètre dans sa théorie en étant assez flexible sur l'application des mesures destinées aux victimes des anciennes dictatures[19]. Durant les années 1980 et 1990, la justice transitionnelle était un palliatif à la difficulté de lancer des actions judiciaires concernant les violations des droits de l'Homme. Lorsque les gouvernements tentaient de répondre d'une certaine manière aux demandes des victimes, ils instauraient des mécanismes extra-juridiques. Il faut noter que le système judiciaire était délégitimé souvent par la complicité de beaucoup de magistrats avec le régime dictatorial et ne disposait pas non plus de moyens humains et financiers nécessaires pour poursuivre un grand nombre d'individus suspectés de violations des droits de l'Homme. D'ailleurs, même s'il peut y avoir dans les premières années un retour à la démocratie, une volonté politique, les outils juridiques et les moyens pour juger les protagonistes de la répression de l'ex-régime dictatorial. En effet, certaines incriminations n'existaient pas encore dans les législations durant la transition démocratique. Il a fallu attendre le rétablissement de la démocratie pour que les disparitions forcées soient codifiées par le droit international. De plus, en raison du type même de la violation, il n'existait parfois pas de preuve, à l'instar du corps de la victime[20]. Que l'État démocratisé reconnaisse sa responsabilité dans les crimes de masse lorsque celui-ci était dirigé par un gouvernement dictatorial est la première revendication des victimes. Les excuses publiques ou la reconnaissance publique des violations des droits de l'Homme constituent le pilier fondamental pour l'instauration de mesures de réparation. La responsabilité collective de l'État ne doit pas ni atténuer ni nier la responsabilité des agents publics qui ont accompli avec zèle la politique de la répression du régime dictatorial. Ceux qui ont exécuté les ordres dans le cadre d'une politique nationale de violations des droits de l'Homme doivent

---

18 (H.) ROUSSO, « Vers une mondialisation de la mémoire », *Vingtième siècle. Revue d'Histoire*, n° 98, 2007, p. 7.

19 (N.) TURGIS, « La justice transitionnelle, un concept discuté », *Les Cahiers de la Justice*, n° 3, 2015, p. 339.

20 (S.) LEFRANC, « L'Argentine contre ses généraux : un charivari judiciaire ? », *Critique internationale*, n° 26, 2005, p. 63.

voir leurs forfaits reconnus officiellement par les institutions, notamment judiciaires[21].

Il est nécessaire de mettre en lumière la manière dont le droit à la vérité des victimes de violations des droits de l'Homme est un élément central dans le développement de la justice transitionnelle. Celui-ci est désormais consacré et reconnu par le droit international. Ce sont les paramètres des transitions démocratiques latino-américaines qui ont contribué à la conceptualisation des problématiques générées par la justice transitionnelle. Il s'agit de la focalisation sur l'importance d'établir et de reconnaître les faits passés au lieu de lancer des poursuites judiciaires qui pourrait être délicates pour une jeune démocratie. En effet, « la justice transitionnelle s'est en effet particulièrement concentrée sur l'importance d'établir les faits et de les reconnaître officiellement. D'un pis-aller à la reconnaissance d'une véritable nécessité, le droit à la vérité domine largement la littérature de la justice transitionnelle ». La valeur centrale accordée à la vérité est due aux effets positifs qui en découlent. En effet, « la révélation et l'exposition des faits passés auraient un effet cathartique, faciliteraient une forme de cicatrisation psychologique pour les victimes et encourageraient la réconciliation. L'acceptation du passé par la reconnaissance des violations permettrait (...) de tourner la page et d'ouvrir une nouvelle phase de reconstruction sociétale »[22].

La justice transitionnelle consiste à traiter ce que Xavier Philippe nomme les « préjudices de l'Histoire ». Les crimes contre l'humanité ont un motif politique. En statuant sur le passé criminel de l'État, le juge est obligé de se plonger dans l'Histoire du pays. En effet, même si les magistrats ne sont pas des historiens, la vérité historique partagée avec la vérité juridique, ont en commun d'être construites et critiques et elles sont sources d'interopération. Néanmoins, la vérité historique diffère de la vérité judiciaire. En effet, la dernière est fixée par l'autorité de la chose jugée. La vérité historique peut évoluer s'il y a de nouveaux faits ou de nouvelles interprétations[23]. La justice transitionnelle n'a pas pour fonction de produire une vérité définitive, elle établit sa « vérité » avec les données judiciaires et historiques dont elles disposent, d'où la nécessité d'un État de droit pour faire la lumière sur les violations des droits de l'Homme perpétrées par un régime autoritaire. Ainsi, « cela n'implique pas qu'il n'y ait pas de vérité ou ce qui revient qu'il n'y ait

---

21 (C.) NADEAU, « Responsabilité collective, justice réparatrice et droit pénal », *Revue française de science politique*, volume 58, 2008, p. 925.

22 (N.) TURGIS, La justice transitionnelle en droit international, *op. cit.*, p. 326.

23 (X.) PHILIPPE « Introduction » *in* (X.) PHILIPPE (*dir.*), *La justice face aux réparations des préjudices de l'histoire. Approche nationale et comparée*, Coll. Transition et Justice, Institut universitaire Varenne, LJDG/Lextenso, Paris, 2013, p. 14.

qu'une vérité de chaque discours tenu par les diverses factions ou les divers acteurs (...). Le droit à la vérité défendu par la justice transitionnelle, s'il signifie le droit à la procédure scientifique de compréhension de l'histoire récente contre toute falsification idéologique et négationniste, ne peut avoir de sens plénier que par l'établissement d'un véritable État de droit garantissant une indépendance absolue et des conditions de travail sereines aux représentants des sciences sociales et aux enquêteurs judiciaires »[24].

En matière de violations des droits de l'Homme, les procès pénaux peuvent devenir des lieux qui accouchent d'une leçon d'histoire. En effet, « les décisions judiciaires possèdent une caractéristique qui les rend particulièrement vulnérables aux abus de cette sorte : elles ne portent pas seulement sur un regard du passé, mais elles formulent des normes sociales conçues pour contraindre l'avenir. Elles établissent et reformulent avec autorité les normalités selon lesquelles l'activité présente doit procéder. Pour cette raison, les décisions judiciaires donnent de la force à celui qui peut les invoquer de façon convaincante (...) sur la scène plus large du débat politique, en les interprétant pour soutenir une position donnée dans des polémiques présentes »[25]. Le philosophe français Paul Ricœur considérait le procès comme une mise en scène du « temps reconstitué du passé où sont visés des faits qui constituaient déjà eux-mêmes des épreuves de mémoire »[26]. L'étude de la justice transitionnelle met en exergue le nécessaire rôle du procès dans la mise à jour des abus de pouvoir et d'autorité ainsi que les torts physiques et psychologiques subis par des entités ou des groupes précis. En effet, « la scène judiciaire – c'est là sa force – s'offre comme un organisateur du récit, un cadre pour le confronter à un autre, une structure pour tenter de construire un récit sinon commun au moins accepté par les parties. Le procès (...) préside à la rencontre de différents protagonistes, qui agence différents récits dont il assure à la fois la différence, mais aussi la compatibilité. Il les met en présence les uns des autres et rend une argumentation possible. Cette scène revêt une valeur propre – en tant que scène – qui résiste à toute figuration dans un seul récit »[27]. Le principal écueil lors d'un procès de violations des droits de l'Homme est que le juge se fasse historien. La justice n'est pas là pour faire l'Histoire, mais pour dire le droit. L'autorité de la chose

---

24 (J.-C.) BILLIER, « La justice transitionnelle est-elle intrinsèquement libérale ? » *in* (K.) ANDRIEU, (G.) LAVAU, *(dir.)* *Quelle justice pour les peuples en transition ? op. cit.*, p. 319.

25 (M.) OSIEL, *Juger les crimes de masse. La mémoire collective et le droit*, Coll. La Couleur des idées, Le Seuil, Paris, 2006, p. 219.

26 (P.) RICŒUR, « Les rôles respectifs du juge et de l'historien », *Esprit*, volume 8/9, n° 266/267, août-septembre 2000, p. 55.

27 (A.) GARAPON, « Le droit mis à l'épreuve », *Esprit*, volume 8/9, n° 337, août-septembre 2007, p. 212.

jugée ne sera jamais la vérité historique, elle résulte de mécanismes inhérents au droit. En effet, « à l'une la vérité scientifique d'une description méthodique du réel ; de l'autre, la vérité dogmatique de la fiction selon laquelle la décision est obligatoirement vraie (...). Elle ne provient pas de l'autorité de la chose jugée, que personne ne confond avec la vérité d'un jugement historique ; elle résulte d'un maniement propre au droit des faits eux-mêmes, avant tout jugement »[28].

Il ne peut être passé sous silence le fait que la justice transitionnelle soit liée au droit international. En effet, d'un palliatif à l'absence de l'action judiciaire, celle-ci va devenir, sous l'impulsion du droit international, comme la désignation de l'ensemble des mesures que doit prendre un État après avoir connu une période de violations des droits de l'Homme. Le droit international contemporain la considère comme un éventail de mesures nécessaires à prendre lors du rétablissement de la démocratie. La simple restauration de libertés politiques et civiles ne saurait suffire. Les Commissions de Vérité, les réparations économiques, le remplacement des fonctionnaires impliqués dans la politique de répression sont des mesures obligatoires à la charge de l'État et qui sont complémentaires de l'action pénale. La justice transitionnelle a souvent insisté sur les mesures dites de justice restaurative qui se focalise sur la réadaptation de la victime. Elle est devenue le complément indispensable à l'obligation du gouvernement chargé de la démocratisation de sanctionner pénalement les responsables de violations des droits de l'Homme. L'amnistie pure et simple n'est plus conforme aux exigences du droit international contemporain[29]. Le droit international contemporain condamne les amnisties sur le moyen de l'obligation de punir et le principe de la responsabilité pénale personnelle en matière de génocide, de crimes contre l'humanité en matière de torture, d'exécutions sommaires ou de disparitions forcées.

Les changements de mentalité sont nécessaires pour l'adoption des mesures destinées aux victimes de l'ex-régime autoritaire. Il n'est pas nécessaire de choisir entre les différents mécanismes prévus dans le cadre de la justice transitionnelle tels que les poursuites judiciaires, la recherche de la vérité, la réparation aux victimes, les réformes institutionnelles. Il serait plutôt question de les séquencer, de les étaler dans le temps. La justice différée apporte une vision holistique de la justice en permettant la réforme de l'État pour une meilleure gouvernance avant d'apporter la justice au sens judiciaire

---

28 (Y.) THOMAS, « La vérité, le temps, le juge et l'historien », *Le Débat*, n° 102, 1998, p. 21.

29 (P.) D'ARGENT, « Réconciliation, impunité, amnistie : quel droit pour quels mots ? », *La Revue Nouvelle*, n° 11, novembre 2003, pp. 34-35.

du terme. Elle constitue une solution de rechange à un pays en transition, à défaut d'une justice immédiate[30]. Les procès pour la vérité vont apporter les preuves des violations des droits de l'Homme. Les procès pour la vérité, même dépourvus de sanctions, vont permettre de relancer le processus d'enquête. Ainsi, en matière de justice transitionnelle, le pouvoir judiciaire a devancé le pouvoir législatif.

Par conséquent, cette étude se focalisera sur l'Argentine, le Chili et l'Uruguay, trois États du Cône Sud du sous-continent latino-américain. En effet, les moyens de la répression furent identiques avec l'usage de la torture et des enlèvements extrajudiciaires. Même s'il y eut une coopération secrète entre les services de renseignement de ces trois pays pour traquer les opposants aux dictatures militaires, ces violations des droits de l'Homme furent perpétrées dans un cadre national. La transition démocratique espagnole de la fin des années 1970 fut un exemple pour de nombreux États latino-américains. Le retour à la démocratie en Espagne s'est effectué sans action judiciaire. Les liens entre l'Espagne et l'Amérique latine ont toujours été très importants pour des raisons historiques, politiques, linguistiques et économiques. Elle est le résultat d'un accord entre des dignitaires de l'ex-régime franquiste et les responsables de l'opposition démocratique.

Les processus de rétablissement d'un régime garantissant l'État de droit en Espagne et en Amérique latine mettent en exergue l'évolution de l'amnistie. La fin des poursuites judiciaires était à l'origine une requête des associations de défense des droits de l'Homme pour mettre fin aux persécutions des opposants politiques à l'ex-régime autoritaire. Le contexte de la transition démocratique explique les différents modes de la gestion du passé sous l'Espagne postfranquiste et selon les pays du Cône Sud de l'Amérique latine. Le passage d'une dictature à une démocratie est bien différent, si elle est le résultat d'une négociation entre une fraction de l'élite dictatoriale et l'opposition ou *a contrario*, une rupture totale entre une dictature et un régime garantissant la démocratie et l'État de droit. En effet, « la justice transitionnelle, bien que dépendante des conditions et de la culture locale, met également en jeu des dimensions généralement associées aux périodes de flux politique »[31].

La comparaison établie entre le traitement par l'Espagne de son propre passé ainsi que les États du Cône Sud de l'Amérique latine se poursuivra avec l'usage de la compétence universelle consistant à poursuivre, à n'importe quel

---

30 (S.) Wook Daniel HAN, « Transitional justice: when justice strikes back case studies of delayed justice in Argentina and South Korea », *Houston Journal of International Law*, volume 30, n° 3, 2008, p. 675.
31 (R.) G. TEITEL, *op. cit.*, p. 46.

endroit du globe, des personnes suspectées de crimes internationaux. Les transitions démocratiques en Espagne, en Argentine, au Chili et en Uruguay. démontrent l'évolution de la place du droit international public dans ces processus de transition démocratique. En effet, les élites chargées de la démocratisation dans les années 1970 et 1980 n'ont alors pas fait appel aux conventions internationales. D'ailleurs, à cette époque, les transitions démocratiques relevaient du champ de la science politique et du droit interne.

Le traitement judiciaire des violations des droits de l'Homme dès le retour à la démocratie en Argentine en 1983 avait été accueilli très favorablement par les organisations internationales. Traduire devant le pouvoir judiciaire les responsables d'un régime autoritaire relevait de la décision souveraine d'un État. Chaque gouvernement était libre d'organiser les moyens du retour à un système garant des libertés fondamentales. La transition démocratique décidée par les autorités de Buenos Aires a représenté un changement dans la reconnaissance des souffrances des victimes d'un régime autoritaire. L'Argentine a introduit des moyens non judiciaires pour mettre en exergue les crimes perpétrés par la dictature militaire avec la mise en place d'une Commission de Vérité ainsi que des politiques de réparation sous forme d'indemnisations. Faire la vérité sur les crimes perpétrés par le régime militaire devient l'une des nécessités de la transition démocratique. L'État doit reconnaître ses fautes en faisant la lumière sur le rôle des institutions et de leurs responsables qui servirent le « service public criminel » d'anéantissement des opposants à l'ancienne dictature. Ainsi, le pouvoir judiciaire n'est pas l'unique institution pour faire le droit à la vérité. Si la justice pénale consiste en priorité à sanctionner, il ne va pas non plus s'attacher au droit de la victime. Par conséquent, les Commissions de Vérité instaurées en Argentine en 1983 puis au Chili en 1990 s'inscrivent dans l'effectivité du droit à la vérité et du droit de savoir de la population.

L'installation de ces organes est une réponse à la demande de « droit à la vérité » qui est apparue sous l'impulsion d'associations de défense des droits de l'Homme dans l'Amérique latine des années 1970. Dans une région du monde alors dirigée par des régimes autoritaires, des organisations non gouvernementales se sont mises à la recherche des personnes disparues. Le mouvement le plus connu est celui des Mères de la Place de Mai qui vont défiler chaque vendredi devant la Maison Rose, le Palais présidentiel argentin, à partir d'avril 1977[32]. Toutes ces associations ont en commun de faire de la vérité un élément essentiel afin de porter à la connaissance du grand public

---

[32] Cette affirmation du droit à la vérité se traduit dans le manifeste des Mères de la Place de Mai publié dans le quotidien argentin *La Nacion* en octobre 1977.

l'histoire de la répression et la recherche de la vérité pour contribuer à des mouvements d'opinion en faveur des victimes et contre les bourreaux. Ainsi, ces associations vont essayer d'enquêter sur le sort des disparus, les conditions de détention et d'exécution et les modes d'assassinat et de torture des prisonniers politiques. Il s'agit en général du premier pas vers la reconnaissance des victimes en tant que telles et leur réhabilitation sociale et morale[33]. Le premier combat des associations de défense des droits de l'Homme était de lutter contre le silence et le mensonge d'État. Ce concept de « droit à la vérité » s'inscrit dans le contexte des disparitions forcées. Ainsi, il s'agit de judiciariser d'une demande d'associations de familles de victimes qui tentent d'entamer des recherches de leurs proches disparus sous les dictatures militaires. Cette technique de répression s'effectuait dans un vide juridique complet. En effet, des opposants politiques réels ou présumés sont arrêtés et détenus dans la clandestinité la plus absolue. De plus, les incriminations du phénomène étaient alors inexistantes tant dans les législations nationales que dans les traités[34].

Il est intéressant de montrer la manière dont le droit collectif de savoir a été reconnu dans les années 1990 par le magistrat français Louis Joinet qui estimait, dans son rapport remis à l'ONU en 1997, que « la connaissance par un peuple de l'histoire de son oppression appartient à son patrimoine et, comme telle, doit être préservée par des mesures appropriées au nom du devoir de mémoire qui incombe à l'État. Ces mesures ont pour but de préserver de l'oubli la mémoire collective, notamment pour se prémunir contre le développement des thèses révisionnistes et négationnistes »[35]. Le Haut-commissaire aux droits de l'Homme a rappelé en 2006 le caractère inaliénable du droit à la vérité, qui ne peut faire l'objet de dérogations ou de limitations. L'Assemblée générale a adopté lors d'une résolution le 24 mars comme journée internationale pour le droit à la vérité sur les violations flagrantes des droits de l'Homme et pour la dignité des victimes. Le choix de cette date n'est pas anodin puisqu'il s'agit d'une référence au coup d'État militaire, réalisé le 24 mars 1976 par la junte militaire, responsable de disparitions forcées, en Argentine. Le préambule de cette résolution dispose « qu'il importe d'œuvrer en faveur de la mémoire des victimes de violations

---

33 (L.) JOINET (dir.), Lutter contre l'impunité, dix questions pour comprendre et pour agir, La Découverte, Paris, 2002, p. 117.

34 (P.) NAFTALI, « Le "droit à la vérité" à l'épreuve de ses mobilisations en Amérique latine : entre ressource et contrainte », *Revue interdisciplinaire d'études juridiques*, volume 75, 2015, p. 142.

35 (L.) JOINET, *Question de l'impunité des auteurs des violations des droits de l'Homme (civils et politiques)*, rapport établi en application de la décision 1996/119 de la Sous-Commission des droits de l'Homme, E/CN.4/Sub.2/1997/20, Conseil Économique et Social, Organisation des Nations unies, New York, 26 juin 1997., p. 17.

massives et systématiques des droits de l'Homme et de promouvoir l'importance du droit de la vérité et de la justice »[36]. Le préambule de la Convention internationale pour la protection de toutes les personnes contre les disparitions forcées dispose « le droit de toute victime de savoir la vérité sur les circonstances d'une disparition forcée et de connaître le sort de la personne disparue, ainsi que le droit à la liberté de recueillir, de recevoir et de diffuser des informations à cette fin »[37]. L'amnistie empêche l'exercice du droit à la vérité, qui est reconnu en droit international. Par conséquent, le droit international la juge contraire aux droits de l'Homme, lorsqu'elle est destinée à ceux qui ont organisé et exécuté des crimes contre l'humanité. Ainsi, le Haut-commissariat de l'ONU aux droits de l'Homme estimait, dans un rapport publié en 2009, que « l'amnistie ne saurait compromettre le droit des victimes à titre individuel ou des associations à connaître la vérité sur les violations des droits de l'Homme »[38].

Par conséquent, il est nécessaire de mettre en lumière dans la présente thèse la manière dont il est possible de permettre à une société de s'affranchir du passé dictatorial afin de construire une mémoire collective. Pour ce faire, il est nécessaire qu'un chef d'État reconnaisse officiellement et solennellement les crimes commis dans le passé. Cela peut prendre la forme d'excuses, d'actes de repentance ou de contrition afin de prouver que l'État se détache de manière officielle des crimes de la dictature. Elles doivent avoir un rôle de réparation des conséquences des violences collectives dans l'optique de retisser un lien de confiance. Pour autant, les excuses ne font pas la vérité. En effet, à la différence du procès pénal, celles-ci n'offrent pas une vision détaillée des événements, des éléments de la violence d'État n'étant pas abordés. En effet, les excuses « offrent une vérité officielle qui n'est pas toujours à même de satisfaire les victimes et leurs héritiers et de rétablir la confiance, même si elles ont le mérite de tenter de rapprocher les mémoires »[39].

---

36 HAUT-COMMISSARIAT DES DROITS DE L'HOMME, Désignation du 24 mars comme Journée internationale pour le droit à la vérité en ce qui concerne les violations flagrantes des droits de l'Homme et pour la dignité des victimes, A/RES/65/196, Organisation des Nations unies, New York, 3 mars 2011.

37 COMMISSION DES DROITS DE L'HOMME, *Étude sur le droit à la vérité*, doc. E/CN.4/2006/91, Organisation des Nations unies, New York, 6 février 2006, § 44, § 55.

38 HAUT-COMMISSARIAT DE L'ONU AUX DROITS DE L'HOMME, « Amnisties », *Les instruments de l'état de droit dans les sociétés sortant d'un conflit*, HR/PUB/09/1, Organisation des Nations unies, New York, 2009, p. 29.

39 (F.) HARTMANN, « Juger et pardonner des violences d'État : deux pratiques opposées ou complémentaires ? », *Revue internationale et stratégique*, n° 88, 2012, p. 76.

Il est donc nécessaire de mettre en lumière la manière dont les réparations vis-à-vis des victimes des violations des droits de l'Homme ont façonné la justice transitionnelle, particulièrement en Argentine et au Chili. Après une telle période de crise, les victimes ne peuvent rester sans réparation. Il convient de montrer les différends entre les réparations financières et les réparations « symboliques » et la réaction des victimes vis-à-vis de ces mesures. La réparation sous forme pécuniaire permet à l'individu de réintégrer la société. La réparation collective repose sur le principe de reconnaître les victimes en tant que groupe afin d'accepter cette situation et permettre la réintégration de celle-ci dans la société. La réparation en collectivité est principalement fondée sur l'idée de reconnaissance en intégrant de nombreuses mesures susceptibles de délasser le symbolique. Les mesures de réparation traduisent la responsabilité de l'État vis-à-vis des victimes[40].

À partir des années 1990, le droit international public va modifier l'approche de la justice transitionnelle. Devenue une norme de *jus cogens*, l'obligation pour les États de poursuivre et de sanctionner les atteintes graves aux droits de l'Homme a pour conséquence qu'il ne peut y avoir une quelconque exonération pour leurs auteurs. D'ailleurs, une sanction effective des responsables du crime de masse participe au droit de vérité. L'État démocratisé ne peut pas se bâtir sur le mensonge officiel de son passé dictatorial qui nie la souffrance des victimes et leur empêche d'obtenir réparation. Ces normes non écrites ont une importance telle que les obligations dont ils sont issus doivent être respectées par tous les États. Empêcher les victimes de pouvoir exercer le droit à se constituer partie civile devant la justice est contraire au droit international des droits de l'Homme. En effet, pour Ruti G. Teitel, inventrice de la notion de justice transitionnelle, le droit international apporte une « source alternative de la règle de droit pour guider les procès nationaux ». Selon elle, « les normes juridiques internationales contribuent à enraciner une perception de continuité et de cohérence dans l'État de droit »[41].

Ainsi, il est important de souligner la manière dont le rétablissement de la démocratie ne peut justifier l'impunité pour les responsables des dictatures suspectées de violations des droits de l'Homme. La fin du XXe siècle a marqué un tournant dans le retour de la justice pénale relatif au traitement

---

40 (X.) PHILIPPE, « Qu'est-ce que la justice face aux réparations des préjudices de l'histoire – Propos introductifs » *in* (X.) PHILIPPE (*dir.*), *La justice face aux réparations des préjudices de l'histoire. Approche nationale et comparée*, Actes de la Table ronde d'Aix-en-Provence, 7 octobre 2011, Collection Transition et Justice, Institut universitaire Varenne, LGDJ/Lextenso, Paris, 2013, p. 17.

41 (R.) G. TEITEL, « Généalogie de la justice transitionnelle », *op. cit.*, pp. 39-40.

des crimes de masse perpétrés par les anciennes dictatures militaires en Amérique latine. Face au blocage de l'action de la justice imposée par les lois d'amnistie, les familles de victimes et les associations de défense des droits de l'Homme vont délocaliser les poursuites pénales. Il est impossible de faire l'impasse sur la place centrale de la compétence universelle dans la réouverture des procédures judiciaires dans le Cône Sud de l'Amérique latine, en particulier au Chili et en Argentine. L'étude de la compétence universelle permettra de montrer comment le général Pinochet et des membres des Forces armées argentines ont pu être poursuivis, malgré l'amnistie en vigueur dans leurs États d'origine. Elle rejoint l'idée du philosophe allemand Emmanuel Kant qui, dans son *Projet de paix* perpétuelle, imaginait que « la communauté (plus ou moins soudée) s'étant de manière générale répandue par les peuples de la terre, est arrivée à un point tel que l'atteinte au droit en un seul lieu de la terre est ressentie en *tous* »[42]. Il faut souligner que, depuis les années 1990, la question de la compétence universelle est une question récurrente entre les deux rives de l'Océan Atlantique. En effet, la justice espagnole avait lancé des poursuites par ce moyen pour des crimes commis par les dictatures militaires argentine et chilienne. À partir de la décennie 2010, l'Argentine, forte du traitement judiciaire de son passé criminel, va lancer des actions en justice relative aux faits perpétrés sous le régime franquiste, l'Espagne se refusant toujours d'instruire au sujet de son propre passé.

Les expériences latino-américaines vont démontrer que la condamnation pénale d'auteurs de violations des droits de l'Homme est l'objectif prioritaire de la justice transitionnelle. Le droit international insiste sur l'obligation positive des États à poursuivre et à juger les auteurs de crimes de masse, représentant une évolution des droits de l'Homme. La justice transitionnelle insistait auparavant sur la réparation des victimes et leur réinsertion dans une société démocratisée. Depuis la fin des années 1980, elle a intégré un volet répressif avec la poursuite et la sanction pénale des responsables, des auteurs et des complices de violations des droits de l'Homme. En effet, la protection des libertés fondamentales des citoyens était assez méfiante du pouvoir punitif de l'État, le *jus puniendi*. L'impunité des anciennes élites du régime dictatorial responsable de plusieurs faits de droits de l'Homme transforme le pouvoir punitif de l'État. Cela provoque l'activation *deber puniendi*, dans la logique d'un nouveau devoir positif dérivé des droits de l'homme. L'État est obligé de poursuivre, de juger et de réprimer les violations graves des droits de l'homme par son propre système pénal. Les droits de l'Homme deviennent

---

[42] (E.) KANT, *Pour un projet de paix perpétuelle*, Flammarion, Paris, 1991, pp. 96-97.

un bien juridique mondial qui doit être pénalement sauvegardé par l'État en criminalisant certains actes, aboutissant à l'obligation positive de l'État de garantir par de moyens effectifs l'application des droits de l'Homme[43]. En effet, seules les poursuites judiciaires avec la tenue d'un procès permettent l'accès aux droits à la vérité et à la réparation, des victimes ainsi que le droit de savoir de la population. L'espace judiciaire est la seule agora permettant l'expression de ceux ayant subi la répression. De plus, la tenue d'un procès aboutira à l'expression d'une vérité judiciaire qui, bien qu'imparfaite, permettra de rappeler le caractère illégal des violations des droits de l'Homme. Les conventions internationales imposent les gouvernements à poursuivre les responsables de faits en raison du caractère criminel de ceux-ci, rappelant que l'État avait failli à son obligation de protection de sa population. L'obligation pour les gouvernements de poursuivre les auteurs considérés par la jurisprudence comme des criminels contre l'humanité relève du *jus cogens*. Poursuivre les auteurs de violations des droits de l'Homme est d'une importance telle qu'il n'est pas nécessaire qu'elle soit prévue dans une norme.

Ainsi, il est nécessaire de mettre en exergue le caractère coutumier de l'obligation consistant à poursuivre les auteurs de violations des droits de l'Homme. Le droit de pouvoir saisir les autorités judiciaires pour les crimes les plus graves du droit international relève d'une norme coutumière et il n'est pas nécessaire qu'il existe une convention écrite pour que l'État exécute cette obligation. Par conséquent, les obligations impératives de *jus cogens* ont des origines à la fois conventionnelles et coutumières[44]. Le juriste Antonio Cassese, premier Président du Tribunal pénal international pour l'ex-Yougoslavie, estimait que les États n'ayant pas mis en œuvre une loi afin d'harmoniser la législation interne vis-à-vis d'une norme internationale ayant été ratifiée pourraient utiliser leurs normes internes existantes pour faire appliquer le droit international. L'objectif est d'inciter les juges internes à appliquer les normes nationales de droit pénal codifiant les crimes et les peines leur correspondant[45]. L'absence de loi traduisant en droit interne le droit international public ne peut être un moyen pour ne pas rendre applicables et effectives les normes internationales ratifiées au sein de la législation interne. Jusque dans les années 2000, l'Argentine et l'Uruguay n'appliquaient pas les

43 (J.) A. E.VERVAELE, « Violations graves des droits de l'homme et crimes internationaux, du *jus (non) puniendi* de l'État nation à un *deber puniendi* impératif tiré du *jus cogens* », *Revue de science criminelle et de droit pénal comparé*, 2014, p. 491.

44 (J.) CHARPENTIER, « L'affaire de la *Barcelona Traction* devant la Cour internationale de Justice (arrêt du 5 février 1970) », *Annuaire français de droit international*, volume 16, 1970, p. 311.

45 (A.) CASSESE, « L'incidence du droit international sur le droit interne », *in* (A.) CASSESE, (M.) DELMAS MARTY (*dir.*), *Juridictions nationales et crimes internationaux*, Presses universitaires de France, Paris, 2002, p. 665.

mesures de droit international que les gouvernements respectifs avaient pourtant ratifiées au sein de leurs corpus juridiques internes.

La jurisprudence de la Cour interaméricaine des droits de l'Homme (CIDH) a participé à l'abrogation des législations empêchant de poursuivre les auteurs de violations des droits de l'Homme. Les faits de torture, les exécutions arbitraires ou extrajudiciaires et les disparitions forcées doivent toujours faire l'objet de poursuites judiciaires tant que les responsables de ces actes n'ont pas été identifiées par la justice. Grâce à la jurisprudence du tribunal de San José, ayant effet au sein de la législation interne, notamment à travers le droit constitutionnel, l'Argentine, l'Uruguay et le Chili ont pu réactiver le processus judiciaire pour les actes perpétrés par les régimes militaires durant les années 1970 et 1980. La Cour IDH aura un rôle clé pour l'application de la justice transitionnelle. Sous son influence, les principes du droit à la vérité, le droit à réparation et le droit à la justice seront consacrés par les juridictions intérieures, notamment constitutionnelles. Le contrôle de conventionalité, qu'il soit effectué par le juge interaméricain, ou une juridiction suprême, fut l'un des vecteurs pour abroger les lois d'impunité en Amérique latine qui protégeait les responsables et agents des anciennes dictatures militaires.

Ainsi, il conviendra de mettre en lumière la manière dont la place du droit international au sein du droit constitutionnel est essentielle pour que l'État applique des mesures de justice transitionnelle qui sont dues aux victimes, mais aussi à l'ensemble de la population, qui est en droit de savoir ce qui s'est passé. Depuis les années 1970, il est devenu le vecteur de l'application des conventions et des traités internationaux ratifiés par l'État au sein de la législation interne. La norme suprême doit être le moyen utilisé pour que les gouvernements démocratiques chargés de la gestion du passé dictatorial respectent les droits fondamentaux des citoyens – dont le droit au recours, le droit à la vérité et le droit à réparation – au moyen de l'application du droit international. Le tribunal panaméricain a un poids essentiel dans la remise en cause des lois d'impunité en Amérique latine en imposant aux juges internes des États parties au système américain de protection des droits de l'Homme de remettre en cause les lois d'amnistie vis-à-vis du droit international public au moyen du droit constitutionnel. En effet, le juge interaméricain insiste sur la nécessité du caractère subsidiaire du contrôle de conventionalité qui doit prioritairement être effectué par les juridictions internes en se fondant sur le droit constitutionnel qui a affirmé la supériorité du droit international sur le droit national[46]. Les révisions constitutionnelles opérées en Amérique latine dans les années 1990 ont consacré la supériorité du droit international sur le droit interne. Elles ont pu affirmer expressément le caractère constitutionnel des traités internationaux, notamment en matière de protection des droits fondamentaux des citoyens. Le droit au recours faisant partie des droits de l'Homme, dont découle l'obligation de poursuivre et de sanctionner les responsables des crimes de masse. Les juridictions nationales, sous l'impulsion de la jurisprudence de la Cour IDH, ont réaffirmé ces principes qui relèvent du *jus cogens*. Les juges, quel que soit leur niveau dans la hiérarchie judiciaire, doivent rappeler et faire respecter les obligations inhérentes de l'État.

Le renouvellement des élites judiciaires, lors de la décennie 1990, a influencé la lutte contre l'impunité et le développement de la justice transitionnelle. Cela a permis l'avènement d'une nouvelle génération de juges en Amérique latine qui vont se servir des conventions internationales pour mettre fin à l'impunité dont bénéficiaient les anciens responsables politiques et aux agents des régimes dictatoriaux. En effet, le droit international contemporain met l'accent sur l'obligation positive des États de poursuivre et de sanctionner les auteurs de violations des droits de l'Homme, notamment les faits relevant de crimes contre l'humanité par la jurisprudence et les conventions internationales. Les magistrats vont devenir, volontairement ou non, le réceptacle de la lutte pour le droit sous l'effet des changements de normes et des institutions. Juges nationaux et étrangers, tout comme le juge supranational, sont chargés du pouvoir de juger et de condamner l'État si celui-ci ne respecte pas ses obligations. Les magistrats contrôlent de manière permanente la hiérarchie des normes susceptibles d'interpréter et modifier les règles de l'ordre juridique national des décisions des exécutifs et de l'administration afin qu'elles soient en conformité avec le droit international. Le juge devient un vecteur de contrôle de l'action de l'État, de ses gouvernants et de son droit[47].

---

46 (L.) BURGORGUE-LARSEN, « Chronique d'une théorie en vogue en Amérique latine. Décryptage du discours doctrinal sur le contrôle de conventionalité », *Revue française de droit constitutionnel*, n° 100, 2014, p. 841.

47 (B.) FRYDMAN, « Le juge à l'âge global », *Cités*, n° 69, 2017, pp. 70-71.

TITRE 1.

LA JUSTICE TRANSITIONNELLE, UN PROCESSUS LIÉ AU DROIT INTERNATIONAL

CHAPITRE 1.

Le droit à réparation, une obligation de l'État vis-à-vis des victimes de violations des droits de l'homme

La réparation des victimes de violations des droits de l'Homme puise son origine dans le droit interne. Les transitions démocratiques en Argentine et au Chili ont introduit ce type de mesure à destination des crimes de masse perpétrés par les anciennes dictatures militaires. Il s'agit d'indemniser financièrement les rescapés victimes de la torture commise par les agents du régime contraire aux droits fondamentaux. Lorsque des victimes sont décédées ou déclarées comme disparues, la famille bénéficie d'indemnisations financières ou d'aides directes dans plusieurs domaines comme l'éducation ou a santé ainsi que l'exemption de service national). Toutes ces mesures ont un but principal, il s'agit de la reconnaissance officielle de la souffrance des victimes.

SECTION 1.
Le droit international à réparation, l'avènement d'une mesure issue du droit interne

§1. L'indemnisation des familles des victimes disparues et/ou décédées

A. Le droit à réparation en Argentine et au Chili, recommandations des Commissions de Vérité

Dès le retour à la démocratie en 1983, le gouvernement argentin avait décidé d'engager des réparations sous forme d'indemnisation financière. La CONADEP fut utilisée comme preuve pour les familles pour bénéficier de cette mesure. L'inconvénient de cette loi était la limitation des indemnisations aux seuls cas de disparitions forcées, écartant les autres violations des droits fondamentaux[1]. Si le vote des deux lois d'amnistie du *Point final* et de l'*Obéissance due* en 1986 et en 1987 éteignait toute action pénale à l'encontre de personnes visées par des accusations de violations des droits de l'Homme, elles n'empêchaient pas l'action civile. De plus, l'extinction de l'action judiciaire n'empêchait pas l'éclosion de la vérité avec le rapport de la Commission nationale sur les disparus qui faisait état, en 1984, de 9000 disparus. Le 10 décembre 1986, le Congrès argentin promulgue, par la loi n° 23.466, l'instauration d'une pension à destination des familles de personnes victimes de disparitions forcées sous la dictature[2]. Ce texte fut modifié le 25 juillet 1990 en prévoyant une pension à vie équivalente à 75 % du salaire minimum aux parents des victimes de disparitions forcées les plus proches. Des mineurs âgés de moins de vingt-et-un ans prouvant que leurs deux parents ou seulement l'un des deux furent victimes de disparitions forcées pouvaient prétendre à cette rente. Elle pouvait aussi bénéficier aux enfants de moins de vingt-et-un ans, le conjoint ayant survécu, les parents, mais aussi les frères et sœurs avec qui vivait la victime avant la disparition[3].

En effet, les deux dispositifs d'indemnisation de 1986 et de 1991 excluaient certaines violations des droits de l'Homme de leur champ d'application. Ces deux mesures de réparation ne visaient qu'un seul crime, la disparition forcée. Elles se concrétisaient à travers une seule modalité, l'indemnisation financière. Il ne s'agissait pas de remettre en cause les lois d'amnistie votées à la deuxième moitié des années 1980 sous la pression de l'armée. Malgré ces dispositions garantissant l'impunité pour les responsables et les exécutants des crimes sous la dictature, elles n'empêchent pas les victimes ou leurs proches de saisir la justice pour l'ouverture de procédures civiles. À la différence des deux lois d'indemnisation votées à l'aube de la décennie 1990, les actions civiles pouvaient concerner l'ensemble des violations des droits de l'Homme[4]. Une autre mesure législative, approuvée le 8 juin 1994[5], ayant pour fonction de clarifier la situation administrative de

---

[1] (N.) YOUSSEF, *La Transition démocratique et la garantie des droits fondamentaux*, Coll. Droit et Sciences politiques, Publibook, Paris, 2011, p. 439.

[2] LEY N° 23.466, 10 diciembre 1986, Otórgase una pensión no contributiva a familiares de personas desaparecidas, Requisitos, http://servicios.infoleg.gob.ar/infolegInternet/anexos/60000-64999/63251/texact.htm (consulté le 12 mars 2019).

[3] LEY N° 23.793 PENSIONES, sancionada de 20 junio de 1990, *Sustitúyese el artículo 3° de la Ley N° 23.466*, promulgada julio 25 de 1990.

[4] (N.) YOUSSEF, *op. cit.*, p. 441.

[5] LEY N° 24.321 DESAPARICION FORZADA DE PERSONAS, Sancionada 11 de mayo de 1994, Declaración de ausencia. Juez competente. Procedimiento. Plazos. Efectos civiles. Reaparición con vida del ausente. Alcances a caos de ausencia con presunción de fallecimiento, promugaldo de 8 de junio de 1994.

certaines familles dont les membres furent victimes de disparitions forcées. Il s'agissait avant tout de faciliter les preuves de décès d'un individu disparu pendant la dictature. Une fois encore, toutes les victimes n'en ont pas bénéficié. Les victimes pouvant obtenir réparation devant les juridictions civiles, un juge de Buenos Aires a condamné à une forte amende, le 17 novembre 1994, les généraux Massera et Lambruschini, chefs de la marine et anciens responsables de la première junte militaire en 1976[6]. C'était d'ailleurs la première fois depuis les dernières grâces présidentielles accordées en 1990 que des militaires argentins impliqués dans la répression sous les années de la dictature sont condamné. Face à cette situation, le président argentin Carlos Menem a promulgué une autre loi, le 28 décembre 1994, prévoyant des compensations économiques aux parents, enfants ou héritiers des victimes disparues ou décédées lors de la période de répression[7]. Il convient de relever que, lors des discussions relatives à ces indemnisations, il avait été pensé que la politique de réparations pourrait se calquer sur celle relative aux accidents du travail. Le président Menem avait écarté cette hypothèse en estimant qu'une violation des droits de l'Homme n'avait rien d'accidentel. Ainsi, l'unité de base qui fut choisie pour calculer les prestations accordées à titre de réparation fut le salaire le plus élevé dans la fonction publique[8].

En Argentine, l'indemnité versée aux membres de la famille de détenus disparus était la somme minimale versée à tous les retraités, à laquelle tous les ayants droit avaient droit sur un pied d'égalité. Toutefois, les montants de ces indemnités sont souvent très faibles et ne permettent souvent pas d'assurer une subsistance, même modeste. Ainsi, les victimes n'ont pas le sentiment d'être reconnues en raison du caractère très modeste de ces réparations pécuniaires. En effet, les détenus rescapés qui furent torturés avaient bénéficié d'une réparation substantielle. Les proches des détenus disparus et/ou décédés ne pouvaient évidemment pas se satisfaire d'avoir reçu une pension minimale, inférieure à celle reçue par les victimes rescapées des centres clandestins de détention[9]. Ainsi, en 1994, trois ans après le début du programme de réparations pour les personnes emprisonnées, le Congrès

---

6 (S.) LEFRANC, *Politiques du pardon*, *op. cit.*, p. 37.

7 LEY N° 24.411, DESAPARICION FORZADA DE PERSONAS, Sancionada 7 de diciembre de 1994, *Beneficios que tendrán derecho a percibir por medio de sus causahabientes, personas que se encuentren en tal situación*, promulgado 28 de diciembre de 1994, Recaudos para su obtención. Alcances ;

8 HAUT-COMMISSARIAT DES DROITS DE L'HOMME, *Programmes de réparation*, *op. cit.*, p.32.

9 (C.) CORREA, « Programas de reparación para violaciones masivas de derechos humanos: lecciones de las experiencias de Argentina, Chile y Perù » *in* COMISIÓN DE AMNISTÍA DEL MINISTERIO DE JUSTICIA CENTRO INTERNACIONAL PARA LA JUSTICIA TRANSICIONAL (ICTJ), *Justicia transicional. Manual para América latina*, International Center for Transitional Justice, Brasilia, New York, 2011, p. 462.

argentin a adopté une loi accordant des réparations aux disparus et aux tués, en reconnaissant de manière partielle l'injustice de l'indemnisation financière qui avaient bénéficié aux personnes emprisonnées, mais pas des familles des disparus. Ainsi, le pouvoir législatif argentin a accordé des sommes de 250 000 à 3 millions de dollars en « dommages moraux » aux familles des disparus. La loi de décembre 1994 sera complétée trois ans plus tard[10]. En 1998, le gouvernement argentin s'était engagé à dépenser jusqu'à 3 milliards de dollars pour couvrir les coûts prévus par les programmes de réparations[11]. En 2004, une loi dite de *Vérité et réparations* a été votée, afin d'accorder entre 25 000 et 50 000 dollars aux personnes qui ont été victimes durant leur enfance, notamment celles qui sont nées dans les geôles de la dictature et attribuées à d'autres familles. Pour beaucoup de victimes de la dictature en Argentine, plus qu'une compensation financière, il s'agissait de se battre pour la création d'un statut spécifique aux disparitions forcées. Les proches des victimes ont voulu que la disparition forcée devienne l'équivalent juridique de la mort. Il s'agit de permettre aux familles de traiter les testaments, de distribuer l'héritage, de fermer la succession d'une personne disparue même si la mort n'a pas été officiellement reconnue. D'ailleurs, si la personne a vu son décès reconnu, le statut des disparitions forcées permet de pérenniser ces aides à destination des familles de victimes de ce type de violation des droits de l'Homme.

En effet, avant la loi de 1994 qui va accorder ce statut de disparu, une famille était obligée de déclarer que la personne était « présumée morte » afin de régler le testament de la personne, de vendre son logement et de fermer son compte bancaire. Cela permettre aux familles de disparus d'obtenir un « certificat de disparition forcée » qui est devenue la « loi sur la sincérité historique ». L'Argentine fut le premier pays à créer ce statut, qui a d'ailleurs inspiré d'autres pays. Dans le cadre de l'application de mise en œuvre des lois sur les réparations en Argentine, le ministère des Droits de l'Homme du gouvernement a communiqué sur plus de cas que les cas recensés à l'époque par la CONADEP. En effet, la Commission n'a été chargée que d'enquêter sur les victimes « disparues », excluant généralement les personnes qui ont été assassinées ou celles qui sont mortes en détention et dont les corps ont été retrouvés et identifiés. La CONADEP n'étant chargée que d'enquêter sur les disparus, elle n'a pas dénombré ceux qui ont survécu à la détention et à la torture. Les 8 960 personnes disparues, enlevées par l'armée ou la police argentine relevées par la Commission n'ont en effet jamais reparu, qu'elles

10 LEY 24.823, Desaparición forzada de personas. Reparaciones. Modificaciones al régimen de la ley 24.411, 7 de mayo de 1997, BO, 28 de mayo de 1997.
11 P. HAYNER, *op. cit.*, pp. 170-171.

soient mortes ou vivantes. Dans le processus d'application des programmes de réparation, le Bureau des droits de l'Homme du ministère de l'Intérieur a commencé le premier décompte complet du nombre de non-combattants tués sous le régime militaire, en plus des disparus[12].

La Commission Vérité et Réconciliation chilienne a établi dans son rapport, en 1991, l'instauration de mesures de réparation, notamment pécuniaires. À la différence de la CONADEP instaurée huit ans auparavant en Argentine, la « Commission Rettig » au Chili ne préconisait pas de remettre en cause le décret-loi d'amnistie de 1978. Ce décret-loi d'amnistie bloque toute procédure civile à l'encontre de l'État et des personnes soupçonnées de violations des droits de l'Homme durant la dictature militaire. Cela empêche le plein exercice, dans le cadre de la justice transitionnelle, du droit de la victime à pouvoir saisir la justice et à obtenir une réparation proportionnelle au préjudice subi devant un tribunal. Il y eut une limitation des réparations en empêchant tout recours juridictionnel en raison de la loi d'amnistie de 1978[13]. Malgré cet obstacle important, les politiques de réparations décidées par la Commission Rettig furent traduites dans la législation chilienne. Son rapport final, en plus de prévoir des mesures d'indemnisation pécuniaires à destination des proches des victimes d'atteintes aux droits fondamentaux sous Pinochet, a demandé à l'État d'instaurer une « politique substantielle » de réparation dépassant le cadre financier. Il s'agit d'exécuter d'autres modalités de réparations inhérentes à la justice transitionnelle que sont une aide juridictionnelle et administrative, un appui financier à l'éducation, un appui financier aux soins de santé et à l'assistance psychologique ainsi que des réparations symboliques avec l'instauration de parcs publics et de monuments en hommage aux victimes[14].

Ainsi, le pouvoir chilien a adopté le 8 février 1992 la loi n° 19 122[15] ayant pour objectif l'attribution d'une somme à destination de toutes les victimes citées dans le rapport de la Commission Rettig. Il s'agit d'aider ces personnes à surmonter les atteintes qu'elles ont subies. La loi a instauré une Agence nationale pour la réparation et la réconciliation. Elle a pris la forme d'un organe temporaire et décentralisé de l'État. Elle était placée sous la direction du ministère chilien de l'Intérieur pendant une période de deux années. Cette agence a ainsi eu pour fonction d'indemniser les familles de victimes et

---

12 *Ibid.*

13 (N.) YOUSSEF, *op. cit.*, p. 441.

14 *Ibid.*, p. 442.

15 MINISTERIO DEL INTERIOR, LEY 19 123, Crea corporacion nacional de reparacion y reconciliacion, establece pension de reparacion y otorga otros beneficios en favor de personas que señala, 8 de febrero de 1992.

élaborer des programmes chargés du développement d'une culture du respect des droits humains[16]. Ainsi, ses deux principales missions sont d'octroyer des réparations aux familles des victimes dont le nom apparaît dans le rapport de la Commission Rettig et par l'Agence elle-même[17]. Cette loi de 1992 prévoit les réparations suivantes à destination des familles de victimes de disparus. Il s'agit tout d'abord d'une rente mensuelle de 140 000 pesos chiliens, environ 114 euros, au bénéfice des proches des victimes. Elle est distribuée à 40 % au conjoint qui a survécu, 30 % à la mère ou au père en l'absence de la mère, 15 % à la mère ou au père de l'enfant naturel de la victime et à 15 % à chaque enfant de la victime de moins de vingt-cinq ans et aux enfants handicapés, quel que soit leur âge. Chaque bénéficiaire a le droit de percevoir une somme annuelle qui équivaut à douze rentes mensuelles. Le gouvernement a aussi prévu des soins médicaux gratuits pour les proches de victimes dont le revenu est inférieur au seuil de pauvreté. L'exécutif chilien a instauré un Programme de réparation et de soins médicaux intégraux instituant des droits médicaux généraux, des services sociaux, une aide psychologique et d'autres services gratuits. Les parents, enfants, frères et sœurs des victimes peuvent également prétendre à ce programme. De plus, les enfants de victimes, jusqu'à l'âge de trente-cinq ans, peuvent bénéficier d'avantages spéciaux concernant l'éducation. Cela donne le droit à des bourses et à des allocations couvrant les coûts d'inscription à un établissement et les frais de la vie quotidienne. Enfin, les enfants de victimes sont exemptés de service militaire[18].

Si les dispositions semblent répondre aux attentes légitimes de réparation des victimes de la dictature ainsi que de leurs proches, cette loi fut controversée. En effet, le champ d'application du programme de réparations est restreint puisque seules les victimes de disparitions forcées et de mort sont concernées. La Commission Rettig n'a pas tenu compte des autres violations des droits fondamentaux. De plus, les indemnisations financières étaient relativement faibles. Si le décret-loi d'amnistie de 1978 n'avait pas été appliqué, les réparations prévues en droit chilien devant les juridictions civiles auraient été plus importantes. Ainsi, la justice transitionnelle, appliquée de manière partielle au Chili en raison des modalités de la transition démocratique, a rendu les mesures de réparation plus faibles. D'ailleurs, dans un rapport de 1996, la Commission interaméricaine des droits de l'Homme a reproché au Chili sa loi d'impunité qui empêchait les victimes ou leurs

---

16 (A.) MARTIN (dir.), La mémoire et le pardon. Les Commissions de la Vérité et de la Réconciliation en Amérique latine, Collection Pouvoirs comparés, L'Harmattan, Paris, 2009, p. 28.
17 THE REDRESS TRUST, *op. cit.*, p. 69.
18 MINISTERIO DEL INTERIOR, LEY 19 123, *op. cit.*, p. 10.

proches de pouvoir saisir la justice concernant les violations de leurs droits fondamentaux sous la dictature[19]. Néanmoins, malgré ses nombreuses lacunes indiscutables comme l'impossibilité de saisir la justice sur les crimes commis sous la dictature, le modèle chilien de réparation a au moins le mérite de reconnaître officiellement les violations commises par le régime du général Pinochet. Le Chili reconnaît ainsi juridiquement les personnes qui ont subi des violations graves de leurs droits fondamentaux et les familles qui ont perdu un proche sous la dictature, entre 1973 et 1990. Le système de réparations du préjudice résultant des atteintes aux droits de l'Homme n'a malheureusement pas bénéficié à toutes les victimes. Seules les familles des disparus et des morts avaient droit aux indemnisations financières. En effet, les survivants qui subirent des actes de torture et de privation de liberté sous la dictature n'étaient pas concernés par les réparations pécuniaires. La seule réparation qui leur était allouée était l'accès gratuit à des soins médicaux et psychologiques, dont la qualité était discutable[20].

La majeure partie des États qui ont connu une période de régime autoritaire en Amérique latine ont procédé à une limitation des réparations dues aux victimes d'atteintes graves aux droits de l'Homme. L'instauration de mesures partielles de réparation s'est uniquement faite dans le cadre de la justice transitionnelle. Les États n'ont fait que suivre les recommandations des Commissions de Vérité lorsque les nouveaux gouvernements démocratiques ont décidé d'en instaurer ce type d'organe. Ainsi, l'Argentine et le Chili n'ont appliqué que certaines mesures de réparation. En effet, les lois d'amnistie empêchaient les citoyens victimes de saisir la justice, alors que l'action judiciaire est la première des réparations. De plus, lorsque les Commissions Vérité décidaient d'adopter de larges indemnisations, les États en question ont réduit le périmètre de possibilité de réparation pécuniaire[21]. Dans le cas chilien, deux critères ont été utilisés pour les disparus, le montant de référence fut calculé sur la base du revenu familial moyen de l'époque. Il s'agit de l'équivalent de 537 $ US. Ainsi, une veuve ou un veuf d'une personne disparue recevait 40 % de ce montant, soit 322 dollars $ US, la mère d'un disparu 30 %, soit 241 $ US, et un fils ou une fille 15 %, soit

---

19 COMMISSION INTERAMÉRICAINE DES DROITS DE L'HOMME, *Garay Hermosilla et autres c. Chili*, affaire 10 843, Rapport n° 36/96, OEA/Ser.L/V/II.95 Doc.7 rev., p. 156, 1996 ; *Leopoldo Garcia Lucero c. Chili*, affaire 350/02, Rapport n° 58/05 (Admissibilité).

20 (L.) JOINET (dir.), Lutter contre l'impunité, dix questions pour comprendre et pour agir, *op. cit.*, p. 29.

21 (P.) DE GREIFF, « Justicia y reparaciones » *in* COMISIÓN DE AMNISTÍA DEL MINISTERIO DE JUSTICIA CENTRO INTERNACIONAL PARA LA JUSTICIA TRANSICIONAL (ICTJ), *Justicia transicional. Manual para América latina*, International Center for Transitional Justice, Brasilia, New York, 2011, p. 438.

121 dollars $ US, en plus du versement initial de l'équivalent d'une année de pension. Il faut souligner que dans le cas des victimes d'emprisonnement politique et de torture, la pension variait selon l'âge de la victime, le montant minimum étant fixé à 230 $ US. Les organisations de défense des droits de l'Homme ont estimé insuffisants les montants attribués aux victimes détenues de manière arbitraire pour raisons politiques[22].

B. La réparation des victimes en Uruguay et en Espagne, une justice post-transitionnelle

L'Uruguay a tardivement indemnisé les familles des victimes des disparitions forcées sous la dictature. Il a fallu attendre la Commission pour la Paix instaurée par le président Jorge Battle en 2000 pour dédommager les familles de disparus[23]. En reconnaissant la responsabilité de l'État dictatorial dans les atteintes aux droits fondamentaux, le gouvernement uruguayen prévoit le rétablissement de l'intégrité des victimes par des réparations matérielles et symboliques. Dans un discours prononcé en 2005, le président uruguayen Tabaré Vasquez promettait « *sans distinction aucune, la réparation de toutes les victimes des faits survenus dans ces terribles années qui ont tellement blessé et divisé la société uruguayenne* »[24]. Ce dernier avalisait « la théorie des deux démons » – en référence à l'expression de l'ancien président argentin Raoul Alfonsín – en indemnisant à la fois des victimes de la dictature, mais aussi des agents de l'État par les guérilleros dans les années soixante-dix.

La loi n° 7 894 du 14 septembre 2005 prévoit que les personnes disparues du territoire national et dont le sort fut confirmé par le rapport final de la Commission pour la Paix seront déclarées « absentes pour cause de disparition forcée ». Il en sera de même pour les cas non résolus par la Commission de 2000 que le Pouvoir exécutif soumettra au rapport du Secrétariat le suivi de la Commission[25]. Il est intéressant de constater que les mesures de réparation commencent à une période précédant le coup d'État

---

22 (C.) CORREA, « Programas de reparación para violaciones masivas de derechos humanos: lecciones de las experiencias de Argentina, Chile y Perù » *in* COMISIÓN DE AMNISTÍA DEL MINISTERIO DE JUSTICIA CENTRO INTERNACIONAL PARA LA JUSTICIA TRANSICIONAL (ICTJ), *Justicia transicional. Manual para América latina*, International Center for Transitional Justice, Brasilia, New York, 2011, p. 463.

23 (E.) ALLIER MONTAÑO, « Les disparus politiques en Uruguay, entre l'histoire et la mémoire », *Conserveries mémorielles*, 2011, p. 13.

24 (L.) BOUVET, Uruguay 1985-2013 : pour une mémoire de la justice. L'évolution du traitement judiciaire des affaires de violations des Droits de l'Homme dans la démocratie post-dictatoriale, Mémoire de maîtrise, Université Stendhal III, Grenoble, 2013, p. 133.

25 LEY n° 17.894, 14 de septiembre de 2005, Personas cuya desaparición forzada resultó confirmada por el anexo 3.1 del informe final de la Comisión para la paz, Publicada D.O, n° 26835, 19 de septiembre de 2005.

de 1973 qui porta les militaires au pouvoir. La période concernée par la loi pour la reconnaissance des violations des droits de l'Homme commence à l'année 1968 qui est considérée par le législateur comme le début de l'engrenage de la violence politique qui, en réaction, a entraîné l'arrivée des militaires au pouvoir cinq ans plus tard. La loi de réparations de mars 2007 prévoit ainsi une indemnisation de 150 000 dollars à répartir entre les familles de dix-huit militaires, quatorze civils, vingt-quatre policiers et des vingt-six disparus présents sur la liste de la Commission pour la Paix[26].

Le législateur uruguayen approuve le 18 septembre 2009 la *loi de Réparation intégrale* qui reconnaît « "la rupture de l'État de Droit empêchant l'exercice des droits fondamentaux des personnes, en violation aux droits de l'Homme et aux normes du Droit International Humanitaire dans la période comprise entre le 27 juin 1973 et le 28 février 1985", ainsi que la responsabilité de l'État "dans la pratique systématique de la disparition forcée et la prison arbitraire, l'assassinat, l'annihilation de la personne dans son intégrité psychophysique, l'exil politique ou le bannissement de la vie sociale entre le 13 juin 1968 et le 26 juin 1973" en application des Mesures de Sécurité d'Urgence et de la Doctrine de Sécurité Nationale »[27]. Ce texte permet ainsi de reconnaître tout citoyen ayant vu atteint son droit à la vie, à son intégrité psychophysique et à sa liberté pour des motifs politiques, idéologiques ou syndicaux par des agents d'État de comme « victime du terrorisme d'État » et « victime de l'action illégitime de l'État », entre le 13 juin 1968 et le 26 juin 1973[28].

Alors que la transition démocratique espagnole était présentée comme un modèle pour l'Amérique latine dans les années 1980, la situation s'est inversée vingt ans plus tard. À partir du milieu de la décennie 1990, des associations de mémoires des victimes du régime franquiste, mais une partie de la société espagnole considère que la transition démocratique s'est réalisée en occultant le passé et, par conséquent, la vérité. Le retour en démocratie dans le Cône Sud de l'Amérique latine s'est effectué par des politiques de justice transitionnelle, même partielles. Or, rien de tout ne cela s'est réalisé en Espagne après la mort du général Franco en 1975. Aucune politique d'indemnisation à destination de ceux qui se sont opposé au *Caudillo*, qu'ils aient été exilés, emprisonnés ou qu'ils aient perdu la vie, ne fut instaurée au retour de la démocratie. Face à cela, le président du gouvernement espagnol, José Luis Rodríguez Zapatero, a institué en juillet 2004, quelques mois après

26 (L.) BOUVET, *op.cit.*

27 LEY n° 18.596, 18 de septiembre de 2009, Actuación ilegítima del estado entre el 13 de junio de 1968 y el 28 de febrero de 1985 reconocimiento y reparación a las víctimas, Publicada Diaro Official, n° 27838, 19 de octubre de 2009.

28 *Idem.*

sa prise de fonctions, une Commission interministérielle pour l'étude de la situation des victimes de la Guerre civile et du franquisme. Parmi ses recommandations, celle-ci a proposé l'indemnisation des anciens prisonniers politiques et d'autres types de victimes comme les anciens maquisards[29]. L'article 2 de la loi prévoit « qu'en tant qu'expression du droit de tous les citoyens à la réparation morale et à la récupération de la mémoire personnelle et familiale, sont reconnues et déclarées comme radicalement illégales toutes les condamnations, sanctions et toutes formes de violence personnelle pour des raisons politiques, idéologiques ou de croyance religieuse, durant la Guerre civile et la dictature pour des raisons politiques, idéologiques ou de croyance »[30]. La *loi sur la Mémoire historique* prévoit l'indemnisation des proches des victimes ayant perdu la vie pour la défense de la démocratie entre le 1er janvier 1968 et le 6 octobre 1977. L'alinéa premier de l'article 10 de la loi dispose que les familles des victimes décédées durant cette période seront indemnisées à hauteur de 135 000 euros. L'alinéa 2 de l'article 10 prévoit que les bénéficiaires seront les enfants et le conjoint de la personne morte, même s'ils ne sont pas mariés. La seule condition est que le couple ait vécu ensemble pendant les deux ans qui ont précédé la mort de la personne et qu'il n'y ait pas eu de descendance[31].

§2 L'application du droit à réparation des personnes survivantes.

A. Le rôle des Commissions de vérité en Argentine et au Chili.

Les politiques de réparation décidées en Argentine et au Chili l'ont été par les Commissions de Vérité. Instruments du droit à la vérité, ces organes chargés d'écouter les victimes font que l'avènement de celles-ci constitue la première des réparations. La première des réparations est leur réintégration au sein de la société dont elles avaient été exclues. L'instauration des Commissions de Vérité en Argentine et au Chili fut un moyen d'écouter et de reconnaître la souffrance des victimes ou de leurs proches. Ces organes ont ainsi émis dans leurs rapports un nombre important de propositions, dont les réparations à destination de ceux qui ont souffert de la répression sous la dictature. Les Commissions de Vérité ont décidé la mise en place d'indemnisations pécuniaires ainsi que des mesures concrètes comme

---

29 (D.) ROZENBERG, « Le "pacte d'oubli" de la transition démocratique en Espagne. Retours sur un choix politique controversé », *Politix*, n° 74, 2006, p. 186.

30 LEY 52/2007, 26 de diciembre de 2007, Por la que se reconocen y amplían derechos y se establecen medidas en favor de quienes padecieron persecución o violencia durante la guerra civil y la dictadura, Jefatura del Estado, *op. cit.*, p. 53411.

31 *Ibid.*., p. 53413.

l'exemption du service national, la prise en charge des études. Il y a aussi les mesures plus symboliques comme la mise en place de monuments ou la refonte des programmes scolaires et des manuels d'Histoire afin qu'ils évoquent les violations des droits de l'Homme qui furent commises clandestinement par les forces de sécurité. Ces politiques de réparation furent concrétisées à travers plusieurs lois. En mettant à jour les atteintes en masse de la violation des droits fondamentaux, les Commissions de Vérité ont permis à ce que ceux-ci ne soient plus occultés au sein de la population. Ainsi, elles poussent le gouvernement à prendre les mesures nécessaires de réparation. La réparation, comme la Commission de Vérité, s'inscrivent dans la justice dite « réparatrice ». Plus que de sanctionner les coupables, elles ont pour but d'aider les victimes et les réintégrer à la société dont les gouvernements dictatoriaux leur avaient dénié ce droit. Pour la chercheuse Sandrine Lefranc, « la fonction de réparation, ne relève presque plus de la justice civile, mais de l'exécutif, la revendication d'une finalité de thérapie des personnes blessées *et* du lien social au moyen d'une justice empathique et émue »[32].

Si les premières politiques de réparation furent destinées aux proches des personnes disparues, elles bénéficieront également aux personnes survivantes des centres de tortures qui ont été enfermées sans décision judiciaire ou alors après une décision de la justice militaire et qui ont subi de graves atteintes à leurs droits fondamentaux. Au début des années 1990, le président Carlos Menem a décidé de prendre des mesures destinées visant à indemniser les citoyens argentins victimes des atteintes aux droits de l'Homme. L'objectif était d'atténuer l'impopularité des grâces présidentielles des généraux condamnés en 1985 et le coup politique qui pouvait en découler[33]. En vertu des pouvoirs que lui confère la Constitution argentine, le président Carlos Menem prit un premier décret sur cette question le 10 janvier 1991[34]. Il prévoyait des réparations économiques à toutes les personnes emprisonnées illégalement ou détenues selon le bon vouloir du pouvoir exécutif. La mise en œuvre de l'indemnisation s'est traduite à travers

---

[32] (S.) LEFRANC, « La justice de l'après-conflit politique : justice pour les victimes, justice sans tiers ? », *Négociations*, n° 24, 2015, p. 112.

[33] (É.) JELIN, « Les mouvements sociaux et le pouvoir judiciaire dans la lutte contre l'impunité », *Mouvements*, n° 47-48, 2006, p. 88.

[34] DECRETO 70/91, 10 de enero de 1991, Establécense beneficios para aquellas personas que hubieran sido puestas a disposición del PODER EJECUTIVO NACIONAL por acto emanado de éste, antes del 10 de diciembre de 1983 y que, habiendo iniciado juicio por indemnización de daños y perjuicios por tal motivo antes del 10 de diciembre de 1985, no hubieran obtenido satisfacción por haberse hecho lugar a la prescripción mediante sentencia firme , BO, 16 de enero de 1991.

une loi spéciale. Votée le 23 décembre 1991[35], elle dispose une indemnité de l'État aux citoyens détenus en vertu d'une décision des tribunaux militaires sous la dictature. La condition était que la victime en question ne fût pas indemnisée par une juridiction et qu'elle ait renoncé à tout autre jugement[36]. Cette loi prévoit que l'indemnisation correspond à un trentième du salaire mensuel de la plus haute catégorie de fonctionnaires civils par jour d'emprisonnement, un trentième du salaire mensuel par journée de détention. En cas de décès durant la détention, le texte prévoit l'ajout d'une somme équivalente à cinq années supplémentaires d'enfermement. Enfin, cette loi de 1991 disposait le versement d'un trentième de la rémunération mensuelle par journée de détention en ajoutant une somme correspondant à cinq années d'emprisonnement, réduite à trente pour cent pour les graves violations subies par la victime lorsqu'elle fut détenue. Pour bénéficier de ces mesures de réparation, les victimes avaient un délai de 180 jours suivant la publication de la loi pour avoir droit à leur indemnisation. En revanche, tout demandeur de cette mesure devait renoncer à toute autre indemnisation[37]. Dans un rapport publié en mai 2006 concernant l'exécution des réparations en faveur des victimes de torture et autres crimes internationaux, *The Redress Trust* avait souligné que de nombreuses personnes ayant subi des atteintes à leurs droits fondamentaux lorsque la dictature militaire était au pouvoir n'ont pas pu bénéficier des mesures d'indemnisations proposées par le gouvernement argentin en 1991. En raison de la limitation de l'application de la loi, beaucoup de victimes n'ont pas pu être indemnisées en raison des difficultés à apporter les preuves relatives à la durée de leur emprisonnement et de la date de leur libération. En effet, l'armée refusait de délivrer les informations. De plus, le rapport de la CONADEP ne détaillait pas le cas des victimes ayant été emprisonnées puis relâchées[38]. D'ailleurs, durant les années 1990, beaucoup de citoyens argentins ayant subi directement les atteintes aux droits de l'Homme du régime militaire au pouvoir de 1976 à 1983 n'ont pas pu bénéficier des mesures de réparation.

L'une des mesures de réparation est de permettre aux familles des victimes de retrouver les enfants de leurs proches nés en captivité et placés dans des familles de militaires ou des civils qui partageaient l'idéologie de la dictature. En Argentine, jour de la remise du rapport de la CONADEP, le

---

35 LEY N° 24.043, 23 de diciembre de 1991, Otórganse beneficios a las personas que hubieran sido puestas a disposición del P.É.N. durante la vigencia del estado de sitio, o siendo civiles hubiesen sufrido detención en virtud de actos emanados de tribunales militares, Requisitos.

36 (S.) LEFRANC, *Politiques du pardon*, Coll. Fondements de la politique, PUF, Paris, 2002, pp. 36-37.

37 LEY N° 24.043, *op. cit.*

38 THE REDRESS TRUST, L'exécution des réparations en faveur des victimes de torture et autres crimes internationaux, Londres, mai 2006, p. 72.

président de la République de l'époque, Raúl Alfonsín, a promulgué un décret, le 20 septembre 1984, qui institue un Sous-Secrétariat aux droits de l'Homme alors placé sous l'autorité du ministère argentin de l'Intérieur[39]. Cette structure sera remplacée par la Direction nationale des droits de l'Homme à la suite du décret du 12 avril 1991[40]. Finalement, le Secrétariat sera rétabli cinq ans plus tard *par le biais* d'un décret du 24 juin 1996[41]. À la suite de l'action des Mères de la Place de Mai, le gouvernement argentin a instauré la Commission nationale du droit à l'identité par un décret de 1992. Cet organisme est placé sous la tutelle du Secrétariat d'État aux droits humains et sociaux. La requête devait être réalisée auprès d'un juge afin de prouver la disparition forcée. Dès réception de la demande, le juge doit demander des rapports à l'autorité auprès de laquelle la disparition aurait été signalée auprès de la justice, de la CONADEP ou du Secrétariat aux droits humains et sociaux. L'absence pour disparition forcée devient automatiquement présumée soixante jours après le dépôt de la plainte s'il n'y a pas de traces de cadavre[42]. Une base de données génétiques avait été mise en place pour que les familles des disparus puissent retrouver leurs enfants nés dans les centres clandestins de détention. Le législateur argentin a fait approuver le 8 août 2001 la création d'une Commission nationale pour le droit à l'identité afin d'effectuer cette mission. Placée sous l'autorité du ministère de la Justice, son article 4 prévoit de solliciter l'assistance, les conseils et la collaboration de la Banque Nationale de données génétiques, ordonner des expertises génétiques, demander à cette même Banque Nationale de données génétiques des rapports de manière régulière sur ses archives. L'article 5 prévoit que la Commission devra conserver secrète l'identité de la personne qui en fait la demande sauf disposition contraire prévue par la loi, informer le requérant de chaque démarche effectuée et de son résultat ainsi qu'organiser un fichier de dossiers sur les personnes à la recherche de leur identité, qui devra être conservé de manière inviolable et inaltérable[43].

39 DECRETO n° 3090/84, 20 de septiembre de 1984, Creación de la Subsecretaría de Derechos Humanos en el ámbito del Ministerio del Interior, BO, 20 de septiembre de 1984.

40 DECRETO n° 645/91, 12 de abril de 1991, Reestructuración administrativa. Creación de la Dirección Nacional de Derechos Humanos, BO, 19 de abril de 1991.

41 DECRETO n° 660/1996, 24 de junio de 1996, Reestructuración administrativa. Restablecimiento de la Subsecretaría de Derechos Humanos, BO, 27 de junio de 1996.

42 (M.) JOSE GUEMBE, « La Experiencia Argentina de Reparación Económica de Graves Violaciones a los Derechos Humanos » *in* (C.) DIAZ (dir.), *Reparaciones para las víctimas de la violencia política*, International Center of Transitional Justice, Bogota, 2008, p. 15.

43 LEY 25.457, 8 de agosto de 2001, *Comisión Nacional por el Derecho a la* Identidad (CONADI), *BO*, 7 de septiembre de 2001.

Le président Nestor Kirchner a fait approuver, le 25 août 2004, une loi d'indemnisations pécuniaires à destination des enfants nés en captivité de parents opposants à la junte militaire qui furent par la suite assassinés dans des prisons officielles, parfois sur décision du pouvoir judiciaire ou des centres clandestins de détention, au minimum dans une zone militaire, sous la dictature, qui furent placés dans des familles de militaires ou de personnes partageant les idéaux de la dictature. Parmi les bénéficiaires de ces mesures de réparation, il y eut les enfants dont leur identité a été modifiée. Ainsi, les personnes nées pendant la détention et/ou la captivité de leurs parents doivent présenter leur date de naissance, qui doit être antérieure au 10 décembre 1983, jour du rétablissement officiel du pouvoir civil démocratique. Ces enfants doivent attester, par tout moyen de preuve, que leur mère fut détenue ou disparue sous la dictature. En ce qui concerne les enfants nés en dehors de ces centres clandestins ou officiels de détentions, ils doivent prouver leur séjour dans ces lieux et l'arrestation d'au moins deux de leurs parents. Quant aux enfants d'opposants victimes de substitution d'identité, ils peuvent prouver par tous les moyens la disparition forcée et/ou l'assassinat de leurs parents. La seule condition est qu'ils n'avaient pas été adoptés de bonne foi par leurs parents adoptifs[44].

En 2004, le gouvernement chilien a créé la Commission nationale sur l'emprisonnement politique et la torture. Comme son nom l'indique, elle a pour mission d'enquête sur ce type d'atteinte aux droits fondamentaux. En effet, la Commission Vérité et Réconciliation instituée en 1990 ne traitait que des personnes décédées. Avec ce nouvel organe, le gouvernement chilien souhaite pallier le défaut de la Commission Rettig. En effet, la nouvelle Commission va enquêter sur les violations des droits de l'Homme où les victimes ont survécu. Elle rend son rapport en deux étapes, en novembre 2004 puis en juin 2005. Sur la base de ce document, l'exécutif chilien va désormais indemniser les victimes d'enfermement illégal et de torture. L'État va leur verser une somme équivalente à 140 euros, somme inférieure au salaire minimum qui est de 150 euros. Des avantages sociaux concernant la santé vont être institués à destination des personnes vivant en dessous du seuil de pauvreté. À la différence des cas où la victime est décédée, les familles de Chiliens ayant survécu à l'emprisonnement arbitraire et à la torture ne

44 LEY 25.914, sancionnada 4 de agosto de 2004, Beneficios para las personas que hubieren nacido durante la privación de la libertad de sus madres, o que siendo menores hubiesen permanecido detenidos en relación a sus padres, siempre que cualquiera de estos hubiese estado detenido y/o desaparecido por razones políticas, ya sea a disposición del poder ejecutivo nacional y/o tribunales militares. Alcances a víctimas de sustitución de identidad, promulguada 25 de agosto de 2004, BO, 30 de agosto de 2004.

recevront aucun avantage et aucune réparation[45]. Pour ce qui concerne le contenu de la réparation, la plupart des victimes auront droit à une indemnisation financière. Il s'agit d'une pension mensuelle dont l'importance de la somme varie selon le nombre d'individus qui composent la famille. Une somme équivalente à 350 dollars est destinée pour une seule personne restant de la famille. Le montant ne dépasse pas les 500 dollars lorsqu'il y a plusieurs personnes. Si un des membres de la famille est assassiné ou disparaît, l'État prend en charge les frais d'éducation et de santé. La gratuité de l'université et de la formation professionnelle ainsi qu'une bourse de frais d'études sont instaurées aux enfants de victimes décédées sous la dictature[46].

Les politiques de réparation instituées au Chili ne l'ont été que dans le cadre de la justice transitionnelle. En raison de la loi d'amnistie de 1978, il n'était pas possible pour les victimes ou leurs familles de pouvoir effectuer un recours devant une juridiction pour que leur soient allouées des réparations en raison du préjudice subi à la suite des violations des droits de l'Homme. En effet, l'amnistie interdit de pouvoir saisir la justice ou d'ouvrir une action civile à destination des coupables d'atteinte aux droits fondamentaux afin d'obtenir réparation. En revanche, il serait faux de dire que rien n'a été fait au Chili malgré l'obstacle de la loi d'amnistie qui cadenasse toute action de la justice sur les crimes de la dictature de Pinochet. L'instauration d'un système de réparation avec des indemnisations financières, des aides à la santé ou à l'éducation prouvent que le gouvernement chilien a reconnu officiellement comme victime les personnes ayant subi des violations des droits de l'Homme que sont notamment la détention arbitraire et les faits de torture ainsi que les familles qui comptent parmi leurs membres un disparu durant la dictature. Le nouveau pouvoir démocratique en place au Chili à partir de 1990 reconnaissait officiellement les crimes commis par le régime du général Pinochet et remplissait l'un des devoirs inhérents de la justice transitionnelle avec la politique de réparations. Néanmoins, celle-ci fut incomplète, car beaucoup de victimes de violations des droits fondamentaux n'ont pas pu bénéficier de leur droit à réparation. Ainsi, le Chili a accompli une politique de justice transitionnelle partielle, contrairement à ce que préconise le droit international en n'assumant pas l'ensemble des politiques de réparation dans le cadre de la justice transitionnelle à destination des violations des droits de l'Homme commises par la dictature du général Pinochet, à la suite de sa prise de pouvoir par un coup d'État en septembre 1973. En effet, il y eut un choix sur les personnes

---

45 THE REDRESS TRUST, *op. cit.*, p. 70.

46 (L.) JOINET (dir.), Lutter contre l'impunité, dix questions pour comprendre et pour agir, *op. cit.*, p. 29.

qui pouvaient bénéficier des indemnisations en raison des souffrances dues à la perte d'un proche en raison d'atteinte aux libertés fondamentales[47].

B. Les réparations en Uruguay et en Espagne, produit du travail parlementaire

L'Uruguay et l'Espagne ont approuvé des textes prévoyant l'indemnisation de citoyens qui furent touchés par leur dictature. Elles ne sont pas le produit de recommandations de Commissions Vérité et Réconciliation. Ces mesures de réparation ont consisté pour les opposants à la dictature à être indemnisé, réinséré dans leur milieu professionnel ou voir leurs biens restitués. En Espagne, les mesures d'indemnisations financières prises durant la transition démocratique furent destinées aux soldats ayant participé à la Guerre civile, entre 1936 et 1939.

Il convient de relever qu'il y a eu des mesures d'indemnisations prises dès les premières années de la démocratie, à destination des mutilés de l'armée républicaine lors d'un décret du 5 mars 1976[48], et au bénéfice des Soldats de la République, à travers un décret royal du 6 mars 1978[49]. Les « familles de ceux qui sont morts en conséquence de la Guerre civile » en bénéficieront à travers un décret du 16 novembre 1978[50]. Le décret de mars 1978 sera complété par une loi votée le 14 mars 1980 qui prévoit la régularisation des militaires ayant combattu pendant la Guerre civile[51]. Quelque temps plus tard, le gouvernement socialiste de Felipe González fait approuver une loi le 22 octobre 1984 qui reconnaît « les droits et les services rendus des membres des forces armées ou de la police durant la Guerre civile »[52]. Il ne s'agit pas d'indemniser des victimes de la dictature de Franco, mais uniquement ceux

---

47 (N.) YOUSSEF, *op. cit.*, p. 449.

48DECRETO 670/1976, de 5 de marzo de 1976, Por el que se regulan pensiones a favor de los españoles que habien do sufrido mutilación a causa de la pasada contienda no puedan integrarse en el Cuerpo de Caballeros Mutilados de Guerra por la Patria, BOE, n° 84, 7 de abril de 1976, pp. 6967-6982.

49 REAL DECRETO-LEY 6/1978, de 6 de marzo de 1978, Por el que se regula la situación de los militares que tomaron parte en la guerra civil. Jefatura del Estado, BOE, n° 56, 7 de marzo de 1978, p. 5384.

50 REAL DECRETO LEY 35/1978, de 16 de noviembre de 1978, Por el que se conceden pensiones a los familiares de los españoles fallecidos como con secuencia de la guerra 1936-1939, BOE, n° 276, 18 de noviembre de 1978, pp. 26245-26246.

51 LEY 10/1980, de 14 de marzo de 1980, sobre modificación del Real Decreto-ley 6/1978, de 6 de marzo, por el que se regula la situación de los militares que intervinieron en la guerra civil, BOE, n° 76, de 28 de marzo de 1980, p. 6853.

52 LEY 37/1984, de 22 de octubre de 1984, De reconocimiento de derechos y servicios prestados a quienes durante la guerra civil formaron parte de las Fuerzas Armadas, Fuerzas de Orden Público y Cuerpo de Carabineros de la República. Jefatura del Estado, BOE, n° 262, de 01 de noviembre de 1984, pp.31689.

qui ont participé à la Guerre civile[53]. Néanmoins, le 29 juin 1990, le Parlement espagnol, dans le cadre d'une loi relative au budget de l'État, a prévu des indemnisations pour des personnes qui auraient été emprisonnées pour les faits couverts par la loi d'amnistie de 1977. La condition *sine qua none* est d'obtenir soixante-cinq ans à la date du 31 décembre 1990[54]. Il faut souligner que certaines communautés autonomes, instaurées dans le cadre de la Constitution espagnole démocratique de 1978, ont prévu des indemnisations, notamment pour des agents travaillant pour les communautés qui furent supprimées sous la dictature du général Franco. Ainsi, la Communauté autonome du Pays basque a approuvé une loi d'indemnisations à destination de ceux qui ont travaillé pour l'Administration autonome pendant une durée minimale d'un an entre le 7 octobre 1936 et le 6 janvier 1978[55].

L'Uruguay a néanmoins entrepris ce type de mesure lors du retour à la démocratie en 1985. Le 8 mars de cette année, est approuvée *la loi de Pacification nationale*[56]. En plus de prévoir l'amnistie des prisonniers politiques, celle-ci prévoit la restitution de leurs biens qui furent confisqués. De plus, les frais de défense et de dépense imposés aux détenus seront remboursés. Ces mesures d'indemnisation prendront effet durant l'année 1988[57]. La *loi de Pacification nationale* prévoit à son article 24 la Commission nationale de Rapatriement qui a pour objectif de faciliter le retour au pays de tous les Uruguayens, qui furent exilés sous la dictature, et qui expriment le souhait de rentrer en Uruguay[58]. La *ley de Reposición de Destituidos* du 28 novembre 1985 prévoit le retour dans la fonction publique de tous les fonctionnaires qui furent évincés pour des motifs politiques sous la dictature[59]. À travers deux

---

53 (S.) BABY, « Sortir de la guerre civile à retardement : le cas espagnol », *Histoire@Politique*, n° 3, 2007, p. 10.

54 LEY 4/1990, de 29 de junio de 1990, *De Presupuestos Generales del Estado para 1990. Jefatura del Estado, BOE*, n° 156, de 30 de junio de 1990, p. 18698.

55 LEY 11/1983, de 22 de junio de 1983, Sobre derechos profesionales y pasivos del personal que prestó servicios a la Administración Autonoma del Pais Vasco, BOV, n° 98, 4 de julio de 1983, pp. 2267-2273.

56 LEY 15.737, 8 de marzo 1985, *Se aprueba la ley de amnistia*, Publicada *D.O*, n° 21906, 22 de marzo de 1985.

57 (L.) BOUVET, *op.cit.*, p. 63.

58 LEY n°15.737, 8 de marzo 1985, *Se aprueba la ley de amnistia*, Publicada *DO*, n° 21906, 22 de marzo de 1985.

59LEY n° 15.783, 28 de noviembre de 1985, Se establece el derecho a ser reincorporadas al organismo correspondiente a todas las personas que hubieran sido destituidas entre el 9 de febrero de 1973 y el 28 de febrero de 1985, Publicada DO, n°22069, 2 de diciembre de 1985.

textes approuvés le 10 novembre 1989[60] et le 21 décembre 1990[61], le législateur décide d'indemniser les employés d'une société nationale qui avait été licenciés sous la dictature militaire, par les décrets du 8 mars 1976 et du 11 août 1978.

D'autres mesures de réparation furent prises dans les années 2000. Trois lois votées respectivement le 4 janvier 2002[62], le 27 mai 2003[63] et le 20 décembre 2004[64] prévoient la restitution dans leur fonction des salariés du secteur privé «*forcés de quitter le territoire national*» entre le 9 février 1973 et le 28 février 1985 pour des motifs politiques, idéologiques ou syndicaux. Ces lois portent sur les « cas de détention pour des délits politiques ou militaires et en cas d'obligation à vivre dans la clandestinité ». Il s'agit notamment du cas des dirigeants syndicaux. Une Commission spéciale est alors mise en place afin d'étudier les demandes d'accès à l'indemnisation financière prévue par le législateur[65]. La loi 17.894 du 14 septembre 2005 dispose que les personnes disparues du territoire national et dont le sinistre sort fut confirmé par le rapport final de la Commission pour la Paix seront déclarées « absentes pour cause de disparition forcée ». Il en sera de même pour les cas non résolus par la Commission de 2000 que le Pouvoir exécutif admettra et soumettra au rapport du Secrétariat de Suivi de la Commission[66]. La loi du 8 janvier 2006 prévoit d'indemniser les militaires qui furent évincés de l'armée, car ils étaient en désaccord avec la ligne politique de la dictature. Cela représente à la fois une réparation économique, morale et symbolique. En effet, ces militaires vont pouvoir bénéficier de mesures de retraite et de

---

60LEY n° 16.102, 10 noviembre de 1989, Frigorífico nacional declárase que los ex-trabajadores tienen derecho a una indemnización por haber cesado en su actividad laboral, dispuesto en el decreto-ley 14.810, Publicada DO, n° 22996, 29 noviembre de 1989.

61 LEY n° 16.163, 21 de diciembre de 1990, Frigorífico nacional dispónese que los ex-trabajadores, excluidos en la indemnización prevista en la ley 16.102, percibirán la citada reparación, Publicada DO, n° 23259, 23 enero de 1991.

62 LEY n° 17.449, 4 de enero de 2002, Dispónese que todos los trabajadores de la actividad privada que, entre el 9 de febrero de 1973 y el 28 de febrero de 1985, se hubieran visto obligados a abandonar el territorio nacional por las razones que se detallan, quedan comprendidas en la presente ley, Publicada DO, n° 25929, 14 de enero de 2002.

63 LEY n° 17.650, 27 de mayo de 2003, Amparo jubilatorio especial prórroga para trabajadores de la actividad privada exiliados o presos políticos, Publicada DO n° 26273, 10 junio de 2003.

64 LEY n° 17.858, 20 de diciembre de 2004, *Trabajadores de la actividad privada comprendidosen la ley n° 17.650*, Publicada *DO* 24 de diciembre de 2004, n° 26657.

65 (L.) BOUVET, *op. cit.*, p. 110.

66 LEY n° 17.894, 14 de septiembre de 2005, Personas cuya desaparición forzada resultó confirmada por el anexo 3.1 del informe final de la Comisión para la paz, Publicada DO, n° 26835, 19 de septiembre de 2005.

pension dont ils avaient été privés en raison de leur désobéissance à la dictature[67].

La réparation, quelle que soit sa forme, ne peut être l'unique moyen d'accomplissement de la justice transitionnelle. Néanmoins, elle fait partie des mesures indispensables lors du retour à la démocratie. Le triptyque « vérité, justice, réparation » est d'ailleurs le *leitmotiv* de la justice transitionnelle. Si la vérité sur les graves atteintes en masse des droits fondamentaux peut être en soi une forme de réparation, des mesures concrètes sont nécessaires pour que les victimes voient leur souffrance officiellement reconnue par l'État. Lorsque celui-ci effectue une politique de réparations des victimes de violations des droits de l'Homme, il reconnaît officiellement les crimes de masses perpétrés par le régime autoritaire.

§2. Le droit à réparation, reconnaissance officielle des victimes de violations des droits de l'Homme

Le droit à réparation est devenu l'un des piliers de la justice transitionnelle, notamment grâce aux expériences des pays de Cône Sud de l'Amérique latine. Si l'indemnisation financière des victimes directes ou indirectes est la méthode privilégiée par les gouvernements qui ont à gérer un passé dictatorial, elle ne doit pas être la seule. Le droit à réparation s'accomplit à travers plusieurs mesures, qui sont à la fois matérielles et symboliques (A). En Amérique latine, la réparation des victimes de violations des droits de l'Homme par le régime autoritaire fut souvent le palliatif de l'absence de poursuites judiciaires à l'encontre des auteurs en raison des lois d'amnisties ou des grâces présidentielles. Cela reste encore le cas en Espagne (B).

A. Le droit à réparation, un droit multiple

Si des indemnisations financières ne peuvent ramener la vie d'un proche disparu et/ou assassiné ou faire oublier les atteintes subies sur son corps, elles sont indispensables pour que l'État reconnaissance ses torts pour violations des droits de l'Homme. Pendant la période de dictature, le gouvernement à l'origine de la répression a failli dans son rôle de protection des libertés individuelles et collectives. Le pacte démocratique ayant été rompu, il doit l'être également. La rupture du contrat social peut ainsi être réparée, notamment sous forme d'indemnités pécuniaires.

---

67 LEY n° 17.949, 8 de enero de 2006, Personal militar destituido, desvinculado, dado de baja, pasado a situación de reforma o similares, por razones políticas o ideológicas modificación de los derechos jubilatorios, Publicada DO, n° 26916, 13 enero de 2006.

Dans son rapport remis à l'ONU codifiant la justice transitionnelle, Louis Joinet estime que « l'indemnisation doit être égale au montant évaluable financièrement des entiers dommages subis et notamment (...) du préjudice physique ou moral, y compris la douleur, les souffrances et les chocs émotionnels ; (...). de la perte d'une chance, y compris dans le domaine de l'éducation ; (...). des dommages matériels et des pertes de revenus, y compris le manque à gagner ; (...). des atteintes à la réputation ou à la dignité ; (...). des frais encourus pour l'assistance juridique et les expertises »[68]. Pour Xavier Philippe, « la réparation financière individuelle, s'impose, ne serait-ce que trop souvent, les victimes se retrouvent dans une situation humaine et matérielle précaire et qu'il n'est pas possible, sans aide spécifique, de les intégrer dans la nouvelle société dont on souhaite qu'elle ou qu'ils fassent partie. La réparation financière est plus qu'une réintégration de l'individu dans la société que la compensation d'un dommage qu'il a subi. »[69]

Les indemnités financières peuvent être identiques, quelles que soient les victimes. Néanmoins, elles peuvent être calculées en se basant sur le préjudice matériel direct issu du dommage ainsi que le manque à gagner pour la victime. Celui-ci est basé sur les revenus de la victime. Il faut souligner que cette différenciation est bien souvent difficile à réaliser, car les violations des droits de l'Homme perpétrées par le régime autoritaire ont été réalisées en masse. Face à un important nombre de victimes, une somme identique créerait un sentiment d'inégalité[70]. La réparation peut être ainsi considérée comme la contribution de la société pour aider les victimes à surmonter les conséquences à long terme des crimes commis par la dictature. C'est la raison pour laquelle les gouvernements démocratiques mettent en place le versement périodique d'une aide économique. Le caractériel périodique et régulier du versement d'une réparation permet de prouver aux victimes que l'État continue de les aider et ne les oublie pas. Les réparations ne doivent pas consister au versement ponctuel d'une seule et unique somme. La politique de réparations financières aux victimes directes ou indirectes aux violations des droits de l'Homme permet d'éviter que celles-ci ne sombrent

---

68 (L.) JOINET, Question de l'impunité des auteurs des violations des droits de l'Homme (civils et politiques), *op. cit.*, p. 27.

69 (X.) PHILIPPE, « Qu'est-ce que la justice face aux "réparations" des préjudices de l'Histoire – Propos introductifs », *in* (X.) PHILIPPE (*dir.*), *La justice face aux réparations des préjudices de l'histoire. Approche nationale et comparée*, Actes de la table Ronde d'Aix-en-Provence, 7 octobre 2011, Collection Droit et Justice, Institut universitaire Varenne, LGDJ/Lextenso, Paris, 2013, p.17.

70 (C.) CORREA, « Programas de reparación para violaciones masivas de derechos humanos: lecciones de las experiencias de Argentina, Chile y Perù » *in* COMISIÓN DE AMNISTÍA DEL MINISTERIO DE JUSTICIA CENTRO INTERNACIONAL PARA LA JUSTICIA TRANSICIONAL (ICTJ), *op. cit.*, p. 458.

dans la pauvreté. En effet, les opposants d'un régime dictatorial sont bien souvent pénalisés financièrement[71]. Néanmoins, « l'indemnisation demeure un procédé de réparation commun, même si elle ne peut suffire en elle-même à réparer des violences extrêmes. Les motifs susceptibles de donner lieu à une indemnisation sont nombreux : indemnisation des frais liés aux dépenses de santé physique ou psychique, aide à l'assistance matérielle ou aux services sociaux, compensation pour la perte de revenus ou en cas de destruction de biens, frais engendrés par l'exil, etc. La résolution précise que l'indemnisation devra être accordée pour tout préjudice se prêtant à une évaluation économique. Elle retient néanmoins une acception extensive de la possibilité d'une telle évaluation puisqu'elle considère qu'il en va ainsi des préjudices physiques ou psychologiques, des occasions perdues, des dommages matériels et de la perte de revenus, du préjudice moral, des frais encourus pour l'assistance en justice ou les expertises, pour les médicaments et les services médicaux et pour les services psychologiques et sociaux. Cependant, en circonstances ordinaires comme exceptionnelles, l'évaluation monétaire du préjudice moral demeure difficile et il faudra alors préférer un autre mode de réparation comme la réadaptation »[72].

Dans son rapport de 2008 relatif aux politiques de réparation dans le cadre de la justice transitionnelle, le Haut-commissariat des Nations unies aux droits de l'Homme précise « que ces programmes ont poursuivi deux objectifs qui sont intimement liés à la justice, le premier étant d'assurer une certaine *reconnaissance* aux victimes et ainsi de les aider à retrouver pleinement leur dignité. En l'occurrence, le point décisif est que les prestations accordées par les programmes ne sont pas censées consolider le statut des victimes *en tant que victimes*, mais *en tant que citoyens*, en tant que détenteurs de droits qui sont égaux à ceux des autres citoyens. Les prestations deviennent une forme d'indemnisation symbolique ou purement formelle pour la violation de droits qui étaient supposés protéger l'intégrité, les possibilités et les intérêts fondamentaux des citoyens. C'est la violation de droits égaux qui donne lieu à l'application de mesures compensatoires. Et c'est précisément parce que les prestations sont accordées en reconnaissance des droits (violés) des citoyens que cet objectif de reconnaissance général est lié à la justice. Dans un État de droit, la justice est un lien entre les citoyens, c'est-à-dire entre les détenteurs de droits égaux »[73].

---

71 *Ibid.*, p. 461.

72 (J-P.) MASSIAS, (K.) PICARD, « Les piliers de la justice transitionnelle », *Revue du droit public*, 2018, p. 7.

73 HAUT-COMMISSARIAT DES NATIONS UNIES AUX DROITS DE L'HOMME, « Programmes de réparation », *op. cit.*, p. 28.

Le rôle essentiel du droit à réparation est celui de la reconnaissance pour les victimes. Il est évident que le droit à réparation est plus important pour les victimes que le montant même de l'indemnisation[74]. Par exemple, construire des monuments en hommage aux victimes d'une dictature peut symboliser l'officialisation des regrets de l'État ou du bourreau, sa volonté de changement et de non-répétition des crimes du passé. Le coût d'un monument peut lui-même être une réparation en soi[75]. Ainsi, « l'idéal des réparations est donc bien la restitution complète (*restitutio in integrum*) et le retour au statu quo ante. Les dédommagements matériels et moraux sont une manière de compenser les torts subis en estimant leur valeur économique : tort physique ou mental, souffrance psychologique, perte d'opportunité, perte de revenus, atteintes à la réputation ou à la dignité des personnes »[76]. Le but du droit à réparation est d'obliger l'État à ne pas nier sa responsabilité sur les crimes qu'il a commis dans le passé. Dans la logique du droit civil, les nouveaux gouvernements démocratiques doivent indemniser la perte d'une chance. Pour que les indemnisations soient proportionnelles à celles-ci, le législateur ainsi que la justice doivent réfléchir à la situation qui aurait été celle de la victime ou ce qu'elle aurait pu prétendre à l'avenir si elle n'avait pas eu à subir les actions criminelles du régime dictatorial[77].

L'autre type de réparations prend une forme symbolique. La reconnaissance de violations qui furent longtemps réduites au silence se traduit par l'instauration des monuments publics, des musées, des mémoriaux et d'autres lieux de mémoire. Le droit international veille d'ailleurs à ce que les victimes puissent participer à l'élaboration de ces lieux de mémoire. Néanmoins, la simple construction d'œuvres sans réparations ou actions judiciaires ne peut générer un légitime sentiment de frustration de la part des victimes directes ou indirectes des atteintes aux droits de l'Homme sous la dictature[78]. L'ONU note d'ailleurs que « plusieurs programmes de réparation ont institué des mesures visant spécifiquement à ce que les victimes retrouvent la santé, mais aussi ce que l'on appelle leur "statut de citoyen". Ils comportent des mesures destinées à réhabiliter la réputation des

---

74 (K.) ANDRIEU, La justice transitionnelle, *op. cit.*, p. 443.
75 *Ibid.*, p. 444.
76 *Ibid.*, p. 445.
77 *Idem.*
78 (C.) CORREA, « Programas de reparación para violaciones masivas de derechos humanos: lecciones de las experiencias de Argentina, Chile y Perù » *in* COMISIÓN DE AMNISTÍA DEL MINISTERIO DE JUSTICIA CENTRO INTERNACIONAL PARA LA JUSTICIA TRANSICIONAL (ICTJ), *Justicia transicional. Manual para América latina*, International Center for Transitional Justice, Brasilia, New York, 2011, p. 471.

victimes, au moyen de déclarations publiques concernant leur innocence, de radiations des registres pénaux et de la restitution des passeports, des cartes électorales et d'autres documents. De telles mesures sont importantes pour des raisons qui vont bien plus loin que le simple opportunisme ; elles devraient faire partie intégrante de tout programme visant à reconnaître les victimes comme des détenteurs de droits. Par ailleurs, faisant fond sur l'expérience traumatisante des veuves de disparus, en particulier en Argentine, qui à l'évidence devaient régler des questions de garde ainsi que des questions matrimoniales et successorales, mais répugnaient à demander un certificat de décès concernant leur conjoint disparu, les programmes de ce genre ont commencé à délivrer des certificats d'"absence pour cause de disparition forcée". Ceux-ci permettaient par exemple aux conjoints survivants de récupérer ou de vendre un bien, de se remarier ou de régler des différends en matière de garde sans faire naître en eux le sentiment de trahison qui, comme cela a souvent été signalé, accompagnait les demandes de certificat de décès »[79]. La majorité des victimes de disparitions étant des hommes adultes qui étaient la seule source de revenus, beaucoup de femmes et d'enfants risquaient d'avoir de graves problèmes économiques. Ainsi, des prestations sociales doivent être allouées pour les personnes à charge de celle disparue, du même montant que les autres victimes. S'il y a instauration d'un système de sécurité sociale, les familles de disparus doivent avoir accès aux soins de santé, ainsi qu'aux allocations, aux indemnisations ou aux pensions de retraite. Ces mesures de réparation peuvent être considérées comme une confirmation du décès pour les proches de victimes de disparitions forcées. Il faut noter que l'État qui attribue des mesures de réparation doit prendre en compte le fait qu'une personne disparue dont le corps ne fut jamais retrouvé est parfois plus éprouvant pour la famille.[80]

Une réparation sous forme de meilleur accès à l'éducation est une politique favorisée dans le cadre de la justice transitionnelle. Il faut souligner que le Chili a opté pour une facilitation de l'accès aux soins pour les victimes qui furent rescapées des actes de torture par les militaires sous le régime du général Pinochet. Des réparations en matière d'aide à la santé ont l'avantage de donner le sentiment aux victimes d'être mieux reconnues par l'État. En effet, l'attention portée à la santé de celles-ci permet une reconnaissance et

---

79 HAUT-COMMISSARIAT DES NATIONS UNIES AUX DROITS DE L'HOMME, « Programmes de réparation », *op. cit.*, pp. 28-29.

80 (O.) DUBOIS, (A-M.) LA ROSA, « Les personnes disparues : proposition d'approche multidimensionnelle pour répondre à leurs besoins » *in* (X.) PHILIPPE (dir.), *La justice face aux réparations des préjudices de l'histoire. Approche nationale et comparée*, Collection Droit et Justice, Institut universitaire Varenne, LGDJ, Paris, 2013, p. 104.

la réparation de leurs souffrances personnelles, ce qui permet une meilleure réhabilitation physique et psychologique. Les dommages liés aux tortures du régime autoritaire permettent ainsi une reconnaissance à la fois collective et individuelle, car elles nécessitent des services adéquats.

B. La réparation, palliatif à l'exercice de la justice pénale

Au Chili, la loi de réparations, issue des travaux de la Commission Vérité et Réconciliation, est approuvée et le décret-loi d'amnistie décidé par le général Pinochet est en vigueur, empêchant les investigations judiciaires sur les violations des droits de l'Homme commises par son régime. En Uruguay, l'amnistie bénéficiait à la fois aux victimes, mais fut étendue aux agents de l'État suspectés d'atteintes aux droits fondamentaux dans le cadre de l'accord conclu entre une partie de l'opposition et le régime militaire qui a permis le retour à la démocratie dans ce pays en 1985. Les indemnisations financières et les programmes de reconnaissance apparaissaient alors comme des palliatifs à la justice pénale et non comme un complément. Toute action judiciaire était bloquée par les lois d'amnistie ou les grâces présidentielles. Si l'Argentine, l'Uruguay et le Chili ont pratiqué et pratiquent encore l'impunité pour les militaires accusés de graves violations des droits de l'Homme lorsqu'ils étaient au pouvoir, ils ont néanmoins indemnisé les victimes du Plan Condor, le plan de coordination de la répression des opposants aux dictatures militaires du Cône Sud de l'Amérique latine dans les années 1970. Ainsi, des militaires argentins pouvaient s'en prendre physiquement à des militants politiques uruguayens ou chiliens. Il faut souligner que les victimes argentines de la dictature militaire au Brésil ont reçu la même somme que les victimes de nationalité brésilienne, comme le prévoit une loi de réparations d'atteintes aux droits de l'Homme du 4 décembre 1995[81]. Il en fut de même pour les victimes étrangères des forces de sécurité argentines dans le cadre du Plan Condor commis sur le sol argentin[82]. Le gouvernement uruguayen a pris des mesures de réparation pour les victimes de la dictature militaire, au pouvoir de 1973 à 1985. À partir des années 2000, l'Uruguay va enfin prendre des mesures à destination des proches des personnes décédées et/ou disparues. Pour Pablo de Greiff, rapporteur spécial de l'ONU chargé d'appliquer les mesures de justice transitionnelle, estime que, malgré des

---

81 PRESIDENCIA DA REPUBLICA, LEI 9140/95, Lei n° 9.140, de 04 de dezembro de 1995, Reconhece como mortas pessoas desaparecidas em razão de participação, ou acusação de participação, em atividades políticas, no período de 2 de setembro de 1961 a 15 de agosto de 1979, e dá outras providências, D.O.U de 5 de dezembro de 1995.

82 (M.) JOSE GUEMBE, « La Experiencia Argentina de Reparación Económica de Graves Violaciones a los Derechos Humanos » *in* (C.) DIAZ (*dir.*), *Reparaciones para las víctimas de la violencia política*, International Center of Transitional Justice, Bogota, 2008, p. 25.

progrès, seuls trois cent soixante dossiers ont fait l'objet d'une réparation économique prévue par la loi du 18 septembre 2009. En outre, ces mesures sont loin de se conformer à la notion de réparation intégrale pour les victimes. Ces lois de réparation confondent plusieurs droits à réparations, en confondant les indemnisations pour les victimes décédées de violations des droits de l'Homme, avec ceux des travailleurs ou des retraités. En effet, ces dispositions sont, par leur nature, différentes, par leurs fondements juridiques[83]. De plus, la loi d'amnistie appelée *loi de caducité préventive de l'État*, validée par référendum en 1989, est confirmée avec la même procédure en 2009. Les réparations attribuées aux victimes sans pour autant remettre en cause les lois d'amnistie reflètent la contradiction du rôle de l'État. En effet, les violences furent commises par les organes dépendants de celui-ci. Lors du retour à la démocratie, les acteurs de la répression sont encore en fonction et leurs crimes sont couverts par des lois d'amnistie. L'État démocratique répare les préjudices des victimes causés par les violations des droits de l'Homme alors que bon nombre d'agents de la dictature (militaires, policiers ou magistrats) sont encore en fonction. La présence du personnel qui fut en première ligne dans l'application de la politique répressive du régime autoritaire rend difficile la reconnaissance par le gouvernement responsable de la transition démocratique de reconnaître la faute et la responsabilité de l'État pour la Commission des atteintes en masse des libertés fondamentales[84].

Les premières indemnisations des opposants au régime franquiste lors de la transition démocratique des années 1970 ne leur étaient pas attribuées en tant que telles. Ces sommes leur étaient délivrées en tant qu'anciens soldats de l'armée espagnole. Il n'était pas question de dédommager les personnes victimes emprisonnées dans les geôles en raison de leurs idées politiques. Il faut attendre la *loi sur la Mémoire historique* de 2007 pour que de véritables mesures de réparation soient instaurées pour les victimes du franquisme. En juillet 2006, le gouvernement espagnol propose au Congrès espagnol une loi qui « reconnaît et élargit les droits, et établie des mesures en faveur de ceux qui ont subi la persécution ou la violence pendant la guerre civile et la dictature »[85]. Il s'agit d'aller plus loin que la condamnation par le Congrès espagnol, le 20 novembre 2002, jour du vingt-septième anniversaire de la mort du général Franco, du coup d'État nationaliste du 18 juillet 1936. Cette

---

83 (F.) LESSA, « ¿Justicia o impunidad? Cuentas pendientes a treinta años del retorno a la democracia », *ILCEA*, Mémoire justice et vérité en Uruguay, n° 26, 2016, p. 11.

84 (K.) PICARD, « Réparer pour ne pas oublier » in (X.) PHILIPPE (dir.), La justice face aux réparations des préjudices de l'histoire. Approche nationale et comparée, *op. cit.*, p. 64.

85 (S.) BABY, *op. cit.*, p. 10.

résolution fut prise notamment sous la pression de l'ONU, car l'Espagne est partie à la Déclaration sur la protection de toutes les personnes contre les disparitions forcées de 1992[86]. Le projet de loi du gouvernement Zapatero introduit un changement dans la politique de la mémoire en Espagne. Auparavant, seules étaient condamnées la Guerre civile et les premières années de la dictature franquiste. Le projet de loi va condamner l'ensemble de la période du franquiste, y compris les faits de violence des autorités lors des premières années de la transition démocratique. Il s'agit de réhabiliter les victimes du « franquisme tardif », terme désigné par certains historiens pour évoquer les dernières années du pouvoir de Franco, dans les années 1970. Ainsi, cette loi va de manière partielle reconnaître le statut de victime à ceux qui perdurent dans la vie par des agents du régime franquiste. Il n'y a pas de politique officielle de la mémoire et du « droit à la vérité », l'un des principes de base de la justice transitionnelle. Il s'agit d'accorder un droit individuel à chaque famille de savoir ce qu'il est advenu du membre de sa famille disparue sous la Guerre civile ou pourquoi il perdit la vie sous la période franquiste. Ainsi, « la loi réhabilite ainsi timidement la mémoire des vaincus tout en reconnaissant la souffrance des vainqueurs, quand elle convient du caractère "injuste" de toutes les sanctions et violences subies pour des raisons politiques ou idéologiques, pendant la guerre civile et sous la dictature, jusqu'en 1975. Elle accorde également un "droit individuel à la mémoire personnelle et familiale de chaque citoyen", sans pour autant en faire un acte public et collectif. Quand elle intime de faire disparaître les traces persistantes du franquisme dans l'espace public (monuments, statues, noms de rue, etc.), l'injonction ne concerne que le patrimoine de l'État, les municipalités étant livrées à leur libre arbitre. De même, les administrations publiques doivent porter assistance aux familles qui partent en quête des corps ensevelis dans des fosses communes, mais l'initiative reste cantonnée dans la sphère privée »[87]. La loi dite sur la « Mémoire historique » est approuvée le 26 décembre 2007. Il s'agit de la première brèche de l'impunité posée trois décennies plus tôt par la grande loi d'amnistie. L'État espagnol se doit « d'honorer et récupérer pour toujours ceux qui ont directement souffert [...] dans ces périodes douloureuses de notre histoire » et, pour le « législateur », de « réparer les victimes, consacrer et protéger [...] le droit à la mémoire [...] comme expression de la pleine citoyenneté démocratique, développer les valeurs constitutionnelles et promouvoir la connaissance et la réflexion sur

86 (D.) ROZENBERG, « Le "pacte d'oubli" de la transition démocratique en Espagne. Retours sur un choix politique controversé », *op. cit.*, p. 184.

87 (S.) BABY, « Sortir de la guerre civile à retardement : le cas espagnol », *op. cit.*, p. 11.

notre passé »[88]. À défaut d'apporter la justice puisque la loi sur la Mémoire historique ne remet pas en cause la loi d'amnistie de 1977, elle permet néanmoins de faire avancer en Espagne deux principes de justice transitionnelle consacrée par le droit international que sont les droits à vérité et à réparation. Ainsi, la loi sur la Mémoire historique donne un droit à indemnisation aux « *familles des victimes de ceux qui sont morts entre le 1er janvier 1968 et le 6 octobre 1977, "en défense et en revendication des libertés et droits démocratiques"* »[89]. Il est aussi prévu dans ce texte que les victimes ou leurs ayants droit pourront obtenir du ministère de la Justice une « *déclaration de réhabilitation* ». De plus, la loi estime désormais illégale toute sentence rendue par les juridictions franquistes. Ce sont les tribunaux d'exception constitués durant la Guerre civile visant des condamnations d'ordre politique, idéologique ou religieux. Les sentences prononcées pour les mêmes motifs par les tribunaux de la dictature sont également déclarées illégitimes. Les archives de la Guerre civile et de la répression franquiste doivent désormais être en libre accès. Un « Centre documentaire de la mémoire historique » a ainsi été institué. De plus, la loi instaure la possibilité d'octroyer la nationalité espagnole aux enfants et petits-enfants d'exilés et d'émigrés qui souhaitent en faire la demande. L'article 16 de la loi sur la Mémoire historique prévoit aussi le retrait de l'espace public « *les plaques, monuments, noms de rues, symboles exaltant le franquisme* »[90]. De plus, l'article 14 prévoit « que le gouvernement et les administrations publiques apporteront leur concours à la localisation des fosses communes où sont enterrés les fusillés ainsi qu'à la préservation des lieux de sépulture »[91].

Cette loi a été votée par la mobilisation des associations de défense des droits de l'Homme et de la mémoire des victimes du franquisme. Ces dernières se sont clairement inspirées à partir des années 2000 des expériences de justice transitionnelle en Amérique latine. Ainsi, jusqu'en 2007, seules les victimes du terrorisme – particulièrement l'ETA – étaient indemnisées par l'État espagnol. En reconnaissant un droit à indemnisation à celles mortes pour des raisons politiques à la fin de la dictature du général Franco et au début de la transition démocratique, l'Espagne reconnaît le

---

88 (S.) BABY, « Vérité, justice, réparation : de l'usage en Espagne de principes internationaux », *Matériaux pour l'histoire de notre temps*, n° 111 - 112, 2013, p. 31.
89 LEY 52/2007, 26 de diciembre de 2007, Por la que se reconocen y amplían derechos y se establecen medidas en favor de quienes padecieron persecución o violencia durante la guerra civil y la dictadura, Jefatura del Estado, BOE, n° 310, de 27 de diciembre de 2007, p. 53 413.
90 *Ibid.*, p. 53 414.
91 *Ibid.*, p. 53414.

statut de victime à ses personnes et sa responsabilité aux atteintes aux droits de l'Homme durant cette période de son Histoire récente.

Le cas espagnol, c'est-à-dire l'absence de toute mesure de justice transitionnelle lors de la transition de la démocratie, semble aujourd'hui obsolète. Le refus de la moindre mesure de justice, de réparation ou de simple droit à la vérité sur les atteintes aux droits de l'Homme pendant quatre décennies – du début de la Guerre civile en 1936 à la démocratisation du pays à la fin des années 1970 – est contraire à la pérennité de la démocratie. Refuser de reconnaître officiellement les crimes commis au nom de l'État pour asseoir une idéologie politique est contraire au droit international. C'est ainsi que les expériences de justice transitionnelle en Amérique latine – et plus particulièrement l'Argentine – sont citées en exemple par les associations de mémoire des opposants à la dictature franquiste. Lorsque l'État refuse de reconnaître les violations des droits de l'Homme commises par un gouvernement, il ne reconnaît *de facto* pas le statut de victime.

Dans son rapport de 2008 relatif aux programmes de réparations, le Haut-Commissariat aux droits de l'Homme a estimé que des mesures de réparations ne pouvaient être efficaces pour les victimes que dans le cas où elles faisaient partie d'une politique globale de justice transitionnelle. La réparation ne peut être l'alibi pour ne pas lancer des poursuites pénales à l'encontre des auteurs et des exécutants des violations des droits de l'Homme. En effet, les réparations sont la mesure de justice transitionnelle qui a les mêmes objectifs que l'action judiciaire. Ainsi, « l'idée est qu'un programme de réparation bien élaboré est un programme qui indique aux victimes et autres que les exactions passées sont prises au sérieux par le nouveau gouvernement et que ce dernier est résolu à contribuer à promouvoir la qualité de vie des survivants. Si elles sont mises en œuvre séparément, d'autres initiatives d'administration de la justice telles que les poursuites pénales et surtout la révélation de la vérité, les prestations offertes à titre de réparation pourraient aller à l'encontre de l'objectif voulu et être perçues plus comme un paiement en échange du silence ou de l'acquiescement des victimes et de leurs familles. En revanche, si elles sont intégrées dans une politique globale en matière de justice transitionnelle, les réparations pourraient donner aux bénéficiaires une raison de penser que les institutions publiques prennent leur bien-être au sérieux et qu'elles sont dignes de confiance »[92].

---

92 HAUT-COMMISSARIAT DES NATIONS UNIES AUX DROITS DE L'HOMME, « Programmes de réparation », *op. cit.*, p. 35.

SECTION 2.
Le droit à réparation consacré en droit international.

§1. L'importance du droit à réparation en droit international

La réparation est l'un des piliers indispensables de la justice transitionnelle. Elle joue un rôle clé dans la reconnaissance des victimes des violations des droits fondamentaux. Ainsi, plusieurs rapports, décisions de Cours régionales des droits de l'Homme et textes internationaux ont codifié ce droit à réparation lors de la transition démocratique. Le droit international a ainsi consacré l'importance de la justice transitionnelle et, par conséquent, du droit à réparation. Le droit à réparation devient ainsi l'un des fondements du droit international de la justice transitionnelle.

A. La réparation d'un fait illicite en droit international

Les premières réparations en droit international pour violations des droits de l'Homme sont celles effectuées par l'Allemagne à destination d'Israël ainsi qu'aux victimes de la Shoah[93]. Face à ces expériences, il est tout à fait légitime de dire que la démocratisation de l'Amérique latine et la doctrine en droit international font quasiment naître un droit à la justice transitionnelle. Le droit à réparation est un fondement essentiel de la justice transitionnelle puisqu'il met en exergue la responsabilité de l'État dans les violations des droits de l'Homme.

Ainsi, les droits des victimes sont liés au droit de la responsabilité étatique. Les modalités d'application de la justice transitionnelle deviennent un fondement juridique du droit de la responsabilité de l'État pour non-respect de ses obligations vis-à-vis des victimes de la dictature[94]. En effet, la justice transitionnelle peut être considérée comme l'ensemble des mesures à prendre après qu'un état a manqué à ses obligations de protection de ses propres citoyens en persécutant une partie de ceux-ci dans l'optique de l'application d'idéaux politiques.

Le droit à réparation est inhérent à la justice transitionnelle puisque les violations des droits de l'Homme ont été commises par l'État ou des groupes de personnes privées agissant pour son compte (*cf.* les « escadrons de la mort »). Il y a toujours un lien entre les violations des droits de l'Homme et

---

93 (K.) ANDRIEU, La justice transitionnelle, *op. cit.*, p. 441.
94 (N.) TURGIS, *op. cit.*, pp. 337-338.

la puissance publique. Selon le principe posé par le droit international, « tout fait internationalement illicite de l'État engage sa responsabilité internationale »[95]. Bien que le nouveau gouvernement démocratique n'a en général aucune responsabilité sur les crimes commis par le régime autoritaire antérieur, il n'en demeure pas moins entièrement responsable au nom du principe de la continuité de l'État. Ainsi, selon la résolution de l'ONU du 12 décembre 2001, l'État a un devoir de réparation intégrale du préjudice causé par le fait internationalement illicite au moyen de la restitution, l'indemnisation et les mesures de satisfaction. Dans les années 1990, la Commission de droit international fut chargée de codifier la responsabilité de l'État pour fait internationalement illicite. Lors du premier projet adopté en 1996, le professeur Alain Pellet estime qu'il « consiste à limiter à deux les conditions auxquelles la responsabilité est engagée : pour qu'elle le soit, il faut et il suffit : 1° qu'un fait internationalement illicite ait été commis ; et 2° que ce fait puisse être attribué à un État ; l'existence d'un dommage n'ayant d'incidence que pour déterminer l'obligation de réparer et ses modalités »[96]. Le 12 décembre 2001, l'Organisation des Nations unies adopte le projet de codification de la responsabilité de l'État après la Commission d'un fait internationalement illicite. L'article 31 prévoit à son premier alinéa que « l'État responsable est tenu de réparer intégralement le préjudice causé par le fait internationalement illicite »[97]. Le second alinéa dispose que « le préjudice comprend tout dommage, tant matériel que moral, résultant du fait internationalement illicite de l'État »[98]. Les violations des droits de l'Homme causées par l'État constituent un préjudice pour les victimes ou leurs proches. En 1997, le magistrat français Louis Joinet avait codifié l'ensemble des mesures à prendre contre l'impunité des auteurs de crimes contre l'humanité. La résolution de l'ONU de 2001 sur la réparation du préjudice subi en fait internationalement illicite de l'État reprend les mêmes modalités de réparation à destination des victimes. Cela se traduit par des mesures de restitution, d'indemnisation et de satisfaction.

Le droit à réparation consiste à appliquer l'intégralité de ses mesures (investigations et procès contre les auteurs de violations des droits de

---

95 ASSEMBLÉE GÉNÉRALE DES NATIONS UNIES, *Responsabilité de l'État pour fait internationalement illicite*, Résolution, Cinquante-sixième session, Organisation des Nations unies, New York, A/RES/56/83, 28 janvier 2002, article 1.

96 (A.) PELLET, « Les articles de la CDI sur la responsabilité de l'État pour fait internationalement illicite. Suite - et fin ? », *Annuaire français de droit international*, volume 48, 2002, p. 3.

97 ASSEMBLÉE GÉNÉRALE DES NATIONS UNIES, *Responsabilité de l'État pour fait internationalement illicite*, Résolution, Cinquante-sixième session, Organisation des Nations unies, New York, A/RES/56/83, 28 janvier 2002, p. 52.

98 *Idem.*

l'Homme, garanties de non-répétition pour que ces crimes ne se reproduisent pas, mesures de satisfaction, mesures de réparation à l'instar d'indemnisations financières, réintroductions dans la fonction publique, etc.). Ainsi, l'obligation de réparation est pour l'État le moyen d'accomplir ses devoirs dans le cadre du respect du droit de la responsabilité étatique et non une obligation de second ordre qui découlerait de la violait d'un droit[99].

Les politiques de réparation effectuées en Argentine, puis au Chili ont inspiré le droit international pour la naissance d'un droit à réparation après préjudice subi par un fait internationalement illicite commis par l'État. En 1989, l'ancienne Sous-Commission de la lutte contre les mesures discriminatoires et de la protection des minorités de l'Organisation des Nations unies avait chargé un rapporteur spécial de réfléchir sur cette question de l'indemnisation des victimes de violations d'atteinte aux droits fondamentaux[100]. Ce travail de codification des réparations en droit international avait donné lieu à une première résolution adoptée par l'ONU le 2 juillet 1993. En ce qui concerne la Cour IDH, ce document, chargé de la codification des réparations dues au préjudice subi en raison d'un fait internationalement illicite par l'État, estime que « dans l'esprit de la Cour (...) l'obligation d'empêcher et l'obligation de rétablir ou réparer sont étroitement interdépendantes. De plus, il est clair que l'approche préventive doit bénéficier de toute la priorité et de toute l'insistance voulues, et le vieux dicton "mieux vaut prévenir que guérir" est tout à fait applicable en l'occurrence. Il est également utile d'observer que parmi les moyens de réparation que mentionne la Cour à la suite des uns des autres figurent l'enquête sur les violations commises, le châtiment des coupables et une indemnisation adéquate. En d'autres termes, la réparation signifie que la justice doit être pleinement rendue à l'égard de la société dans son ensemble, à l'égard des responsables et à l'égard des victimes. Les mesures d'indemnisation font partie d'une politique de justice »[101].

Le droit international estime que les réparations à destination des victimes doivent faire l'objet d'une politique nationale et à portée collective. Même si elles ne sont pas condamnables en soi, les actions en justice des victimes des violations des droits de l'Homme devant des tribunaux civils ne suffisent pas.

---

99 (N.) TURGIS, *op. cit.*, p. 342.

100(P.) D'ARGENT, « Le droit de la responsabilité internationale complété ? Examen des Principes fondamentaux et directives concernant le droit à un recours et à la réparation des victimes de violations flagrantes du droit international des droits de l'homme et de violations graves du droit international humanitaire », *Annuaire français de droit international*, volume 51, 2005, p. 29.

101 (T.) VAN BOVEN, Étude concernant le droit à restitution, à indemnisation et à réadaptation des victimes de violations flagrantes des droits de l'homme et des libertés fondamentales, E/CN.4/Sub.2/1993/8, Rapport final, Organisation des Nations unies, 2 juillet 1993., p. 40.

En effet, les réparations sont obtenues à l'échelle individuelle. En n'offrant pas une véritable politique publique d'indemnisations, l'État ne remplit pas son devoir de réparation. Laisser simplement les victimes ou leurs proches saisir la justice civile pour être indemnisé du préjudice subi causé par la politique de violations des droits de l'Homme ne permet pas de faire la « leçon d'Histoire », inhérente à la justice transitionnelle. Cela laisserait supposer que les crimes commis durant la période dictatoriale d'une Nation ne se réduiraient qu'à un banal accident de l'Histoire. Or, il faut au contraire mettre en lumière les violations des droits de l'Homme afin de condamner officiellement le régime à l'origine de celles-ci.

Au niveau individuel, le droit à réparation se concrétise par des mesures de restitution, d'indemnisation et de réadaptation. La mesure de restitution doit permettre à la victime de retrouver à peu près la situation antérieure à son préjudice. Cette mesure doit avoir pour objectif le rétablissement de l'exercice de ses libertés individuelles, le droit à la citoyenneté, à la vie de famille, au retour dans son pays, à l'emploi et à la propriété[102]. Les mesures d'indemnisation concernent le préjudice physique et moral, la perte d'une chance (notamment au niveau professionnel), les dommages matériels, les atteintes à la réputation ainsi que les frais d'assistance juridique. Cela induit le « préjudice physique ou moral, y compris la douleur, les souffrances et les chocs émotionnels ; la perte d'une chance, y compris dans le domaine de l'éducation ; des dommages matériels et des pertes de revenus, y compris le manque à gagner ; des atteintes à la réputation ou à la dignité ; des frais encourus pour l'assistance juridique et les expertises »[103]. En 2005, l'Assemblée générale de l'ONU a repris les dispositions codifiées par Louis Joinet huit ans auparavant. Ainsi, « une indemnisation devrait être accordée pour tout dommage résultant de violations flagrantes du droit international des droits de l'homme et de violations graves du droit international humanitaire, qui se prête à une évaluation économique, selon qu'il convient et de manière proportionnée à la gravité de la violation et aux circonstances de chaque cas, tel que le préjudice physique ou psychologique, les occasions perdues, y compris en ce qui concerne l'emploi, l'éducation et les prestations sociales ; les dommages matériels et la perte de revenus, y compris la perte du potentiel de gains ; le dommage moral ; les frais encourus pour l'assistance

102 (L.) JOINET (dir.), Question de l'impunité des auteurs des violations des droits de l'homme (civils et politiques), *op. cit.*, p. 27.
103 *Idem.*

en justice ou les expertises, pour les médicaments et les services médicaux et pour les services psychologiques et sociaux »[104].

L'État a un devoir de réparation, même partielle. Souhaitée par le droit international et attendue par les victimes, elle s'accomplit de différentes manières, financières ou non, matérielles ou symboliques. Ainsi, l'article 37 prévoit que « l'État [est] responsable d'un fait internationalement illicite est tenu de donner satisfaction pour le préjudice causé par ce fait dans la mesure où il ne peut pas être réparé par la restitution ou l'indemnisation. La satisfaction peut consister en une reconnaissance de la violation, une expression de regrets, des excuses formelles ou toute autre modalité appropriée. La satisfaction ne doit pas être hors de proportion avec le préjudice et ne peut pas prendre une forme humiliante pour l'État responsable »[105]. D'ailleurs, les victimes y accordent beaucoup d'importance. La reconnaissance officielle des violations des droits de l'Homme permet de tisser le lien social rompu par la politique répressive de la dictature[106]. Après de multiples expériences nationales en Argentine, en Uruguay et au Chili, le droit international s'est lancé dans un vaste travail de codification des mesures de justice transitionnelle. Ainsi, le droit à réparation des victimes de régimes autoritaires a été codifié par le droit international.

B. La codification du droit à réparation par le droit international

Le droit à réparation due à une action illicite internationale a été consacré en 1928 par l'arrêt *Usine de Chorzow* de la Cour permanente de justice internationale. La juridiction basée à La Haye pose le principe que « *la réparation doit autant que possible, effacer toutes les conséquences de l'acte illicite et rétablir l'état qui aurait vraisemblablement existé si le dit acte n'avait pas été commis* »[107]. À l'origine, il s'agissait de dédommager les États lorsqu'un acte illicite international fut commis. Le changement de paradigme a eu lieu avec les violations des droits de l'Homme perpétrées par des gouvernements. Le droit à obtenir réparation est devenu l'un des piliers de la justice

104 ASSEMBLÉE GÉNÉRALE DES NATIONS UNIES, Principes fondamentaux et directives concernant le droit à un recours et à réparation des victimes de violations flagrantes du droit international des droits de l'homme et de violations graves du droit international humanitaire, Résolution 60/147, A/RES/60/147, Organisation des Nations unies, New York, 16 décembre 2005, p. 8.

105 ASSEMBLÉE GÉNÉRALE DES NATIONS UNIES, *Responsabilité de l'État pour fait internationalement illicite*, Résolution, Cinquante-sixième session, Organisation des Nations unies, New York, A/RES/56/83, 28 janvier 2002, p. 52.

106 (B.) JEWSIEWICKI, « Réparations, restitutions, réconciliations », *Cahiers d'études africaines*, n° 173/174, 2004.

107 CPJI, 13 septembre 1928, *Usine de Chorzow*, fond, arrêt n° 13, Série A, n° 17, p. 47.

transitionnelle. Le Rapport Joinet de 1997 a consacré le droit de tout citoyen à obtenir réparation lorsque ses droits fondamentaux ont été lésés. En effet, « toute violation d'un droit de l'homme fait naître un droit à réparation en faveur de la victime ou de ses ayants droit qui implique, à la charge de l'État, le devoir de réparer et la faculté de se retourner contre l'auteur[108] ». La difficulté concernant les crimes de masse, étant donné le nombre important de personnes touchées, est que la collectivité nationale prenne en charge les préjudices subis par les victimes.

La réparation pour violation d'une obligation *erga omnes* de l'État a été consacrée par la Cour internationale de justice dans son arrêt *Barcelona Traction* du 5 février 1970[109]. Les violations des droits de l'Homme commises en Amérique latine ou sous l'Espagne franquiste sont parfois qualifiées de « crimes de l'Histoire ». Ils constituent une atteinte à la norme de *jus cogens*. L'État n'ayant pas respecté l'obligation de protéger les droits fondamentaux de ces citoyens, il doit y avoir réparation quand il y a eu violation de celle-ci. La protection des droits de l'Homme étant une obligation *erga omnes* dans le droit international public contemporain, l'État a un intérêt juridique à protéger ceux-ci. Si ce n'est pas le cas, l'État est tenu de dédommager les victimes pour non-respect de ses obligations[110].

La réparation pour les personnes ayant subi des violations des droits de l'Homme fait l'objet d'études. Désormais, elle est recommandée dans tous les rapports concernant la justice transitionnelle. En effet, elle concerne la protection humaine. L'ONU a d'ailleurs codifié les personnes qui sont susceptibles de réparations à la suite d'une période de dictature accompagnée de violations des droits fondamentaux. Ainsi, « on entend par "victimes" les personnes qui, individuellement ou collectivement, ont subi un préjudice, notamment une atteinte à leur intégrité physique ou mentale, une souffrance morale, une perte matérielle ou une atteinte grave à leurs droits fondamentaux, en raison d'actes ou d'omissions constituant des violations flagrantes du droit international des droits de l'homme ou des violations graves du droit international humanitaire. Le cas échéant, et conformément au droit interne, on entend aussi par "victimes" les membres de la famille

---

108 (L.) JOINET, Question de l'impunité des auteurs des violations des droits de l'Homme (civils et politiques), op.cit, p. 26.

109 CIJ, *Barcelona Traction, Light and Power Compagny, Limited*, deuxième phase, 5 février 1970, CIJ. Recueil 1970, p. 32, § 33.

110 (B.) STEWART BROWN, « État des lieux des droits de l'Homme, du droit international humanitaire et du droit international pénal face aux enquêtes en "réparation" des crimes de l'Histoire. Bilan prospectif » *in* (L.) BOISSON DE CHAZOURNES, (J-F.) QUEGUINER, (S.) VILLALPANDO (*dir.*), *Crimes de l'Histoire et réparations : les réponses du droit et de la justice*, Collection de droit international, Bruylant, Bruxelles, 2004, p. 75.

proche ou les personnes à charge de la victime directe et les personnes qui, en intervenant pour venir en aide à des victimes qui se trouvaient dans une situation critique ou pour prévenir la persécution, ont subi un préjudice. Une personne est considérée comme une victime indépendamment du fait que l'auteur de la violation soit ou non identifié, arrêté, poursuivi ou condamné et, quels que soient les liens de parenté entre l'auteur et la victime »[111].

La réparation est considérée comme un processus indispensable afin de reconnaître les torts causés à une victime. Elle constitue l'une des modalités majeures afin de répondre aux souffrances des victimes de violations des droits fondamentaux. Depuis les années 1980, nombres d'études, rapports, principes et directives concernent le droit à réparation. La jurisprudence, particulièrement celle de la Cour interaméricaine des droits de l'Homme, va jouer un rôle clé dans l'évolution du droit à réparation et ne cesse de participer au développement de ce droit. Il est d'ailleurs devenu fondamental dans la doctrine internationale. L'une des spécialistes de la justice transitionnelle, Priscilla Hayner, définit le droit à la réparation comme un « terme général qui regroupe différentes formes de redressement (restitution, indemnisation, réadaptation, satisfaction et garanties de non-répétition). La restitution vise à rétablir, autant que possible, la situation qui existait avant que les violations n'aient eu lieu ; l'indemnisation fait référence à toute évaluation économique de dommages résultant des violations ; la réadaptation comprend tous les services d'ordre juridique, médical, psychologique ou autres ; la satisfaction et les garanties de non-répétition concernent les mesures visant à reconnaître les violations et empêcher qu'elles ne se reproduisent à l'avenir »[112]. Le philosophe Anthony Appiah estime que « réparer c'est restaurer ou soulager la victime d'un tort d'au moins de trois manières : en restituant les gens ou le cadre de vie (économique, politique, etc.) ; en reconnaissant la responsabilité du tort commis ; en rétablissant la relation pervertie par le tort subi »[113].

Le droit à réparation s'inscrit dans le droit à la reconnaissance de la victime. En droit civil, un principe de base veut qu'il y ait indemnisation de l'individu lésé dans la non-exécution d'un contrat. Il en est de même en droit international. Dans la conception moderne de l'État, notamment depuis Thomas Hobbes et *Le Léviathan*, celui-ci doit protéger sa population. Dans la logique hobbesienne qui estime que l'Homme est un loup pour l'Homme,

---

111 HAUT-COMMISSARIAT DES NATIONS UNIES AUX DROITS DE L'HOMME, « Programmes de réparation », *Les instruments de l'état de droit dans les sociétés sortant d'un conflit*, HR/PUB/08/1, Organisation des Nations unies, New York et Genève, 2008, p. 21.
112 *Idem.*
113(N.) YOUSSEF, *op. cit.*, p. 425.

un gouvernement se doit de protéger ses citoyens, d'où la création de l'État. Or, les régimes autoritaires s'en prennent aux droits les plus fondamentaux de leurs propres citoyens. Il y a ainsi une rupture du « contrat social ». Au lieu de protéger sa propre population, le gouvernement va bafouer ses droits les plus élémentaires. En l'occurrence d'expression, de manifestation, de réunion et l'ensemble des droits politiques dans le cas des pays d'Amérique latine, c'est le principe même du terrorisme d'État. Le crime le plus utilisé dans cette région du monde dans les années 1970 et 1980 fut la disparition forcée qui englobe l'enlèvement, la détention sans contrôle du juge, l'assassinat et la disparition du corps, privant ainsi les proches de la victime de toute information sur le sort des membres de leurs familles. Lors du retour à la démocratie en Amérique latine à partir des années 1980, la principale demande des victimes, mais aussi d'une grande partie de population est de connaître le sort des disparus, d'où l'instauration des fameuses commissions de Vérité. Certains de ces nouveaux gouvernements démocratiques vont reconnaître les disparus, les victimes du régime répressif antérieur. Les Coups d'États militaires en Amérique latine durant les années 1970 ayant été une rupture avec le contrat social, les nouvelles autorités démocratiques se doivent de réparer les victimes du terrorisme d'État. Le droit à la réparation devient l'un des piliers de la justice transitionnelle et est codifié dans le rapport Joinet de 1997.

En 2005, l'Assemblée générale a adopté les Principes fondamentaux et directives concernant le droit à un recours et à la réparation des victimes de violations flagrantes du droit international des droits de l'Homme et de violations graves du droit international humanitaire. Ce texte prévoit que « le but d'une réparation adéquate, effective et rapide est de promouvoir la justice en remédiant aux violations flagrantes du droit international des droits de l'homme ou aux violations graves du droit international humanitaire. La réparation devrait être à la mesure de la gravité de la violation et du préjudice subi. Conformément à sa législation interne et à ses obligations juridiques internationales, l'État assure aux victimes la réparation des actes ou omissions qui peuvent lui être imputés et qui constituent des violations flagrantes du droit international des droits de l'homme ou des violations graves du droit international humanitaire. Dans les cas où la responsabilité de la réparation incombe à une personne physique, à une personne morale ou à une autre entité, la personne ou l'entité devrait assurer réparation à la victime ou indemniser l'État lorsque celui-ci a déjà assuré réparation à la victime »[114]. Ainsi, « les États devraient s'efforcer de créer des programmes

---

114 ASSEMBLÉE GÉNÉRALE DES NATIONS UNIES, Principes fondamentaux et directives concernant le droit à un recours et à réparation des victimes de violations flagrantes du droit

nationaux pour fournir réparation et toute autre assistance aux victimes, lorsque la partie responsable du préjudice subi n'est pas en mesure ou n'accepte pas de s'acquitter de ses obligations »[115].

Dans un rapport de 2008 consacré aux programmes de réparation, le Haut-commissariat aux Nations unies chargé des droits de l'Homme estime que, si les réparations pécuniaires ne peuvent rendre à la vie un être cher ou effacer le traumatisme d'un survivant de graves violations des droits de l'Homme, elles sont néanmoins indispensables. En effet, « les violations auxquelles les prestations accordées à titre de réparation sont censées remédier sont souvent du type qui, à proprement parler, est irréparable. Rien ne permettra à une victime de retrouver sa situation antérieure après des années de torture et de détention illégale, ou après la perte d'un parent, d'un frère ou d'une sœur, d'un conjoint ou d'un enfant. Aucune somme d'argent et aucune combinaison de prestations ne peuvent effacer de telles expériences ou certaines de leurs conséquences. L'inaction ne saurait tolérer aucune excuse »[116].

Si les commissions chargées d'établir la vérité sont indispensables, elles ne peuvent, à elles seules, faire reconnaître les souffrances endurées par une victime. La Commission Vérité et Réconciliation au Chili a donné lieu à la mise en place d'un programme de réparation, aboutissant au vote d'une loi à ce sujet en 1992. Dans son rapport de 1997, le magistrat français Louis Joinet a consacré le droit à réparation. Son application se réalise à la fois de manière individuelle et collective. Il estime « (qu') au plan individuel, les victimes, qu'il s'agisse de victimes directes ou de parents ou personnes à charge, doivent bénéficier d'un recours efficace. Les procédures applicables doivent faire l'objet de la publicité la plus large possible. Le droit à réparation doit couvrir l'intégralité des préjudices subis par la victime »[117]. Sachant que « toute violation d'un droit de l'homme fait naître un droit à réparation en faveur de la victime ou de ses ayants droit qui implique, à la charge de l'État, le devoir de réparer et la faculté de se retourner contre l'auteur »[118], rien ne doit empêcher l'accès aux procédures de réparation. Ainsi, « le droit à réparation

---

international des droits de l'homme et de violations graves du droit international humanitaire, Résolution 60/147, A/RES/60/147, Organisation des Nations unies, New York, 16 décembre 2005, p. 7, https://www.ohchr.org/fr/professionalinterest/pages/remedyandreparation.aspx.

115 *Idem.*

116 HAUT-COMMISSARIAT DES NATIONS UNIES AUX DROITS DE L'HOMME, « Programmes de réparation », *Les instruments de l'état de droit dans les sociétés sortant d'un conflit*, HR/PUB/08/1, Organisation des Nations unies, New York et Genève, 2008, p. 13.

117 (L.) JOINET (dir.), Question de l'impunité des auteurs des violations des droits de l'homme (civils et politiques), *op. cit.*, p. 9.

118 *Ibid.*, p. 26.

doit couvrir l'intégralité des préjudices subis par la victime ; il comprend, d'une part, des mesures individuelles relatives au droit à restitution, à indemnisation et à réadaptation et, d'autre part, des mesures de réparation de portée générale telles que des mesures satisfactoires et des garanties de non-renouvellement »[119].

Les mesures de réadaptation engloberont un suivi médical qui peut concerner le domaine psychologique et psychiatrique, à raison du préjudice subi[120]. En revanche, sur le plan collectif, le droit à réparation se caractérise par la reconnaissance officielle des crimes commis par l'État. Un gouvernement qui reconnaît la responsabilité de la Nation dans la commission de violations de droits de l'Homme de ces citoyens permet, outre d'éviter le négationnisme, de reconnaître officiellement le statut de victimes à ceux qui ont souffert de ces actes. Ainsi, « au plan collectif, des mesures de portée symbolique en hommage annuel aux victimes ou reconnaissance publique, par un État, de sa responsabilité, par exemple, outre qu'elles rétablissent collectivement les victimes dans leur dignité, permettent de mieux assumer le devoir de mémoire »[121].

Le crime de disparition forcée ayant la particularité de laisser la famille de la victime sans aucune information du sort de celle-ci, il n'y a ni sépulture, ni aucun acte de décès établi par les autorités officielles au moment où la personne a disparu. Si le cadavre de la personne victime d'une disparition forcée a été retrouvé, la famille de la victime doit en être informée. En ce qui concerne le corps, il doit lui être restitué après identification, quel que soit le sort judiciaire des auteurs de ces violations des droits de l'Homme. La grâce ou l'amnistie offerte à ces derniers, déjà contraire au droit international, ne peut justifier le refus d'identification des personnes disparues[122]. Quant aux mesures « satisfactoires » instituées dans le cadre des mesures de réparation, de portée générale ou mesures collectives, ce sont « la reconnaissance publique, par l'État, de sa responsabilité ; les déclarations officielles réhabilitant des victimes dans leur dignité ; les cérémonies commémoratives, dénomination de voies publiques, monuments, etc. ; les hommages périodiques aux victimes ; la prise en compte dans les manuels d'histoire et de formation aux droits de l'homme de la narration fidèle des violations d'une exceptionnelle gravité qui ont été commises »[123].

---

119 *Ibid.*, p. 27.

120 (L.) JOINET, Question de l'impunité des auteurs des violations des droits de l'homme (civils et politiques), *op. cit.*, p. 9.

121 *Ibid*, p. 10.

122 *Ibid*, p. 28.

123 *Idem.*

Dans un rapport de 2004 relatif aux mesures à prendre lors du retour à l'État de droit, l'ONU rappelle que « lorsque des atteintes massives aux droits de l'homme ont été commises, les États ont en effet l'obligation non seulement de poursuivre les responsables, mais aussi d'agir au nom des victimes, en veillant notamment à ce que celles-ci obtiennent réparation. Les programmes d'indemnisation des victimes peuvent être un complément efficace et rapide à l'action des tribunaux et des commissions de vérité, en offrant des réparations concrètes, en favorisant la réconciliation et en rétablissant la confiance des victimes dans l'État. Les réparations peuvent comporter aussi des éléments non pécuniaires, comme le rétablissement des victimes dans leurs droits légaux, des programmes de réinsertion, ou des mesures symboliques telles qu'excuses officielles, monuments ou cérémonies commémoratives »[124].

Ce droit à réparation est significatif de la modification du rapport de l'État vis-à-vis de ses citoyens. Celui-ci leur devient redevable, que ce soit sur le plan matériel et moral. Le droit à réparation s'inscrit dans un contexte où l'individu joue un plus grand rôle dans les relations internationales. En effet, dans le modèle classique de droit international dit « westphalien », l'État avait une immunité à l'égard des individus, il n'avait donc aucune responsabilité envers eux[125].

Le droit à réparation s'inscrit dans la justice correctrice qui a pour but de rendre à la victime son statut antérieur aux violations de ses droits fondamentaux. Chose impossible si celle-ci est décédée. Le droit à réparation, encourageant ainsi la reconnaissance, permet de rétablir la confiance des citoyens avec ses institutions. En effet, l'État a reconnu leur souffrance et leur statut de victime, les citoyens peuvent lui accorder sa confiance[126]. Les réparations sont essentielles pour la réconciliation et la réussite de la transition démocratique. En effet, l'absence de telles mesures peut donner l'impression pour les victimes du régime répressif antérieur que le rétablissement de la démocratie se fera dans l'oubli[127]. Il faut souligner que le principe de réparation a été consacré par l'article 75 du Statut de la Cour pénale internationale qui définit que la juridiction de La Haye « établit des principes applicables aux formes de réparation, telles que la restitution, l'indemnisation ou la réhabilitation, à accorder aux victimes ou à leurs ayants

124 CONSEIL DE SÉCURITÉ DES NATIONS UNIES, Rétablissement de l'état de droit et administration de la justice pendant la période de transition dans les sociétés en proie à un conflit ou sortant d'un conflit, *op. cit.*, p. 23.

125 (K.) ANDRIEU, La justice transitionnelle, *op. cit.*, p. 441.

126 *Ibid.*, p. 447.

127 *Idem.*

droit. Sur cette base, la Cour peut, sur demande, ou de son propre chef dans des circonstances exceptionnelles, déterminer dans sa décision l'ampleur du dommage, de la perte ou du préjudice causé aux victimes ou à leurs ayants droit, en indiquant les principes sur lesquels elle fonde sa décision »[128].

En 2005, l'ONU dans les Principes fondamentaux et directives concernant le droit à un recours et à réparation des victimes de violations flagrantes du droit international des droits de l'homme et de violations graves du droit international humanitaire a estimé que « les garanties de non-répétition devraient inclure, le cas échéant, tout ou partie des mesures suivantes qui contribueront aussi à la prévention et qui consistent à : veiller au contrôle efficace des Forces armées et des Forces de sécurité par l'autorité civile ; veiller à ce que toutes les procédures civiles et militaires soient conformes aux normes internationales en matière de régularité de la procédure, d'équité et d'impartialité ; renforcer l'indépendance du pouvoir judiciaire ; protéger les membres des professions juridiques, médicales et sanitaires et le personnel des médias et d'autres professions analogues, ainsi que les défenseurs des droits de l'homme ; dispenser, à titre prioritaire et de façon suivie, un enseignement sur les droits de l'homme et le droit international humanitaire dans tous les secteurs de la société, et une formation en la matière aux responsables de l'application des lois et au personnel des forces armées et de sécurité ; encourager l'observation de codes de conduite et de normes déontologiques, en particulier de normes internationales, par les fonctionnaires, y compris les responsables de l'application des lois, les personnels de l'administration pénitentiaire, des médias, des services médicaux, psychologiques et sociaux et le personnel militaire, ainsi que par les entreprises ; promouvoir des mécanismes pour prévenir, surveiller et résoudre les conflits sociaux ; réexaminer et réformer les lois favorisant ou permettant des violations flagrantes du droit international des droits de l'homme et des violations graves du droit international humanitaire »[129].

Rien ne peut justifier une absence de réparation. La difficulté pour le gouvernement sera l'établissement du montant des réparations, le type de préjudice, etc. Dans son rapport de 2004, les Nations unies soulignent que « des décisions difficiles doivent être prises en ce qui concerne notamment

---

128 SECRÉTARIAT GÉNÉRAL DES NATIONS UNIES, *Statut de la Cour pénale internationale*, Organisation des Nations unies, A/CONF.183/9, Rome, 17 juillet 1998, p. 50.

129 ASSEMBLÉE GÉNÉRALE DES NATIONS UNIES, Principes fondamentaux et directives concernant le droit à un recours et à réparation des victimes de violations flagrantes du droit international des droits de l'homme et de violations graves du droit international humanitaire, *op. cit*, p.9.

les personnes qui figureront parmi les victimes à indemniser, le montant des réparations, les types de préjudices qui seront couverts, la manière de quantifier les préjudices et les critères à utiliser pour comparer et indemniser les différents types de préjudices et répartir les réparations »[130]. Un gouvernement ne peut légitimer une situation budgétaire difficile pour ne pas indemniser les nombreuses victimes de violations des droits de l'Homme par le régime autoritaire. En effet, les crimes d'État à grande échelle se caractérisent par un nombre très important de citoyens ayant vu leurs droits fondamentaux bafoués. Ainsi, cela serait contraire à tout principe juridique qui prévoit que tout citoyen lésé se doit voir préjudice réparé. Ne plus indemniser les victimes des crimes de la dictature aboutirait au paradoxe suivant : plus les crimes de l'État sont graves et nombreux, moins les personnes qui les ont subis seront dédommagées. Ainsi, « d'un point de vue juridique, un tel argument pour justifier la limitation du droit individuel à recevoir une réparation est cependant absurde, car il aurait pour conséquence que plus une violation est répandue et massive, moins les victimes auraient droit à réparation »[131].

Si les réparations sont indispensables pour la reconnaissance des victimes ainsi que leur souffrance, elles ne peuvent être le paravent à une politique d'impunité. Des indemnisations ou des systèmes de « discrimination positive » sont nécessaires pour mieux réinsérer celles et ceux qui furent les victimes d'un régime autoritaire ayant attenté aux droits de l'Homme. En revanche, elles ne peuvent justifier ou contrebalancer une politique d'impunité au bénéfice de ceux qui ont organisé et exécuté des actes contraires aux droits fondamentaux dans le cadre de la politique de répression. Des réparations pécuniaires ne peuvent être les seules mesures de justice transitionnelle à prendre lors du retour à la démocratie. Elles ne peuvent être la contrepartie à des politiques nationales qui instituent l'impunité et empêchent l'exercice du droit à la vérité. En effet, « la tentation est alors de proposer comme à l'indemnisation l'abandon des poursuites, donc de la lutte contre l'impunité, sous prétexte de réconciliation ».[132]

Le Haut-commissariat des Nations unies aux droits de l'Homme faisait la constatation suivante dans son rapport de 2008. Si les « indemnisations sont importantes, mais en tant que mesure de justice, les réparations sont les plus

---

130 CONSEIL DE SÉCURITÉ DES NATIONS UNIES, Rétablissement de l'état de droit et administration de la justice pendant la période de transition dans les sociétés en proie à un conflit ou sortant d'un conflit, *op. cit.*, p. 24.

131 (N.) TURGIS, *op. cit.*, p. 494.

132 (L.) JOINET (dir.), Lutter contre l'impunité, dix questions pour comprendre et pour agir, *op. cit.*, p. 110.

efficaces lorsqu'elles sont perçues comme faisant partie d'une politique globale d'administration de la justice, et non comme un effort isolé. La situation est pire lorsque c'est la seule réparation offerte, sans qu'il y ait de révélation de la vérité, de poursuites pénales ou de réformes institutionnelles substantielles. Cela peut donner l'impression que les réparations constituent un pot-de-vin destiné à acheter le silence ou l'acquiescement des victimes. En outre, les commissions ou procédures de réparation autonomes ont tendance à privilégier l'indemnisation financière et à prêter une grande attention aux questions financières »[133].

En Amérique latine, la Cour interaméricaine des droits de l'Homme a joué un rôle clé dans l'application du droit à réparation dans cette région du monde. En effet, les systèmes régionaux de protection des droits de l'Homme ont consacré ce principe en assurant l'effectivité de ce droit à réparation à destination de victimes de violations des droits fondamentaux.

Au niveau individuel, le droit à réparation se concrétise par des mesures de restitution, d'indemnisation et de réadaptation. La mesure de restitution doit permettre à la victime de retrouver à peu près la situation antérieure à son préjudice. Cette mesure doit avoir pour objectif le rétablissement de l'exercice de ses libertés individuelles, le droit à la citoyenneté, à la vie de famille, au retour dans son pays, à l'emploi et à la propriété[134]. Les mesures d'indemnisation concernent le préjudice physique et moral, la perte d'une chance (notamment au niveau professionnel), les dommages matériels, les atteintes à la réputation ainsi que les frais d'assistance juridique. Cela induit le « préjudice physique ou moral, y compris la douleur, les souffrances et les chocs émotionnels ; la perte d'une chance, y compris dans le domaine de l'éducation ; des dommages matériels et des pertes de revenus, y compris le manque à gagner ; des atteintes à la réputation ou à la dignité ; des frais encourus pour l'assistance juridique et les expertises »[135]. En 2005, l'Assemblée générale de l'ONU a repris les dispositions codifiées par Louis Joinet huit ans auparavant. Ainsi, « une indemnisation devrait être accordée pour tout dommage résultant de violations flagrantes du droit international des droits de l'homme et de violations graves du droit international humanitaire, qui se prête à une évaluation économique, selon qu'il convient et de manière proportionnée à la gravité de la violation et aux circonstances

133 HAUT-COMMISSARIAT DES NATIONS UNIES AUX DROITS DE L'HOMME, « Programmes de réparation », *Les instruments de l'état de droit dans les sociétés sortant d'un conflit*, HR/PUB/08/1, Organisation des Nations unies, New York et Genève, 2008, p. 15.

134 (L.) JOINET (dir.), Question de l'impunité des auteurs des violations des droits de l'homme (civils et politiques), *op. cit.*, p. 27.

135 *Idem.*

de chaque cas, tel que le préjudice physique ou psychologique, les occasions perdues, y compris en ce qui concerne l'emploi, l'éducation et les prestations sociales ; les dommages matériels et la perte de revenus, y compris la perte du potentiel de gains ; le dommage moral ; les frais encourus pour l'assistance en justice ou les expertises, pour les médicaments et les services médicaux et pour les services psychologiques et sociaux »[136].

Les mesures de réadaptation engloberont un suivi médical qui peut concerner le domaine psychologique et psychiatrique, à raison du préjudice subi[137]. En revanche, sur le plan collectif, le droit à réparation se caractérise par la reconnaissance officielle des crimes commis par l'État. Un gouvernement qui reconnaît la responsabilité de la Nation dans la commission de violations de droits de l'Homme de ces citoyens permet, outre d'éviter le négationnisme, de faire reconnaître officiellement le statut de victimes à ceux qui ont souffert de ces actes. Ainsi, « au plan collectif, des mesures de portée symbolique en hommage annuel aux victimes ou reconnaissance publique, par un État, de sa responsabilité, par exemple, outre qu'elles rétablissent collectivement les victimes dans leur dignité, permettent de mieux assumer le devoir de mémoire »[138].

Le crime de disparition forcée a la particularité de laisser la famille de la victime sans aucune information du sort de celle-ci. Il n'y a ni sépulture, ni aucun acte de décès établi par les autorités officielles au moment où la personne a disparu. Mais si le cadavre de la personne victime d'une disparition forcée a été retrouvé, la famille de la victime doit en être informée. Le corps doit lui être restitué après identification, quel que soit le sort judiciaire des auteurs de ces violations des droits de l'Homme. La grâce ou l'amnistie offerte à ces derniers, déjà contraire au droit international, ne peut justifier le refus d'identification des personnes disparues[139]. Quant aux mesures « satisfactoires » instituées dans le cadre des mesures de réparation, de portée générale ou mesures collectives, ce sont « la reconnaissance publique, par l'État, de sa responsabilité ; les déclarations officielles réhabilitant des victimes dans leur dignité ; les cérémonies commémoratives, dénomination de voies publiques, monuments, etc. ; les hommages

136 ASSEMBLÉE GÉNÉRALE DES NATIONS UNIES, Principes fondamentaux et directives concernant le droit à un recours et à réparation des victimes de violations flagrantes du droit international des droits de l'homme et de violations graves du droit international humanitaire, *op. cit.*, p. 8.

137 (L.) JOINET, Question de l'impunité des auteurs des violations des droits de l'homme (civils et politiques), *op. cit.*, p. 9.

138 *Ibid*, p. 10.

139 *Ibid*, p. 28.

périodiques aux victimes ; la prise en compte dans les manuels d'histoire et de formation aux droits de l'homme de la narration fidèle des violations d'une exceptionnelle gravité qui ont été commises »[140].

Dans un rapport de 2004 relatif aux mesures à prendre lors du retour à l'État de droit, l'ONU rappelle que « lorsque des atteintes massives aux droits de l'homme ont été commises, les États ont en effet l'obligation non seulement de poursuivre les responsables, mais aussi d'agir au nom des victimes, en veillant notamment à ce que celles-ci obtiennent réparation. Les programmes d'indemnisation des victimes peuvent être un complément efficace et rapide à l'action des tribunaux et des commissions de vérité, en offrant des réparations concrètes, en favorisant la réconciliation et en rétablissant la confiance des victimes dans l'État. Les réparations peuvent comporter aussi des éléments non pécuniaires, comme le rétablissement des victimes dans leurs droits légaux, des programmes de réinsertion, ou des mesures symboliques telles qu'excuses officielles, monuments ou cérémonies commémoratives »[141].

Ce droit à réparation est significatif de la modification du rapport de l'État vis-à-vis de ses citoyens. Celui-ci leur devient redevable, que ce soit sur le plan matériel et moral. Le droit à réparation s'inscrit dans un contexte où l'individu joue un plus grand rôle dans les relations internationales. En effet, dans le modèle classique de droit international dit « westphalien », l'État avait une immunité à l'égard des individus, il n'avait donc aucune responsabilité envers eux[142].

Le droit à réparation s'inscrit dans la justice correctrice qui a pour but de rendre à la victime son statut antérieur aux violations de ses droits fondamentaux. Chose impossible si celle-ci est décédée. Le droit à réparation, encourageant ainsi la reconnaissance, permet de rétablir la confiance des citoyens avec ses institutions. En effet, l'État a reconnu leur souffrance et leur statut de victime, les citoyens peuvent donc lui accorder leur confiance[143].

Les réparations dues par l'État aux victimes d'un régime autoritaire permettent la réconciliation nationale puisqu'elles reconnaissent à celle-ci leurs souffrances. Ainsi, ceux qui ont souffert de la violence d'État sont reconnus et réintégrés à la communauté nationale. Les réparations sont

---

140 *Idem.*

141 CONSEIL DE SÉCURITÉ DES NATIONS UNIES, Rétablissement de l'état de droit et administration de la justice pendant la période de transition dans les sociétés en proie à un conflit ou sortant d'un conflit, *op. cit.*, p. 23.

142 (K.) ANDRIEU, La justice transitionnelle, *op. cit.*, p. 441.

143 *Ibid.*, p. 447.

essentielles pour la réconciliation et la réussite de la transition démocratique. En effet, l'absence de telles mesures peut donner l'impression pour les victimes du régime répressif antérieur que le rétablissement de la démocratie se fera dans l'oubli[144]. Il faut souligner que le principe de réparation a été consacré par l'article 75 du Statut de la Cour pénale internationale qui définit que la juridiction de La Haye « établit des principes applicables aux formes de réparation, telles que la restitution, l'indemnisation ou la réhabilitation, à accorder aux victimes ou à leurs ayants droit. Sur cette base, la Cour peut, sur demande, ou de son propre chef dans des circonstances exceptionnelles, déterminer dans sa décision l'ampleur du dommage, de la perte ou du préjudice causé aux victimes ou à leurs ayants droit, en indiquant les principes sur lesquels elle fonde sa décision »[145].

Si les réparations sont indispensables pour la reconnaissance des victimes ainsi que leur souffrance, elles ne peuvent être le paravent à une politique d'impunité. Des indemnisations ou des systèmes de « discrimination positive » sont nécessaires pour mieux réinsérer celles et ceux qui furent les victimes d'un régime autoritaire ayant attenté aux droits de l'Homme. En revanche, elles ne peuvent justifier ou contrebalancer une politique d'impunité au bénéfice de ceux qui ont organisé et exécuté des actes contraires aux droits fondamentaux dans le cadre de la politique de répression. Des réparations pécuniaires ne peuvent être les seules mesures de justice transitionnelle à prendre lors du retour à la démocratie. Elles ne peuvent être la contrepartie à des politiques nationales qui instituent l'impunité et empêchent l'exercice du droit à la vérité. En effet, « la tentation est alors de proposer comme à l'indemnisation l'abandon des poursuites, donc de la lutte contre l'impunité, sous prétexte de réconciliation ».[146]

Ainsi, une seule forme de réparation ne peut donner satisfaction aux victimes. Les mesures de réparations doivent être un éventail de plusieurs mesures qui doivent être complémentaires aux juridictions pénales et des Commissions de vérité. Le dédommagement nécessaire des victimes, quel que soit le mécanisme d'administration de la justice transitionnelle, doit forcément s'accompagner de la nécessaire action judiciaire[147]. La réparation des victimes de violations des droits de l'Homme induit la reconnaissance de

---

144 *Idem.*

145 SECRÉTARIAT GÉNÉRAL DES NATIONS UNIES, *Statut de la Cour pénale internationale*, Organisation des Nations unies, Rome, 17 juillet 1998, A/CONF.183/9, p. 50.

146 (L.) JOINET (dir.), Lutter contre l'impunité, dix questions pour comprendre et pour agir, *op. cit.*, p. 110.

147 CONSEIL DE SÉCURITÉ DES NATIONS UNIES, Rétablissement de l'état de droit et administration de la justice pendant la période de transition dans les sociétés en proie à un conflit ou sortant d'un conflit, *op. cit.*, p. 24.

l'État dans la responsabilité de ces crimes. Lorsqu'un gouvernement décide de réparer les crimes commis par un régime autoritaire, il peut l'effectuer sans pour autant avoir ratifié une convention prévoyant cette mesure. Même des États démocratiques qui refusent de reconnaître leur responsabilité sous prétexte qu'ils furent commis par l'ancienne dictature, indemnisent les victimes de la répression. Ce fut ainsi le cas en Argentine dans les années 1980 et 1990. Ainsi, « les États peuvent décider de réparer un crime de l'histoire lorsqu'ils sont liés à une obligation juridique d'agir ainsi, qu'il y ait ou non à l'origine un fait illicite assumé de manière juridique duquel découlent leurs comportements »[148].

En Amérique latine, la Cour interaméricaine des droits de l'Homme a joué un rôle clé dans l'application du droit à réparation dans cette région du monde. En effet, les systèmes régionaux de protection des droits de l'Homme ont consacré ce principe en assurant l'effectivité de ce droit à réparation à destination de victimes de violations des droits fondamentaux. La juridiction panaméricaine fut d'ailleurs à la pointe dans ce domaine dès 1988, à une période où les États de cette région accédaient à la démocratie et s'interrogeaient sur la question de leur passé dictatorial. En effet, l'arrêt *Velásquez Rodríguez c. Honduras* du 29 juillet 1988 prévoyait l'institution de mesures de réparation en raison du préjudice subi par la victime. Cette affaire qui concerne une disparition forcée sous le régime militaire hondurien en 1981 va être le premier étage de la fusée contre l'impunité en Amérique latine. La jurisprudence de la Cour interaméricaine des droits de l'Homme jouera un rôle clé sur l'application de principes qui vont être codifiés et consacrés en droit international. La juridiction panaméricaine va assurer l'application de l'ensemble des mesures de justice transitionnelle, le droit à réparation faisant partie des piliers majeurs. Ainsi, « la jurisprudence de la Cour IDH a ainsi directement participé à la consolidation du droit à réparation en droit international, s'inspirant et influençant (...) l'élaboration de principes fondamentaux et directives sur le droit à un recours et à réparation, ou du droit international pénal adopté par l'ancienne Commission des Droits de l'Homme des Nations unies »[149].

---

148 (L.) BOISSON DE CHAZOURNES, (S.) HEATHCOTE, « Mise en œuvre de la réparation des crimes de l'Histoire : une possible [ré] conciliation des temps passés, présents et futurs ? » *in* (L.) BOISSON DE CHAZOURNES, (J-F.) QUEGUINER, (S.) VILLALPANDO (*dir.*), *Crimes de l'Histoire et réparations : les réponses du droit et de la justice*, Collection de droit international, Bruylant, Bruxelles, 2004, p. 101.

149 (K.) BONNEAU, « La jurisprudence innovante de la cour interaméricaine des droits de l'homme en matière de droit à réparation des victimes de violations des droits de l'homme » *in* (L.) HENNEBEL, (H.) TIGROUDJA, (*dir.*), *Le particularisme interaméricain des droits de l'homme*, Éditions A. Pedone, Paris, 2009, p. 349.

§2. Le droit à réparation, l'un des droits fondamentaux de la justice transitionnelle

A. La consécration en droit international de mesures de réparation issues du droit interne

Pour le diplomate, journaliste et universitaire Pierre Hazan, « l'établissement de la vérité et la stigmatisation des criminels sont conçus comme donnant réparation aux victimes. Mais ces dernières années, par-delà les politiques de pardon et de châtiment, l'accent a été mis pour que soit accordée une réparation matérielle aux victimes, qui vivent souvent dans des conditions misérables (...). La question de l'argent comporte une intense charge symbolique. D'abord, elle pose la question de la nature de la réparation, un mot lui-même profondément ambigu : que s'agit-il exactement de réparer ? La perte d'un proche ? La souffrance ? Les pertes de capital (lost income) du fait de détentions illégales ? La perte de biens matériels ? Les réparations sont l'expression d'un message : celui de la reconnaissance du crime. Il y a une dimension politique et une dimension sociétale, collective et privée (...). À cette dimension politique s'ajoute une dimension sociétale. Celle-ci concerne, au premier chef, les victimes. Certaines victimes estiment que cet argent ne peut compenser l'irréparable, qu'il est entaché du sang des morts (*blood money*) et ne peut en tant que tel être accepté. D'autres considèrent au contraire que les souffrances passées doivent donner lieu à une mesure de réparation, même si elles ne pourront jamais restituer les années perdues »[150]. Ainsi, « à ce positionnement individuel des victimes, s'ajoute un débat qui implique l'ensemble de la société. Car les réparations sont le fruit d'une négociation qui indique l'évolution des normes et les nouveaux équilibres au sein de la société. La question clé est celle de la nature de cette transaction éthico-politique pour l'ensemble de la société. Dans quelle mesure, les termes de cette transaction sont-ils acceptables ? C'est une question qui concerne donc non seulement les victimes et les gouvernements impliqués, mais l'ensemble des différentes sociétés impliquées »[151].

Depuis les années 1990, la justice transitionnelle est présentée par le droit international comme le meilleur moyen de sortir durablement d'une crise, en l'occurrence, d'une transition démocratique dans le cas de l'Amérique latine. Elle est ainsi la meilleure méthode pour la reconstruction, la réconciliation et

---

150 (P.) HAZAN, « Mesurer l'impact des politiques de châtiment et de pardon : plaidoyer pour l'évaluation de la justice transitionnelle », *op. cit.*, p. 22.
151 *Ibid.*, p. 23.

la condition de la réussite d'une transition permettant l'avènement d'une cadre durable permettant la pérennité de la sauvegarde des droits fondamentaux. En effet, le droit international reconnaît aux victimes des droits inhérents lors du retour à la démocratie, base de la justice transitionnelle. Les normes internationales liant l'État vont donner lieu au développement d'un droit à la justice transitionnelle[152]. Les expériences latino-américaines ont montré l'existence d'un droit à la justice transitionnelle. En effet, des pays qui ont vécu des transitions démocratiques sans jugement de leur passé connaissent d'importants mouvements de juristes, de responsables politiques, d'associations de défense des droits de l'Homme et d'une fraction importante de leur opinion publique à appliquer les mesures de vérité, de justice et de réparation. C'est ainsi que de nombreux Espagnols souhaitent désormais, plus de quarante ans après la mort du général Franco, condamner ce régime par la voie judiciaire. Le droit de la justice transitionnelle, qui repose sur le triptyque « vérité, justice, réparation », et qui fut appliqué dans le Cône Sud de l'Amérique latine, est désormais codifié par le droit international depuis le Rapport Joinet de 1997 et consacré dans d'autres textes à portée internationale. Par ces exemples de certaines régions du monde, les victimes auraient un droit à la justice transitionnelle pour assurer la pérennité de leur démocratisation et empêcher le retour à la violence politique.

Forte des expériences latino-américaines dans les années 1980, le Rapport Joinet codifiant les mesures à prendre lors du rétablissement de l'État de droit fait ainsi mention des réparations, notamment leur champ d'application. Ainsi « le droit à réparation doit couvrir l'intégralité des préjudices subis par la victime ; il comprend, d'une part, des mesures individuelles relatives au droit à restitution, à indemnisation et à réadaptation et, d'autre part, des mesures de réparation de portée générale telles que des mesures satisfactoires et des garanties de non-renouvellement »[153].

Les procès contre les anciens responsables et exécutants de crimes contre l'humanité en Amérique latine ainsi que l'instauration de mesures de réparation comme des indemnisations à destination des victimes ont servi d'exemple pour une partie de la société civile espagnole pour l'accomplissement de telles mesures dans leur pays où, pour reprendre l'expression de l'historien français Henry Rousso, le passé franquiste « ne passe pas encore ». D'ailleurs, ce dernier évoquait une « mondialisation de la

152(N.) TURGIS, *op. cit.*, p. 346.

153 (L.) JOINET, Question de l'impunité des auteurs des violations des droits de l'Homme (civils et politiques), *op. cit.*, p. 27.

mémoire». Henry Rousso estime que «le constat est désormais patent : partout dans le monde, malgré des contextes politiques ou culturels différents, malgré l'extrême diversité des héritages historiques, le rapport au passé a non seulement connu des changements structurels importants dans le dernier tiers du 20e siècle, mais il tend à s'unifier, à se "mondialiser", à susciter des formes de représentations collectives et d'actions publiques qui, au moins en apparence, se ressemblent de plus en plus. Observé à une large échelle, ce processus ne se limite ni au souvenir de quelques événements proches, fussent-ils exceptionnels comme l'Holocauste, ni à un espace circonstancié tel le monde "occidental". Il touche l'écriture du passé national aussi bien qu'il constitue désormais un enjeu majeur à une échelle régionale ou mondiale. Que l'on évoque les souvenirs obsédants du nazisme, les polémiques sur l'occupation japonaise, la mémoire longue de l'esclavage, l'héritage des dictatures militaires ou les séquelles des grands massacres de masse, on ne peut qu'être frappé, d'une part, par l'existence d'un même mouvement planétaire de réactivation du passé et, d'autre part, par les similitudes dans les attentes de l'opinion et les politiques mises en œuvre pour donner une "juste" place à l'histoire et à la mémoire dans des lieux aussi différents que l'Europe, l'Asie orientale, l'Amérique latine ou l'Afrique du Sud»[154].

Le droit à réparation s'inscrit dans la justice socioéconomique. Il s'agit essentiellement des indemnisations pécuniaires à destination des victimes directes ou indirectes des violations des droits de l'Homme effectués par le régime autoritaire. Le droit à réparation se traduit de plusieurs manières. Outre les programmes d'indemnisations financières, cela comprend des initiatives gouvernementales pour la réparation des dommages matériels et moraux dus aux violations des droits de l'Homme. Ainsi, ce droit à réparation consiste à offrir aux victimes des avantages symboliques et financiers. Ce sont des compensations financières ou la réforme des programmes scolaires faisant étant des crimes de la dictature. Les réparations sont tournées vers le passé, car elles consistent à indemniser des atteintes aux droits fondamentaux commises pendant une période déterminée, en l'occurrence la répression de l'ex-régime autoritaire. Ainsi, « ces procédures de compensation mettent l'État en position d'accusé, menaçant ainsi la position symbolique qui faisait sa force dans le traditionnel système westphalien. On voit ainsi que la justice transitionnelle est bien liée à une interprétation cosmopolite du monde selon laquelle ce sont les individus qui sont, par-delà l'État, les seuls sujets du droit. Les victimes se constituent dès

154 (H.) ROUSSO, *op. cit.*, p. 3.

lors en véritables lobbies. Réunies dans une action collective, elles s'attaquent à l'État dans le but de retrouver leur identité perdue»[155]. Le droit international insiste sur les réparations même si elles sont symboliques, comme la construction de musées ou de monuments afin de reconnaître le passé dictatorial et la souffrance des victimes. En effet, il est certain qu'une réparation matérielle ne peut rétablir un tort moral et la réparation réelle des souffrances[156]. La seule compensation ne peut suffire pour des politiques de réparation dans le cadre de la justice transitionnelle. Les politiques de réparation sont instaurés pour répondre à la demande de considération individuelle de la part de la victime, mais aussi pour répondre aux conséquences collectives provoquées par les violations massives des droits de l'Homme sur une partie importante de la population. Ainsi, les politiques de réparation ont comme optique la prise en considération et la reconnaissance à la fois individuelle et collective de la violation de l'ensemble des droits fondamentaux[157]. Ces réparations visent à intégrer les dommages directs et indirects à la suite des violations des droits de l'Homme, c'est-à-dire aux victimes directes ou indirectes. Elles doivent bénéficier aux personnes qui ne peuvent directement avoir le statut de victime. Les politiques de réparation ne doivent pas seulement être des indemnités pécuniaires. Elles doivent avoir un aspect prospectif dans la reconstruction de la Nation lors du retour à la démocratie. Les différentes catégories de victimes doivent retrouver un nouveau départ au sein de la société à travers le statut accordé par le gouvernement au moyen de ces mesures de réparation[158].

La transition démocratique suppose que les victimes des abus de la répression sous la dictature soient rétablies à la situation antérieure à la prise de pouvoir de celle-ci, d'où les réparations. Il s'agit de compenser de manière la plus juste les pertes encourues avant et après la période de violations des droits de l'Homme perpétrées par le régime autoritaire. La première réparation est bien souvent symbolique, c'est-à-dire la vérité sur les crimes commis sous la dictature et dire que furent les responsabilités dans la mise en place et l'application de la politique de répression. Ainsi, « là encore, si les instances juridiques traditionnelles sont de mise dans bon nombre de cas, il peut arriver que la compensation soit symbolique, par exemple en admettant

---

155 (K.) ANDRIEU, (G.) LAUVAU (*dir.*), *op. cit.*, p. 21.

156 *Idem.*

157 (X.) PHILIPPE, «La justice transitionnelle est-elle compatible avec les principes constitutionnels reconnus dans un nouvel État de droit ?», *Droit constitutionnel et transition démocratique*, 8ème Congrès mondial de droit constitutionnel, Mexico, décembre 2010 *in Long Cours*, Mélanges offerts à Pierre Bon, Dalloz, Paris, 2014, p. 11.

158 *Ibid.*, p. 12.

d'abord et avant tout sa responsabilité lors d'un grave crime de guerre ou devant des crimes contre l'humanité (...). La transition vers des institutions justes demande que soit établie la vérité sur le passé. Toute la question est de savoir s'il faut associer fortement vérité et réconciliation au point de favoriser la dernière au détriment de la première ».[159]

Cependant, la réparation accordée aux victimes diffère de ce qu'elles recevraient d'un processus judiciaire. Une politique des réparations administratives nécessite de définir qui peut en bénéficier et comment réparer selon des critères différents de ceux retenus par les tribunaux, mais aux règles ordinaires établies par la loi. La loi ou le décret devra aussi prévoir quels types de violations feront l'objet de ces mesures et la qualité des bénéficiaires, c'est-à-dire les victimes directes, les parents de ceux-ci s'ils sont décédés ainsi que les victimes indirectes[160].

L'État ne peut pas ignorer les demandes des victimes au motif qu'il n'y a pas des ressources suffisantes pour couvrir les coûts ou qu'il n'y a tout simplement pas moyen de surmonter les problèmes décrits. Cela reviendrait à reconnaître qu'il n'est pas en mesure de soutenir un régime juste. Une partie de l'objectif de ce projet, en fait, est de bloquer l'inférence, à partir de prémisses sur les difficultés qu'elle implique de mettre en place des programmes de réparation équitables et efficaces, qui soutient l'impossibilité de le faire. La responsabilité de l'État consiste à concevoir un programme de réparation dont on peut dire qu'il satisfait aux conditions de justice, même si ses avantages ne sont pas les mêmes que ceux qui seraient déterminés par un tribunal statuant.[161]

Les réparations symboliques et matérielles sont complémentaires. Des réparations symboliques peuvent parfois convenir dans un premier temps si les ressources financières de l'État sont limitées en période de transition démocratique. Les mesures individuelles et collectives se complètent en raison du type de violences subies par les victimes et que l'État cherche à remédier. Ainsi, « les réparations constituent, pour les victimes, une manifestation du sérieux de l'État et de leurs concitoyens dans leurs efforts de rétablir des relations fondées sur l'égalité et le respect. En l'absence de réparations, les victimes auront toujours des raisons de suspecter que, même si les autres procédures transitoires sont appliquées avec un certain degré de sincérité, la "nouvelle" société démocratique est une société construite sur

159 (C.) NADEAU, « Conflits de reconnaissance et justice transitionnelle », *op. cit.*, p. 204.
160 (P.) DE GREIFF, « Justicia y reparaciones » *in* COMISIÓN DE AMNISTÍA DEL MINISTERIO DE JUSTICIA CENTRO INTERNACIONAL PARA LA JUSTICIA TRANSICIONAL (ICTJ), *op. cit.*, p. 421.
161 *Ibid.*, p. 441.

leur dos, ignorant leurs justes réclamations. En revanche, si, même dans des conditions financières difficiles, des fonds sont attribués à d'anciennes victimes, un message fort leur est envoyé ainsi qu'à d'autres personnes quant à leur inclusion (peut-être nouvelle) dans la communauté politique. D'anciennes victimes d'abus y voient une manifestation matérielle du fait qu'elles vivent maintenant dans un groupe de concitoyens et dans le cadre d'institutions dignes de confiance. Des réparations peuvent alors être vues comme un moyen de réaliser un des objectifs d'un État juste, à savoir l'intégration, dans la mesure où tous les citoyens participent à égalité à un projet politique commun. Finalement, la plupart des réformes institutionnelles post-transitionnelles sont motivées, non seulement par l'objectif d'améliorer l'efficacité des institutions étatiques – celle-ci étant comprise simplement en termes d'*output* quantifiable —, mais aussi par les buts plus riches de relégitimation de l'État et d'empêchement de la répétition de la violence. Des procédures de contrôle, par exemple, peuvent être vues comme des efforts de rendre les institutions de l'État dignes de confiance en excluant de celles-ci les personnes qui, dans le passé, ont trahi la confiance des citoyens qu'elles étaient censées servir »[162].

Un programme d'indemnisations économiques ne peut en effet suffire à lui seul dans une politique plus vaste de réparations des violations des droits de l'Homme. Des indemnités pécuniaires ne peuvent recréer le contrat social entre l'État et les victimes. Néanmoins, le programme de réparations est indispensable lors du retour à la démocratie pour apaiser les souffrances des victimes des violations des droits de l'Homme dans le cadre d'une politique globale de justice transitionnelle. Il faut souligner que la transition démocratique est une période sensible où institutions et individus essaient de trouver ou de redéfinir les nouvelles normes sur la base des principes et des valeurs qui régiront la jeune démocratie. Néanmoins, le rétablissement de l'État de droit, car la société est encore en proie aux nombreux antagonismes nés par la violence de la répression de la dictature, entre anciens opposants et partisans. Le lien social a été rompu, les conflits ont laissé des cicatrices et la confiance dans les institutions, qui appliquèrent les politiques de répression de dictature, est très faible. Les politiques de réparation s'inscrivent dans un discours normatif de solidarité avec les victimes, d'où l'importance d'instaurer des institutions visant à reconnaître et réparer le préjudice dû aux violations des droits de l'Homme[163].

---

162 (A.) MARTIN (dir.), La mémoire et le pardon. Les commissions de la vérité et de la réconciliation en Amérique latine, *op. cit.*, p. 189.

163 (P.) DE GREIFF, « Justice and reparations », *The Handbook of Reparations*, Oxford University Press, 2006, p. 465.

En effet, le principe de réparation, consacré en droit international, se concrétise par différentes modalités. Un seul type de réparations ne peut suffire. Des indemnisations pécuniaires ne doivent pas pallier l'impunité. L'accouchement de la vérité, première des réparations, ne pourrait se suffire à elle-même. Des politiques de mémoire sont contraires à l'absence de poursuites judiciaires à l'encontre des violations des droits de l'Homme. Les réparations sont la vérité et la justice. Néanmoins, l'inverse est tout aussi vrai. Des indemnisations sans la vérité sur les crimes du passé ne sont pas une bonne politique de réparations à destination des victimes. L'Organisation des Nations unies souligne que « les efforts de réparation devraient être conçus de manière à être étroitement liés à d'autres initiatives en matière de justice transitionnelle ou de réparation, par exemple les procédures pénales, la révélation de la vérité et les réformes institutionnelles. Cette idée a également une assise théorique. On dit des programmes pour lesquels de tels liens ont été tissés qu'ils présentent une cohérence externe ou une intégrité externe. Cette exigence est importante tant pour des raisons pragmatiques que pour des raisons conceptuelles. De tels liens encouragent à interpréter les prestations accordées à titre de réparation en termes de justice, et non comme un échange d'argent et de services visant à apaiser les victimes ou à obtenir leur acquiescement pourraient contribuer à améliorer la façon dont l'ensemble de mesures est globalement perçu (malgré les limites inévitables qui leur sont imposées). Ce n'est pas seulement que la révélation de la vérité, sans effort de réparation, peut être considérée par les victimes comme un geste vain. La relation est valable dans le sens opposé également, puisque des efforts de réparation qui ne s'accompagnent pas d'une révélation de la vérité pourraient être perçus par les bénéficiaires comme une tentative faite par l'État pour acheter le silence ou l'acquiescement des victimes et de leurs familles. Le même lien étroit et bidirectionnel peut être observé entre réparations et réformes institutionnelles. La légitimité d'une réforme démocratique non assortie d'efforts de réparation visant à rendre leur dignité aux citoyens qui ont été victimes de violations sera contestable, surtout aux yeux des victimes. Pour la même raison, les prestations accordées à titre de réparation sont vaines si elles ne s'accompagnent pas d'une réforme des institutions visant à réduire le risque d'une répétition de la violence »[164].

---

164 HAUT-COMMISSARIAT DES NATIONS UNIES AUX DROITS DE L'HOMME, « Programmes de réparation », *op. cit.*, p. 38.

B. L'importance des garanties de non-répétition

L'État doit prendre plusieurs mesures pour s'assurer de la pérennité du système démocratique afin qu'il n'y ait à l'avenir plus de violation des droits de l'Homme. Les garanties de non-répétition s'inscrivent dans les mesures de réparation à vocation collective. Elles sont dans la continuité de l'épuration des administrations où furent à leurs têtes les responsables de l'oppression. Dans son rapport de 1997, le magistrat français Louis Joinet définissait les garanties de non-répétition comme les « mesures appropriées » prises par l'État afin « que les victimes ne puissent être à nouveau confrontées à des violations portant atteinte à leur dignité »[165]. Le gouvernement doit ainsi dissoudre les groupes paramilitaires privés créés ou encouragés par l'État par son abstention d'agir. Le retour à la démocratie doit aussi de s'accompagner de mesures administratives visant les agents de l'État impliqués dans les atteintes graves aux droits fondamentaux des citoyens. Ces mesures ne sont pas répressives. Par conséquent, elles peuvent être prises par la voie de décisions administratives. La seule condition est que leur instauration doit être prévue par la loi. Néanmoins, en raison des circonstances, ces mesures administratives peuvent d'ailleurs émaner d'un acte réglementaire ou conventionnel concluant un processus de dialogue national ou un accord de paix[166]. Toujours dans le cadre de la justice transitionnelle, Louis Joinet ajoute dans son rapport de 1997 que les agents de l'administration qui vont appliquer les mesures de démocratisation prises par le gouvernement doivent être loyaux. En effet, elles ne doivent pas entraver les décisions gouvernementales visant à réformer l'État pour éviter un risque de retour aux violations des droits de l'Homme. Ainsi, le rapport note que « la mise en œuvre des mesures administratives est précédée du recensement des postes de responsabilité comportant un pouvoir décisionnel influent et donc un devoir de loyauté à l'égard du processus engagé. Ce recensement considère en priorité les postes de responsabilité concernant l'armée, la police et la justice »[167]. Ainsi, « ses antécédents dans le domaine des droits de l'Homme, notamment pendant la période des persécutions ; la non-compromission dans des faits de corruption ; la compétence professionnelle ; l'aptitude à

---

165 (L.) JOINET, *Question de l'impunité des auteurs des violations des droits de l'Homme (civils et politiques)*, rapport établi en application de la décision 1996/119 de la Sous-commission des droits de l'Homme, E/CN.4/Sub.2/1997/20, Conseil Economique et Social, Organisation des Nations unies, New York, 26 juin 1997, p. 28.

166 (L.) JOINET, Question de l'impunité des auteurs des violations des droits de l'Homme (civils et politiques), *op. cit.*, p. 29.

167 *Idem.*

promouvoir le processus de paix et/ou de démocratisation, notamment dans le respect des garanties constitutionnelles et des droits de l'homme »[168].

En 2005, l'ONU dans les Principes fondamentaux et directives concernant le droit à un recours et à réparation des victimes de violations flagrantes du droit international des droits de l'Homme et de violations graves du droit international humanitaire a estimé que « les garanties de non-répétition devraient inclure, le cas échéant, tout ou partie des mesures suivantes qui contribueront aussi à la prévention et qui consistent à : veiller au contrôle efficace des forces armées et des forces de sécurité par l'autorité civile ; veiller à ce que toutes les procédures civiles et militaires soient conformes aux normes internationales en matière de régularité de la procédure, d'équité et d'impartialité ; renforcer l'indépendance du pouvoir judiciaire ; protéger les membres des professions juridiques, médicales et sanitaires et le personnel des médias et d'autres professions analogues, ainsi que les défenseurs des droits de l'Homme ; dispenser, à titre prioritaire et de façon suivie, un enseignement sur les droits de l'Homme et le droit international humanitaire dans tous les secteurs de la société, et une formation en la matière aux responsables de l'application des lois et au personnel des Forces armées et de sécurité ; encourager l'observation de codes de conduite et de normes déontologiques, en particulier de normes internationales, par les fonctionnaires, y compris les responsables de l'application des lois, les personnels de l'administration pénitentiaire, des médias, des services médicaux, psychologiques et sociaux et le personnel militaire, ainsi que par les entreprises ; promouvoir des mécanismes pour prévenir, surveiller et résoudre les conflits sociaux ; réexaminer et réformer les lois favorisant ou permettant des violations flagrantes du droit international des droits de l'homme et des violations graves du droit international humanitaire »[169].

Quatrième pilier de la justice transitionnelle, les garanties de non-répétition sont « une conséquence directe de son contexte d'exercice de la justice transitionnelle. Il s'agit de dépasser la notion de violence individuelle pour s'intéresser à une violence collective, sociétale et systémique. La violence totalitaire et de masse ne peut être que le produit d'un dysfonctionnement global d'une société. Dès lors, les mesures individuelles de justice et de réparation, si importantes qu'elles soient, ne peuvent

---

168 *Ibid.*, p. 30.

169 ASSEMBLÉE GÉNÉRALE DES NATIONS UNIES, Principes fondamentaux et directives concernant le droit à un recours et à réparation des victimes de violations flagrantes du droit international des droits de l'homme et de violations graves du droit international humanitaire, *op. cit.*, p. 2.

constituer la seule réponse. Au-delà des individus, c'est en effet l'ensemble du système social qui a été affecté et doit être reconstruit ».[170]

Les garanties de non-répétition sont essentielles pour que la démocratie soit pérennisée. Il ne faudrait pas que d'autres violations de masse des libertés fondamentales des citoyens recommencent. Dans un rapport relatif à l'actualisation de la lutte contre l'impunité dans le cadre de la promotion et la protection des droits de l'Homme de 2005, la Commission des droits de l'Homme de l'ONU avait souligné que « les États doivent veiller à ce que les victimes ne puissent de nouveau subir des violations de leurs droits. À cette fin, ils doivent entreprendre des réformes institutionnelles et prendre les mesures qui s'imposent pour garantir le respect de l'État de droit, susciter et entretenir une culture du respect des droits de l'Homme, et rétablir ou instaurer la confiance de la population dans ses institutions publiques. Une représentation adéquate des femmes et des groupes minoritaires dans ces institutions est essentielle pour atteindre ces objectifs. Des réformes institutionnelles visant à prévenir tout renouvellement des violations devraient être mises en place grâce à de vastes consultations publiques, auxquelles participeraient les victimes et d'autres acteurs de la société civile »[171].

Dans son rapport de 2008, le Haut-commissariat des Nations unies aux droits de l'Homme prévoit que « les garanties de non-répétition constituent une autre grande catégorie qui comprend des réformes institutionnelles visant à assurer le contrôle des Forces armées et des forces de sécurité par l'autorité civile, à renforcer l'indépendance du pouvoir judiciaire, à protéger les travailleurs des droits de l'homme, à assurer la formation aux droits de l'homme, à promouvoir les normes internationales relatives aux droits de l'homme au sein des fonctionnaires, des responsables de l'application des lois, des médias, de l'industrie et des services psychologiques et sociaux »[172]. Les mesures de réparation ont pour fonction de satisfaire les attentes des victimes en matière de reconnaissance de leurs souffrances dues aux préjudices provoqués par la politique de violations des droits de l'Homme sous la dictature. Sous leurs formes individuelles, elles bénéficient directement à ceux qui ont souffert physiquement et psychologiquement des atteintes aux droits fondamentaux perpétrées par le régime autoritaire. Lorsque les réparations sont collectives, elles s'adressent à la fois aux victimes directes et indirectes, mais aussi à l'ensemble de la population. En 1997,

---

170 (J-P.) MASSIAS, (K.) PICARD, *op. cit.*, p. 8.

171 (D.) ORENTLICHER, *op. cit.*, p. 17.

172 HAUT-COMMISSARIAT DES NATIONS UNIES AUX DROITS DE L'HOMME, « Programmes de réparation », *op. cit.*, p. 8.

Louis Joinet avait codifié la « dissolution des groupements armés non officiels directement ou indirectement lies à l'État ainsi que des groupements prives bénéficiant de sa passivité » dans le cadre des mesures de non-répétition des violations des droits de l'Homme afin de pérenniser la transition démocratique. Il s'agit notamment de la « reconstitution de leur organigramme, d'une part en identifiant les exécutants afin de faire apparaître, le cas échéant, leur fonction dans l'administration, spécialement dans l'armée et la police, d'autre part, en établissant les liaisons occultes qu'ils entretenaient avec leurs commanditaires actifs ou passifs appartenant notamment aux services de renseignements et de sécurité ou, le cas échéant, à des groupes de pression »[173].

Les garanties de non-répétition prévues dans les mesures de réparations s'inscrivent dans la lignée de l'éviction nécessaire de l'appareil d'État d'agents suspectés de violations des droits de l'Homme. L'obligation allouée au gouvernement de prendre un ensemble des mesures nécessaires pour qu'il n'y ait plus d'atteintes en masse des libertés fondamentales de l'Homme, notamment l'apurement de l'administration des éléments nostalgiques de la dictature ou susceptibles de prendre le pouvoir, fait partie des mesures de réparation.

Pour le Centre International de la Justice transitionnelle, les expériences de justice transitionnelle en Argentine et au Chili furent marquées par plusieurs actions dans la reconnaissance des violations des droits de l'Homme vis-à-vis des victimes. En plus de la reconnaissance de l'État dans la responsabilité des faits, il y eut la recherche des prisonniers disparus, les garanties de non-répétition ainsi que l'action de la justice pénale à partir des années 2000. Le droit international insiste sur la cohérence et la complémentarité de toutes ces mesures. En effet, cela permet aux victimes d'être reconnues et de se ressentir réinsérés comme membres à part entière de la société désormais démocratisée dont elles avaient été expressément exclues sous la dictature. Ainsi, « los esfuerzos complementarios de justicia transicional pueden dar o restar significación a las políticas de reparación. Se requiere de la coherencia de todas estas políticas para verdaderamente entregar un mensaje a las víctimas de que la sociedad las reconoce como valiosos miembros de ellas, que nunca debieron ser excluidas, y que sus derechos son reconocidos como fundamentales para la nueva convivencia democrática »[174].

173 (L.) JOINET, Question de l'impunité des auteurs des violations des droits de l'Homme (civils et politiques), *op. cit.*, p. 29.
174 (C.) CORREA, *op. cit.*, p. 475.

Les politiques de réparation ne désignent pas une mesure particulière. Le terme de réparation englobe toutes les mesures destinées à reconnaître de manière officielle les préjudices issus de la politique de répression pratiquée par l'ancien régime autoritaire. Les gouvernements démocratiques doivent ainsi utiliser tous les outils de l'État pour réparer les torts provoqués par l'action de l'ex-dictature. En effet, les victimes de la dictature furent expressément exclues de la société. L'État avait ainsi rompu le contrat social de protection des libertés fondamentales de ses citoyens. Les responsables des régimes autoritaires latino-américaines avaient estimé qu'une partie de la population devait être anéantie sous le prétexte de la « lutte contre la subversion ». Le retour à un État démocratique doit ainsi réparer le préjudice subi par les victimes, notamment lorsque leurs proches ont disparu à la suite d'une arrestation arbitraire, et ont été placés dans les centres clandestins de détention. Une transition démocratique ne peut être pérenne que si les victimes sont reconnues à travers ces mesures de réparation. Ainsi, indemnisations financières, aides sociales, programmes sanitaires, bourses à l'éducation, exemption de certaines obligations, permettent à l'État de reconnaître de manière officielle qu'il a manqué à son obligation de protection des droits fondamentaux de ses citoyens en ayant attenté à ceux d'une partie de la population. Les politiques de réparation sont ainsi devenus par la suite l'une des mesures de justice transitionnelle indispensable lors du rétablissement de la démocratie. En revanche, elles ne doivent pas être un palliatif à la justice pénale. La reconnaissance officielle par le gouvernement démocratique des violations des droits de l'Homme de l'ancien régime autoritaire et les politiques de réparation pour essayer d'apaiser les souffrances psychologiques et physiques des victimes de violations des droits de l'Homme ne peut justifier l'absence d'action pénale. L'État ne peut déléguer ses politiques de réparations. Elles ne doivent pas être confiées des organismes privés, à l'instar d'associations de défense des droits de l'Homme. Seul un gouvernement est habilité à réparer les torts commis par ses prédécesseurs qui ont dirigé le pays de manière dictatoriale.

Ainsi, les réparations des victimes d'atteintes aux droits fondamentaux constituent une partie essentielle de la justice transitionnelle, mais ne peuvent en constituer l'essentiel. Les politiques de réparation s'inscrivent dans une logique de justice réparatrice qui promeut l'écoute et la reconnaissance des souffrances issues du préjudice subi par les victimes, que ce soit par la perte d'un proche ou des souffrances psychologiques si celles-ci furent rescapées. Une politique de réparations décidée et organisée par l'État est ainsi la reconnaissance directe de la violation des droits de l'Homme. La répression de la dictature s'est effectuée par l'utilisation de moyens officiels et des organes étatiques pour l'accomplissement de la réparation. Réparer les atteintes aux droits de l'Homme est la démarche de la justice transitionnelle la plus proche de l'action judiciaire. En effet, les réparations se traduisent par des mesures concrètes.

CHAPITRE 2.

Le rôle du droit international régional dans la lutte contre l'impunité en Amérique latine

La Commission interaméricaine des droits de l'Homme (Commission ID) ainsi que la Cour interaméricaine des droits de l'Homme (Cour IDH) vont tenir le premier rôle dans la lutte contre l'impunité. Ces deux institutions du système américain de protection des droits de l'Homme vont remettre en cause les lois d'amnistie et obliger les États membres de l'OEA d'appliquer l'ensemble des mécanismes de la justice transitionnelle que représentent le droit à la vérité, le droit à la justice, le droit à la réparation ainsi que les garanties de non-répétition. Il faut souligner que la jurisprudence issue du système interaméricain de protection des droits de l'Homme n'a pas porté directement sur des affaires concernant l'Argentine, le Chili ou l'Uruguay.

Les affaires traitées par la Cour IDH ont concerné des pays d'Amérique latine qui ont connu des régimes militaires marqués par des disparitions forcées. Si la jurisprudence de la Cour IDH est forte d'une jurisprudence marquée par l'obligation de poursuivre les auteurs de violations des droits de l'Homme, c'est en raison du contexte de sa création à la fin des années 1970. En effet, à cette époque, la majorité des États d'Amérique latine était dirigée par des dictatures militaires qui ne respectaient pas les droits fondamentaux de leurs citoyens. Les transitions démocratiques en Amérique latine ont permis l'adhésion à de nombreux pays au système américain de protection des droits de l'Homme. Par conséquent, la Cour IDH a permis de rappeler aux États leurs obligations de respecter les droits fondamentaux de tout citoyen, notamment de se constituer partie civile devant les autorités judiciaires.

SECTION 1.
Le développement du droit interaméricain des droits de l'Homme

Dès sa création en 1948, l'Organisation des États américains a eu pour fonction la sauvegarde et la promotion des droits de l'Homme. Pour comprendre ses mécanismes, il faut mettre en exergue la manière dont l'OEA fut instituée et qu'elle s'est développée en créant des institutions chargées de veiller au bon fonctionnement des instruments ratifiés par les États et dénoncer leurs violations commises le cas échant. Le système régional de protection des droits fondamentaux s'est fortement développé lorsque les États d'Amérique latine ont entamé une transition démocratique. Le retour à l'État de droit se conjuguait à l'adhésion au système de droit interaméricain des droits de l'Homme.

§1. L'avènement d'un système interaméricain des droits de l'Homme

A. L'Organisation des États américains, sauvegardes et promotions des droits de l'Homme

Le contexte de transition ou de consolidation démocratique a modifié le travail de protection internationale qui fut confronté à l'origine à des violations perpétrées par des régimes dictatoriaux. Ainsi, pour le juge Augusto Cançado Trindade, « cela requiert une vision globale ou systémique des droits de l'homme, intégrant la protection de la personne dans tous les domaines de l'activité humaine (civile, politique, économique, sociale et culturelle). Si on regarde vers l'avenir, on doit également considérer qu'une attention spéciale doit être placée, à l'intérieur des États, sur le rôle des organes publics et en particulier du pouvoir judiciaire, en matière de protection des droits de l'homme. Dans cette perspective, des ressources supplémentaires sont nécessaires pour que les organes nationaux puissent pleinement exercer les fonctions à eux dévolues par les traités pertinents (ainsi le devoir d'investigation) comme la Convention américaine (ainsi, les garanties d'accès à la justice et le droit à un recours effectif devant les tribunaux nationaux). L'incorporation des normes internationales concernant la protection des droits de l'homme dans le droit interne des États de la région est aujourd'hui d'une importance capitale. Les constitutions contemporaines des pays latino-américains contiennent, en nombre de plus en plus important, des références expresses (sous la forme d'un renvoi) aux droits protégés par les traités et conventions auxquels l'État considéré est partie »[1].

Le mandat de ce nouvel organe de l'organisation panaméricaine est de promouvoir les droits de l'Homme[2]. Durant les premières années de son existence, celle-ci n'est alors qu'un organe consultatif. À partir de 1965, la Commission interaméricaine des droits de l'Homme va élargir son champ de compétences avec une modification de son statut qui lui permet de recevoir et d'examiner des communications individuelles issues de citoyens lorsqu'il y a violation de leurs « droits à la vie, à la liberté et à la sécurité de la personne, l'égalité devant la loi, la liberté de religion, d'expression et d'opinion, l'accès à la justice, la protection contre l'emprisonnement arbitraire, la torture et les traitements cruels ou inusités, la présomption d'innocence et le droit à un procès équitable »[3]. Il faut attendre le protocole de Buenos Aires de 1967, complétant l'article 112 de la Charte de l'OEA, pour que soient officiellement reconnues les compétences de la Commission interaméricaine des droits de l'Homme. Cette disposition prévoit de « servir de dépositaire des traités et accords interaméricains ainsi que des instruments de ratification de ceux-ci »[4]. Le Protocole de Buenos Aires consacre alors la Commission interaméricaine des droits de l'Homme comme « l'organe principal » de l'OEA. Dans son optique de promotion des droits de l'Homme, elle émet des recommandations à destination des gouvernements membres de l'OEA afin que leurs législations soient conformes avec la Convention américaine relative aux droits de l'Homme. De plus, la Commission propose à l'Assemblée générale de l'OEA des projets de protocole ou des amendements à la convention. Une fois par an, elle publie un rapport d'activités de l'Assemblée générale de l'OEA. Pour accomplir la tâche de protection des droits fondamentaux, la Commission reçoit les requêtes issues d'États qui ont reconnu sa compétence. Il y a une automaticité du droit de requête qui peut émaner d'un groupe, d'une personne ou de toute autre entité gouvernementale[5].

---

1 (A.) AUGUSTO CANÇADO TRINDADE, « Le système interaméricain de protection des droits de l'homme : état actuel et perspectives d'évolution à l'aube du XXIe siècle », *Annuaire français de droit international*, volume 46, 2000, p. 568.

2 (C.) HILLING, « Le système de protection des Droits de l'Homme : le modèle adapté aux réalités latino-américaines », *Revue québécoise de droit international*, 1991-1992, pp. 210-217.

3 *Idem.*

4 (É.) TARDIF, « Le système interaméricain de protection des droits de l'homme : particularités, percées et défis », *La Revue des droits de l'homme*, 2014 p. 3.

5 (L.) JOINET (dir.), Lutter contre l'impunité. Dix questions pour comprendre et pour agir, *op. cit.*, p. 43.

La Convention américaine prévoit dans son article 44 que « toute personne ou tout groupe de personnes, toute entité non gouvernementale et légalement reconnue dans un ou plusieurs États membres de l'Organisation peuvent soumettre à la Commission des pétitions contenant des dénonciations ou plaintes relatives à une violation de la présente Convention par un État partie »[6]. La recevabilité de la plainte est examinée par la Commission interaméricaine des droits de l'Homme. Sur la base de ces plaintes, elle va lancer des enquêtes sur place dans lequel l'État est tenu de coopérer[7].

Ce système de dépôts de plainte aura un rôle clé dans la dénonciation des violations des droits de l'Homme commises à grande échelle par les régimes dictatoriaux qui prennent le pouvoir à la suite des Coups d'État militaire dans les années 1970. Sans surprises, les États faisant l'objet de plaintes d'atteintes aux libertés fondamentales refusaient de comparaître devant la Commission IDH. La violence étatique étant commise à grande échelle à travers ses institutions, le système de plaintes individuelles de l'organe de la Cour IDH se retrouve vite saturé. La Commission IDH s'est donné la prérogative d'effectuer des visites *in situ* avec la volonté de recherches des solutions concrètes après chaque dépôt de plainte[8]. Malgré le fait que les rapports de la Commission n'avaient qu'un titre consultatif, ils ont pu néanmoins jouer un rôle clé dans la dénonciation des violations des droits de l'Homme en Amérique latine durant les années 1970. La Commission IDH a mis en exergue les disparitions forcées, la torture et les exécutions extrajudiciaires, faisant connaitre au monde entier l'atrocité des exactions perpétrées par les régimes militaires sud-américains[9]. Par exemple, la visite de la Commission IDH en Argentine durant l'année 1979 lui permet de recueillir des dépôts de cinq mille plaintes individuelles évoquant la disparition de personnes détenues par des agents de l'État. L'OEA a ainsi pu permettre en exergue les disparitions forcées niées par les Forces Armées d'Amérique latine. Loin d'être une pratique isolée par quelques militaires, elle constituait une politique systématique, mise en œuvre par le gouvernement du général Videla. Il faut souligner que le système interaméricain de protection des droits de l'Homme a une particularité. Si le principe posé à l'article 44 de la Convention est de saisir la Commission à la condition que l'État soit partie au mécanisme interaméricain de protection des droits fondamentaux, il peut y avoir une

6 ORGANISATION DES ÉTATS AMÉRICAINS, *Convention américaine relative aux droits de l'homme*, Conférence spécialisée interaméricaine sur les droits de l'Homme, San José, Costa Rica, 22 novembre 1969.

7 (L.) JOINET (dir.), *op. cit.*, p. 44.

8 (É.) TARDIF, *op. cit.*, p. 4.

9 *Idem.*

exception. En effet, dans une Amérique latine composée exclusivement de régimes militaires pratiquant des violations des droits de l'Homme à grande échelle, le Pacte de San José prévoyait la possibilité de saisir l'organe non judiciaire de l'OEA, même si le gouvernement en question n'avait pas reconnu l'institution en question. En effet, l'article 46 de la Convention américaine prévoit des exceptions au principe d'adhésion au système interaméricain de protection des droits de l'Homme. Pour saisir la Commission IDH, il dispose à son alinéa 2 que s'« il n'existe pas, dans la législation interne de l'État considéré comme une procédure judiciaire pour la protection du droit ou des droits dont la violation est alléguée ; l'individu qui est présumé lésé dans ses droits s'est vu refuser l'accès des voies de recours internes ou a été mis dans l'impossibilité de les épuiser »[10]. En effet, dans une région du monde gouvernée par des dictatures militaires, il est souvent difficile de saisir les organes de défense des droits de l'Homme de l'OEA. Les citoyens qui voulaient saisir l'institution ne pouvaient parfois pas avoir accès aux plus hautes juridictions du pays, les gouvernements faisaient tout pour leur en empêcher l'accès.

Le droit interaméricain des droits de l'Homme est étoffé par l'adoption, le 22 novembre 1969, de la Convention américaine relative aux droits de l'Homme appelé « Pacte de San José ». Ce nouveau texte protecteur des libertés fondamentales est inspiré de la Convention européenne de sauvegarde des droits de l'Homme et du Pacte international des droits civils et politiques. Le préambule de la Convention américaine fait directement à la Convention européenne. L'inspiration du texte fondateur du Conseil de l'Europe se ressent dans le droit interaméricain des droits de l'Homme dans la « coexistence » et la complémentarité des textes régionaux des droits de l'Homme et internationaux universels[11]. Le préambule dispose d'ailleurs que les États parties à la Convention réaffirment « leur propos de consolider sur ce continent, dans le cadre des institutions démocratiques, un régime de liberté individuelle et de justice sociale, fondé sur le respect des droits fondamentaux de l'homme » et reconnaissent que « les droits fondamentaux de l'homme ne découlent pas de son appartenance à un État donné, mais reposent sur les attributs de la personne humaine, ce qui leur justifie une protection internationale, d'ordre conventionnel, secondant ou complétant celle que procure le droit interne des États Américains »[12]. Le Pacte de San José énonce dans son deuxième chapitre l'ensemble des droits civils et

[10] ORGANISATION DES ÉTATS AMÉRICAINS, *op.cit.*

[11] (C.) HILLING, *op. cit.*, p. 212.

[12] ORGANISATION DES ÉTATS AMÉRICAINS, Convention américaine relative aux droits de l'Homme, *op. cit.*, p. 1.

politiques des citoyens des pays membres de l'OEA. L'article 7, consacré aux droits de la personne, dispose dans son alinéa premier que « tout individu a droit à la liberté et à la sécurité de sa personne ». L'alinéa 2 dispose que « nul ne peut être privé de sa liberté, si ce n'est pour des motifs et dans des conditions déterminées à l'avance par les constitutions des États parties ou par les lois promulguées conformément à celles-ci ». Le suivant pose le principe que « nul ne peut faire l'objet d'une détention ou d'une arrestation arbitraires »[13]. Ce deuxième chapitre de la Convention comprend les garanties judiciaires, le principe de légalité et de non-rétroactivité des lois, le droit à être dédommagé lorsqu'il y a erreur judiciaire ainsi que les libertés de la presse et d'expression[14]. L'article 23 de la Convention prévoit la protection des droits politiques. L'article 25 prévoit les protections judiciaires inhérentes à tout citoyen. En effet, « toute personne a droit à un recours simple et rapide, ou à tout autre recours effectif devant les juges et tribunaux compétents, destinés à la protéger contre tout acte violant ses droits fondamentaux reconnus par la Constitution, par la loi ou par la présente Convention, alors même que ces violations auraient été commises par des personnes agissant dans l'exercice de fonctions officielles »[15]. Les États parties au Pacte de San José se doivent d'appliquer la garantie de ces droits. Ce droit à chaque citoyen de pouvoir saisir les autorités judiciaires sans aucun obstacle est certainement celui qui a joué un grand rôle dans le combat contre l'impunité en Amérique latine, particulièrement dans le Cône Sud. Si les plaintes reçues par la Commission IDH dans les années 1970 concernaient les violations des droits de l'Homme avec notamment les disparitions forcées par les gouvernements autoritaires, celles-ci ont changé avec la démocratisation de l'Amérique latine à partir des années 1980. À partir de cette décennie, les requêtes de la Commission ne concernaient plus la dénonciation de graves atteintes aux libertés fondamentales, mais la dénonciation des lois d'amnistie. En effet, ces dernières étaient à destination de tous ceux qui ont organisé et exécuté les violations des droits de l'Homme. Les lois d'amnistie clôturaient et empêchaient toute action judiciaire des victimes des droits fondamentaux ou de leurs proches.

---

13 *Ibid.*, p. 3.

14 (C.) HILLING, *op. cit.*, p. 217.

15 ORGANISATION DES ÉTATS AMÉRICAINS, Convention américaine relative aux droits de l'Homme, *op. cit.*, p. 9.

B. L'Organisation des États Américains au service de la dénonciation
de la violation des droits de l'Homme en Amérique latine

Avec la démocratisation de l'Amérique latine à partir des années 1980, le rôle de la Commission s'est transformé. D'un rôle de « lanceur d'alerte » sur les violations des droits de l'Homme, l'institution de l'OEA s'est fixé comme mission de lutter contre l'impunité des auteurs de violations des droits de l'Homme. À partir des années 1990, la Commission IDH condamne les lois d'amnistie prises par les États latino-américains durant leurs transitions démocratiques. Au nom de la « réconciliation nationale », les nouvelles élites démocratiquement élues instaurent l'impunité ou un « pardon » officiel à ceux qui ont organisé et perpétré les violations des droits de l'Homme. En effet, durant les premières années de la démocratie, ces derniers sont encore très présents au sein de l'appareil d'État, particulièrement dans les forces de sécurité. La Commission IDH, dans un avis du 2 octobre 1992, a estimé que les lois d'amnistie votées en Argentine et en Uruguay étaient en contradiction avec la Convention américaine relative aux droits de l'Homme. En effet, « l'application des amnisties rend inefficaces et sans portée les obligations internationales des États qui ont souscrit à l'article 1.1 de la Convention [américaine des droits de l'Homme] ; ces amnisties constituent donc une violation de cet article et éliminent toute mesure veillant à son application, à savoir le jugement et la punition des responsables »[16]. Dans son rapport, la Commission a repris la jurisprudence Velásquez Rodríguez, établie quatre ans plus tôt. L'État a l'obligation d'enquêter et de sanctionner toute violation des droits de l'Homme. Ainsi, la Commission IDH reprend la jurisprudence établie par la Cour IDH en juillet 1988 en estimant que « la deuxième obligation des États parties est de "garantir" le libre et plein exercice des droits reconnus dans la Convention à toute personne relevant de leur compétence... La conséquence de cette obligation est que les États doivent prévenir, investiguer et sanctionner toute violation des droits reconnus par la Convention »[17]. L'organe non judiciaire de l'OEA demande à l'État qui a adopté une mesure d'amnistie, en l'occurrence l'Argentine, de mettre fin à toute loi qui empêche le citoyen de saisir la justice sur un contentieux portant sur des atteintes graves aux droits de l'Homme. Dans son rapport, la Commission IDH « recommande au gouvernement de la République

[16] (F.) ANDREU-GUZMAN, « Impunité et droit international. Quelques réflexions historico-juridiques sur la lutte contre l'impunité », *Mouvements*, n° 53, 2008, p. 55.

[17] COMMISSION IDH, Rapport n° 28/92, approuvé le 2 octobre 1992 (affaires n° 10.147, 10.181, 10.240, 10.262, 10.309 et 10.311) ; Argentine, p. 7.

argentine d'adopter les mesures qui s'imposent afin d'éclaircir les faits et de particulariser les responsables des violations des droits de la personne qui se sont produites durant l'ancienne dictature militaire »[18]. En effet, elle avait « conclut que les lois n° 23.492 et 23.521 (NDLR Les lois d'amnistie du Point final et de l'Obéissance due) et le Décret n° 1002/89 (NDLR Le premier décret présidentiel d'octobre 1989 graciant des personnes condamnées pour violation des droits de l'Homme) sont incompatibles avec l'article XVIII (Droit à la justice) de la Déclaration américaine des droits et devoirs de l'homme et avec les articles 1, 8 et 25 de la Convention américaine relative aux droits de l'homme ».

En effet, ces mesures avaient pour effet d'éteindre toute action judiciaire. L'effet de la sanction des lois et du décret a été l'extinction des mises en accusation en cours contre les responsables de violations des droits humains. La Commission a estimé que « ces mesures ont donné lieu à une impossibilité juridique de poursuivre les jugements pénaux visant à démontrer les délits signalés, à en identifier les auteurs, complices et appuis, et à imposer les sanctions pénales correspondantes. Les requérants, leurs familles ou les personnes affectées par les violations des droits de la personne ont été privées de leur droit au recours ainsi qu'à une enquête judiciaire impartiale et exhaustive, susceptible d'éclaircir les faits »[19].

La Commission avait été saisie par des citoyens argentins et uruguayens qui ne pouvaient faire valoir le droit à pouvoir saisir la justice. En effet, l'article 1.1 de la Convention américaine relative aux droits de l'Homme adoptée le 22 novembre 1969 prévoit que « les États parties s'engagent à respecter les droits et libertés reconnus dans la présente Convention et à en garantir le libre et plein exercice à toute personne relevant de leur compétence, sans aucune distinction fondée sur la race, la couleur, le sexe, la langue, la religion, les opinions politiques ou autres, l'origine nationale ou sociale, la situation économique, la naissance ou toute autre condition sociale »[20]. Le texte garantit à tout justiciable ressortissant d'un État partie à la Convention de pouvoir saisir les autorités de son pays. Cela est prévu à l'article 8 alinéa 1er qui dispose que « toute personne a droit à ce que sa cause soit entendue avec les garanties voulues, dans un délai raisonnable, par un juge ou un tribunal compétent, indépendant et impartial, établi antérieurement par la loi, qui décidera du bien-fondé de toute accusation

---

18 *Ibid.*, p. 9.

19 *Ibid.*, p. 6.

20 ORGANISATION DES ÉTATS AMÉRICAINS, Convention américaine relative aux droits de l'Homme, *op. cit.*, p. 1.

dirigée contre elle en matière pénale, ou déterminera ses droits et obligations en matière civile ainsi que dans les domaines du travail, de la fiscalité, ou dans tout autre domaine ».

Lors de la démocratisation de l'Amérique latine dans les années 1980, la Commission IDH traite les plaintes envoyées par les citoyens, mais aussi des organisations non gouvernementales. L'autorité de ces dernières fut d'ailleurs reconnue par un pays membre de l'OEA. Autrefois, le rapport de l'OEA sur la situation des violations des droits de l'Homme dans les pays membres du système panaméricain était mis en avant. Ils sont désormais placés au second plan, car à partir de la décennie 1980, les États membres de l'OEA retrouvent peu à peu la démocratie. La problématique ne devient plus la violation des droits de l'Homme, mais la manière dont ils ont été traités par les gouvernements démocratiques[21].

L'avis de la Commission IDH rappelle le caractère fondamental de tout citoyen à pouvoir saisir les autorités judiciaires de son pays. Pour reprendre l'expression de Louis Favoreu, l'État a un devoir de « protection juridictionnelle »[22]. Le droit à un recours devant la justice est l'un des droits fondamentaux dans un État de droit. En effet, cette prérogative fondamentale de tout citoyen permet de protéger les autres droits fondamentaux. S'il n'y a pas de droit de garanties par l'autorité judiciaire, il n'y a pas d'État de droit. Garantir de l'effectivité du droit d'agir en justice est une obligation pour les gouvernements démocratiques. Rien ne doit empêcher un droit à un recours juridictionnel, notamment par une loi d'amnistie et ne peut être justifiée par la « réconciliation nationale ». Le fait d'amnistier empêche les victimes de violations des droits de l'Homme de pouvoir exercer leur droit de saisir la justice.

La Cour interaméricaine des droits de l'Homme jouera un rôle clé dans la remise en cause de l'impunité en Amérique latine. La juridiction, dont le siège est à San José, a une fonction consultative et une compétence contentieuse. La Cour interaméricaine des droits de l'Homme va jouer un rôle primordial dans la lutte contre l'impunité. La démocratisation de l'Amérique latine, à partir de la décennie 1980, va coïncider avec la reconnaissance de la compétence du tribunal panaméricain. Cette juridiction, née dans le contexte particulier de la fin des années 1970, va permettre d'annuler les lois d'amnistie, et de faire reconnaître des principes de justice transitionnelle désormais codifiée par les organismes internationaux, dont l'Organisation des Nations unies. La Cour IDH va se faire connaître par sa juridiction

---

21 (É.) TARDIF, *op. cit.*, p. 4.
22 (N.) YOUSSEF, *op. cit.*, p. 296.

relative aux disparitions forcées, qu'elle considère comme un crime contre l'humanité. Ainsi, les États vont être obligés de mener des enquêtes pour faire la lumière sur le sort des victimes et lancer des poursuites à l'encontre de ces faits et mettre en place une sanction. De plus, la victime ou ses proches doivent bénéficier de mesures de réparation. Dès les années 1980, la juridiction de San José va décider de jouer pleinement son rôle de défense des droits de l'Homme et de garantie des droits fondamentaux des citoyens, notamment le droit à la justice.

Il y a un dédoublement de la juridiction de la Cour IDH, permettant le respect des obligations de tous les États membres de l'OEA. En effet, le tribunal panaméricain ne peut être saisi que si ces derniers ont ratifié la Convention américaine et ont accepté la compétence. La compétence contentieuse de la Cour a le pouvoir d'ordonner des mesures conservatoires pour une cause dont elle a été saisie, mais aussi pour les contentieux que la Commission IDH ne lui avait pas déférés, notamment pour protéger la sécurité des témoins dans une affaire[23]. En revanche, à la différence du mécanisme européen de sauvegarde des droits de l'Homme dans le cadre du Conseil de l'Europe, les États membres de l'OEA peuvent directement saisir la Cour IDH. La Commission IDH peut d'ailleurs demander des avis à la Cour[24].

Dans un avis du 22 septembre 1982, la juridiction de San José s'est déclarée compétente afin d'interpréter tout traité protecteur des droits de l'Homme, qu'il soit conclu ou non dans le cadre de l'OEA[25]. Ainsi, « il n'existe aucune raison valable de considérer, a priori et en théorie, que la Cour ne possède pas le pouvoir de recevoir une demande d'avis consultatif ou de rendre un tel avis sur un traité des droits de l'homme applicable à un État américain, simplement parce que des États non américains sont également parties à ce traité ou parce que celui-ci n'a pas été adopté dans le cadre ou sous les auspices du système interaméricain »[26]. La Cour IDH peut théoriquement être consultée pour demander son avis sur un texte de protection des droits de l'Homme applicable à l'État membre de l'OEA.

La juridiction de San José est compétente pour vérifier si tout texte, qu'il soit du droit régional ou international des droits de l'Homme a été ratifié par l'État membre du système américain de protection des droits humains. La

---

23 (C.) HILLING, *op.cit.*

24 *Idem.*

25 Cour IDH, 22 septembre 1982, « Autres traités » objet de la fonction consultative de la Cour, Série A n° 1/82.

26 (C.) CERNA, « La Cour interaméricaine des Droits de l'Homme – les premières affaires », *Annuaire français de droit international*, volume 29, 1983, p. 306.

Cour IDH peut vérifier si la législation interne d'un État membre de l'OEA est conforme à tout texte de protection des droits de l'Homme, qu'il soit régional ou international. Ainsi, « en ce qui concerne tout autre État qui la ratifie ou y adhère ultérieurement [c'est-à-dire postérieurement à l'entrée en vigueur de la Convention américaine, telle qu'elle est définie dans la phrase précédente dudit paragraphe 7], la Convention entre en vigueur à la date du dépôt de son instrument de ratification ou d'adhésion »[27]. La juridiction de San José se garde le droit de vérifier la conformité de tous les traités protecteurs des libertés fondamentales des citoyens membres des États parties au système interaméricain de protection des droits de l'Homme, y compris si ces textes en question ont été insérés dans le droit interne avant que le gouvernement adhère au mécanisme de protection des libertés fondamentales de l'OEA. À la différence de son homologue européenne, la Cour interaméricaine des droits de l'Homme s'estime compétente de tout texte protecteur des droits de l'Homme, même en dehors du corpus juridique qui fonde le droit interaméricain des droits de l'Homme[28]. Cela est prévu à l'alinéa b) de l'article 29 de la Convention américaine relative aux normes d'interprétation qui dispose qu'« aucune disposition de la présente Convention ne peut être interprétée comme (...) restreignant la jouissance et l'exercice de tout droit ou de toute liberté reconnus par la législation d'un État partie ou dans une convention à laquelle cet État est partie »[29]. La Cour interaméricaine des droits de l'Homme estime qu'une norme protectrice des droits fondamentaux non conclue dans le cadre de l'OEA fait partie de ses sources juridiques pour vérifier si l'État faisant l'objet d'un contentieux respecte les textes de défense des droits de l'Homme qu'il a ratifiés.

La Cour IDH, dans son arrêt *Velásquez Rodríguez c. Honduras* du 29 juillet 1988, fut le premier arrêt à reconnaître la responsabilité de l'État dans la Commission des disparitions forcées, techniques très utilisées par les régimes militaires au pouvoir dans cette région du monde ainsi que la violation par les lois d'amnistie des dispositions prévues dans la Convention américaine relative aux droits de l'Homme. La juridiction de l'OEA juge que les mesures d'impunité sont contradictoires avec l'article 1, paragraphe 1 de la Convention qui prévoit que « les États parties s'engagent à respecter les droits et libertés reconnus dans la présente Convention et à en garantir le libre et plein exercice à toute personne relevant de leur compétence sans

27 *Ibid.*, p.307.

28 (H.) TIGROUDJA, « La Cour interaméricaine des droits de l'homme au service de "l'humanisation du droit international public". Propos autour des récents arrêts et avis », *Annuaire français de droit international*, volume 52, 2006, p. 620.

29 ORGANISATION DES ÉTATS AMÉRICAINS, *op. cit.*,

aucune distinction »[30]. La Cour IDH utilise dans son arrêt le terme « respecter ». En effet, elle déduit des mesures qui sont semblables en droit international général. Ainsi, il y a une continuité de l'État, quel que soit le changement de régime, qu'il soit autoritaire ou démocratique. Par conséquent, la responsabilité de l'État perdure en raison de l'unité de l'État du fait qu'ils ont été commis par des organes officiels[31]. Les assassinats de masse furent commis dans les institutions militaires, policières ou judiciaires.

Le terme « garantir » signifie que l'État a l'obligation de vigilance afin d'empêcher la Commission des atteintes à la Convention américaine relative aux droits de l'Homme ainsi que de lancer des investigations sur celles qui furent commises et de les réprimer même si elles ont le fait de personnes privées ou dont l'identité reste inconnue. Dans la sauvegarde des droits de l'Homme, le droit interaméricain est en totale convergence avec le droit international grâce à la Cour interaméricaine des droits de l'Homme. Cette jurisprudence a inspiré l'OEA pour la Convention sur les disparitions forcées de personnes de 1994.

La Convention américaine des droits de l'Homme n'affirme pas explicitement des obligations positives, notamment de nature pénale. Cet instrument est qualifié de « prétorien », car son interprétation est jurisprudentielle, il revient au juge interaméricain par la détermination et l'existence de ces obligations en y définissant leur portée. La Cour évoque souvent l'expression « conditions de vie d'aujourd'hui ». En effet, la Convention apparaît comme un instrument vivant et évolutif, son interprétation relève d'un certain dynamisme, le juge agissant à la lumière du contexte, ce qui n'est pas sans soulever quelques interrogations. Cette « création prétorienne », pour reprendre les termes de Kathia Martin-Chenut, crée des obligations positives de protection que les États sont tenus de respecter. Cela crée des devoirs auxquels ils n'avaient pas explicitement consenti lors de l'adhésion au traité[32]. Le 24 janvier 1998, la Cour IDH a reconnu le statut de victimes aux proches du disparu[33]. L'arrêt de fond *Blake* a estimé qu'empêcher d'enquêter sur les disparitions forcées est une violation

---

30 ORGANISATION DES ÉTATS AMÉRICAINS, *Convention américaine relative aux droits de l'Homme*, Organisation des États américains, San José, Costa Rica, 22 novembre 1969, http://www.cidh.oas.org/Basicos/French/c.convention.htm (consulté le 4 septembre 2018).

31 (P.) FRUMER, « Entre tradition et créativité juridiques : la jurisprudence de la Cour interaméricaine des Droits de l'Homme », *Revue belge de droit international*, 1995, p. 532.

32 (K.) MARTIN-CHENUT, « Droits de l'Homme. Le renforcement des obligations positives de nature pénale dans la jurisprudence interaméricaine : l'exemple des graves violations des droits de l'Homme commises pendant les dictatures des pays du Cône Sud », *Revue de science criminelle et de droit pénal comparé*, 2012, p. 705.

33 Cour IDH, 24 janvier 1998, *Blake c. Guatemala*, Fond, Série C n° 36.

du paragraphe 1 de l'article 5 de la Convention américaine relative aux droits de l'Homme consacrant le droit à l'intégrité psychique, physique et morale. L'impossibilité législative d'enquêter est aussi le résultat du refus constant des autorités de l'État d'informer la famille et les proches sur le sort du disparu, mais aussi de lancer de manière efficace des investigations sur les événements qui ont provoqué cette situation, empêchant les proches des disparus de pouvoir exercer leur droit fondamental à saisir l'autorité judiciaire[34].

Grâce à un système d'adhésion et de reconnaissance simples, la jurisprudence de la Cour interaméricaine des droits de l'Homme va jouer un rôle clé dans la remise en cause des lois d'impunité qui prévalait dans l'Amérique latine post-dictatoriale des années 1980. La juridiction de San José va être saisie pour des violations de l'Homme perpétrées durant la décennie 1970 ne pouvant être traitées en droit interne, les nouveaux gouvernements démocratiques préférant opter pour l'amnistie au nom de la « réconciliation nationale ». Ainsi, « la présence de l'État derrière les disparitions explique qu'en ce domaine, les rares enquêtes conduites au plan national n'aient, en leur temps, jamais vraiment débouché sur des condamnations significatives. Dans les cas, nombreux, où l'implication des autorités étatiques est établie, il est évident que celles-ci se croiront d'autant plus libres d'agir qu'elles auront par avance l'assurance d'une amnistie, dont elles ont la maîtrise : décidée par l'État, l'amnistie "couvre" des actes dans la Commission desquels l'État n'est pas étranger. Institutionnalisée, cette impunité se traduit le plus souvent par des lois d'amnistie volontiers présentées comme nécessaires dans le cadre d'un processus de "transition démocratique" ou de "réconciliation nationale". Sorte d'absolution généralisée, l'amnistie prétend ainsi opposer la paix civile à la justice individuelle, et choisit la première »[35]. En plus de violer les droits fondamentaux de la personne prévus à l'article 7 de la Convention, l'arrêt *Velasquez* pose l'obligation d'enquêter sur ce type de violation des droits de l'Homme. En effet, la Cour IDH estime que « l'État [...] doit enquêter sur toutes les situations où les droits de l'homme protégés par la Convention ont été bafoués. Si l'appareil d'État agit de manière à ce que de telles violations restent impunies et que la victime ne soit pas rétablie, dans la mesure du possible, dans la plénitude de ses droits, on peut alors affirmer que le devoir de garantir le plein et entier exercice des droits des personnes se trouvant

34 Ibid. ?

35 (J.) BENZIMRA-HAZAN, « Disparitions forcées de personnes et protection du droit à l'intégrité : la méthodologie de la Cour interaméricaine des Droits de l'Homme », *Revue trimestrielle des Droits humains*, 2001, p.766.

sous sa juridiction a été enfreint»[36]. La particularité de la jurisprudence interaméricaine est qu'elle pose le caractère « continu » et « permanent » de la disparition forcée. L'État ne peut justifier une prescription pour refuser des investigations judiciaires sur le sort de la victime. Celle-ci ne commence qu'à la découverte du corps de la victime. Par exemple, si le corps d'une victime qui a disparu en 1978 n'est retrouvé qu'en 2001, la prescription ne commencera qu'à cette date. De plus, il peut y avoir un retard du début de la prescription si la durée correspond à la période pendant laquelle il n'y avait pas toutes les conditions d'un procès équitable[37]. L'absence de découverte du corps, notamment dans le cas des « vols de la mort » en Argentine qui consistaient à droguer la victime par un somnifère puis la jeter dans la mer depuis un avion ou un hélicoptère, ne peut aussi justifier la prescription. La présomption de décès est forte puisque les disparitions forcées des opposants aux régimes dictatoriaux.

Comme le souligne Marie-Clotilde Runavot, créée en 1969 par le Pacte de San José et mis en place en 1978, « cette Cour présente la spécificité, non seulement d'être une juridiction s'inscrivant dans un cadre géographique de dimension régionale, mais surtout d'être un juge des "droits de l'Homme" et non, a priori, du droit international général ou, à tout le moins, d'un droit essentiellement de ratio interétatique. C'est alors la mesure dans laquelle cet objectif de protection des droits de l'Homme – consubstantiel à l'élaboration du système interaméricain – a pu influer sur le profil de cette compétence consultative qu'il convient de jauger. Entre "particularisme" et "marginalisation", il n'y a en effet qu'un pas que le juge consultatif interaméricain ne s'est jamais résolu à franchir ».[38]

§2. Le caractère audacieux de la jurisprudence de la Cour IDH dans la remise en cause de l'impunité

A. La jurisprudence de la Cour IDH dans la remise en cause directe des lois d'impunité

Dans son arrêt *Blake c. Guatemala* du 2 juillet 1996, la Cour IDH a rappelé le caractère « continu » du crime de disparition forcée, confirmant la jurisprudence *Velasquez* huit ans auparavant. La juridiction de San José a ainsi

36 Cour IDH, Velásquez Rodríguez c. Honduras, *op. cit.*, § 76.

37 (L.) JOINET, « Face aux dilemmes de l'instauration des processus de justice transitionnelle », *op. cit.*, p. 52.

38 (M.-C.) RUNAVOT, « La fonction consultative de la Cour interaméricaine des droits de l'homme : splendeurs et misères de l'avis du juge interaméricain » *in* (L.) HENNEBEL, (H.) TIGROUDJA (*dir.*), *op. cit.*, p. 125.

rejeté l'argumentation des pays défendeurs qui estimaient que les faits de disparitions forcées furent commis à une époque où il n'avait pas adhéré aux différents instruments régionaux ou internationaux de protection des droits de l'Homme et obligeant les poursuites judiciaires et sanctions s'il y a violation. L'arrêt *Blake*, en rappelant le caractère continu du crime de disparition forcée, a estimé que la Cour IDH était compétente pour les faits qui lui sont soumis, y compris même pour les périodes auxquelles la compétence de la juridiction ne fut acceptée.

L'article 2 de la Convention américaine des droits de l'Homme crée des obligations positives qui vont plus loin qu'une simple conformité nationale. Cela va permettre de remettre en cause l'impunité des responsables de la répression de l'opposition au régime autoritaire, car la garantie de l'effectivité des droits de l'Homme va créer des obligations en matière pénale pour poursuivre les auteurs de la répression[39]. Il faut souligner que les gouvernements démocratiques justifiaient leur non-respect de l'obligation prévue par les conventions internationales ou régionales de protection des droits de l'Homme prévoyant la poursuite et les sanctions de ceux qui y ont attenté par le motif que les États n'avaient pas adhéré au système américain de protection des droits humains. La Cour IDH y a répondu dans son arrêt *Blake c. Guatemala* en 1998. Le Tribunal de San José pouvait exercer sa compétence contentieuse *ratione temporis*. En effet, le fait reproché au Guatemala était d'être responsable des disparitions forcées à une période où cet État n'avait pas encore adhéré au système américain de protection des droits de l'Homme. La victime avait été arrêtée et exécutée en 1985. Le Guatemala n'a reconnu la compétence de la Cour qu'en 1987. Le corps de la victime disparue a été retrouvé en 1992. Tout en se déclarant compétente, la Cour IDH a fragmenté le phénomène de disparition forcée en considérant que les faits de privation de liberté et d'exécution ne pouvaient pas être considérés comme étant de caractère continu. Seuls les effets de la disparition continuent quand le corps de la victime n'a pas été retrouvé. Le juge Antonio Conçado Trindadea avait considéré que cette séparation effectuée par la Cour IDH était « artificielle ». Elle n'accordait pas l'importance aux faits qui ont provoqué la disparition forcée, la détention ainsi que le décès de la victime. Pour le juge, la disparition forcée est constituée d'éléments multiples qui ne peuvent être séparés. La fragmentation introduite dans l'affaire *Blake* ayant disparu lors de l'affaire *Trujillo Oroza*, la Cour considère la disparition forcée dans sa globalité. Elle concernait un étudiant disparu sous la dictature

---

39 (K.) MARTIN-CHENUT, *op. cit.*, p. 705.

militaire en 1972, alors que la Bolivie n'a reconnu la compétence de la Cour qu'en 1993.

L'adoption de la Convention américaine sur les disparitions forcées, signée le 9 juin 1994 et entrée en vigueur le 28 mars 1996, modifia la donnée jurisprudentielle interaméricaine. Les obligations de procédure prévues dans ce texte deviennent opposables dès qu'un État défendeur à l'instance a ratifié cet instrument. La Convention américaine sur les disparitions forcées de 1994 crée le crime de disparition forcée dans les législations pénales internes des États parties à ce texte, créant une obligation normative. Ainsi, la Cour IDH condamne les États pour l'absence d'adaptation de la législation interne par rapport à la Convention. L'absence de conformité de la législation interne vis-à-vis de ce texte obligeant la répression du crime de disparition forcée ne permet pas de faire condamner les auteurs du crime. La Convention de Vienne de 1969 sur le droit des traités pose le principe de non-rétroactivité de ceux-ci. La Cour IDH a préféré ne pas remettre en cause la volonté des États. En effet, ceux-ci préfèrent pour des raisons politiques – la transition démocratique – de ne pas remettre en cause les lois d'impunité pour ne plus évoquer le passé dictatorial de son pays. La Cour ne veut pas dépasser le cadre classique du droit international qui consacre le principe de consentement des États. Dans un arrêt du 1er mars 2005, la juridiction de San José affirme qu'elle « ne peut exercer sa compétence contentieuse pour appliquer la Convention et déclarer une violation de ses dispositions quand les faits allégués ou quand la conduite de l'État défendeur, qui pourrait engager sa responsabilité internationale, sont antérieurs à la reconnaissance de sa compétence »[40]. Le Tribunal de San José motive cette décision par la recherche d'un « juste équilibre entre d'un côté, la protection des droits de l'homme, but ultime du système et, de l'autre, la sécurité juridique et l'équité procédurale qui assurent la stabilité et la confiance dans le contrôle juridictionnel international »[41]. Toujours dans cette logique volontariste, si l'État reconnaît sa responsabilité pour des faits précédant la reconnaissance officielle d'acceptation de juridiction de la Cour. L'État « renonce à la limitation temporelle » apposée à l'exercice de la juridiction de la Cour qui peut ainsi statuer sur les cas de violations qui lui sont alléguées[42].

Pour le Professeur Laurence Burgorgue-Larsen, « la jurisprudence interaméricaine récente démontre la multiplication des reconnaissances de

[40] Cour IDH, 1er mars 2005, *Les sœurs Serrano Cruz c. Le Salvador*, Fond, Série C n° 120, § 66.
[41] *Ibid.*, § 70.
[42] (L.) BURGORGUE-LARSEN, « Décryptage d'une jurisprudence pionnière sur un crime "complexe" : la Cour interaméricaine des droits de l'homme et les disparitions forcées », *op. cit.*, p. 11.

responsabilité internationale par les États. Le domaine des disparitions forcées ne déroge pas à cette tendance lourde. Certes, derrière certains de ces actes peuvent exister des arrière-pensées de type politique. Il n'en est pas moins symptomatique de constater que ces déclarations sont faites par des gouvernements démocratiques qui, dans le cadre d'un important travail de mémoire, ont préféré aborder de front leur histoire, faire face sans sourciller au passé dictatorial et très souvent sanglant de leur pays afin d'être en mesure de mieux vivre le présent et de bien préparer l'avenir »[43].

La Cour IDH a estimé que l'État est tenu de respecter son obligation positive d'effectuer des investigations sur les atteintes des droits de l'Homme. Ainsi, même si le Tribunal de San José ne peut se saisir par lui-même, l'État est tenu de lancer des poursuites judiciaires dès qu'il a eu connaissance d'actes contraires aux droits de l'Homme qui furent perpétrés. Une telle jurisprudence aurait pour conséquence une extension de la compétence de la Cour IDH qui pourrait être saisie des conséquences d'une éventuelle atteinte à tout droit même si elle ne peut se prononcer directement dessus[44]. Dans son arrêt *Goiburu et autres c. Paraguay* du 22 septembre 2006, la Cour a affirmé que l'accès à la justice pour les victimes de disparitions forcées et leur famille constitue une norme impérative du droit international. Cette qualification a pour conséquences du point de vue de la procédure d'extradition qui va plus loin que les différentes conventions de droit international la codifiant. Pour la Cour, les mesures d'extradition sont un paramètre judiciaire fondamental pour l'application de cette norme impérative. En effet, les États sont tenus d'extrader toute personne suspectée d'atteintes de violations de droits de l'homme constitutives de crimes contre l'humanité. La personne extradée doit être jugée et sanctionnée à la mesure des faits commis. La juridiction de San José fait de l'extradition une obligation *erga omnes* liée au mécanisme de garantie collective prévu dans la Convention américaine[45].

La jurisprudence de la Cour IDH a permis une meilleure définition, que ce soit d'un point de vue qualitatif ou quantitatif, sur les disparitions forcées et les exécutions judiciaires qualifiées désormais comme des crimes contre l'humanité. En effet, la Convention sur les disparitions forcées de 1994 permet de consacrer le droit à saisir la justice comme une norme impérative, de tels faits ne pouvant faire l'objet d'aucune mesure de clémence. Cette qualification a pour conséquence que les obligations de l'État d'enquêter et

---

43 *Ibid.*, p.17.

44 (M.) ROTA, « Chronique de jurisprudence de la Cour interaméricaine des Droits de l'Homme », *Cahiers de la recherche sur les droits fondamentaux*, n° 7, 2009, p. 198.

45 (H.) TIGROUDJA, *op. cit.*, p. 629.

de permettre l'accès à la justice sur les violations des droits humains comme *erga omnes*.

La Cour IDH a défini l'obligation inhérente à l'article 1er § 1 comme une obligation « de respecter et de garantir » les droits de l'homme énoncés dans la Convention ADH. Cette obligation n'est pas concrétisée par l'existence d'une loi sur le sujet. La Convention exige une garantie effective du libre et plein exercice des droits de l'Homme. La Cour estime illégale toute action des autorités publiques contraire aux droits reconnus par la Convention. Toute violation de ces droits causés par les conséquences des pouvoirs publics ou de personnes faisant usage de leur statut d'autorité publique entraine la responsabilité de l'État. La Cour estime qu'en droit international, un État est responsable des actes effectués par ses agents en leur qualité officielle. Il en est de même pour leurs omissions, même si ces agents agissent en dehors de leur compétence ou en violation de la législation interne. Pour le tribunal de San José, l'État a une obligation d'agir pour empêcher les violations et sanctionner les responsables. Il ne faut pas que le gouvernement manque son obligation d'enquêter ou l'obligation de prévention du seul fait que l'enquête n'aurait pas produit de résultats satisfaisants. Dans les cas de violation flagrante des droits de l'Homme, il est plus aisé d'établir la responsabilité de l'État. La Cour IDH propose ainsi comme « ligne directrice » la notion « d'enquête sérieuse ». Les poursuites judiciaires ne doivent pas se contenter de simples formalités.

La jurisprudence *Velásquez c. Honduras* du 29 juillet 1988 souligne que le gouvernement du Honduras n'avait pas lancé des enquêtes sur la disparition de la personne en question. En effet, aucune ordonnance d'*habeas corpus* n'avait reçu de suite. Les magistrats qui enquêtaient n'avaient pu accéder aux centres de détention clandestins où aurait pu se trouver la victime. La Cour IDH considéra que le Honduras était responsable de la disparition de Manfredo Velàsquez. En effet, celle-ci avait été perpétrée par des agents « qui ont agi sous le couvert de l'autorité publique »[46]. La Cour IDH a estimé que « même si ce fait n'avait pas été prouvé, la carence de l'appareil étatique, qui est clairement démontrée, constitue, de la part du Honduras, un manquement à ses obligations au titre de l'article 1er § 1 de la Convention, qui lui imposait de garantir à Manfredo Velásquez le libre et plein exercice des droits de l'Homme »[47]. Le tribunal de San José a estimé que « la carence de l'appareil étatique aurait entraîné la responsabilité de l'État quand bien

46 Cour IDH, 29 juillet 1988, *Velásquez Rodríguez c. Honduras*, Fond, Série C, n° 4, § 163.
47 *Ibid.*, § 180.

même les auteurs auraient été des particuliers et non des agents agissant sous couleur de la loi »[48].

Depuis la fin des années 1980, la Cour IDH a permis de rappeler l'importance du *jus cogens*. Il s'agit en effet que les auteurs de graves violations des droits de l'Homme qui ont été caractérisés dans cette région du monde ne restent pas impunis. En effet, la juridiction de San Jose a souvent dû statuer sur des contentieux relatifs à des disparitions forcées, techniques de violation des droits fondamentaux utilisées très fréquemment par les dictatures militaires au pouvoir en Amérique latine. La juridiction de San José s'est inscrite dans ce mouvement de « décentralisation » des normes impératives. La Cour IDH a développé une jurisprudence très importante en matière de *jus cogens*, que ce soit en matière contentieuse ou consultative[49]. Si le retour à la démocratie a pu mettre un terme aux disparitions forcées, ce problème n'en était pas moins terminé. Les auteurs des violations des droits de l'Homme bénéficiaient de lois d'amnistie qui bloquaient toute action judiciaire sur ces faits, privant les victimes du droit à la vérité. En effet, au retour à la démocratie, la majorité des personnes disparues n'avaient jamais été retrouvées. La question des disparus fut une problématique cruciale à résoudre pour les nouveaux régimes démocratiques. Ceux-ci refusaient de juger les atteintes aux droits de l'Homme perpétrées sous la dictature au nom de la réconciliation nationale. C'est la raison pour laquelle la Cour IDH fut en première ligne pour demander aux États d'enquêter et de déterminer les responsabilités dans les nombreux cas de disparitions forcées. Il faut souligner que dans tous les contentieux traités par la juridiction interaméricaine, les États ont néanmoins reconnu dans la Commission ces faits illicites[50].

La Cour IDH a d'abord fait indirectement référence au *jus cogens* puis de manière directe. Dans son arrêt du 19 novembre 1999[51], le juge interaméricain a rappelé le caractère inaliénable du droit à la vie qui est aussi une norme impérative. La Cour IDH a d'ailleurs renvoyé à la Commission IDH en conférant deux obligations liées au droit à la vie, à la fois négatif et positif[52]. La Commission IDH estime que le respect de l'article 4 de la Convention américaine relative aux droits de l'Homme doit être rapproché

---

48 (C.) CERNA, « Questions générales de droit international examinées par la Cour interaméricaine des droits de l'homme », *Annuaire français de droit international*, volume 42, 1996, p. 731.

49 (C.) MAÏA, « Le *jus cogens* dans la jurisprudence de la Cour interaméricaine des droits de l'Homme » *in* (L.) HENNEBEL, (H.) TIGROUDJA (*dir.*), *op. cit.*, pp. 276-277.

50 *Ibid.*, p.277.

51 Cour IDH, 19 novembre 1999, « *Niños de la calle* » *(Villagràn Morales y otros) c. Guatemala*, fond, série C, n° 63, n° 63.

52 (C.) MAÏA, *op. cit.*, p. 280.

de l'article 1, § 1. En effet, l'obligation négative découlant de l'article 4 suppose que personne ne peut être privé arbitrairement de sa vie tandis que l'obligation positive issue de cette même disposition consiste en ce que les États sont tenus de prendre l'ensemble des dispositions législatives, administratives et règlementaires pour la protection et la préservation du droit à la vie[53]. Dans ce même arrêt du 19 novembre 1999, la Cour IDH reprend les deux aspects, positifs et négatifs, issus du droit à la vie, et insiste sur le caractère fondamental de ce droit. En effet, le respect de celui-ci est indispensable pour la jouissance et l'exercice des autres droits fondamentaux des citoyens[54]. Dès un avis du 30 janvier 1987, la Cour IDH avait inséré les droits procéduraux inaliénables de tout citoyen dans la liste des droits qui ne peuvent être dérogé, comme le prévoit l'article 27, § 2 de la Convention américaine. La juridiction de l'OEA estime que les voies de recours constituent des garanties judiciaires indispensables ne pouvant faire l'objet d'aucune suspension dans la protection des droits et libertés[55].

B. L'effet direct de la jurisprudence de la Cour IDH en droit interne, vecteur de l'annulation des mesures d'impunité en Amérique latine

L'arrêt *Barrios Altos c. Pérou* rendu le 14 mars 2001 par la Cour IDH sera déterminant pour la lutte contre l'impunité et l'obligation de poursuivre les auteurs de violations des droits de l'Homme. En effet, prendre des lois d'amnisties bloque toute possibilité d'action judiciaire, privant les citoyens de leur droit à pouvoir saisir la justice. Toute mesure, qu'elle soit sous forme de loi d'amnistie, de prescription ou d'exclusion de responsabilité pénale est en violation totale de la Convention américaine. L'arrêt *Barrios Altos* fut le premier arrêt d'une longue série rappelant les « droits indérogeables » reconnus par le droit international des droits de l'Homme. Les mécanismes d'impunité empêchent de poursuivre et de condamner les auteurs de graves atteintes en masse des droits de l'Homme pour les faits de tortures, d'exécutions extrajudiciaires ou arbitraires et des disparitions forcées en plus de priver du droit à la vérité et de réparation les familles des victimes[56]. Dans cet arrêt, la Cour IDH a jugé non conventionnelles les lois d'amnistie prises par un gouvernement, en l'occurrence péruvien. La juridiction de San José a estimé « que les lois d'amnistie adoptées par le Pérou ont empêché que les

---

53 *Idem.*

54 Cour IDH, Niños de la calle » (Villagràn Morales y otros) c. Guatemala, *op. cit.*, § 144.

55 Cour IDH, 30 janvier 1987, Habeas Corpus dans les situations exceptionnelles, (Arts. 27(2), 25(1) and 7(6) American Convention on Human Rights), OC-8/87, Série A, n° 8, § 11.

56 (C.) MAÏA, *op. cit.*, p. 282.

familles des victimes et les victimes survivantes dans la présente affaire soient entendues par un juge, conformément à l'article 8.1 de la Convention ; ces lois ont violé le droit à la protection judiciaire consacré à l'article 25 de la Convention, empêché l'investigation, la poursuite, la capture, la mise en accusation et la sanction des responsables des faits survenus à Barrios Altos, contrevenant à l'article 1.1 de la Convention, et ont empêché l'éclaircissement des faits en l'espèce. Enfin, l'adoption des lois d'autoamnistie incompatibles avec la Convention constitue un manquement à l'obligation d'adopter des mesures de droit interne prévue à l'article 2 de cet instrument »[57]. Cette jurisprudence va en effet plus loin que l'arrêt *Velásquez Rodríguez c. Honduras* de 1988 qui, s'il codifiait le crime de disparition forcée et ses répercussions sur le plan judiciaire, consacrait l'obligation de lancer des investigations, mais sans demander le retrait des mesures prévoyant l'impunité au niveau de l'État. L'arrêt *Barrios Altos* va plus loin dans la lutte contre l'impunité en Amérique latine, car il demande expressément le retrait de tout texte prévoyant l'impossibilité de poursuivre les auteurs d'atteintes en masse des auteurs des violations des droits humains. La juridiction panaméricaine estime que les lois d'amnisties votées n'ont pas d'effet juridique en raison de leur non-respect au droit interaméricain des droits de l'Homme. Les juges de San José ont souligné que dès qu'un État est partie du système américain de protection des droits de l'Homme et qu'il a accepté la compétence contentieuse de la Cour IDH, toute mesure contraire à celle-ci ne doit plus être appliquée même s'il figure encore dans la législation interne. Ainsi, au paragraphe 44, l'arrêt *Barrios Altos* note qu'« en raison de l'incompatibilité manifeste existant entre les lois d'autoamnistie et la Convention américaine relative aux droits de l'homme, ces lois n'ont aucun effet juridique et ne sauraient demeurer un obstacle aux investigations des faits de cette affaire, à l'identification et à la sanction des responsables »[58].

À la fin de l'année 2000, le gouvernement du Pérou avait de nouveau reconnu la compétence de la Cour IDH, notamment dans une optique de normalisation. L'affaire *Barrios Altos* a donné son accord pour que la décision d'une juridiction régionale permette de contourner les lois d'amnistie au niveau national. Le gouvernement respecta cette décision en mettant fin à cette mesure d'impunité. Le Tribunal de San José a permis d'étendre l'inapplication et l'invalidité des lois d'amnistie à tous les cas de violations des droits humains. D'ailleurs, la Cour Suprême et le Tribunal constitutionnel péruvien ont repris les motivations de la Cour interaméricaine, permettant

[57] Cour IDH, 14 mars 2001, *Barrios Altos c. Pérou*, Fond, Série C, n° 75, § 42.
[58] *Ibid.*, § 44.

d'éviter les lois d'amnistie. L'arrêt *Barrios Altos* ouvre une nouvelle ère d'un mécanisme international des droits de l'Homme. La Cour suprême de Justice de la Nation Argentine s'est servie de cette jurisprudence pour motiver la non-conformité des lois du Devoir d'Obéissance et du Point final. Par la suite, la Cour IDH a pu invalider la loi d'amnistie promulguée par le général Pinochet[59].

L'arrêt *Barrios Altos* demande aux gouvernements de mettre fin aux lois d'impunité empêchant d'enquêter et de sanctionner les violations des droits de l'Homme. Ainsi, la Cour Suprême de la Nation argentine, dans son arrêt *Simon* du 14 juin 2005[60], va déclarer la nullité des deux lois d'amnisties du Point final et de l'Obéissance, respectivement votées par le Parlement argentin en décembre 1986 et en juin 1987. En se fondant sur la hiérarchie des normes issue de la révision de la Constitution argentine en 1994, le droit international a désormais une valeur constitutionnelle et doit être effectif au sein du droit interne. En effet, l'article 75, alinéa 22, prévoit que « la Déclaration américaine des droits et des devoirs de l'homme ; la Déclaration universelle des droits de l'homme ; la Convention américaine sur les droits humains (...) dans les conditions en vigueur, ils ont une autorité constitutionnelle, n'abrogent aucun article de la première partie de la présente Constitution et doivent être considérés comme complémentaires des garanties et droits reconnus par ladite Constitution ». L'arrêt Barrios Altos ouvrit la voie au contrôle de conventionnalité. Cette expression fut utilisée en 2003 lors de l'arrêt *Myrna Mak Chang*[61], par le juge mexicain à la Cour IDH, Sergio García Ramírez. Il rappelait en effet le principe du droit international où l'État est responsable au niveau international des actes de ses organes. Une fois devenu président de la Cour IDH, Sergio García Ramírez le Tribunal de San José à une Cour constitutionnelle à travers le contrôle de conventionnalité[62]. Cela s'est traduit en 2004 par l'arrêt *Tibi c. Équateur*[63]. Cette tendance va continuer et même s'accélérer l'arrêt *Almonacid Arrellano c. Chili* du 26 septembre 2006. L'affaire concernait les disparitions forcées sous la dictature du général Pinochet et qui marquèrent l'ensemble

---

59 (J.) CIURLIZZA, « Pérou : la défaite juridique de l'amnistie et l'agenda politique en suspens », *Mouvements*, n° 53, 2008, p. 100.

60 CORTE SUPREMA DE JUSTICIA DE LA NACION ARGENTINA, S. 176 7. XXXVIII. RECURSO DE HECHO, *Simón, Julio Héctor y otros s/ privación ilegítima de la libertad, etc.* - causa n° 17.768, 363 p.

61 Cour IDH, 25 novembre 2003, *Myrna Mack Chang c. Guatemala*, Série C, Fond et réparations, n° 101.

62 (L.) BURGOGNE-LARSEN, « Chronique d'une théorie en vogue en Amérique latine Décryptage du discours doctrinal sur le contrôle de conventionnalité », *Revue française de droit constitutionnel*, n° 100, 2014, p. 833.

63 Cour IDH, 7 septembre 2004, *Tibi c. Équateur*, Exceptions préliminaires, Fond et réparations, Série C n° 114.

des sociétés latino-américaines. Le crime était couvert par le décret-loi d'amnistie de 1978 dont le Tribunal de San José a jugé que ce texte n'était pas conventionnel. En effet, les différents textes régionaux de protection des droits de l'Homme prévoient l'obligation de poursuivre judiciairement ceux qui les ont attenté. Le paragraphe 124 traduit le contrôle de conventionnalité. En effet, la Cour estime qu'elle « est consciente du fait que les juges et les tribunaux nationaux sont soumis à la loi et de ce fait, ils sont obligés d'appliquer les dispositions en vigueur dans l'ordonnancement juridique. Mais lorsqu'un État a ratifié un traité international tel que la Convention américaine, ses juges, dans la mesure où ils font partie de l'appareil de l'État, sont également soumis aux dispositions de ce traité, ce qui les oblige à veiller à ce que les effets des dispositions de la Convention ne soient pas diminués par l'application de lois contraires à leur objet et à leur fin, et à ce que, dès le départ, ils ne puissent avoir aucun effet juridique. En d'autres termes, le Pouvoir judiciaire doit exercer une espèce de "contrôle de conventionnalité" entre les normes juridiques internes qu'il applique à des cas concrets et la Convention américaine relative aux droits de l'homme. Ce faisant, le Pouvoir judiciaire doit tenir compte non seulement du traité, mais aussi de l'interprétation qu'en a fait la Cour interaméricaine, ultime interprète de la Convention américaine »[64].

Le président de la Cour IDH, Sergio García Ramírez, avait utilisé l'expression pour mieux caractériser le rôle quasi constitutionnel de la Cour interaméricaine. En effet, dans l'affaire *Almonacid Arellano*, le Tribunal de San José confie aux magistrats des juridictions internes d'être désormais des juges conventionnels de droit commun. L'arrêt *Almonacid* donne au juge national la prérogative de trancher un différend entre une loi interne et une disposition de la Convention au bénéfice de cette dernière. De plus, la Cour IDH confie au magistrat interne de se baser non seulement sur texte de la Convention, mais aussi sur l'interprétation délivrée par la Cour IDH[65]. L'arrêt *Almonacid Arellano* consacre une extension du pouvoir de conventionnalité. L'arrêt *Barrios Altos* confirmait le respect du droit international par les normes internes et l'obligation faite à l'État d'abroger les lois d'impunité contraire au droit international. Le juge interaméricain demande dans son arrêt *Almonacid* que le contrôle de conventionnalité soit effectué par les juridictions internes sans attendre la saisine de la Cour IDH en dernier recours.

---

[64] Cour IDH, 26 septembre 2006, *Affaire Almonacid Arellano et autres c. le Chili*, Exceptions préliminaires, Fond, Réparations, frais et Dépens, § 124.

[65] (L.) BURGORGNE-LARSEN, « Chronique d'une théorie en vogue en Amérique latine Décryptage du discours doctrinal sur le contrôle de conventionnalité », *op. cit.*, p. 834.

Les juridictions suprêmes de plusieurs États ont reconnu l'autorité des arrêts de la Cour IDH même si les Constitutions de certains États garantissent l'indépendance des magistrats et procureurs et que certains tribunaux voient mal l'ingérence des institutions panaméricaines dans la législation interne. Dans cent quatorze arrêts rendus entre 1979 et 2009 concernant des ordonnances de réparations, soixante-dix-huit demandaient l'intervention du pouvoir judiciaire. Le développement du contrôle de conventionnalité à partir de 2006 où celui-ci doit désormais être assuré par le juge interne et non plus interaméricain a développé le rôle du pouvoir interne pour assurer le respect de la législation interne vis-à-vis du droit international et régional[66].

L'arrêt *Simón* du 14 juin 2005 rendu par la Cour suprême de l'Argentine a eu pour conséquence de vider la loi d'amnistie du *Point final* de ses effets juridiques. Cela a permis la condamnation de Julio Hector Simon à une peine de vingt-cinq ans de prison. Plus de mille affaires pénales dans lesquelles était engagée la responsabilité d'effectifs militaires et anciens militaires liés à la répression institutionnalisée dans ce pays de 1976 à 1983 ont permis d'être rouvertes. L'arrêt de la Cour suprême de la Nation argentine a estimé que les agents visés ayant bénéficié de l'impunité ne pouvaient invoquer le principe de la chose jugée en raison des principes codifiés par la Cour interaméricaine, en particulier avec l'affaire *Barrios Altos* de 2001. Le même tribunal argentin, dans une décision adoptée en 2007, déclara inconstitutionnel le décret présidentiel d'octobre 1989 accordant la grâce le général Santiago Riveros. Le juge a motivé cette décision sur la base des arrêts *Barrios Altos* et *Almonacid*[67].

Les organismes internationaux, une fois leur compétence reconnue par les États, ont une influence sur les comportements des institutions au niveau interne[68]. En effet, le respect du droit international sur le droit international est le fruit de la Convention de Vienne sur le droit des traités du 23 mai 1969 qui prévoit dans son article 26 en évoquant le principe *Pacta sunt servada* prévoyant que « tout traité en vigueur lie les parties et doit être exécuté de bonne foi ». L'article 27 prévoit « qu'une partie ne peut invoquer les dispositions de son droit interne comme justifiant la non-exécution d'un traité ».

---

66 (É.) TARDIF, *op.cit.*, p. 14.

67 *Ibid.*, p. 8.

68 (R.) HARO, « La Cour suprême de justice de la Nation argentine et la jurisprudence de la Cour interaméricaine des droits de l'Homme » *in* A. MARTIN (*dir.*), *Droits de l'Homme, Justice constitutionnelle et démocratie en Amérique latine*, L'Harmattan, Paris, 2012, p. 254.

La Cour IDH applique le contrôle de conventionalité qualifié de « concentré » s'il est effectué par la juridiction interaméricaine en dernière instance. Ce contrôle peut aussi être diffus quand il est effectué par les tribunaux internes qui vont eux-mêmes vérifier si une norme est conforme au droit international et à la Constitution qui consacre le principe de la supériorité sur les normes internationales par rapport à la législation interne[69]. D'ailleurs, lorsqu'un État a ratifié le système interaméricain de protection des droits de l'Homme, les juges internes doivent se soumettre à celui-ci. Si la Cour IDH a rappelé que les magistrats et les juridictions internes étaient soumis à la loi, celle-ci doit être conforme au droit international. Les juges d'un État ayant ratifié un traité international, à l'instar de la Convention ADH, doivent veiller à ce que les effets juridiques de ladite convention doivent être appliqués. L'application du droit international ne doit pas être bloquée en raison de la législation interne. Le pouvoir judiciaire doit tenir compte à la fois du traité, mais aussi de l'interprétation de la Cour interaméricaine des droits de l'Homme, qui est « l'interprète ultime » de la Convention américaine[70].

Section 2.
L'avènement du droit interaméricain contre l'impunité

Le système interaméricain de protection des droits de l'Homme fut en première ligne pour remettre en cause l'absence de poursuites judiciaires à l'encontre des militaires qui organisèrent et exécutèrent les atteintes en masse à l'encontre des opposants. La Cour IDH va demander l'application dans la législation interne des États parties de la justice transitionnelle et qui sont les points suivants : l'application du droit à la vérité, du droit à la justice et le droit à réparation au profit des victimes ainsi que le droit de savoir pour l'ensemble de la population. La juridiction de l'OEA va jouer un rôle clé pour la concrétisation de ces mesures qui sont à la fois individuelles et collectives.

---

[69] *Ibid.*, p. 258.
[70] *Ibid.*, p. 259.

§1. La promotion des mesures de justice transitionnelle dans le cadre de la lutte contre l'impunité

A. La concrétisation des mesures à la fois individuelles et collectives

Le gouvernement argentin et l'OEA avaient conclu un règlement à l'amiable. En février 2000, l'exécutif argentin s'était engagé à faire garantir « le droit à la vérité » à destination d'une mère d'une victime disparue sous la dictature, en 1976. La justice argentine l'empêchait de porter plainte contre les personnes suspectées d'avoir enlevé sa fille en raison des deux lois d'amnistie votées dans les années 1980[71]. Le 12 mai 1995, Madame Carmen Aguiar de Lapacó, une des Mères de la Place de Mai, avait saisi la Cour fédérale d'appel de Buenos Aires pour enquêter sur le sort de sa fille disparue en 1976, Alenandra Lapacó. Dans cette procédure, elle souhaitait l'application du droit à la vérité en demandant au ministère de la Défense les informations relatives aux disparitions effectuées par les Forces armées et les services de renseignement sous la dictature, de 1976 à 1983. « à destination des membres de la famille, de connaître le sort final de leurs proches ainsi que le droit de la société de connaître en détail la méthodologie utilisée par la dictature militaire pour exterminer des dizaines de milliers d'Argentins »[72]. Le 18 mai 1995, la Cour fédérale d'appel de Buenos Aires déboute Madame Carmen Aguiar de Lapacó de sa requête au motif qu'elle remettait en cause les lois d'amnistie du Point final et de l'Obéissance Due. Le 13 août 1998, la Cour Suprême de la Nation argentine confirme l'arrêt de la Cour d'appel de Buenos Aires sur le moyen que les faits faisant l'objet de la requête ne sont pas susceptibles de pouvoir rouvrir l'action judiciaire en raison que les personnes suspectées ont été condamnées et les violations ont fait l'objet de deux mesures législatives d'amnistie[73]. La juridiction suprême de l'Argentine estime qu'il n'y a pas assez de preuves pour poursuivre les personnes suspectées74. Néanmoins, l'arrêt de la Cour suprême de la Nation Argentine estime qu'il faut que le droit à la vérité soit garanti pour les victimes[75].

---

71 (S.) LEFRANC, « L'Argentine contre ses généraux : un charivari judiciaire ? », *op.cit.*

72 COMMISSION IDH, 29 février 2000, Informe n° 21/00, *Caso 12.059 Carmen Aguiar de Lapacó v. Argentina*, § 12.

73 CORTE SUPREMA DE JUSTICIA DE LA NACION, Suarez Mason, Carlos Guillermo s/ homicidio, privación ilegal de la libertad, etc. (causa 450). Aguiar de Lapacó Carmen s/recurso extraordinario. S. 1085. LXXXI, Fallos: 321:2031. 13 de agosto de 1998.

74 COMMISSION IDH, 29 février 2000, Informe n° 21/00, *Caso 12.059 Carmen Aguiar de Lapacó v. Argentina*, § 13.

75 *Idem.*

Face à l'épuisement des recours au niveau interne, les familles de victimes et les associations des droits humains ont fait usage de leur droit de pétition devant la Commission IDH le 7 octobre 1998 au motif que l'arrêt de la Cour suprême argentine a violé les droits fondamentaux prévus par le droit américain des droits de l'Homme, notamment le droit à la vérité et le droit à la justice. Les requérants ont estimé que les lois d'amnistie ne pouvaient être invoquées pour savoir où était passé le corps d'Alejandra Lapacó. En effet, le crime de disparition forcée perdure jusqu'à ce que l'apparition du corps de la victime[76]. Finalement, les parties se sont accordées à l'amiable le 15 novembre 1999, comme le permet la procédure interaméricaine. Le gouvernement argentin a alors accepté et s'est engagé à garantir le droit à la vérité, consistant à faire la lumière sur les personnes disparues, notamment d'Alejandra Lapacó[77]. L'arrêt *Velásquez* de 1988 souligne que le crime de disparition continue et permanente, la prescription ne commence qu'à la découverte du corps. D'ailleurs, le crime de disparition forcée est imprescriptible, il est considéré comme un crime contre l'humanité depuis la Déclaration de l'ONU sur les disparitions de 1992 et la Convention interaméricaine sur les disparitions forcées de personnes de 1994.

Le gouvernement argentin s'est engagé à faire appliquer le droit à la vérité, notamment par les Chambres nationales fédérales, qu'elles soient correctionnelles ou criminelles. L'exécutif de l'Argentine installera, dans le cadre du ministère Public, un corps de procureurs *ad hoc* pour la recherche de la vérité et enquêter sur les personnes disparues sous la dictature, à la période précédant le 10 décembre 1983, jour officiel du rétablissement du régime démocratique[78]. Seule la soustraction de mineurs à leurs parents par des agents du régime avec leur soustraction d'identité fera l'objet de poursuites judiciaires avec, le cas échant, condamnation, car ils n'avaient pas été l'objet des lois d'amnisties et des grâces présidentielles[79].

Le droit à la vérité, pilier de la justice transitionnelle, s'accomplit de plusieurs manières. Il y a d'abord les Commissions d'enquête créées par les pouvoirs exécutifs argentins et chiliens lorsque ces deux États retrouvent la démocratie. Dans un arrêt du 24 novembre 2010 relatif à des disparitions sous la dictature brésilienne dans les années 1970, la Cour IDH a estimé que le droit à vérité au moyen d'un organe non judiciaire d'enquête ne pouvait être un palliatif à l'action pénale. L'instauration d'une Commission dite « Vérité et Réconciliation » est un complément aux investigations judiciaires

[76] *Ibid.*, § 16.
[77] *Ibid.*, § 17.1
[78] *Ibid.*, § 17.2.
[79] *Ibid.*, § 17.3.

qui doivent aussi faire la lumière sur le sort des disparus afin d'établir les responsabilités et prononcer les sanctions adéquates lorsque celles-ci sont établies. La vérité ne doit pas être un moyen pour écarter la sanction des responsables de graves violations des droits de l'Homme.

Dans un arrêt du 22 novembre 2004, la Cour IDH a estimé que le droit à la vérité, reconnue en droit international, constitue la première des réparations. Dès l'arrêt *Barrios Altos c. Pérou* du 14 mars 2001, la juridiction panaméricaine a précisé que le droit à la vérité correspond au droit des victimes et de leurs proches « d'obtenir des autorités compétentes l'éclaircissement des faits et des responsabilités correspondantes au travers de l'enquête et du jugement » des responsables[80]. Cette jurisprudence sera ainsi confirmée dans les arrêts *Almonacid Arenallo* et *Goiburù* rendus par la Cour IDH en 2006[81]. Il faut souligner que la condamnation d'un responsable de l'exécution d'une victime ne doit pas exonérer l'État de son obligation de n'occulter aucun fait et de rendre la justice dans son intégralité lorsque les investigations n'ont pu de faire toute la vérité sur les actes qui furent perpétrés[82].

Dans l'arrêt *Ammonacé Arenallo* du 26 septembre 2006, la Cour IDH avait souligné que le droit à la vérité passait par la voie judiciaire et celle d'un organe non judiciaire chargé de faire la lumière sur les atteintes aux droits de l'Homme. Ainsi, le Tribunal de San José « considère important de préciser que la "vérité historique" telle que divulguée dans le rapport [de Commission de Vérité] ne complète ni se substitue à l'obligation de l'État d'établir la vérité au travers de procédures judiciaires »[83]. En l'espèce, le Chili avait en partie respecté le droit à la vérité pour les familles de victimes lors de l'instauration de la Commission Vérité et Réconciliation en 1990. Néanmoins, malgré le départ du général Pinochet et le retour à un régime démocratique, les différents gouvernements successifs avaient toujours refusé d'abroger le décret-loi d'amnistie de 1978, empêchant l'avènement d'une vérité judiciaire grâce à la possibilité de poursuivre judiciairement les responsables des graves atteintes en masse des violations des droits fondamentaux.

La jurisprudence de la Cour IDH depuis la fin des années 1980 a inspiré les programmes internationaux de lutte contre l'impunité des auteurs

---

80 Cour IDH, Barrios Altos c. Pérou, *op. cit.*, § 48.

81 (K.) BONNEAU, « La jurisprudence innovante de la cour interaméricaine des droits de l'homme en matière de droit à réparation des victimes de violations des droits de l'homme » *in* (L.) HENNEBEL, (H.) TIGROUDJA, *(dir.)*, *op. cit.*, p. 370.

82 *Ibid.*, p. 371.

83 Cour IDH, 26 septembre 2006, *Almonacid Arellano et autres c. le Chili*, Exceptions préliminaires, Fond, Réparations, frais et Dépens, § 150.

d'atteintes en masse des violations des droits de l'Homme. En 2000, le Tribunal de San José avait rappelé que la « société a le droit de connaître la vérité sur ces crimes pour être capable de leur prévention dans le futur »[84]. Dans sa jurisprudence, le juge interaméricain avait consacré l'obligation de publicité du résultat des enquêtes judiciaires et le rapport des Commissions judiciaires pour que les victimes et l'ensemble de la société puissent connaître toute la vérité sur ces atteintes aux droits fondamentaux[85]. La Cour IDH rappelle l'obligation d'enquêter et de sanctionner les violations des droits de fondamentaux. Dans ce même arrêt *Bámaca Velásquez*, le juge interaméricain a estimé qu'« enquêter effectivement sur les violations, sanctionner tous les responsables et divulguer le résultat des enquêtes figurent nécessairement parmi les réparations que doit garantir l'État »[86].

Face à l'impossibilité de pouvoir saisir la justice en Argentine, des victimes de la dictature dans ce pays ont saisi la Commission interaméricaine des droits de l'Homme. En effet, les deux lois d'amnisties du *Point final* et de l'*Obéissance Due* votées en 1986 et en 1987 ont pour effet de faire obstacle au droit de pouvoir de la justice. En effet, ces mesures provoquent l'extinction de toute action pénale, privant les victimes de pouvoir avoir à un recours devant les tribunaux. Pour sa défense, le gouvernement argentin a estimé que la Convention américaine relative aux droits de l'Homme ne pouvait être invoquée, car elle n'était pas en vigueur au moment de la Commission des faits faisant l'objet de la loi d'amnistie. L'exécutif de l'Argentine a ajouté pour sa défense qu'elle avait pris des mesures d'indemnisation qui compensait les violations des droits de l'Homme faisant l'objet de la plainte. Le gouvernement argentin avait demandé à la Commission IDH de déclarer que le gouvernement démocratique avait d'une certaine manière respecté ses engagements internationaux en matière de droits de violations des droits fondamentaux perpétrés par des régimes autoritaires en indemnisant ces dernières[87].

Dans son rapport du 2 octobre 1992, la Commission IDH estime que le droit aux victimes d'accéder aux tribunaux et à critiquer « tout droit qui confère à l'État le monopole des poursuites » sont des droits fondamentaux. Celle-ci a confirmé que toute mesure législative mettant fin à la possibilité de

---

84 Cour IDH, 25 novembre 2000, *Bámaca Velásquez c. Guatemala*, série C, n° 70, § 77.

85 (K.) BONNEAU, « La jurisprudence innovante de la cour interaméricaine des droits de l'homme en matière de droit à réparation des victimes de violations des droits de l'homme » *in* (L.) HENNEBEL, (H.) TIGROUDJA, *(dir.)*, *op. cit.*, p. 371

86 Cour IDH, Bámaca Velásquez c. Guatemala, *op. cit.*, § 73.

87 (A.) E. ALVAREZ, (E.) A. BERTONI, (M.) BOO, « Droit argentin » *in* (A.) CASSESE, (M.) DELMAS MARTY *(dir.)*, *op. cit.*, p. 317.

lancer des poursuites judiciaires à l'encontre des auteurs de violations des droits de l'Homme a pour conséquence de léser le droit de toute personne « "à ce que sa cause soit entendue avec les garanties voulues dans un établi antérieurement par la loi (...) qui déterminera ses droits et ses obligations en matière civile ainsi que dans les domaines du travail, et de la fiscalité...", "ou dans tout autre domaine" »[88]. La Commission IDH a estimé dans ce même rapport de 1992 qu'il devait y avoir une différenciation entre les violations des droits de l'Homme perpétrées sous la dictature et la violation du droit à saisir la justice en raison de mesures évitant de poursuivre les auteurs de ces atteintes aux droits fondamentaux[89]. L'organe de défense des droits de l'Homme de l'OEA a signalé que la plainte des victimes de la dictature était recevable au motif qu'elle ne portait pas sur les violations des droits de l'Homme en elle-même, mais sur l'atteinte à la Convention AIDH par le vote d'une loi d'amnistie votée par des gouvernements démocratiques qui empêche le droit fondamental d'exercer un recours devant les autorités judiciaires.

La Commission IDH a estimé que « l'effet de la sanction des lois et du Décret a été l'extinction des mises en accusation en cours contre les responsables de violations antérieures des droits de la personne. Ces mesures ont donné lieu à une impossibilité juridique de poursuivre les jugements pénaux visant à démontrer les délits signalés, à en identifier les auteurs, complices et appuis, et à imposer les sanctions pénales correspondantes. Les requérants, leurs familles ou les personnes affectées par les violations des droits de la personne ont été privées de leur droit au recours ainsi qu'à une enquête judiciaire impartiale et exhaustive, susceptible d'éclaircir les faits »[90]. La Commission ajoute que « sont dénoncées comme étant incompatibles avec la Convention les incidences juridiques des lois et du décret vis-à-vis du droit des victimes aux garanties judiciaires. Parmi les effets des mesures contestées figure l'entrave au droit de la victime à poursuivre, devant les instances pénales, les responsables des violations des droits de la personne. En effet, dans une grande partie des systèmes pénaux d'Amérique latine, la victime ou son représentant a le droit de contester un jugement pénal »[91]. L'organe de l'OEA a estimé que l'Argentine a violé l'article 8 relatif aux garanties judiciaires ou au droit à un procès équitable, l'article 25 sur le droit à un recours efficace ainsi que l'article 1.1 qui consacre l'obligation d'assurer

88 (N.) YOUSSEF, *op. cit.*, p. 482.
89 (A.) E. ALVAREZ, (E.) A. BERTONI, (M.) BOO, « Droit argentin », *op. cit.*, p. 317.
90 COMMISSION IDH, Rapport n° 28/92, approuvé le 2 octobre 1992 (affaires n° 10.147, 10.181, 10.240, 10.262, 10.309 et 10.311) ; Argentine, § 32.
91 *Ibid.*, § 33.

l'exercice libre et plein des droits reconnus par la Convention. D'ailleurs, la Commission IDH ne fait pas mention d'un lien entre les faits objet de la requête (la violation du droit à pouvoir saisir la justice) et les crimes contre l'humanité[92].

En l'espèce, dans le cas de l'Uruguay, la Commission interaméricaine des droits de l'Homme ainsi que l'OEA ont estimé que la *loi sur la Caducité préventive de l'État* approuvée en Uruguay en 1986 qui accorde l'amnistie pour les militaires et policiers responsables d'atteintes graves aux droits de l'Homme durant la dictature est contraire à la Convention américaine relative aux droits de l'Homme et au Pacte international des droits civils et politiques[93]. La Commission IDH a envoyé au gouvernement uruguayen la recommandation suivante de prendre « les mesures nécessaires » afin de mettre en exergue, faire la vérité sur les faits pour l'identification et la poursuite des responsables des atteintes aux droits fondamentaux sous la dictature au pouvoir en Uruguay de 1973 à 1985. L'Uruguay fut condamné « pour violation du droit fondamental à ce que sa cause soit entendue dans le cadre d'un procès équitable »[94].

Dans un rapport du 15 octobre 1996 relatif au décret-loi d'amnistie en vigueur au Chili depuis 1978, la Commission IDH a jugé celui-ci non conforme au droit américain et, plus généralement, au droit interaméricain des droits de l'Homme. L'organe de l'OEA fut saisi, entre 1991 et 1994, par des victimes de la dictature du général Pinochet qui se voyaient empêcher de poursuivre devant la justice chilienne les auteurs de violations des droits de l'Homme. Dans sa défense, le gouvernement démocratique chilien a rappelé le contexte particulier de l'approbation du décret-loi d'amnistie en 1978. De plus, le gouvernement chilien a répondu aux attentes légitimes des victimes du régime du général Pinochet en instaurant en 1990 une Commission dite « Vérité et Réconciliation ». Ainsi, « la Commission nationale de la vérité et de la réconciliation, dont le rapport a identifié les victimes de violation de droits fondamentaux sous la dictature militaire, et notamment les personnes visées par la présente plainte, a reconnu que ces personnes avaient fait l'objet de graves violations auxquelles avaient participé des agents de l'État et que, comme on n'avait pas établi le lieu où elles se trouvaient, devaient être considérées comme des "détenus disparus" »[95].

---

[92] (A.) E. ALVAREZ, (E.) A. BERTONI, (M.) BOO, « Droit argentin » *op. cit.*, p. 318.

[93] COMISSION IDH, Rapport n° 29/92, approuvé le 2 octobre 1992 (cas n° 10.029, 10.036, 10.045, 10.305, 10,037 2, 10.073, 10.074, 10.075 ; Uruguay, OEA/Ser.L./V/II/82, doc.25, §§ 43 et suivants.

[94] *Idem.*

[95] COMMISSION IDH, 15 octobre 1996, Rapport n° 34/96, *Affaires 11.228, 11.229, 11.231 et 11.282 Chili*, § 19.

À l'instar de l'Argentine, le gouvernement chilien a fait savoir qu'elle avait indemnisé les proches des victimes décédées ou celles qui furent espacées des centres de torture. L'exécutif du Chili a aussi insisté dans sa dépense qu'une des mesures de réparation proposée à ces dernières fut la prise en charge de soins médicaux ou de bourses d'études ainsi que l'exemption du service militaire. Dans sa défense, le gouvernement chilien a souligné que « par la loi 19123, adoptée par le gouvernement démocratique, les familles des victimes ont reçu une pension unique à viager d'un montant qui ne doit pas être inférieur à la rétribution moyenne d'une famille chilienne ; des modalités spéciales de déclaration de mort présumée ; des prestations spéciales fournies par l'État en matière de santé, d'éducation et de logement ; la remise de leurs dettes dans les domaines de l'éducation, du logement, des impôts et autres auprès des organismes d'État ; et l'exemption du service militaire obligatoire pour les fils des victimes »[96].

Si la Commission IDH a jugé la bonne foi du gouvernement démocratique du Chili dans sa reconnaissance des violations des droits de l'Homme perpétrées par la dictature militaire du général Pinochet, elle lui reproche néanmoins sa volonté de ne pas remettre en cause le décret-loi d'amnistie de 1978, pris en pleine dictature. La Commission interaméricaine a estimé que « la violation du droit à la justice et l'impunité qui en résulte dans la présente affaire représentent un ensemble de faits qui se sont déclenchés, comme on l'a établi quand le gouvernement militaire a pris en sa faveur et en faveur des agents de l'État qui avaient commis les violations des droits de l'homme, une série de normes visant à créer un cadre juridique complexe d'impunité, qui a commencé formellement en 1978, quand le gouvernement militaire a promulgué le décret-loi d'autoamnistie n° 2191 »[97]. La Commission IDH recommande « à l'État du Chili d'aligner sa législation interne sur les dispositions de la Convention américaine relative aux droits de l'homme, de telle façon que les violations des droits de l'homme commises par le gouvernement militaire "de facto" puissent faire l'objet d'enquêtes, afin qu'on désigne les coupables, qu'on établisse leurs responsabilités et qu'on leur applique effectivement des peines, en garantissant ainsi aux victimes et à leurs familles le droit à la justice qui est le leur »[98].

Après avoir reçu des plaintes et effectué des recherches pertinentes sur les faits faisant l'objet de sa saisine, la Commission IDH va essayer d'orienter

96 *Ibid.*, § 20.
97 *Ibid.*, § 58.
98 *Idem.*

le pétitionnaire vers une solution amiable. Si celle-ci n'est pas possible, l'institution va produire un rapport recommandant à l'État d'adopter certaines mesures. Si ce dernier refuse d'obtempérer, la Commission IDH pourra alors s'en référer à la Cour. D'ailleurs, « le règlement de la Commission lui permet également de solliciter d'un État qu'il adopte des mesures conservatoires relatives "à des situations graves ou urgentes qui présentent un risque de causer un dommage irréparable à des personnes, à l'objet d'une pétition ou d'une affaire pendante devant les organes du Système interaméricain" »[99]. La législation n'étant pas du sort du droit des parties. S'il y a un règlement à l'amiable entre la victime et l'État, les lois qui violent les libertés fondamentales des citoyens doivent être abrogées de l'ordre juridique interne.

Dès son arrêt *Velásquez Rodríguez c. Honduras* du 29 juillet 1988, la Cour IDH avait estimé qu'empêcher les citoyens de pouvoir saisir la justice sur des disparitions forcées consistait en une violation d'un droit reconnu par la Convention américaine. Le contentieux *Barrios Atos c. Pérou* en 2001 a permis l'annulation directe des lois d'amnistie concernant les violations des droits de l'Homme. Ces mesures n'étant pas compatibles avec la Convention américaine, la Cour IDH estime que les gouvernements doivent déclarer la nullité de ces mesures d'impunité qui bloquent les enquêtes judiciaires. Ainsi, cela permet aux juges internes de demander l'ineffectivité d'une loi d'amnistie, car celle-ci devient contraire au droit international pénal des droits de l'Homme. Le caractère non conventionnel des lois d'amnistie ne repose pas seulement sur le droit interaméricain des droits de l'Homme, mais aussi le caractère non dérogatoire du droit international des droits de l'Homme[100]. Dans une décision du 30 novembre 2001, la Cour IDH estime que les mesures d'impunité pour les auteurs de violations des droits humains étaient en contradiction avec le principe « *non-derogeable recognized by international human rights law* »[101]. Il faut noter que dans son arrêt d'interprétation *Barrios Altos c. Pérou* du 3 septembre 2001, la Cour IDH a estimé que les effets de la Convention américaine s'appliquaient aux législations internes des États parties à ce texte et pas seulement au contentieux qui fut soumis à la juridiction panaméricaine[102]. Dans cette décision, la Cour IDH estime que « la promulgation d'une loi manifestement

---

99 (É.) TARDIF, *op. cit.*, p. 4.

100 (G.) DELLA MORTE, « Les Amnisties en droit international » *in* (H.) RUIZ FABRI, (G.) DELLA MORTE, (E.) LAMBERT-ABDELGAWAD, (K.) MARTIN-CHENUT (*dir.*), *La clémence saisie par le droit. Amnistie, prescription, grâce en droit international et comparé*, Société de Législation comparée, Paris, 2007, p. 59.

101Cour IDH, 30 novembre 2001, *Barrios Altos c. Pérou*, Réparations, Série C, n° 87, § 41.

102 (G.) DELLA MORTE, *op. cit.*, p.59.

contraire aux obligations prises par un État partie à la Convention constitue en soi une violation et engage la responsabilité internationale de l'État »[103].

Grâce à cette jurisprudence et à la consécration de la supériorité du droit international sur la législation interne, les mesures d'impunité, quelle que soit leur forme, vont être remises en cause en Argentine, au Chili et en Uruguay. Il faut rappeler que ces trois États sont partie prenante au système américain de protection des droits de l'Homme depuis leur transition à la démocratie. L'arrêt *Barrios Altos* de la Cour IDH sera énoncé par la Cour suprême de l'Argentine dans son arrêt Simon du 14 juin 2005. Le juge suprême argentin a pu faire annuler de leurs effets les deux lois d'amnistie du *Point final* et de l'*Obéissance Due* prises sous la présidence de Raúl Alfonsín, en 1986 et en 1987. Le contentieux portait sur un policier argentin, Julio Hector Simon, qui avait enlevé, en 1978, une petite fille et avait assassiné ses parents. Pour sa défense, le fonctionnaire mettait en avant l'autorité de la chose jugée et la loi d'amnistie du *Point final*. Julio Hector Simon fut finalement condamné à une peine de vingt-cinq ans d'emprisonnement. La Cour suprême argentine a estimé que les personnes suspectées de graves violations des droits de l'Homme ne pouvaient invoquer l'autorité de la chose jugée et les lois d'amnistie qui sont contraires au droit international qui a une valeur supérieure au droit interne depuis la révision de la Constitution en 1994. L'arrêt *Simon*, en laissant sans effet juridique la loi d'amnistie du Point final, a permis la réouverture de milliers de cas de militaires soupçonnés de graves atteintes aux droits humains dans le cadre de la politique de répression institutionnalisé sous la dictature de 1976 à 1983[104]. À la même période, un juge argentin, Rodolfo Canicoba Corral, fut saisi pour des violations des droits de l'Homme commises par des militaires qui furent les bénéficiaires des décrets de grâce du président Carlos Menem en 1989 et en 1990. Le 19 mars 2004, ce magistrat a déclaré non constitutionnelles ces mesures d'impunité[105]. Les jurisprudences *Almonacid Arennallo* ainsi que *Barrios Altos* furent utilisées en 2007 pour motiver l'inconstitutionnalité du décret du 6 octobre 1989 qui graciait le général Santiago Riverso, suspecté de graves violations des droits de l'Homme[106].

---

103 Cour IDH, 3 septembre 2001, *Barrios Altos c. Pérou*, Interprétation, Série C, n° 83, § 18.

104 (É.) TARDIF, *op. cit.*, p. 14.

105 (R.) CANICOBA CORRAL, *Suárez Mason, Guillermo y otros s/ homicidio agravado, privación ilegal de la libertad agravada*, Planteos de inconstitucionalidad y nulidad de los indultos dispuestos mediante los decretos 1002/89 y 2746/90, Juzgado Nacional en lo Criminal y Correccional Federal 3, 19 de marzo de 2004.

106 (É.) TARDIF, *op. cit.*, p. 15.

B. Le droit à réparation, la concrétisation de mesures individuelles

Le terme de « réparation » est relativement large. Il s'agit en fait de tenter d'apaiser les souffrances par tous les moyens offerts par l'État démocratique. L'arrêt de fond Velázquez du 29 juillet 1988 consacrait surtout l'obligation pour un gouvernement de permettre à ses citoyens de saisir la justice afin que soit élucidée la disparition d'une personne par les agents d'un régime autoritaire. Un an plus tard, la Cour interaméricaine des droits de l'Homme va rendre sa première décision relative à l'obligation de dédommager les victimes des violations des droits fondamentaux. Rendu le 21 juillet 1989, le premier arrêt de la juridiction panaméricaine relative aux réparations sera le premier d'une longue série. La Cour IDH a motivé son arrêt en se fondant sur l'article 63-1 de la Convention américaine relative aux droits de l'Homme[107] qui prévoit que « lorsqu'elle reconnaît qu'un droit ou une liberté protégés par la présente convention ont été violés, la cour ordonnera que soit garantie à la partie lésée par la jouissance du droit ou de la liberté enfreints. Elle ordonnera également, le cas échéant, la réparation des conséquences de la mesure ou de la situation à laquelle a donné lieu la violation de ces droits et le paiement d'une juste indemnité de la partie lésée »[108].

La jurisprudence *Velásquez* de la Cour IDH sera le premier d'une longue série d'arrêts relatifs à des dédommagements à l'encontre de victimes ou de leurs proches concernant, notamment, des disparitions forcées. La juridiction panaméricaine y apporte la liste des réparations à effectuer à l'égard des victimes en raison du préjudice subi par les violences commises par les agents du régime autoritaire ou la perte d'un proche si celui-ci n'est jamais réapparu. L'arrêt *Velásquez* en réparation de 1989 pose le refus d'un gouvernement de faire la vérité et la justice sur un citoyen disparu comme un préjudice susceptible de réparation.

Toutes les personnes qui subirent des atteintes des droits de l'Homme ou des proches sans nouvelles d'un membre de leur famille disparue sous la dictature doivent être dédommagées. Le juge panaméricain pose dans sa jurisprudence le caractère obligatoire de la réparation comme moyen pour un citoyen, ayant vu ses libertés fondamentales atteintes par la politique de

---

107 (K.) BONNEAU, « Le droit à réparation des victimes de violations des Droits de l'Homme : le rôle pionnier de la Cour interaméricaine des Droits de l'Homme », *Droits fondamentaux*, n° 6, janvier - décembre 2006, p. 2.

108 ORGANISATION DES ÉTATS AMÉRICAINS, *Convention américaine relative aux droits de l'Homme*, Organisation des États américains, *op.cit.*

répression du régime autoritaire, de retrouver sa situation antérieure à la violation de ses droits. Les victimes de disparitions forcées doivent ainsi être indemnisées en raison des préjudices matériel et moral, de la rupture du projet de vie. D'ailleurs, l'arrêt en réparations *Velázquez Rodríguez* avait estimé dès 1989 que l'indemnisation avait été la modalité la plus fréquemment utilisée pour être conforme à l'obligation internationale de réparation. Au fil des contentieux ayant pour objet des disparitions forcées, la juridiction panaméricaine a fait varier le mode d'application du mode de réparation dû aux victimes ou à leurs proches[109]. En effet, l'indemnisation pécuniaire ou « restitution par équivalent » fut le « procédé le plus usuel pour (se) conformer à l'obligation internationale de réparation »[110].

Ainsi, « le premier arrêt en réparation de la Cour, en 1989 dans l'affaire *Velázquez*, pose les fondations de ce droit et les germes de son évolution, très rapide et créative. La Cour définit en effet des formes de réparation de plus en plus variées, à portée individuelle, mais aussi collective, précisant les mesures non pécuniaires, au centre desquelles s'inscrit le refus de toute impunité. La Cour détermine les dommages causés par l'absence de vérité et de justice, ouvrant droit à des formes de réparation très différentes. La jurisprudence de la Cour interaméricaine a directement participé à la consolidation du concept de droit à réparation en droit international, s'inspirant, et influençant, l'élaboration des principes fondamentaux et directives sur le droit à un recours et à réparation. Si elle ne les nomme pas toujours ainsi, la Cour définit la réparation sous toutes ses formes : la restitution, l'indemnisation, la réadaptation ou réhabilitation, la satisfaction et les garanties de non-renouvellements »[111].

La difficulté majeure dans le cadre des mesures de réparation à accorder aux victimes de disparitions forcées est que le crime de disparition forcée, caractéristique de l'Amérique latine des dictatures militaires des années 1970 a endeuillé de nombreuses familles qui furent privées de toute information sur le sort de leurs proches pendant des décennies. Une restitution intégrale, c'est-à-dire de retrouver la victime vivante, est donc impossible, la Cour interaméricaine parlant même « d'objectif irréaliste »[112]. La juridiction

---

109 (K.) BONNEAU, « La jurisprudence innovante de la cour interaméricaine des droits de l'homme en matière de droit à réparation des victimes de violations des droits de l'homme » *in* (L.) HENNEBEL, (H.) TIGROUDJA, *(dir.)*, *op. cit.*, p. 361.

110 Cour IDH, Velásquez Rodríguez (réparations), *op. cit.*, § 25.

111 (K.) BONNEAU, « Le droit à réparation des victimes de violations des Droits de l'Homme : le rôle pionnier de la Cour interaméricaine des Droits de l'Homme », *Droits fondamentaux*, n° 6, janvier - décembre 2006, p. 2.

112 (K.) BONNEAU, « La jurisprudence innovante de la cour interaméricaine des droits de l'homme en matière de droit à réparation des victimes de violations des droits de l'homme », *op. cit.*, p. 359.

panaméricaine a apporté la précision suivante dans le même arrêt *Velásquez* relatif aux réparations dues aux victimes. Elle affirme que « le but à atteindre (de la *resitutio in integrum*), la réparation intégrale du préjudice subi, est souvent malheureusement souvent impossible à réaliser étant donné le caractère irréversible du préjudice causé »[113]. Dans ces deux arrêts, la Cour IDH a défini le préjudice matériel comme « la perte de revenus de la victime, les frais encourus à raison des faits de la cause et les conséquences de caractère pécuniaire qui ont un lien de causalité direct avec les faits incriminés »[114].

La réparation des violences faites aux victimes du régime autoritaire ou à leurs proches doit s'effectuer à travers des indemnisations pécuniaires, mais aussi, et surtout, à travers l'action de la justice pour sanctionner les organisateurs et les exécuteurs des exactions contraires aux droits de l'Homme, quel que soit leur rang dans la hiérarchie de l'État et dans la société. Le pays doit reconnaître sa responsabilité des crimes, qu'il a commis directement ou couverts par son approbation tacite au moyen de groupes paramilitaires. Ainsi, « l'obligation de réparation doit être définie en droit international : « tous les aspects (portée, nature, modalités et identification des bénéficiaires) sont définis en droit international [elle] ne peut être modifiée par l'État qui invoquerait les dispositions de son droit interne ». Obligation indépendante, l'obligation de réparation résulte aussi de l'obligation des États de respecter et de garantir le respect des droits de l'homme, « pierre angulaire du système de protection internationale des droits de l'homme puisqu'elle implique l'engagement des États à limiter l'exercice de leur pouvoir, et même de leur souveraineté, vis-à-vis des droits et libertés fondamentaux des individus ». Elle garantit ainsi l'effectivité des droits au terme d'une triple obligation de l'État de prévention, répression et réparation »[115].

Dans son arrêt *Velásquez Rodríguez* du 21 juillet 1989, la Cour interaméricaine donne un sens large à l'obligation de réparation non seulement pécuniaire en affirmant « *le caractère automatique* », mais aussi le caractère coutumier du droit à réparation en droit international[116]. En effet, pour la Cour IDH, « l'article 63-1 codifie une règle de droit coutumier, l'un des principes fondamentaux du droit international contemporain relatif à la

---

113 Cour IDH, Velásquez Rodríguez (interprétation), *op. cit.*, § 27.

114 (K.) BONNEAU, « La jurisprudence innovante de la cour interaméricaine des droits de l'homme en matière de droit à réparation des victimes de violations des droits de l'homme », *op. cit.*, p. 361.

115 (K.) BONNEAU, « Le droit à réparation des victimes de violations des Droits de l'Homme : le rôle pionnier de la Cour interaméricaine des Droits de l'Homme », *op. cit.*, pp. 2-3.

116 (K.) BONNEAU, « La jurisprudence innovante de la cour interaméricaine des droits de l'homme en matière de droit à réparation des victimes de violations des droits de l'homme », *op. cit.*, p. 351.

responsabilité des États. Tout fait illicite imputable à un État engage sa responsabilité internationale pour violation d'une règle internationale et entraîne l'obligation consécutive de réparation et de faire cesser les conséquences de la violation »[117]. La juridiction panaméricaine estime le montant des dépenses des familles et des proches liés à la disparition forcée. Il peut s'agir des coûts médicaux, le changement de domicile, mais aussi de travail à l'étranger lorsqu'il y a un exil.

En juillet 1989, la Cour IDH affirme le caractère obligatoire de l'indemnisation pécuniaire des victimes. En effet, la juridiction panaméricaine, sur le fondement de l'article 63-1 de la Convention américaine relative aux Droits de l'Homme, « doit déterminer une série de mesures qui, en plus de garantir les droits violés, réparent les conséquences des violations, y compris en déterminant le montant d'une indemnisation des dommages soufferts, matériel et immatériel »[118]. En plus d'ordonner aux États d'exécuter son obligation de justice, la Cour interaméricaine des droits de l'Homme oblige l'institution de plusieurs formes de réparation. Ce sont les réparations au titre de dommages matériels, des mesures positives à l'égard des victimes et l'adoption d'un nombre important de mesures symboliques. Celles-ci sont appelées par la juridiction panaméricaine « mesures de satisfaction »[119]. Ces mesures visant à satisfaire les victimes, mais aussi l'ensemble de la population qui a subi un régime très répressif doivent être connues du grand public en étant publiées dans le *Journal officiel* ainsi que les journaux à tirage important. Elles doivent être diffusées dans les médias audiovisuels, à la radio et à la télévision. La Cour demande également la modification de la législation afin que les atteintes aux droits de l'Homme – les garanties de non-répétition – ne se reproduisent plus. En plus de la reconnaissance officielle de la responsabilité de l'État fautif pour avoir gravement violé les libertés de ses citoyens, devront aussi être prises des mesures visant à instaurer des plaques commémoratives, l'octroi d'une bourse à destination de victimes ainsi que de s'assurer de sa sécurité et de permettre à la personne de retourner dans son pays si elle est exilée[120].

En août 1990, la Cour IDH a considéré que la réparation sous forme d'indemnisation devait s'effectuer « en des termes suffisants amples pour

---

117 Cour IDH, 21 juillet 1989, *Velásquez Rodríguez c. Honduras*, Série C, n° 7, § 25.

118 Cour IDH, 21 juillet 1989, *Velásquez Rodríguez v. Honduras (reparaciones)*, Série C, n° 7, § 26.

119 (M.) ROTA, « Chronique de jurisprudence de la Cour interaméricaine des Droits de l'Homme », *Cahiers de la recherche sur les droits fondamentaux*, n° 7, 2009, p. 198.

120 *Idem.*

compenser, dans la mesure du possible, la perte subie »[121]. Dans ce même arrêt, la juridiction de San Jose a estimé qu'il s'agissait d'une indemnisation compensatrice et a refusé d'allouer des dommages punitifs[122]. La réparation était forcément un droit générique qui se concrétise de plusieurs manières. Celle-ci est nécessairement intégrale, mais la Cour tient compte de l'ampleur des dommages et des obligations correspondantes aux États[123]. En effet, « pour garantir effectivement les droits reconnus dans la Convention, il est nécessaire que l'activité du gouvernement culmine dans la réparation de la partie lésée »[124]. L'arrêt Vélasquez du 17 août 1990 a ordonné que l'indemnité bénéficiant aux enfants mineurs doive être versée dans leur compte qui doit être bloqué jusqu'à ce qu'ils obtiennent l'âge de vingt-cinq ans. En l'espèce, la Commission IDH a manifesté son inquiétude sur le retard du gouvernement hondurien du paiement des réparations pécuniaires. Dans son arrêt relatif aux indemnités compensatoires, la Cour IDH a rappelé que le montant avait pour but le maintien du pouvoir d'achat des victimes. Ainsi, si un gouvernement tarde à indemniser les proches ou les victimes directes des atteintes aux droits de l'Homme, l'arrêt du 17 août 1990 de la Cour prévoit le versement d'indemnités de retard. D'ailleurs, une baisse de la valeur de la monnaie ne peut justifier l'absence de mesures de réparation pécuniaires. Le cas échant, le Tribunal de San José prévoyait l'obligation par le gouvernement fautif le versement d'indemnités de retard si l'indemnisation fut diminuée pour une baisse de valeur de la monnaie[125].

Ainsi, pour interpréter le montant de la somme allouée aux victimes, Cour IDH, dans son arrêt du 17 août 1990, s'est référée aux principes du droit international en faisant valoir que « toute violation d'une obligation internationale donnant lieu à un préjudice crée une obligation de réparation adéquate ». Elle ajoute que « l'indemnisation est le mode le plus courant de réparation »[126]. La Cour IDH estime que « [l]'indemnisation des violations des droits de l'homme est corroborée par des instruments internationaux de

---

121 Cour IDH, 17 août 1990, Interprétation de l'arrêt sur l'indemnisation compensatoire, Velásquez Rodríguez c. Honduras, série C, n° 9 § 27.

122 *Ibid.*, § 38.

123 (K.) BONNEAU, « La jurisprudence innovante de la cour interaméricaine des droits de l'homme en matière de droit à réparation des victimes de violations des droits de l'homme », *op. cit.*, p. 352.

124 Cour IDH, 8 décembre 1995, *Caballero Delgado et Santana v. Colombia*, Série C n° 22, § 58.

125 (J.) BENZIMRA-HAZAN, *op. cit.*, pp. 793-794.

126 COUR PERMANENTE DE JUSTICE INTERNATIONALE, *Usine de Chorzow*, compétence, arrêt n° 8, 1927, CPIJ, série A, n° 17, p. 21, et *Usine de Chorzow*, fond, arrêt n° 13, 1928, CPJI, série A, n° 17, p. 29 ; Réparation des dommages subis au service des Nations Unies, avis consultatif, *Recueil CIJ 1949*, p. 184.

caractère universel et régional »[127]. Le Tribunal de San José s'est basé sur le Comité des Nations unies pour les droits de l'Homme, qui a réclamé la réparation des violations des droits de l'homme reconnus par le Pacte international sur les droits civils et politiques et la Cour européenne des droits de l'homme, juridiction comparable à la Cour IDH. La Commission IDH, dans un rapport de 1996, remarquera la faiblesse des montants alloués dans les cadres de politiques réparatrices aux victimes des crimes de la dictature du général Pinochet faisant l'objet du décret-loi d'amnistie de 1978[128]. Les juges Cançado Trindade et Sergio Ramírez, de la Cour interaméricaine des droits de l'Homme, ont estimé dans les opinions individuelles d'arrêts relatifs à des réparations que « dans le domaine du droit international des droits de l'Homme, la détermination des réparations doit tenir compte de la personnalité intégrale de la victime, et de l'impact des violations »[129]. Ces deux magistrats de la juridiction de San José considèrent que les violations concernent la « part irréductible de l'être humain » et que l'approche matérielle de la réparation ne saurait prévaloir[130].

Le juge Cançado Trindade accorde l'importance aux formes non pécuniaires de la réparation, en donnant l'opinion suivante dans l'arrêt *Villagran Morales* : « J'ai toujours dit la plus grande importance que j'accorde aux formes de réparation non pécuniaires (*restitutio in integrum*, satisfaction, exercice de la justice, rejet de l'impunité, réhabilitation des victimes), reprenant l'opinion exprimée par les victimes. La logique – ou plutôt l'absence de logique – de l'homo economicus de nos jours (...) tout se réduit à la fixation de compensations financières, du fait que les relations humaines se sont mercantilisées ne me convient pas. À l'intégralité de la personne humaine correspond en effet une réparation intégrale des préjudices soufferts, qui ne se réduit pas à l'indemnisation. Quel est le prix d'une vie humaine ? de l'intégrité ? de la liberté de conscience ou de la protection de l'honneur et de la dignité ? de la douleur ou de la souffrance humaine ? Le "problème" sera-t-il résolu une fois les indemnisations versées ? »[131]. Dans ce même arrêt, le magistrat ajoute aux paragraphes 38 et 43 que « les réparations n'effacent pas le préjudice subi aux victimes – directes ou indirectes – : elles

---

127 (C.) CERNA, « Questions générales de droit international examinées par la Cour interaméricaine des droits de l'homme », *Annuaire français de droit international*, volume 42, 1996, p.732.

128 COMMISSION IDH, *Garay Hermosilla et autres c. Chili*, affaire 10.843, Rapport n° 36/96, OEA/Ser.L/V/II.95 Doc.7 rev., p. 156, 1996 ; *Leopoldo Garcia Lucero c. Chili*, affaire 350/02, Rapport n° 58/05 (Admissibilité).

129 (K.) BONNEAU, « La jurisprudence innovante de la cour interaméricaine des droits de l'homme en matière de droit à réparation des victimes de violations des droits de l'homme », *op. cit.*, p. 353.

130 Ibid.

131 Cour IDH, Niños de la Calle (*Villagrán* Morales et autres) c. Guatemala, *op. cit.*, § 144.

continuent d'être victimes avant et après les réparations – c'est pourquoi il est important d'adopter des mesures en vue de la réhabilitation (...). Les victimes directes ont souffert un dommage irréparable... Les victimes ont souffert une perte irréparable (...). Rendre justice contribue au moins à restructurer, donner espoir et repenser les relations humaines (...). Il n'existe pas stricto sensu de réparation véritable ou entière possible, au sens littéral du terme (du latin *reparatio*, dérivé de *reparare* "rétablir, renouveler") ce qui révèle les limites du droit (...). Les réparations, au lieu de véritablement réparer les souffrances des parents survivants, les soulagent plutôt, les réhabilitent dans la vie – et pour cette raison les réparations se révèlent absolument nécessaires »[132].

Dans l'arrêt *Trujillo Oroza*, la Cour IDH a jugé que restituer aux familles les dépouilles des victimes constituait pour celles-ci un « acte de justice et de réparation »[133]. En effet, « la restitution des dépouilles-détenus est à la fois un acte de justice et de réparation. C'est un acte de justice que de connaître le sort d'un disparu et c'est une forme de réparation parce qu'elle permet de rendre leur dignité aux victimes, parce que la dépouille d'une personne mérite d'être traitée avec respect pour que ses parents puissent lui offrir une sépulture digne »[134]. Ainsi, « la Cour interaméricaine prévoit l'indemnisation des préjudices suivants : - préjudices matériels : manque à gagner, perte de biens, de perspectives professionnelles, frais médicaux et psychologiques (passés et futurs), frais liés aux visites au détenu, au déplacement forcé à l'étranger, aux démarches pour recouvrer les terres ancestrales, au changement de domicile, à l'exil, aux frais liés aux situations d'impunité, à savoir la recherche des disparus, l'exhumation et l'enterrement des victimes, la perte de revenus des proches des disparus qui se consacrant à cette recherche ne peuvent plus travailler ; - préjudices moraux : angoisse, humiliation, peur, et autres traumatismes psychologiques, souffrances liés aux conditions de détention, à la privation de la jouissance des terres ancestrales et des rites qui y sont rattachés et aux conditions de vie sur ces terres occupées, à la privation de contacts affectueux, à la désintégration de la famille, à la privation de ses parents, à l'interdiction de parler sa langue et de grandir parmi les siens, à l'exil, au manque d'information sur le sort et le lieu où sont les disparus, au sentiment d'impuissance face à la passivité des autorités, au déni de justice et au maintien de l'impunité ; - Rupture du projet

---

132 (K.) BONNEAU, « "La jurisprudence innovante de la cour interaméricaine des droits de l'homme en matière de droit à réparation des victimes de violations des droits de l'homme", *op. cit.*, p. 354.
133 Cour IDH, 26 janvier 2000, *Trujillo-Oroza v. Bolivie*, Réparations, § 115.
134 (K.) BONNEAU, *op. cit.*, p. 359.

de vie »[135]. Au fil des années 1990, la jurisprudence interaméricaine a continué son œuvre de codification du droit à réparation concernant les violations des droits de l'Homme commises par les anciennes dictatures militaires. En 1998, la Cour a inclus la participation directe des victimes au sein de la réparation lors du second arrêt *Blake c. Guatemala*. Dans plusieurs arrêts, la juridiction panaméricaine a estimé que « les frais et dépenses font partie du concept de réparation posé à l'article 63.1 de la Convention, dans la mesure où les activités déployées par les victimes afin d'obtenir justice, tant au niveau national qu'au niveau international, ont impliqué des paiements qui doivent être compensés lorsqu'est retenue la responsabilité internationale de l'État. Il s'agit ainsi de dépenses "nécessaires et raisonnables" »[136].

Étant une « conséquence normale des efforts de la victime, des bénéficiaires de la réparation et de leurs représentants, pour obtenir de la Cour qu'elle reconnaisse la réalité de la violation et établisse ses conséquences en droit »[137], le juge interaméricain inclut le remboursement de l'État des frais et des dépens dans l'optique d'une indemnisation juste et complète[138]. La Cour l'a d'ailleurs étendu au remboursement de frais dépensés par des organisations non gouvernementales soutenant et représentant les victimes. La juridiction a refusé d'allouer des dommages et intérêts punitifs. En effet, la réparation ne doit pas être source d'enrichissement ou d'appauvrissement des victimes. La Cour répartit depuis l'indemnisation des préjudices de la manière suivante : « 50 % à parts égales entre les enfants de la victime ; 50 % à son conjoint ou compagnon, en l'absence d'enfant ou de conjoint, 50 % à ses parents, *en part* égale. Si l'un d'entre eux est décédé, le survivant reçoit l'entièreté et les 50 % restant aux frères et sœurs ; leur part est versée à leurs ayants droit en cas de décès, conformément aux procédures de droit interne »[139].

Ainsi, la jurisprudence de la Cour IDH fut pendant une dizaine d'années consacrée à la réparation individuelle des victimes des exactions des régimes dictatoriaux latino-américains. Dans son arrêt du 2 juillet 1996, la juridiction panaméricaine a estimé que l'État ne pouvait justifier l'absence de mesures de justice transitionnelle au bénéfice des victimes. Le gouvernement estimait que le refus d'enquêter sur les disparitions forcées perpétrées par une

---

135 (K.) BONNEAU, « Le droit à réparation des victimes de violations des Droits de l'Homme : le rôle pionnier de la Cour interaméricaine des Droits de l'Homme », *op. cit.*, pp. 17-18.
136 Cour IDH, 29 novembre 2006, *La Cantuta c. Pérou*, Série C, n° 162, § 243.
137 Cour IDH, 29 mai 1999, *Suarez Rosero (interprétation)*, Série C, n° 51, § 40.
138 (K.) BONNEAU, « Le droit à réparation des victimes de violations des Droits de l'Homme : le rôle pionnier de la Cour interaméricaine des Droits de l'Homme », *op. cit.*, p. 18.
139 *Idem.*

dictature s'expliquait par le moyen que le régime dictatorial ne faisait à l'époque pas partie du système interaméricain ou international de protection des droits de l'Homme[140]. En effet, la Convention interaméricaine sur la disparition forcée de personnes du 9 juin 1994 est entrée en vigueur le 29 mars 1996[141]. Dans son arrêt *Velàsquez* du 29 juillet 1988, la Cour IDH estime que l'État est tenu de garantir les droits et libertés reconnus dans la Convention. Le gouvernement doit respecter le libre et plein exercice de ces droits pour toute personne dont elle a la compétence. Il s'agit de la base de l'attribution de la responsabilité internationale. Dans ce même arrêt *Velásquez Rodríguez*, la Cour IDH a estimé que le fait internationalement illicite est attribuable à l'État lorsque les atteintes aux droits humains sont perpétrées par des agents de l'État ou de personnes à son service[142]. Le cas échéant, la responsabilité de l'État en droit international pour la Commission d'un acte est engagée lorsque celui-ci soutient ou tolère, au-delà de leurs compétences. Lorsqu'un gouvernement est responsable directement ou indirectement de la violation des droits de l'Homme, il a l'obligation d'enquêter sur les faits, de châtier les coupables et, le cas échéant, d'octroyer la réparation légale lorsque l'État retrouve un régime démocratique[143].

§2. Le rôle de la Cour IDH dans la pénalisation du droit interaméricain en matière de violations des droits de l'Homme

A. La consécration de normes de *jus cogens* par la Cour IDH

La Cour IDH voit le jour lors de l'entrée en vigueur du Pacte de San José, le 18 juillet 1978 et se réunit pour la première le 5 septembre 1979. La juridiction panaméricaine est instaurée à la période où l'Amérique latine, à fortiori les États membres de l'OEA, sont majoritairement dirigés par des régimes autoritaires pratiquant la répression à l'encontre de leurs opposants. En effet, les gouvernements, *au moyen de* leurs agents dans l'appareil répressif ou des mercenaires, organisaient les crimes de masse. D'ailleurs, très peu d'États avaient reconnu la compétence à l'avènement de la Cour IDH à la fin des années 1970. Ce contexte particulier explique le développement d'une jurisprudence très riche en matière de disparition forcée, de remise en cause

140 Cour IDH, 2 juillet 1996, *Blake c. Guatemala*, Exceptions préliminaires, Série C, n° 27.

141 (C.) CERNA, « Questions générales de droit international examinées par la Cour interaméricaine des droits de l'homme », *Annuaire français de droit international*, volume 42, 1996, p.729.

142 Cour IDH, *Velásquez Rodríguez*, § 164 ; §§ 169-170.

143 (M.) PINTO, « La réparation dans le système interaméricain des droits de l'homme. À propos de l'arrêt *Aloeboetoe* », *Annuaire français de droit international*, volume 42, 1996, pp. 738-739.

des lois d'amnistie, de l'obligation du respect du droit des victimes à la vérité, de l'obligation des États de poursuivre les auteurs des atteintes aux droits humains et des garanties judiciaires à destination des victimes. La Cour interaméricaine en matière de réparations a vu sa jurisprudence évoluer au fil des années.

À la différence de la Cour européenne des droits de l'Homme, la juridiction de San José énumère dans ses arrêts les obligations que l'État doit entreprendre pour réparer les violations dont il est l'auteur. Le travail consultatif de la Cour IDH repose sur l'interprétation des normes plutôt que sur son application concrète. Un quatrième aspect sépare les deux tribunaux, au sujet, cette fois, de la supervision de l'exécution des arrêts. En revanche, en Amérique latine, c'est le Tribunal de San José qui vérifie l'exécution de ses décisions en matière de réparation en émettant une ordonnance obligeant l'État de faire état de ses avancées. Pour Éric Tardif, responsable du Comité international de la Croix-Rouge, « au niveau de la technique jurisprudentielle, il est à noter que, dans les arrêts qu'il émet, le tribunal interaméricain effectue une analyse approfondie de la preuve lui ayant été soumise, notamment pour pallier les déficiences qui peuvent se présenter s'agissant de certains tribunaux nationaux ; l'évaluation de la preuve se fait selon le critère appelé de la "*sana critica*", c'est-à-dire en suivant les règles de la logique et l'expérience »[144].

Le contrôle de conventionalité consiste à ce que le juge national consiste à contrôler la conformité du droit de l'État aux traités et accords internationaux. Le but est la protection de l'État contre d'éventuelles poursuites devant la justice internationale pour le non-respect ou la violation de ces accords ou traités de droit international. Les magistrats internes deviennent « le juge de la conventionalité en droit interne ». Le contrôle de conventionalité repose que la législation infraconstitutionnelle soit conforme à la Constitution des États prévoyant la supériorité du droit international sur le droit interne. En effet, la loi, expression de la volonté générale, se traduirait dans le respect de la Constitution et des droits de l'Homme. Avec le système panaméricain de protection des droits de l'Homme, la Cour IDH devient le juge interaméricain de droit commun pour vérifier le respect de la Convention américaine ratifiée par l'État, permettant à celui-ci de respecter ses obligations internationales. Les magistrats internes ont pour objectif le respect de la primauté des droits de l'Homme. Ainsi, « il existerait à l'égard du juge national une sorte de ce que la doctrine et la justice européenne appellent le dédoublement fonctionnel de leurs compétences ». Le juge

144 (É.) TARDIF, *op. cit.*, p. 8.

mexicain à la Cour IDH, Sergio Garcia Ramírez, évoquait déjà l'idée d'un contrôle de conventionnalité dans l'arrêt *Myrna Mack Chang c. Guatemala* du 25 novembre 2003, mais c'est une autre jurisprudence qui consacrera ce principe. Dans l'arrêt *Tibi c. Équateur*, ce dernier compare la Cour interaméricaine des droits de l'Homme à une Cour constitutionnelle à travers le contrôle de conventionnalité[145].

Dans son arrêt *Almonacid*, la Cour IDH propose que « l'obligation, conforme au droit international, de juger et, s'ils sont déclarés coupables, de sanctionner les auteurs de certains crimes internationaux parmi lesquels les crimes contre l'humanité découlent de l'obligation de garantie inscrite dans l'article 1.1 de la Convention américaine. Cette obligation implique que les États Parties ont le devoir d'organiser l'appareil de l'État et, de manière générale, toutes les structures permettant d'exercer le pouvoir public, pour pouvoir assurer juridiquement le libre et plein exercice des droits de l'homme. Il résulte de cette obligation que les États doivent assurer la prévention, l'investigation et la sanction de toute violation des droits reconnus par la Convention. Ils doivent également assurer le rétablissement du droit bafoué et, le cas échéant, la réparation des dommages causés par la violation des droits de l'homme. Si l'appareil de l'État agit de telle sorte que la violation reste impunie et que la victime ne soit pas rétablie dès que possible dans ses pleins droits, on peut affirmer qu'il n'a pas rempli ses obligations de garantir le libre et plein exercice des droits aux personnes soumises à sa juridiction »[146].

La Cour IDH, dans son arrêt *Almonacid*, estime que « les crimes contre l'humanité violent une série de droits indérogeables reconnus par la Convention américaine, qui ne peuvent rester impunis. À plusieurs reprises, le Tribunal a signalé que l'État a le devoir d'éviter et de combattre l'impunité, que la Cour a définie comme étant "généralement l'absence d'investigation, de poursuite, d'appréhension, de jugement et de condamnation des responsables des violations des droits protégés par la Convention américaine". La Cour a précisé que l'investigation doit être menée en utilisant tous les moyens légaux disponibles et qu'elle doit être orientée vers la recherche de la vérité, l'investigation, la poursuite, l'arrestation, le jugement et le châtiment de tous les individus responsables intellectuellement et matériellement des faits, notamment lorsque des agents de l'État sont ou peuvent être impliqués. À ce sujet, ce Tribunal a indiqué qu'on ne peut

---

145 Cour IDH, 7 juillet 2004, Exceptions préliminaires, Fond et réparations, *Tibi c. Équateur*, Série C n° 114. § 3.

146 Cour IDH, 26 septembre 2006, *Almonacid Arellano et autres c. le Chili*, Exceptions préliminaires, Fond, Réparations, frais et Dépens, § 110.

considérer comme efficaces des moyens qui, du fait de la situation générale du pays ou du fait de circonstances particulières pour un cas donné, seraient illusoires »[147].

À l'origine de cette décision, le juge Antonio Augusto Cançado Trindade estime que « bien qu'elles soient fondées sur des instruments « légaux » - lois, décrets-lois, ou autres - ces autoamnisties sont la négation même du Droit, elles sont véritablement une aberration juridique. L'adoption et la promulgation de ces autoamnisties constituent, selon moi, une violation additionnelle de la Convention américaine relative aux droits de l'homme. Le *tempus commisi delicti* est celui où l'autoamnistie en question a été décrétée, - violation additionnelle de la Convention qui s'ajoute aux violations originelles de celle-ci dans ce cas concret. L'autoamnistie viole en soi, de par sa propre existence, les articles 1 et 2 de la Convention américaine, elle empêche les victimes ou les membres de leurs familles d'accéder à la justice (articles 25 et 8 de la Convention), elle entrave l'investigation des faits (requise par l'article 1 de la Convention, elle empêche que justice soit rendue et que des réparations adéquates soient octroyées. En résumé, elle entraîne les obstructions à la justice et les dénis de justice les plus flagrants, en laissant les victimes et les membres de leurs familles totalement sans défense, ce qui est inadmissible »[148]. Il ajoute que « les autoamnisties violent les droits à la vérité et à la justice, méconnaissent cruellement les terribles souffrances des victimes, font obstacle au droit à bénéficier de réparations adéquates. À mon avis, ses effets pervers ont infiltré tout le corps social et ont eu comme conséquences la perte de la foi dans la justice humaine et dans les véritables valeurs, et une distorsion perverse des objectifs de l'État. Créé à l'origine pour le bien commun, l'État est devenu une entité qui extermine des membres appartenant à des segments de sa propre population (élément le plus précieux qui constitue l'État, son substrat humain) avec l'impunité la plus complète. D'une entité créée pour réaliser le bien commun, il s'est transformé en une entité responsable de pratiques véritablement criminelles, et de crimes d'État indéniables »[149]. L'arrêt *Gelman c. Uruguay* a élargi le contrôle de conventionnalité dans le contexte particulier et crucial du contrôle de conventionnalité des lois d'amnistie. La vérification de la législation nationale vis-à-vis du droit international doit désormais être obligatoirement exercer *ex officio* à tout type d'autorité publique aux seuls organes reliés à l'administration de la justice.

147*Ibid.*, § 111.
148*Ibid.*, opinion du juge Cançado Trindade, § 17.
149*Ibid.*, § 21.

La Cour IDH souligne de la manière suivante : « he bare existence of a democratic regime does not guarantee, per se, the permanent respect of International Law, including International Law of Human Rights, and which has also been considered by the Inter-American Democratic Charter. The democratic legitimacy of specific facts in a society is limited by the norms of protection of human rights recognized in international treaties, such as the American Convention, in such a form that the existence of one true democratic regime is determined by both its formal and substantial characteristics, and therefore, particularly in cases of serious violations of nonrevocable norms of International Law, the protection of human rights constitutes a impassable limit to the rule of the majority, that is, to the forum of the "possible to be decided" by the majorities in the democratic instance, those who should also prioritize "control of conformity with the Convention" (...) which is a function and task of any public authority and not only the Judicial Branch. In this sense, the Supreme Court of Justice has exercised an appropriate control of conformity with the Convention in respect to the Expiry law, by establishing, inter alia, that "the limits of the sovereignty of the majority lies, essentially, in two aspects : the guardianship of the fundamental rights (first, amongst all, the right to life and personal liberty, and there is no will of the majority, nor the general interest, nor the common good wherein these can be sacrificed) and the subjection of the public authorities to the law". Other domestic courts have also referred to the limits of democracy in relation to the protection of fundamental rights[150].

Cet arrêt a une forte résonance en Amérique latine et notamment en Uruguay en raison de l'autoamnistie issue du Pacte du Club Naval de 1984 qui permit le retour à la démocratie et la *loi de Caducité préventive de l'État* de 1986. L'arrêt *Gelman* remet en cause la loi d'amnistie uruguayenne qui fut approuvée par deux référendums populaires en 1989 et en 2009. D'ailleurs, la seconde consultation intervenait après l'arrêt *Curutchet Blanca Stela Sabalsagaray* de la Cour Suprême de Justice d'Uruguay du 19 octobre 2009 qui avait déclaré inconstitutionnel les articles 1er, 3 et 5 de la loi de 1986 en se fondant sur le droit interaméricain des droits de l'Homme. Autrement dit, selon Laurence Burgogne-Larsen, de la Sorbonne, « le peuple désavouait le juge qui avait été un parfait "juge conventionnel de droit commun" ».[151] Ainsi, l'arrêt *Gelman* de la Cour IDH apporte de nombreuses avancées en rappelant le caractère spécifique du crime de disparition forcée d'une femme

[150] Cour IDH, 24 février 2011, *Gelman c. Uruguay*, Fond et réparations, Série C, n° 221, § 239.

[151] (L.) BURGORGUE-LARSEN, « Chronique d'une théorie en vogue en Amérique latine. Décryptage du discours doctrinal sur le contrôle de conventionnalité », *Revue française de droit constitutionnel*, n° 100, 2014, p. 840.

enceinte et en donnant lieu à l'apparition du « droit à l'identité » en combinant plusieurs fondements juridiques et réaffirme la supériorité des normes impératives exigeant la répression des graves atteintes aux droits de l'Homme.

Ainsi, « la soustraction, la suppression et la substitution d'identité de Maria Macarena Gelman [la fille de la disparue] comme conséquence de la détention et du transfert ultérieurs de sa mère enceinte au sein d'un autre État, peut être qualifiée *comme une forme particulière de disparition forcée* pour avoir eu le même objectif ou le même effet, en laissant indéterminé – faute d'information – son sort ou sa sépulture ou par la négation à le reconnaître, selon les termes mêmes de la Convention interaméricaine ». En se basant sur les articles 2 de la Convention internationale sur les disparitions forcées – qui fait référence à "toute autre forme de privation de liberté" et "qui impose aux États de prévenir et de sanctionner pénalement la soustraction d'enfants de disparus, notamment pendant la grossesse de leur mère" – la Cour interaméricaine arrivait, avec brio, à prendre en compte la spécificité de l'histoire de Macarena Gelman[152]. Le Tribunal de San José estime : « In this manner, the referred situation affected what has been named the right to identity, although it is right that is not found expressly established in the Convention, it is possible to determine it on the basis of that provided in Article 8 of the Convention on the Rights of the Child, which established that said right encompasses the right to nationality, to a name, and to family relationships. Likewise, it can be conceptualized as the collection of attributes and characteristics that allow for the individualization of the person in a society, and, in that sense, encompasses a number of other rights according to the subject it treats and the circumstances of the case »[153]. La Cour IDH ajoute « In this case, the facts affected the right to personal liberty given that, in addition to the fact that the girl was born in captivity, her physical retention by State agents, without the consent of her parents, implied an infringement to her liberty, in the broadest terms of Article 7(1) of the Convention. While children are subject to human rights, this right implies the possibility of all human beings to self-determination and to freely choose the circumstances and options regarding their existence. In the case of children, they exercise this right in a progressive manner in the sense that the minor of age develops a greater level of personal autonomy with time, to which in their infancy they carry this out by way of their next of kin. Thus,

---

152 (L.) BURGORGUE-LARSEN, « Décryptage d'une jurisprudence pionnière sur un crime "complexe" : la Cour interaméricaine des droits de l'homme et les disparitions forcées », *op. cit.*, p. 6.
153 Cour IDH, 24 février 2011, *Gelman c. Uruguay*, Série C, Fond et réparations, n° 221, § 122.

the separation of a child from his or her next of kin implies, necessarily, a threat to the exercise of the child's liberty »[154].

Malgré leur appartenance à l'OEA et à leur reconnaissance de la compétence de la Cour IDH, certains États ont pris des mesures contraires à celles-ci. La Commission IDH, dans un communiqué de presse du 15 mai 2017, a reproché à l'Argentine l'arrêt de la Cour suprême rendu douze jours auparavant qui accordait une réduction de peine pour des militaires, ayant servi sous la dictature au pouvoir de 1976 à 1983[155] et condamnés pour crimes contre l'humanité[156]. La haute juridiction de l'Argentine avait estimé que les personnes condamnées étaient en droit de bénéficier d'une mesure législative qui fut en vigueur de 1994 à 2001 permettant la réduction de leur détention[157]. En effet, les militaires suspectés de violations des droits de l'Homme furent interpellés et placés en détention provisoire à la fin des années 1990, période où cette loi était en vigueur. La Commission IDH a estimé que cette loi ne pouvait s'appliquer à des personnes qui furent condamnées pour des faits relevant du crime contre l'humanité. Aucune mesure de clémence, y compris un amoindrissement de la peine, ne peut être attribuée pour ce chef d'accusation. Dans son communiqué, la Commission IDH rappelle l'obligation issue du droit international et de la jurisprudence de la Cour IDH de condamner les auteurs de crimes contre l'humanité ou, plus généralement, de violations graves des droits de l'Homme, à des sanctions proportionnelles aux actes qui furent commis.

Dans sa résolution 666 (XIII-0/83) du 18 novembre 1983, l'Assemblée générale de l'OEA dispose que « la pratique de la disparition forcée des personnes en Amérique est un affront à la conscience de l'hémisphère et constitue un crime contre l'humanité »[158]. Cette qualification reprise les années suivantes ensuite plusieurs textes concernant les disparitions forcées. Ainsi, dans son rapport annuel, la Commission IDH a demandé aux États membres de l'OEA une convention interaméricaine sur les disparitions forcées[159]. L'organe non judiciaire du système panaméricain des droits de

---

154 *Ibid.*, § 128.

155 Parmi les militaires bénéficiant de cette mesure de clémence, figurait Reynaldo Bignone, dernier chef de la junte militaire en Argentine de 1982 à 1983.

156 Commission IDH, « IACHR Expresses Concern over Argentine Supreme Court Decision », *Organisation des États Américains*, communiqué de presse, 15 mai 2017, http://www.oas.org/en/iachr/media_center/PReleases/2017/060.asp (consulté le 16 mai 2017).

157 CORTE SUPREMO DE JUSTICIA DE LA NACION ARGENTINA, *Reynaldo Benito Antonio Bignone et autres*, Recours extraordinaire, CSJ 1574/2014/RHl, 3 mai 2017, 60 p.

158 Résolution 666 (XIII-0/83), 18 nov. 1983, V. CIDH, rapport annuel 1983-1984, DEA.Ser.L/V/II.63.

159 Commission IDH, rapport 1986-1987, OEA/Ser.L/V/II.71

l'Homme demandait la prise de mesures dans ce domaine, que ce soit au niveau national ou international. La Commission IDH va présenter à l'Assemblée générale de l'OEA un projet de convention sur les disparitions forcées à partir de 1988. Il faut souligner que cette initiative intervient la même année que l'arrêt *Velásquez Rodríguez c. Honduras* qui codifiait la disparition forcée et demandait l'obligation d'enquêter et de sanctionner ces violations des droits humains. La Convention américaine sur les disparitions forcées verra le jour en 1994, à la suite de la démocratisation des pays d'Amérique latine. Elle a représenté une importante avancée dans la criminalisation de cette infraction. Le préambule dispose que la disparition forcée porte atteinte aux nombreux droits fondamentaux de la personne humaine. Elles ne peuvent faire l'objet d'aucune mesure dérogatoire. En effet, la disparition forcée ne peut pas être justifiée par des circonstances exceptionnelles comme de l'état de guerre ou d'urgence. Ainsi, la récurrence de la pratique des disparitions relève du crime contre l'humanité.

La disparition forcée est codifiée par la Convention interaméricaine de 1994. Elle dispose dans son article II que « la privation de liberté d'une ou de plusieurs personnes sous quelque forme que ce soit, causée par des agents de l'État ou par des personnes ou des groupes de personnes qui agissent avec l'autorisation, l'appui ou l'acquiescement de l'État, suivie du déni de la reconnaissance de cette privation de liberté ou d'information sur le lieu où se trouve cette personne, ce qui, en conséquence, entrave l'exercice des recours juridiques et des garanties pertinentes d'une procédure régulière »[160]. La Convention interaméricaine de 1994 oblige les États-parties la criminalisation de la disparition forcée. La sanction doit être proportionnelle à l'extrême gravité de l'infraction. Le texte s'inscrit dans la continuité de l'arrêt *Velásquez* en rappelant le caractère continu et permanent du crime de disparition forcée en l'absence de détermination du lieu du corps de la victime[161]. Cela est prévu à l'article III de la Convention disposant que « les États parties à la présente Convention s'engagent à adopter, dans le respect de leurs procédures constitutionnelles, les mesures législatives nécessaires pour qualifier le délit de disparition forcée des personnes et pour le sanctionner d'une peine appropriée, proportionnelle à son extrême gravité. Ce délit est considéré comme continu ou permanent tant que la destination de la victime ou le lieu où elle se trouve n'ont pas été déterminés »[162].

---

160 ORGANISATION DES ÉTATS AMÉRICAINS, *Convention interaméricaine sur la disparition forcée des personnes*, Assemblée générale, vingt-quatrième session ordinaire, Belém do Pará, Brésil, 9 juin 1994.
161 (K.) MARTIN-CHENUT, *op. cit.*, p. 709.
162 ORGANISATION DES ÉTATS AMÉRICAINS, *Convention interaméricaine sur la disparition forcée des personnes*, Assemblée générale, vingt-quatrième session ordinaire, Belém do Pará, Brésil, 9 juin 1994.

L'article VII prévoit que « l'action pénale introduite à raison de la disparition forcée des personnes et les peines qui sont imposées judiciairement aux auteurs de cet acte ne sont pas sujettes à prescription. Cependant, devant l'existence d'une norme fondamentale qui a empêché l'application des dispositions du paragraphe précédent, la période de prescription doit être égale à celle applicable au délit le plus grave sanctionné dans la législation interne de l'État partie en cause »[163].

L'arrêt *Velásquez Rodríguez* fut la première décision d'une juridiction internationale relative aux disparitions forcées. Le Tribunal de San José les définit comme une « violation multiple et continue de nombreux droits reconnus dans la Convention que les États se sont obligés à respecter et garantir ». Les fondements juridiques de l'arrêt *Velásquez Rodríguez* de la Cour pour condamner l'État pour de telles pratiques émanent de la Convention américaine relative aux droits de l'Homme avec l'article 4 relatif au droit à la vie, l'article 5 concernant le droit à l'intégrité personnelle et de ne pas être notamment soumis à la torture ou à des traitements inhumains et dégradants ainsi que l'article 7 prévoyant le droit à la liberté ou de ne pas être détenu arbitrairement. Il faut attendre l'année 2009 pour que la violation de l'article 3 garantissant le droit à la reconnaissance de la personnalité juridique caractérise une disparition forcée. Ainsi, la Cour IDH a revu sa position pour considérer que la violation de l'article 3 relève de la disparition forcée en raison de l'absence de reconnaissance de la privation de liberté ou la destinée de la victime, car elle provoque la soustraction de celle-ci à la protection de la loi qui fragilise sa sécurité personnelle et juridique en raison du caractère multiple et complexe de cette atteinte des droits humains. La disparition soustrait la personne au domaine de l'ordre juridique en niant son existence. En effet, elle laisse le corps et les victimes dans une situation d'indétermination juridique face à la société et à l'État, empêchant l'application effective des protections des droits de l'Homme[164].

L'arrêt *Velásquez* a codifié l'imprescriptibilité du crime de disparition forcée en consacrant l'obligation de poursuivre cette violation des droits de l'Homme, permettant l'avènement au niveau international de mesures d'interdiction et de prévention contre la disparition forcée. La démocratisation des pays d'Amérique latine durant la décennie 1980 a permis de mettre en exergue cette question. Ainsi, le 18 décembre 1992, l'Assemblée générale de l'ONU lors de sa quarante-septième session a adopté la

163 ORGANISATION DES ÉTATS AMÉRICAINS, *Convention interaméricaine sur la disparition forcée des personnes*, Assemblée générale, vingt-quatrième session ordinaire, Belém do Pará, Brésil, 9 juin 1994.
164 (K.) MARTIN-CHENUT, *op. cit.*, p. 710.

résolution de la *Déclaration sur la protection de toutes les personnes contre les disparitions forcées*. En plus de codifier cet acte, la résolution onusienne prévoit à son article 5 l'engagement de la responsabilité civile des auteurs, la responsabilité civile de l'État ou des autorités de l'État ayant organisé ou toléré ces actes. Face à la consécration en droit international de l'interdiction et de la répression du crime de disparition forcée, l'OEA va se disposer d'une convention spécifique pour le continent américain dont plusieurs États, lorsqu'ils furent dirigés par des régimes autoritaires, pratiquèrent cette technique. Après des années de négociation, l'OEA adopte le 9 juin 1994 la Convention interaméricaine sur les disparitions forcées de personnes. L'article IX prévoit que « les auteurs présumés des faits constitutifs du délit de disparition forcée des personnes peuvent être jugés uniquement par les juridictions de droit commun compétentes dans chaque État. Aucune autre juridiction spéciale ne sera autorisée, notamment la juridiction militaire (...). Aucun privilège, aucune immunité, ni aucune dispense spéciale ne seront accordés dans ces procès, sans préjudice des dispositions de la Convention de Vienne sur les relations diplomatiques ». L'article XII prévoit que « les États parties s'entraident dans la recherche, l'identification et la détermination du lieu où se trouvent des mineurs ainsi que leur retour lorsqu'ils ont été transférés à un autre État ou qu'ils y ont été retenus, par suite de la disparition forcée de leurs parents, de leurs tuteurs ou de leurs gardiens ». Il faut souligner que la Convention prévoit à son article VIII n'admet pas « comme circonstance atténuante l'excuse de l'obéissance à des ordres ou instructions supérieurs qui obligent, autorisent ou encouragent la disparition forcée. Toute personne qui reçoit de tels ordres a le droit et le devoir de ne pas y obéir ».

Par conséquent, l'OEA a codifié les nombreux contentieux de disparition forcée où les auteurs de ces faits se défendent par l'obéissance à leurs supérieurs hiérarchiques. D'ailleurs, « l'Obéissance due » est le nom de la loi d'amnistie votée en Argentine en 1987 afin de que les agents ayant obéi aux hauts responsables de la junte militaire ne soient pas poursuivis pour les graves atteintes aux droits fondamentaux des citoyens sous la dictature. Ainsi, la Convention de l'OEA va consacrer l'imprescriptibilité du crime de disparition forcée. Elle rejoint aussi la résolution que l'organisation avait adoptée en 1983 qui considérait déjà comme un crime contre l'humanité cette atteinte aux droits fondamentaux. Cette Convention va ainsi consacrer des principes issus de l'arrêt *Velasquez c. Honduras* de la Cour IDH du 29 juillet 1988 et la résolution de l'ONU du 18 décembre 1992. Ce sont le droit de savoir, le droit à la vérité et le droit au recours codifiés par Louis Joinet dans son rapport de 1997.

La Convention de l'OEA, signée et ratifiée par les pays signataires, a joué un rôle majeur dans la dénonciation des mesures d'impunité pris par les nombreux gouvernements latino-américains pour les organisateurs et les exécutants des violations en masse des droits de l'Homme. Dans une optique de préservation des libertés fondamentales, les révisions constitutionnelles au cours des années 1990 ont consacré la primauté du droit international, notamment celui des droits de l'Homme, sur le droit interne. Le droit interaméricain est consacré de manière constitutionnelle. Le contrôle de conventionnalité va ainsi faire annuler toute loi interne qui est contraire aux normes internationales. La jurisprudence de la Cour IDH, la Convention interaméricaine sur les disparitions ainsi que la *Déclaration sur la protection de toutes les personnes contre les disparitions forcées* aboutiront, en 2006, à la Convention internationale pour la protection de toutes les personnes contre les disparitions forcées. Ce texte fut négocié et adopté rapidement même si elle résulte de près de trente ans de travaux au sein de l'ONU. Dès 1980, la Commission des droits de l'Homme instaura un groupe de travail sur les disparitions forcées ou volontaires en dehors des organes de suivi des instruments de protection des droits de l'Homme afin de lutter contre cette violation des droits fondamentaux utilisée par les régimes militaires argentin et chilien. Ce groupe sera chargé de l'application de la Déclaration pour la protection de toutes les personnes contre les disparitions forcées, adoptée par l'Assemblée générale de l'ONU le 18 décembre 1992. Malgré cela, le Comité des droits de l'Homme de l'ONU et les juridictions régionales constataient l'absence de mise en cause directe de la responsabilité des États pour le non-respect de droits de l'Homme en raison de l'absence d'un instrument spécifique et ayant un caractère coercitif. Il faut souligner que dans son arrêt la Cour IDH en développant une méthodologie en considérant la disparition forcée comme une atteinte de plusieurs articles de la Convention américaine. Malgré cela, la répression pénale de ce phénomène caractéristique des dictatures latino-américaines fut difficile à accomplir sous l'angle des droits de l'Homme. Face à cela, l'OEA a adopté en 1994 la convention interaméricaine sur les disparitions forcées des personnes qui prévoit des dispositions pénales[165].

B. Le rôle de la jurisprudence de la Cour IDH dans la pénalisation du droit international des droits de l'Homme

La jurisprudence de la Cour IDH s'inscrit dans un processus de pénalisation du droit international depuis le procès de Nuremberg en 1945.

---

165 (B.) TAXIL, *op. cit.*, p. 130.

La jurisprudence de la Cour IDH est le reflet de l'apparition d'un ordre public international qui fut l'espérance du contexte d'après-guerre froide des années 1990. Cet « ordre public international » serait ainsi protégé par des sanctions pénales, le différenciant ainsi du principe traditionnel de la responsabilité internationale qui se limitait à une version réparatrice du dommage causé. Le droit international pénal s'inscrit dans une évolution *ratione materiæ*, dans le sens d'une protection des droits fondamentaux[166]. En effet, le droit pénal, instrument légal de l'oppression de l'État pour les opposants au régime, devient celui de la lutte contre l'impunité contre les auteurs de la répression. Ainsi, le droit pénal est au service de la protection des droits de l'Homme. La lutte contre l'impunité des agents de l'État ayant commis des violations graves des droits humains engagée par la Cour interaméricaine des droits de l'Homme sur les agents de l'État s'inscrit dans ce processus de pénalisation en droit international. La répression interne de l'État, par le biais d'un « recours effectif » et l'application des normes internationales, s'inscrit dans un processus de rapprochement entre une approche pénale et la protection des droits fondamentaux. Le droit pénal devient un vecteur de contraire l'État internationalement en mettant le respect des droits de l'Homme dans la législation interne. Il y a une dualité de jurisprudence entre responsabilité individuelle et responsabilité de l'État[167].

De plus, parmi les arrêts de la jurisprudence du Tribunal de San José qui ont permis de remettre en cause les législations d'impunité en Argentine et au Chili, l'État a vu responsabilité reconnue lorsque les procédures nationales sont reconnues comme viciées ou que des juridictions militaires sont habilitées à statuer sur des atteintes aux droits de l'Homme[168]. Le non-renouvellement des violations est garanti par l'adhésion au niveau interne des systèmes de protection des droits de l'Homme. La Cour IDH, en statuant sur des affaires relatives au droit à réparation, consacre dans sa jurisprudence l'obligation de l'État de ratification des textes internationaux avec l'incorporation dans la législation interne des mesures de protection des droits humains. Ces obligations sont le respect du droit à la vie, à la liberté, à l'intégrité ainsi que la protection des garanties judiciaires. La juridiction de San José insiste sur les risques de l'absence de qualification criminelle des violations des droits de l'Homme commises par les anciens régimes

166 (F.) MÉGRET, « Le renouveau de la notion de crime d'État : San José reprend le flambeau au profit de La Haye ? » *op. cit.*, p. 317.

167 *Ibid.*, p. 318.

168 (K.) BONNEAU, « La jurisprudence innovante de la cour interaméricaine des droits de l'homme en matière de droit à réparation des victimes de violations des droits de l'homme », *op. cit.*, p. 374.

autoritaires. Pour éviter une impunité légale à destination des responsables de graves atteintes aux droits humains, plusieurs arrêts de la Cour IDH obligent l'État à l'incrimination des disparitions forcées et de la torture afin de rendre effective leur répression[169]. De plus, la jurisprudence du Tribunal de San José a demandé aux États de mettre fin à leur législation d'impunité en modifiant le droit interne pour assurer la répression des auteurs de violations des droits de l'Homme. L'arrêt en réparations *Barrios Altos* de 2001 consacre l'obligation de l'État à ratifier la Convention internationale sur l'imprescriptibilité des crimes contre l'humanité[170]. Si la jurisprudence de la Cour IDH a pu mettre fin à l'absence de poursuites judiciaires des responsables de la répression des violations des droits de l'Homme, du moins les déclarer non conformes vis-à-vis des conventions internationales, c'est qu'elle a permis d'étendre la notion de droit à réparation. En effet, la reconnaissance et la sanction des responsables des auteurs des atteintes aux droits humains permet l'effectivité du droit à réparation des victimes[171].

La Cour IDH a confirmé la jurisprudence issue des avis de la Commission IDH relative aux lois d'amnistie. Son arrêt *La Cantuta* du 29 novembre 2006 rappelle que l'État ne peut prendre de telles mesures contraires au *jus cogens*, au droit interaméricain des droits de l'Homme et le droit international des droits de l'Homme. La juridiction de San José rappelle que le gouvernement « doit suspendre tous les obstacles, *de facto* ou *de jure*, qui maintiennent l'impunité, et utiliser tous les moyens disponibles pour que soient promptement menées l'enquête et les poursuites et éviter ainsi la répétition des faits. L'État ne pourra arguer d'aucune loi ni disposition de droit interne pour s'exonérer de l'ordre de la Cour d'enquêter, et de sanctionner pénalement les responsables des faits. En particulier (...), l'État ne pourra appliquer les lois d'amnistie ni invoquer la prescription, la non-rétroactivité de la loi pénale, la chose jugée ni le principe non bis ibidem ou une quelconque cause d'exonération de la responsabilité, pour ne pas respecter son devoir d'enquêter et de punir les responsables »[172].

Le principe *non bis in idem*, appliquée de manière détournée à la suite du vote d'une loi d'amnistie ou d'un décret de grâce présidentielle, ne peut être le moyen pour empêcher l'obligation d'enquêter et de sanctionner. Si le but de la procédure initiale consistait à empêcher d'engager la responsabilité d'un

---

169 *Ibid.*, p. 379.

170 Cour IDH, 30 novembre 2001, *Barrios Altos*, Réparations, Série C, n° 87, § 44b-c.

171 K.) BONNEAU, « La jurisprudence innovante de la cour interaméricaine des droits de l'homme en matière de droit à réparation des victimes de violations des droits de l'homme » *in* (L.) HENNEBEL, (H.) TIGROUDJA, *(dir.)*, *Le particularisme interaméricain des droits de l'homme*, Éditions A. Pedone, Paris, 2009, p. 381.

172 Cour IDH, 29 novembre 2006, *La Cantuta c. Pérou*, Série C, n° 162, Fond et réparations, § 226.

accusé, si la procédure ne fut pas complète ou partiale, le refus de traduire devant les autorités judiciaires, la Cour IDH considère alors « l'autorité de la chose jugée » comme « apparente ou frauduleuse ». Elle l'a fait en se basant sur le statut de la Cour pénale internationale.

La pénalisation du droit interaméricain des droits de l'Homme est le produit de l'introduction de dispositions du droit pénal au sein du droit interaméricain des droits de l'Homme. Cette pénalisation du droit interaméricain s'est traduit par l'arrêt *Velásquez Rodríguez c. Honduras* du 29 juillet 1988 qui qualifie les disparitions forcées de crimes contre l'humanité[173]. Cette jurisprudence consacre ainsi l'arrivée du droit pénal au sein de la jurisprudence du Tribunal de San José. La Cour IDH qualifie de « terrorisme d'État » ou de « crimes d'État » les graves violations des droits de l'Homme, pour remettre en cause les lois d'impunité prises lors des transitions démocratiques des pays d'Amérique latine. Ainsi, la juridiction panaméricaine sort de la responsabilité internationale classique. La Cour IDH ne pouvant directement juger les auteurs de leurs crimes, elle reprend la logique pénale dans sa jurisprudence avec la criminalisation l'attitude de l'État. Ce dernier est ainsi responsable de « crimes contre l'humanité » et « d'actes terroristes ». L'État ne commet pas une simple violation d'une obligation internationale[174]. En effet, il a agi directement par ses agents ou des personnes privées ont agi pour son compte afin de commettre des actes d'une gravité telle qu'ils choquent la conscience universelle. Ils ne peuvent faire l'objet d'aucune mesure empêchant des poursuites judiciaires concernant les auteurs de ces faits.

La Cour IDH ne se borne pas à effectuer le respect du droit interaméricain par les législations internes des États membres de l'OEA ou à l'interprétation de la Convention américaine relative aux droits de l'Homme. Il faut souligner que lorsque les États d'Amérique latine ont retrouvé un régime démocratique, ils ont adhéré au système américain de protection des droits de l'Homme et ont révisé leurs Constitutions qui consacrent désormais leur primauté du droit international sur les législations internes.

Ainsi, la Cour IDH s'est muée en une quasi-juridiction constitutionnelle en « constitutionnalisant » le droit interaméricain des droits de l'Homme. En effet, la Convention américaine relative aux droits de l'Homme a désormais valeur constitutionnelle en raison de sa primauté sur le droit interne. Il en est

---

173 Cour IDH, Velásquez Rodríguez c. Honduras, §§ 155 et 158.

174 (L.) HENNEBEL, « Le particularisme interaméricain des droits de l'Homme » *in* (L.) HENNEBEL, (H.) TIGROUDJA (*dir.*), *op. cit.*, p. 85.

de même pour l'ensemble des obligations relatives au respect et à la protection des droits et libertés fondamentales qui sont désormais dans le corpus juridique des États[175]. Pour respecter la Convention américaine, les États doivent ainsi prévenir les atteintes, garantir l'exercice des droits, en lançant des investigations et en réprimant les violations. En effet, le but est que les victimes puissent faire valoir leurs droits devant les juridictions internes, le juge étant le garant des droits et libertés. La Cour IDH s'introduit dans le système juridique afin de permettre aux États de respecter les obligations internationales dont ils ont souverainement adhéré. La juridiction panaméricaine étudie de manière détaillée sur les qualités des moyens institués par l'exécutif, des lois adoptées et les recours examinés par les juges[176]. Ainsi, « la Cour fait preuve de paternalisme et guide l'État dans le choix de ses méthodes pour lutter efficacement contre les violations. Elle vérifie de manière concrète et détaillée les moyens que l'État a choisi de mettre en œuvre afin de garantir les droits et libertés de la Convention et de donner les pleins pouvoirs à la prévention d'enquête, de sanction et de réparation qui découlent de l'obligation générale de garantie »[177].

Le système interaméricain de protection des droits de l'Homme a un rôle majeur dans la lutte contre l'impunité en Amérique latine, notamment dans les pays du Cône Sud de l'Amérique latine. La transition démocratique dans cette région du monde durant les années 1980 a modifié le rôle des organes judiciaires de l'OEA. D'un simple système faisant la promotion et de protection des droits de l'Homme, à l'instar du Conseil de l'Europe, la Commission et, surtout, la Cour interaméricaine des droits de l'Homme fut en première ligne pour remettre les législations qui empêchaient toute poursuite judiciaire contre les auteurs de violations des droits de l'Homme. Les arrêts de la juridiction issue du Pacte de San José et, dans une moindre mesure, les avis et rapports de la Commission IDH ont, dans un premier temps, estimé que les lois d'amnisties étaient contraires au système interaméricain de protection des droits de l'Homme. À partir du début des années 2000, la jurisprudence de la Cour IDH va s'étoffer en demandant expressément aux États parties de demander à ne plus appliquer les lois d'amnistie synonyme de violation de droit à la justice pour les victimes.

Par la suite, la juridiction panaméricaine va demander aux États de directement abolir de leur législation toute mesure bénéficiant aux auteurs

175 *Ibid.*, p. 91.
176 *Ibid.*, p. 92.
177 *Idem.*

des violations des droits de l'Homme, en raison de leur caractère non conventionnel.

En effet, l'absence de poursuites judiciaires à l'encontre des auteurs d'atteintes en masse des droits humains durant les dictatures qui prirent le pouvoir en Amérique latine dans les années 1970 a pour conséquence la violation des droits pour les victimes et l'ensemble de la population de faire savoir le droit à la vérité. L'État viole ses obligations internationales en n'appliquant pas les mesures de justice transitionnelle qui furent consacrées par la jurisprudence de Cour IDH depuis 1988. Le Tribunal de San José a reconnu que les lois faisant obstacle à la justice au nom de la réconciliation nationale, en plus d'être contraires aux conventions régionales de promotion et de préservation des droits de l'Homme, empêchaient les victimes directes ou indirectes de l'ex-dictature de bénéficier des droits caractéristiques de la justice transitionnelle, c'est-à-dire la vérité, la justice et la réparation. D'ailleurs, la jurisprudence de la Cour IDH a irrigué le droit international des droits de l'Homme dans le cadre du processus de codification de la justice transitionnelle pour l'ensemble des mesures que doit prendre l'État pour les victimes et l'ensemble de sa population dans le cadre d'une transition démocratique réussie.

TITRE 2.

L'OBLIGATION INTERNATIONALE DE POURSUIVRE LES AUTEURS DE VIOLATIONS DES DROITS DE L'HOMME

CHAPITRE 3.

La délocalisation des procédures judiciaires, vecteur du combat contre l'impunité en Amérique latine

L'internationalisation du combat judiciaire des victimes et des associations de défense des droits de l'Homme fut l'un des moyens pour continuer les procédures judiciaires qui étaient bloquées dans le Cône Sud de l'Amérique latine. En raison de l'impossibilité de poursuivre les auteurs des atteintes de crimes contre l'humanité dans l'État où celles-ci furent perpétrées, les associations de défense des droits de l'Homme et les victimes des dictatures latino-américaines vont déposer plainte dans des États où ils possèdent la nationalité. Ainsi, à partir du milieu des années 1990, les juridictions espagnole, italienne et française vont devenir les vecteurs de la lutte contre l'impunité en Argentine et au Chili. Des magistrats instructeurs de ces États vont ouvrir des informations judiciaires avec le lancement de mandats d'arrêt internationaux à l'encontre de militaires argentins ou chiliens. Des procès de militaires latino-américains vont ainsi se tenir en Espagne ou en Italie, par contumace ou avec présence de l'accusé. Un tournant va se produire en 1998 avec l'arrestation du général Pinochet à Londres. En raison du caractère international des crimes contre l'humanité, le juge espagnol, à l'origine du mandat d'arrêt contre l'ancien chef d'État, va écarter le principe de nationalité de la victime. La compétence universelle va devenir le nouveau vecteur du combat contre l'impunité judiciaire pour les auteurs de violations de l'Homme. À partir des années 2010, forte de l'exemple de la justice espagnole relative aux violations des droits de l'Homme perpétrées en Amérique latine, une juge de Buenos Aires fera de même pour des agents du régime franquiste à la suite de dépôts de plaintes déposées en Argentine.

SECTION 1.
Les poursuites judiciaires à l'étranger, vecteur de la lutte contre l'impunité.

Si un État a décidé par sa législation de mettre fin à toute action judiciaire à l'encontre des agents de l'appareil d'État ayant accompli la répression durant les années de dictature, celle-ci est limitée territorialement. Le lien de nationalité va devenir le moyen juridique pour déposer une plainte dans un État qui a ratifié dans son corpus juridique les conventions internationales prévoyant le caractère obligatoire des poursuites pénales à l'encontre d'auteurs de crimes qui sont réprimés universellement.

§1. Le droit international, vecteur de la lutte contre l'impunité en Amérique latine

A. L'impunité, une volonté nationale d'extinction de l'action judiciaire

Dans un colloque de 1992, la Commission internationale des juristes estime que « l'amnistie, au sens où nous l'avons définie au début de cette réflexion, est juridiquement inacceptable pour le droit international des droits de l'homme lorsqu'elle protège des fonctionnaires de l'État qui ont commis des infractions dans un contexte de violations systématiques et généralisés. De même, le droit des victimes et de leur famille de connaître la vérité et d'obtenir une réparation juste et équitable et, dans la mesure du possible, d'obtenir le rétablissement de la jouissance de leurs droits ».[1]

Les lois d'amnistie sont votées par les Parlements de chaque État. Il s'agit d'une volonté souveraine d'un État qu'un processus judiciaire ne s'applique plus pour certains crimes sur un territoire donné. Les pays du Cône Sud de l'Amérique latine accédant à la démocratie vont opter pour un processus d'extinction des procédures judiciaires visant les militaires et agents de l'ancienne dictature responsables de graves violations des droits de l'Homme. L'amnistie sera le mécanisme de droit pénal le plus fréquemment utilisé pour empêcher les victimes de saisir la justice sur les atteintes aux libertés fondamentales perpétrées par les anciens régimes militaires. Après avoir opté pour l'amnistie, le pouvoir exécutif argentin optera, en décembre 1990, pour les décrets présidentiels de grâce afin de libérer les derniers

---

1 COMISSION INTERNATIONALE DES JURISTES, COMMISSION NATIONALE CONSULTATIVE DES DROITS DE L'HOMME, *Non à l'impunité non à l'injustice*, Organisation des Nations unies, Genève, 2 – 5 novembre 1992, p. 147.

responsables militaires de la dictature encore emprisonnés. Les parlements des États d'Amérique latine vont décider, à travers les lois d'amnistie, que les violations des droits fondamentaux perpétrées pendant la période de pouvoir du régime autoritaire ne soient plus incriminées par la justice.

En effet, « la culture de l'impunité et de l'inaction de l'État en raison du défaut d'utilisation ou de l'utilisation indue du *jus puniendi* est fondée sur la triade politique. La responsabilité internationale pour violation des normes tirées des droits de l'Homme en liaison avec un modèle d'impunité peut être dérivée de n'importe quel pouvoir de l'État. Le pouvoir législatif n'incrimine pas les violations graves des droits de l'homme, ou ne les incrimine pas de façon adéquate, prévoit des délais courts de prescription ou concède des formes d'amnistie en blanc (...). Le pouvoir judiciaire se montre très peu efficace dans la mise en mouvement de l'action pénale, recourt au non-lieu ou bien à l'action pénale et se termine par l'absolution ou par des sentences de condamnation purement symboliques »[2].

La démocratisation des États d'Amérique latine a coïncidé avec le développement, au niveau international, de nombreux textes à portée normative relative à la prohibition de mesures d'impunité pour les auteurs des crimes de masse décidées par des gouvernements dictatoriaux. En effet, l'ONU et des organisations régionales de protection des droits de l'Homme, à l'instar de l'OEA, vont développer la codification de textes prévoyant la répression des auteurs des atteintes des violations des droits de l'Homme. À partir de la décennie 1990, de nombreux États se trouvaient en contradiction avec des conventions qu'ils ont signées et ratifiées dans leurs législations. En effet, l'Argentine, le Chili et l'Uruguay continuaient à appliquer les lois d'amnistie ou les grâces pour les nombreux militaires impliqués dans la répression durant les années de dictature, dans la décennie 1970 et le début des années 1980. La Commission américaine ainsi que la Cour interaméricaine des droits de l'Homme eurent un rôle éminent dans la dénonciation des législations empêchant les poursuites judiciaires à l'encontre des auteurs des crimes perpétrés par les dictatures militaires dans cette région du monde. Le développement de la justice transitionnelle à partir de la décennie 1980 va encourager les associations de défense des droits de l'Homme et des victimes des régimes autoritaires latino-américains à internationaliser leur action et à délocaliser les procédures judiciaires. En effet, si l'Argentine, le Chili et l'Uruguay pratiquent l'impunité au nom de la « réconciliation nationale », ces mesures d'extinction de l'action pénale ne s'appliquent que sur leurs territoires respectifs. Ainsi, les associations de

---

[2] (J.) A.E. VERVAELE, *op. cit.*, pp. 492-493.

défense des droits humains et des victimes des anciens régimes militaires latino-américains ont continué leurs combats en déposant des plaintes dans des juridictions d'États étrangers où résident d'importantes diasporas latino-américaines.

L'Espagne, l'Italie ainsi que la France seront les nouveaux champs d'action des victimes des dictatures d'Amérique latine. La souveraineté pénale de l'État apparaît dans ce cas de figure comme un empêchement pour les victimes des régimes militaires et les associations de défense des droits de l'Homme de faire la vérité sur le sort des disparus. Les principes de la justice transitionnelle (vérité, justice, réparation) ne peuvent être appliqués par le blocage de l'action judiciaire par la législation interne.

Lors de leur démocratisation, les États d'Amérique latine ont signé et ratifié à des textes de protection des droits de l'Homme, mais aussi de répression des auteurs de leurs atteintes et des crimes de masse. Les États violent l'obligation positive d'enquêter, de poursuivre et de punir. Ces mesures d'impunité rentrent en contradiction avec les recommandations et les jurisprudences des organisations internationales et les conventions internationales obligeant les gouvernements des États parties à réprimer les auteurs de violations des droits de l'Homme. D'ailleurs, les gouvernements latino-américains mettaient en avant les principes de territorialité et la primauté de souveraineté lorsque d'autres gouvernements reprochaient l'impossibilité de l'action judiciaire pour les agents de la répression qui avaient attenté à la vie de leurs ressortissants. Ainsi, « la compétence territoriale de l'État se distingue, encore, de la compétence réelle, fondée pour sa part sur "les intérêts supérieurs de l'État". Cette compétence découle en effet de l'idée d'après laquelle "on ne saurait laisser à d'autres États" » que l'État concerné "le soin de définir et de protéger les représentations essentielles de sa *res publica*" »[3]. Cela avait donné lieu à des dissensions entre les gouvernements français, espagnol ou italien et l'Argentine durant les années 1990 dont leurs juridictions respectives lançaient des mandats d'arrêt à l'encontre de militaires suspectés de violations des droits de l'Homme – et particulièrement de crimes contre l'humanité perpétrés sous les dictatures militaires.

L'amnistie est une mesure nationale n'ayant pas d'effets extraterritoriaux qui n'empêche pas d'autres États de pouvoir exercer une action judiciaire pour le même fait sur le fondement d'un critère de rattachement, qu'il soit territorial ou personnel, mettant ainsi en exergue les obligations positives de l'État en matière de poursuites judiciaires relatives aux crimes internationaux.

---

[3] (T.) FLEURY GRAFF, « Territoire et droit international », *Civitas*, 2015, p. 44.

Comme le souligne l'universitaire italien Gabriele Della Morte, « il ne manque pas, dans la pratique, des cas où des tribunaux internes ont exercé des actions pénales vis-à-vis des crimes amnistiés par un autre État (...). Même en laissant de côté la question de l'opportunité du respect des amnisties du point de vue politique, sur le plan strictement normatif/international, la problématique se pose à deux niveaux : celui relatif à la légalité internationale de cette institution de clémence vis-à-vis des obligations de l'État qui en fait directement usage, et (...) celui concernant la légalité du titre de compétence de l'État tiers qui choisit d'exercer sa compétence judiciaire »[4]. À partir des années 1990, l'amnistie devient l'obstacle à l'établissement de la vérité sur les violations des droits de l'Homme perpétrées par les anciennes dictatures militaires dans le Cône Sud de l'Amérique latine. Le droit international met en exergue la nécessité pour l'État de sanctionner et de réprimer les auteurs de violations des droits de l'Homme. Les mesures empêchant les auteurs de violations des droits de l'Homme sont en contradiction avec le droit international.

Ces mesures d'impunité ne concernent que le territoire dont le gouvernement a la charge et exerce ses prérogatives. Depuis la jurisprudence *Velásquez Rodríguez c. Honduras* de la Cour IDH en 1988, les arrestations arbitraires, les disparitions forcées et les exécutions extrajudiciaires pratiquées en masse sont considérées comme des crimes contre l'humanité[5]. Ces atteintes en masse des droits de l'Homme relèvent ainsi de la catégorie des crimes internationaux. À crime international, réponse internationale. La territorialité ne peut être un moyen pour que ces violations des droits fondamentaux ne soient pas poursuivies. Des poursuites judiciaires à l'étranger peuvent ainsi apparaître comme un palliatif nécessaire au refus de l'État où ses anciens dirigeants et agents responsables de ces crimes ne soient pas l'objet d'actions en justice. La Commission IDH confirmera cette jurisprudence, en 1992, pour des contentieux relatifs aux lois d'amnisties votées en Argentine et en Uruguay au milieu des années 1980. En effet, toute loi d'amnistie bénéficiant à des responsables de crimes contre l'humanité et, plus généralement, de violations d'atteintes aux libertés fondamentales de ses citoyens est contraire aux obligations positives de l'État démocratique d'enquêter, de poursuivre et de sanctionner ce type d'actes[6].

---

[4] (G.) DELLA MORTE, « L'Amnistie en droit international », *Société européenne de droit international*, 18 – 20 mai 2006, pp. 9-10.
[5] Cour IDH, 29 juillet 1988, *Velásquez Rodríguez c. Honduras*, *op. cit.*, §§ 155 et 158.
[6] COMMISSION INTERAMÉRICAINE DES DROITS DE L'HOMME, *Alicia Consuelo Herrera et al. v. Argentina*, affaires n° 10.147, 10.181, 10.240, 10.262, 10.309 et 10.311, rapport n° 28/92, 2 octobre 1992.

Julio A. Barberis, ancien juge argentin à la Cour IDH, rappelle que dans « la théorie pure du droit, le territoire de l'État est un espace qui exclut tout autre, car il ne peut pas être simultanément le territoire de plus d'un État. Empruntant la terminologie de la physique, Kelsen parle de l'impénétrabilité (Undurchdringlichkeit) de l'État. Cette caractéristique n'est pas fonction du territoire, mais résulte de la souveraineté de l'État »[7]. La Cour internationale de justice, dans sa décision du 13 juillet 1989, estime qu'« une frontière internationale est la ligne formée par la succession de points extrêmes du domaine de validité spatial des normes de l'ordre juridique d'un État »[8]. Dans sa sentence du 13 octobre 1995, le Tribunal arbitral de la CIJ avait estimé dans l'affaire *Argentine c. Chili* « qu'une limite internationale est la ligne de contact des domaines spatiaux de validité de deux ordres juridiques étatiques »[9]. Dans les contentieux relatifs aux ressortissants étrangers victimes des régimes militaires, argentins, chiliens et uruguayens, ces États faisaient savoir par leurs gouvernements qu'ils avaient décidé souverainement d'éteindre l'action judiciaire par une loi d'amnistie ou de remettre en liberté les militaires accusés ou condamnés de violations des droits de l'Homme au nom de l'intérêt national « de tourner la page ». En août 2001[10] et en janvier 2002[11], Le gouvernement argentin avait refusé l'extradition du Capitaine Alfredo Astiz malgré les mandats d'arrêt lancés par les justices française, italienne et suédoise. Des citoyens ressortissants de la France, de l'Italie ou de la Suède furent les victimes de l'ancien militaire sous la dictature militaire durant les années 1970. L'Espagne fera de même dans les années 2010 en ne répondant pas aux demandes d'extradition d'anciens ministres ou agents ayant servi le régime franquiste à la suite des mandats d'arrêt lancés par la justice argentine.

Le Tribunal pénal international sur l'ex-Yougoslavie estime, dans son arrêt du 10 décembre 1998, que « le fait que la torture est prohibée par une norme impérative du droit international a d'autres effets aux échelons interétatique et individuel. À l'échelon interétatique, elle sert à priver internationalement de légitimité tout acte législatif, administratif ou judiciaire autorisant la torture. Il serait absurde d'affirmer d'une part que, vu la valeur

---

7 (J.) A. BARBERIS, « Les liens juridiques entre l'État et son territoire : perspectives théoriques et évolution du droit international », *Annuaire français de droit international*, volume 45, 1999, p. 141.

8 CIJ, 13 juillet 1989, *Sénégal v. Guinée Bissau*, sentence arbitrale, *CIJ*, *Recueil 1991*.

9 CIJ, 13 octobre 1995, Tribunal arbitral, *Argentine c. Chili*, §59.

10 (N.) SUR, « "L'ange de la mort" libre, mais toujours poursuivi », *RFI.fr*, 16 août 2001, http://www1.rfi.fr/actufr/articles/020/article_11846.asp (consulté le 2 février 2021).

11 AGENCE FRANCE-PRESSE, « L'Argentine libère Alfredo Astiz », *Libération*, 31 janvier 2002, http://www.liberation.fr/planete/2002/01/31/l-argentine-libere-alfredo-astiz_392312 (consulté le 2 février 2021).

de *jus cogens* de l'interdiction de la torture, les traités ou règles coutumières prévoyant la torture sont nuls et non avenus *ab initio* et de laisser faire, d'autre part, les États qui, par exemple, prennent des mesures nationales autorisant ou tolérant la pratique de la torture ou amnistiant les tortionnaires. Si pareille situation devait se présenter, les mesures nationales violant le principe général et toute disposition conventionnelle pertinente auraient les effets juridiques évoqués ci-dessus et ne seraient (...) pas reconnues par la communauté internationale. Les victimes potentielles pourraient, si elles en ont la capacité juridique, engager une action devant une instance judiciaire nationale ou internationale compétente afin d'obtenir que la mesure nationale soit déclarée contraire au droit international ; elles pourraient encore engager une action en réparation auprès d'une juridiction étrangère qui serait invitée de la sorte, notamment, à ne tenir aucun compte de la valeur juridique de l'acte national autorisant la torture. Plus important encore, les tortionnaires exécutants ou bénéficiaires de ces mesures nationales peuvent néanmoins être tenus pour pénalement responsables de la torture que ce soit dans un État étranger ou dans leur propre État sous un régime ultérieur »[12]. Dans son rapport relatif aux amnisties, le Haut-commissariat de l'ONU aux droits de l'Homme a rappelé en 2009 que « les amnisties et mesures du même ordre qui débouchent sur l'impunité sont incompatibles avec le devoir des États de poursuivre les auteurs d'atteintes flagrantes aux droits de l'homme, de crimes de guerre, de crimes contre l'humanité et d'actes de génocide, d'imposer des peines appropriées aux personnes qui sont reconnues coupables de tels faits et d'accorder un recours adéquat et utile aux victimes dont les droits ont été violés »[13].

Denis Alland, dans son *Manuel de droit international*, estime que la compétence territoriale est « la compétence qui s'exerce à raison du territoire »[14]. La compétence territoriale résulte de « l'appréciation des compétences qui peuvent s'exercer sur un territoire donné (...) que dépend la distinction entre leurs espaces et leur définition »[15]. Par conséquent, « en légiférant sur le plan interne, l'État adopte des actes qui ont vocation à régir des situations ou des personnes qui se trouvent sur son territoire »[16]. En effet, il existe des conflits de compétences entre la souveraineté de l'État et le

---

12 TRIBUNAL PÉNAL INTERNATIONAL SUR L'EX-YOUGOSLAVIE, *Le Procureur* c. *Anto Furundzija*, affaire n° IT-95-17/1-T, 10 décembre 1998, § 155.

13 HAUT-COMMISSARIAT DE L'ONU AUX DROITS DE L'HOMME, « Amnisties », *Les instruments de l'état de droit dans les sociétés sortant d'un conflit*, HR/PUB/09/1, Organisation des Nations unies, Genève, 2009, p. 44.

14 (D.) ALLAND, *Manuel de droit international public*, Presses universitaires de France, Paris, 2015, p. 42.

15 *Ibid.*, p. 43.

16 *Ibid.*, p. 45.

respect de ses obligations internationales. Dans son rapport contre l'impunité remis à l'ONU en 1997, Louis Joinet avait mis en exergue la question de l'extradition des individus suspectés soupçonnés de violations des droits de l'Homme. Le magistrat français avait estimé que le refus d'un gouvernement d'extrader l'un de ses ressortissants suspectés par un autre État respectueux des libertés fondamentales était contraire au *jus cogens*. En effet, en raison du caractère international du crime, la réponse judiciaire ne doit pas forcément avoir de frontières.

La législation de l'Argentine ne prévoit pas l'éventualité d'être en concurrence avec un autre État sur un fait auquel le droit argentin pourrait être appliqué avec une revendication de l'application de sa propre loi pénale et la compétence des magistrats nationaux. Pour les autorités argentines chargées des poursuites, l'application du droit pénal prévu par la législation doit être effective. Ce principe de légalité processuel était prévu à l'article 71 du Code pénal argentin. La loi pénale argentine s'applique notamment lorsque le principe de compétence territoriale s'effectue de manière extensive. En effet, le droit argentin ne prévoyait pas de solutions particulières lorsque celui-ci était en concurrence avec l'effectivité d'une législation d'un pays étranger[17].

La justice transitionnelle est un processus désormais codifié par le droit international. Néanmoins, les expériences de transitions démocratiques en Amérique latine s'étaient déroulées sans intervention des normes internationales. L'État refusait de respecter les droits fondamentaux des citoyens, de lancer des enquêtes sur les atteintes aux droits de l'Homme perpétrées par ses propres agents sous la dictature ainsi sont obligés de poursuivre et que respecter le droit des citoyens à pouvoir saisir la justice. Les victimes ou les associations de défense des droits de l'Homme reprochent à l'État, dont ses agents furent responsables des crimes de masse lorsque celui-ci était une dictature, de ne pas respecter ses obligations en matière d'accès à la justice en approuvant des lois d'amnistie. Il est reproché à l'État de ne pas agir en faveur des victimes, lors de la transition démocratique, après avoir lui-même attenté gravement à la vie de ses citoyens[18].

Les internationalistes et spécialistes de la justice transitionnelle estiment que les transitions démocratiques constituaient une période où le droit international ne fut pas appliqué. Les normes internes ont prévalu au nom

---

17 (K.) AMBOS, « Les pays d'Amérique latine » *in* (A.) CASSESE, (M.) DELMAS-MARTY (*dir.*), *op. cit.*, p. 505.

18 (S.) LEFRANC, *Politiques du pardon*, Coll. Fondements de la politique, PUF, Paris, 2002, p. 80.

de la réconciliation nationale. Cela traduit l'incapacité politique de pouvoir lancer des poursuites judiciaires contre ses propres prédécesseurs. En effet, les crimes de masse à l'encontre des opposants furent perpétrés par l'État ou au nom de celui-ci. Seule une partie des droits fondamentaux fut rétablie à la suite du départ des régimes dictatoriaux. Le droit à la justice ne pouvait être appliqué pour les atteintes en masse aux droits de l'Homme. L'État nouvellement démocratique et garant de l'État de droit, ne pouvait mettre en accusation l'État dictatorial qui le précédait. La souveraineté fut mise en exergue pour ne pas extrader tout agent de l'État ayant une responsabilité dans la répression décidée par le régime autoritaire[19]. Les gouvernements du Cône Sud de l'Amérique latine justifiaient leurs lois d'amnistie en avançant l'argument selon lequel les violations des droits de l'Homme étaient intervenues avant la ratification des conventions internationales de protection et d'obligation de répression d'atteintes aux droits humains. L'alinéa premier de l'article 38 de la Cour internationale de justice prévoit que « sa mission conformément au droit international sur les différends qui lui sont soumis, applique : les conventions internationales, soit générales, soit spéciales, établissant des règles expressément reconnues par les États en litige ; la coutume internationale comme preuve d'une pratique générale acceptée comme étant le droit ». En effet, le droit international public repose sur la libre acceptation des États.

Les lois d'amnisties ou les décrets présidentiels de grâce décidés par les gouvernements latino-américains, lors des transitions démocratiques mettant fin aux poursuites judiciaires à l'encontre de responsables de violations des droits de l'Homme, ont été prises à une période où les conventions existaient peu ou n'avaient pas été signées ou ratifiées pour qu'elles aient un effet en droit interne[20]. L'Organisation des États américains fut ainsi en première ligne pour remettre en cause les mesures d'impunité qui ne sont pas compatibles avec le droit conventionnel des droits de l'Homme. La Commission IDH avait rappelé que l'absence de poursuites judiciaires était contraire aux normes internationales de protection des droits fondamentaux qui consacrent l'obligation de les protéger. En effets, ces mesures étaient en contradiction avec les obligations positives de l'État, de rendre effectif le droit à saisir la justice, de protéger judiciairement les victimes et de lancer des enquêtes. Si la Commission IDH a jugé positives les mesures de réparation, elle a néanmoins rappelé qu'elles ne pouvaient être qu'un complément aux poursuites judiciaires et à la sanction des auteurs de violations des droits de l'Homme et non un palliatif à l'impunité. Dans les années 1990, ses

---

[19] *Ibid.*, p. 81.
[20] *Ibid.*, p. 82.

recommandations pour abroger les lois d'amnistie prises en Argentine et en Uruguay n'avaient pas été suivies des faits[21].

Comme le souligne Antoine Garapon, « l'impunité prolonge ainsi les effets du crime à l'infini. Le condamner publiquement est la seule manière d'y mettre fin, tant la négation est le processeur même du crime contre l'humanité. Les victimes ou leurs descendants continuent d'être torturés par le déni, non seulement de leurs souffrances, mais du crime qui les a causées »[22]. Le refus de l'extradition fut le moyen pour éviter aux individus suspectés de graves violations des droits de l'Homme de répondre de leurs actes devant les juridictions étrangères où les victimes ont déposé des plaintes. L'internalisation des procédures judiciaires à l'encontre des militaires argentins, du général Pinochet dans les années 1990 puis de fonctionnaires du régime franquiste dans les années 2010 a mis en exergue le refus de l'extradition. Il s'agit pour les États dont les ressortissants sont suspectés d'atteinte de faire valoir le principe de territorialité. Les mandats d'arrêt lancés par les justices espagnoles, italiennes, françaises puis argentines n'avaient pas abouti. En effet, l'Argentine et l'Espagne ont refusé d'extrader leurs ressortissants sur le moyen de lois d'amnistie. Si refuser de poursuivre des individus suspects de graves violations des droits de l'Homme est contraire au droit international, il en est de même de refuser d'extrader les ressortissants suspectés de tels actes. En effet, pour la commission de crimes internationaux, l'obligation d'extrader relève du *jus cogens*. Aucune législation ne peut motiver un refus d'extrader un individu ayant perpétré ce type d'actes. L'obligation d'extrader des personnes suspectées de crimes internationaux remonte à la Première Guerre mondiale. En effet, l'article 227 du Traité de Versailles de 1919 prévoyait que Guillaume II soit livré aux États vainqueurs du premier conflit mondial sur le moyen que les crimes dont il était accusé relevaient « d'offense suprême à la morale internationale et à l'autorité sacrée des traités »[23]. L'article 228 du traité de Versailles prévoyait que le gouvernement allemand livrerait aux puissances Alliées et aux Puissances Associées « les personnes accusées d'avoir commis un acte contraire aux lois et aux coutumes de la guerre sur leurs territoires »[24].

Toutes les conventions internationales prévoient désormais l'obligation d'extrader les individus suspectés de crimes internationaux que sont le

---

21 *Ibid.*, p. 83.

22 (A.) GARAPON, « De Nuremberg au TPI : naissance d'une justice universelle ? », *Critique internationale*, Mémoire, justice et réconciliation, volume 5, 1999, p. 176.

23 (J-M.) THOUVENIN, « Extradition » *in* (H.) ASCENSIO, (E.) DECAUX, (A.) PELLET (*dir.*), *Droit international pénal*, deuxième édition révisée, Pedone, Paris, 2012, p. 1111.

24 *Idem.*

génocide, le crime contre l'humanité ou la torture. Le refus est contraire aux normes internationales. Les atrocités nazies de la Seconde Guerre mondiale ont initié ce principe. Ainsi, la déclaration de Moscou du 30 octobre 1943 prévoit l'extradition des criminels nazis dans les États où ils ont commis leurs forfaits[25]. L'obligation d'extrader est prévue dans la Convention sur le génocide du 9 décembre 1948 ainsi que l'article 3 de la Convention sur l'imprescriptibilité des crimes de guerre et des crimes contre l'humanité du 26 novembre 1968.

En effet, les États n'apprécient pas que d'autres États réclament l'extradition de leurs ressortissants pour qu'ils soient jugés à l'étranger, y compris ceux accusés de violations des droits de l'Homme[26]. Il faut souligner que certaines législations internes n'autorisent l'extradition que si un traité existe. Vu que certains États ne sont pas liés à une convention d'extradition, cela pose le problème dans le cadre de la répression des crimes internationaux. Le refus d'extradition sur le moyen d'un vide juridique est prévu à la Convention de Montréal pour la répression d'actes illicites dirigés contre la sécurité de l'aviation civile du 23 septembre 1971 et la Convention contre la torture du 10 décembre 1984. Par exemple, il n'existait pas avant 2011 de convention d'extradition entre la France et l'Argentine. L'absence de ce texte fut le moyen pour le gouvernement argentin de refuser de livrer Alfredo Astiz aux autorités françaises.

La question de l'extradition est assez complexe et dépasse le seul cadre juridictionnel de cette mesure. Cette mesure est souvent prévue dans les traités bilatéraux ou multilatéraux. Procédure d'entraide internationale, la question de l'extradition met souvent en exergue les relations entre deux États. En effet, un État, y compris démocratique, peut refuser d'extrader, même si les juges émettent un avis favorable. D'une problématique simplement judiciaire, elle est passée d'une problématique plus politique. Le caractère non automatique d'une extradition avait à l'origine pour fonction de protéger un individu s'il était notamment poursuivi par les autorités judiciaires d'un gouvernement non respectueux des droits de l'Homme. Le but de cette pratique consistait d'éviter qu'un ressortissant ne soit extradé dans un pays où il ferait notamment l'objet de poursuites pour des raisons essentiellement politiques. Le refus de l'extradition pose problème puisque celui-ci est devenu un outil de protection des personnes soupçonnées de graves violations des droits de l'Homme[27]. Les États ne voulant pas extrader

---

25 *Ibid.*. , p. 1114.

26 *Ibid.*, p. 1123.

27 (L.) JOINET (dir.), Lutter contre l'impunité. Dix questions pour comprendre et pour agir, *op. cit.*, p. 103.

leurs ressortissants en prétendant que les chefs d'inculpations faisant l'objet de poursuivre font l'objet de lois d'amnisties. Ils estiment que la législation interne est supérieure à la demande d'extradition de l'État où a été lancée la procédure judiciaire. Autoriser l'extradition constituerait pour les gouvernements dont sont ressortissants de nombreux tortionnaires une remise en en cause des lois d'amnistie prohibant toute action judiciaire à l'encontre des auteurs de crimes graves à l'encontre de la personne humaine. Les exécutifs sont souvent opposés à ce type de procédure. Ils les considèrent comme une forme d'ingérence. En 1999 et en 2001, le président argentin Carlos Menem et son successeur, Fernando de la Rua, s'opposeront aux mandats d'arrêt lancés par le juge espagnol Garzón à l'encontre de militaires de nationalité argentine ayant participé à la répression sous la dictature, entre 1976 et 1983. Le Chili, sous la dictature du général Pinochet, refusait d'extrader des Chiliens aux États-Unis. La justice de ce pays soupçonnait ces derniers, membres des services secrets de la dictature, d'avoir assassiné l'ancien ministre de la Défense de Salvador Allende, Orlando Letelier et sa femme, en 1976, exilés aux États-Unis. La conséquence du refus de l'extradition est l'impossibilité des poursuites pénales et, *a fortiori*, de juger.

Ainsi, le droit international et le droit pénal partagent l'idée de la souveraineté en plaçant l'État comme élément fondamental. Le droit international repose sur l'acceptation souveraine des États de se voir soumettre des règles. Or, ces derniers refusent de voir s'appliquer une règle sur le moyen de la souveraineté. En effet, les États craignent de voir leur responsabilité engagée ou celles de leurs représentants[28].

Pendant des décennies, les lois d'amnistie ont permis aux responsables des régimes militaires dictatoriaux de ne pas être poursuivis pour les violations des droits de l'Homme pour les faits perpétrés par les autorités judiciaires de l'État. Néanmoins, le droit international contemporain, qui a consacré l'obligation de poursuivre les crimes portant atteinte à la conscience universelle, va permettre le dépôt de plaintes dans d'autres juridictions qui ne sont pas concernées par les législations nationales d'amnistie.

28 (I.) FOUCHARD, « De l'utilité de la distinction entre les crimes supranationaux et transnationaux : traduire les processus d'incrimination complexes alliant droit international et droits pénaux internes », *op. cit.*, p. 67.

B. Le droit international, instrument de contournement des lois d'impunité

Le droit international contemporain des droits de l'Homme s'oppose au principe de souveraineté de l'État. La Cour permanente de justice internationale, dans son arrêt *Lotus* du 7 septembre 1927, estime que l'État où se sont déroulées les violations du droit international public n'a pas la compétence exclusive pour le déclenchement de l'action pénale[29]. Par conséquent, des juridictions d'États étrangers au lieu de la Commission de la violation du droit international sont compétentes.

Le droit international contemporain met ainsi en exergue l'individu en tant que sujet de droit international. En effet, les défenseurs d'individus déposent leurs plaintes auprès des juridictions d'États étrangers à la Commission du crime, mais dont les victimes sont ressortissantes. Les atteintes en masse des droits de l'Homme à l'instar des assassinats en masse, disparitions forcées puis exécutions sommaires perpétrées par les régimes latino-américains relèvent de crimes contre l'humanité. L'OEA a d'ailleurs considéré dans une résolution de 1983 que les disparitions forcées relevaient du crime contre l'humanité. Cela aboutira onze ans plus tard à la Convention américaine sur les disparitions forcées de personnes. Ainsi, les violations des droits de l'Homme perpétrées en Amérique latine par les régimes militaires au pouvoir dans les années 1970 et 1980 entrent dans la catégorie du crime contre l'humanité. Ces actes étant contraires à la conscience universelle, la doctrine les considère comme relevant de crimes internationaux. En effet, ils sont contraires à la conscience universelle. Ainsi, si la justice ou l'État a commis ses actes au moyen de ses agents civils et militaires, les victimes sont en droit de saisir une autre juridiction. Durant les années 1990, nombre de victimes ou leurs proches vont déposer des plaintes dans des juridictions d'États d'Europe de l'Ouest dont ils possèdent la nationalité. En effet, le droit international public contemporain estime que les gouvernements ont une obligation *erga omnes* de poursuivre les crimes internationaux. À défaut d'une réponse nationale, la réponse judiciaire doit être, à l'échelle internationale pour des crimes internationaux. Ainsi, l'idée du caractère international ou supranational du crime met en lumière les valeurs et intérêts que l'État doit protéger, à savoir la paix et la sécurité internationales ainsi que la dignité humaine. Le respect de la personne humaine est un des éléments nécessaires pour l'avènement d'un véritable ordre public international dans le respect du droit international contemporain. Comme le souligne Isabelle Foulard, « les crimes supranationaux correspondent ainsi toujours à la

---

29 CPJI, 7 septembre 1927, *Lotus*, Recueil des arrêts, série A, n° 10.

violation d'une obligation *erga omnes* c'est-à-dire d'une obligation qui s'impose à l'ensemble des États, qui ont tous un intérêt juridique au respect par les autres États, des droits qu'elle protège »[30].

Bien que les associations de défense des droits de l'Homme et les victimes réactivent le processus dans un État autre que celui où les crimes furent commis, le moyen permettant de déposer la plainte est celui de la nationalité de ces dernières. Néanmoins, les actions judiciaires ouvertes par les juridictions espagnole, italienne puis française sur les crimes perpétrés par les anciens régimes militaires en Argentine et au Chili ont mis en exergue les métamorphoses du droit international public. Le caractère international des crimes permet que le lieu de la procédure judiciaire ne soit plus forcément celui où l'atteinte a été commise. Ainsi, alors que saisir la justice était rendue impossible par les lois d'amnistie en Argentine et au Chili pour les atteintes aux droits fondamentaux durant les années des années de dictature, des États éloignés géographiquement étaient compétents pour recevoir des plaintes de victimes des violations des droits de l'Homme perpétrées en Amérique latine. La défense des victimes dépasse les frontières. Les poursuites judiciaires engagées en Espagne à partir de 1996 à l'encontre de militaires argentins puis chiliens accusés de crimes internationaux mettent en évidence le retrait de l'État au profit de l'individu comme sujet principal du droit international. Ainsi, dans les premières affaires latino-américaines, c'est la nationalité de la victime qui a permis le déclenchement de procédures judiciaires en Espagne, en Italie et en France. Robert Kolb estime que le droit international contemporain voit l'émergence d'autres sujets de droit à l'image des organisations intergouvernementales et de l'individu. Ainsi, l'État n'est plus le sujet principal de droit international[31]. La compétence universelle est le reflet de cette transformation.

Ainsi, « les juges nationaux se sont montrés plus ou moins réceptifs à cette nouvelle mission de trancher les contentieux transnationaux selon l'État auquel ils sont rattachés, mais aussi leur culture juridique et son rayonnement, le type de juridiction saisie et la nature du contentieux (...) l'invocation du droit au juge en particulier pour celui qui en est privé chez lui, mais aussi d'autres considérations plus pragmatiques ont incité les magistrats, parfois encourages par leurs États, à se montrer beaucoup plus accueillants à certains contentieux jusqu'à se poser en agence de justice

---

30 (I.) FOUCHARD, « De l'utilité de la distinction entre les crimes supranationaux et transnationaux : traduire les processus d'incrimination complexes alliant droit international et droits pénaux internes », *Revue interdisciplinaire d'études juridiques*, volume 71, 2013, p. 67.

31 (R.) KOLB, *Théorie du droit international*, deuxième édition, Collection De droit international, Bruylant, Bruxelles, 2013, p. 255.

globale. Cela tient notamment à la volonté des juges et des États eux-mêmes à promouvoir le rayonnement de leur droit et de leurs juridictions dans le contexte de la concurrence normative globale »[32].

Le droit international public est un outil de contournement des lois d'amnisties ou les grâces présidentielles, accordées aux agents et aux responsables de la dictature, concernant les graves atteintes aux libertés fondamentales. En effet, de nombreuses conventions consacrent l'obligation de poursuivre les violations des droits de l'Homme perpétrées par un régime politique. Les faits produits par les dictatures militaires en Argentine, au Chili, en Uruguay sont désormais codifiés et relèvent des crimes internationaux dont la gravité nécessite l'obligation d'enquêter, de poursuivre les auteurs et de les sanctionner. Les responsables politiques chargés du rétablissement de la démocratie décident de tirer un voile judiciaire sur les crimes de l'ancienne dictature. Or, le droit international public contemporain a consacré l'obligation de faire la vérité sur ces crimes et l'obligation pour les gouvernements de lancer des enquêtes et des poursuites judiciaires. Vu que l'amnistie n'est effective que dans les territoires des États dont il a la charge, celle-ci n'a pas d'effet au-delà des frontières. Par exemple, dès les années 1980, la justice française s'était intéressée au cas d'Alfredo Astiz, un capitaine de corvette suspecté de la disparition de deux religieuses françaises, en Argentine, en décembre 1977. Ce dernier sera condamné par une Cour d'assises en France en mars 1990, alors qu'il bénéficiait d'un non-lieu dans cette affaire par la justice argentine en décembre 1986 et la loi d'amnistie dite de l'*Obéissance Due* votée en juin 1987.

La Convention contre la torture et autres peines ou traitements cruels, inhumains ou dégradants du 10 décembre 1984, prohibe toute mesure d'impunité pour les responsables de ce type d'acte. Son article 13 prévoit que « tout État partie assure à toute personne qui prétend avoir été soumise à la torture sur tout territoire sous sa juridiction le droit de porter plainte devant les autorités compétentes dudit État qui procéderont immédiatement et impartialement à l'examen de sa cause. Des mesures seront prises pour assurer la protection du plaignant et des témoins contre tout mauvais traitement ou toute intimidation en raison de la plainte déposée ou de toute déposition faite »[33]. L'Argentine a ainsi violé ses obligations positives d'enquêter, de poursuivre et de sanctionner la torture consacrée par ce texte international en refusant aux victimes la possibilité d'enquêter sur la tortue. La Cour IDH, dans son arrêt du 29 juillet 1988, avait consacré l'obligation

---

32 (B.) FRYDMAN, *op. cit.*, p. 66.

33 ASSEMBLÉE GÉNÉRALE, Déclaration sur la protection de toutes les personnes contre les disparitions forcées, *op. cit.*, p. 6.

d'enquêter et de poursuivre ce type de crimes[34]. L'Assemblée générale de l'ONU, dans sa résolution du 18 décembre 1992, condamne toute mesure d'impunité pour les auteurs de disparitions forcées. En effet, l'article 14 dispose que « les auteurs présumées d'actes conduisant à des disparitions forcées dans un État doivent être déférés aux autorités civiles compétentes de cet État pour faire l'objet de poursuites et être jugés, lorsque les conclusions d'une enquête officielle le justifient, à moins qu'ils n'aient été extradés dans un autre État souhaitant exercer sa juridiction conformément aux accords internationaux en vigueur dans ce domaine.

Tous les États devraient prendre les mesures légales appropriées qui sont à leurs dispositions pour faire en sorte que tout auteur présumé d'un acte conduisant à une disparition forcée, qui relève de leur juridiction ou de leur contrôle, soit traduit en justice ». L'alinéa premier de l'article 18 prévoit que « les auteurs présumés d'actes visés au paragraphe 1 de l'article 4 ci-dessus ne peuvent bénéficier d'aucune loi d'amnistie spéciale ni d'autres mesures analogues qui auraient pour effet de les exonérer de toute poursuite ou sanction pénale ». Les conventions de sauvegarde des droits fondamentaux, qu'elles aient une portée régionale ou internationale, consacrent l'obligation de poursuivre les responsables de graves violations des droits de l'Homme. Il en est de même pour les jurisprudences des juridictions régionales, à l'instar de la Cour IDH, dont la jurisprudence est riche de contentieux relatifs à des disparitions forcées ou des actes de torture.

En Belgique, la loi relative à la compétence universelle du 16 juin 1993 s'inscrit dans cette idée d'horizontalité du droit international et de cette volonté de faire du juge interne une sorte de « juge international local ». Cette mesure renvoie à la vision « optimiste » des années 1990. Après l'effondrement du Bloc de l'Est, de la fin de l'apartheid et de la démocratisation de l'Amérique latine, la loi belge abaisse la barrière de l'État au nom de l'idée que les crimes internationaux ne doivent pas rester impunis. Ainsi, le pouvoir judiciaire belge devenait l'un des instruments d'une politique mettant ainsi fin à « la politesse qui commandait qu'un gouvernement ne se mêlât point des affaires de son voisin a dû céder le pas à la conviction que l'essor d'un ordre public mondial passe par la mise en jugement de tous les criminels qui ont offensé la conscience de l'humanité »[35].

---

34 Cour IDH, Velásquez Rodríguez c. Honduras, *op.cit.*

35 (A.) BAILLEAUX, « L'histoire de la loi belge de compétence universelle. Une valse à trois temps : ouverture, étroitesse, modestie », *Droit et société*, n° 59, 2005, p. 116.

§2. Le droit international, vecteur de la délocalisation des poursuites judiciaires des auteurs de violations des droits de l'Homme

Même si l'Espagne et l'Amérique latine ont retrouvé des régimes démocratiques garantissant les libertés fondamentales respectivement dans les années 1970 et 1980, les violations des droits de l'Homme perpétrées par le régime autoritaire étaient officiellement oubliées par les lois d'amnistie ou des décrets présidentiels de grâce. Le droit interne imposait un oubli officiel. Ainsi, en raison du caractère essentiellement national de ces mesures et du caractère international des crimes commis, les victimes internalisaient les procédures judiciaires, permettant la continuité de l'action judiciaire, rendue impossible au niveau national (A). Ainsi, la délocalisation des procédures judiciaires dans les affaires latino-américaines permet de mettre en exergue la violation par la législation interne du droit international à poursuivre les auteurs de crimes internationaux (B).

A. L'internationalisation des poursuites judiciaires, vecteur de la lutte contre l'impunité

Les organisations non gouvernementales jouèrent un rôle prépondérant pour mettre fin aux mesures prévoyant le blocage des processus judiciaires contre les agents de l'État responsables de la violation des droits de l'Homme. Dès les années 1970, celles-ci ont pu mettre en exergue les atteintes en masse des libertés fondamentales ainsi que les disparitions forcées de personnes qui étaient niées par les régimes militaires alors au pouvoir. Les Associations des Mères puis des Grands-Mères de la Place de Mai créées en Argentine en 1977 ont permis de porter à l'opinion publique mondiale les crimes de masse perpétrés par la junte militaire. Leur travail de recueil et de collecte des témoignages des victimes a permis le dépôt de plaintes à la Commission IDH qui a décidé d'envoyer des émissaires en 1979 pour enquêter sur la situation des atteintes aux droits de l'Homme dans ce pays. Son rapport, remis en avril 1980, a pu faire la lumière sur l'existence de camps de concentration, la pratique régulière de la torture pendant les interrogatoires de camps de concentration, la détention récurrente d'individus détenus sans aucune modalité judiciaire qui devenaient ensuite des disparus[36].

[36] (S.) RAGGIO, « La lutte pour les droits de l'homme et la mémoire du terrorisme d'État dans la construction de la démocratie », *Matériaux pour l'histoire de notre temps*, n° 81, 2006, p. 91.

Les associations de défense des droits de l'Homme seront les figures clés pour l'internalisation des procédures judiciaires. En raison de l'impunité décidée par les gouvernements espagnols et latino-américains lors des transitions démocratiques, les ONG vont jouer un rôle pour délocaliser les procédures judiciaires sur le moyen de la nationalité des victimes. Ainsi, les associations de défense des droits de l'Homme vont être en première ligne dans la mobilisation de l'opinion internationale sur la question des disparus et des victimes des dictatures. L'Espagne, la France puis l'Italie vont accueillir les dépôts de plaintes à l'encontre de militaires latino-américains afin qu'ils répondent de leurs crimes qui ont une portée internationale en raison de leur gravité. Même si elles n'aboutiront pas ou alors seulement par des condamnations à contumace, les plaintes déposées par les ONG contre les agents des régimes autoritaires militaires mettront en avant la gravité des crimes perpétrés dans cette région du monde qui fut occultée par les différentes législations prévoyant l'impunité pour leurs auteurs. Il est intéressant de souligner l'existence d'une entraide entre les associations de défense des droits de l'Homme.

Ainsi, les associations de mémoire des disparus, notamment en Argentine, à l'instar des Mères et des Grands-Mères de la Place de Mai vont appuyer le combat contre l'impunité des victimes du régime franquiste. Elles vont soutenir les descendants des combattants républicains sous la Guerre civile de 1936 à 1939 et l'ensemble des victimes décédées sous la dictature du général Franco jusque dans les dernières années du régime, au milieu des années 1970. L'apparition de mouvements pour la mémoire des victimes de toute la période franquiste, y compris jusque dans les dernières années de la dictature. Une association spécifique apparaîtra à cette période afin de mettre en exergue les exactions perpétrées sous la période du franquisme dite tardive. Ainsi, l'association *La Comuna* met en exergue les dernières exécutions capitales décidées par le général Franco, en 1974 et en 1975 ainsi que des actes de tortures au Commissariat central de Madrid, entre 1971 et 1975.

Pour Pierre Hazan, universitaire et journaliste, les ONG se veulent « les missionnaires d'une mondialisation humaine ». En effet, « elles construisent l'argumentaire du discours de la justice pénale internationale, font de la lutte contre l'impunité des criminels de guerre l'une de leurs priorités dans les années 1990 et parviennent à mobiliser les opinions publiques, nombre de gouvernements et les Nations unies. Par leur activisme, elles font de la lutte contre l'impunité un absolu moral, affirmant avec force que seule la criminalisation de leurs auteurs permettra la non-répétition de tels crimes »[37]. Pierre Hazan qualifie les ONG « d'entrepreneurs de normes ». Elles incitent les gouvernements à agir afin de dénoncer pour considérer comme non légitimes et de mettre à l'écart les auteurs de violations des droits de l'Homme. Les ONG utilisent le vecteur de l'opinion publique afin que les gouvernements démocratiques agissent. Ainsi, « dans un monde où la réputation, le nom, la marque, la griffe, que ce soit celle d'un État, d'une institution, d'une société, est une valeur marchande, les ONG instruisent à charge devant le tribunal de l'opinion publique »[38]. Afin d'instituer de normes qui permettraient de prendre en compte la souffrance des victimes de régimes autoritaires, les ONG s'allient avec des États dont la défense des droits de l'Homme est mise en exergue dans leurs relations internationales[39]. Elles jouent un rôle clé dans la dénonciation de l'impunité pour les auteurs de violations des droits de l'Homme en créant des normes au niveau universel.

Les associations de protection des droits humains jouent un rôle clé en percevant un intérêt pour se positionner politiquement et moralement. Ainsi, « les ONG des droits de l'Homme mettent en scène la victime et son bourreau, affirment la nécessité de restaurer la dignité perdue de la première et de stigmatiser le comportement du second. Dans cette distribution des rôles, la victime et son bourreau n'existent qu'à travers l'acte criminel »[40].

Les organisations non gouvernementales vont être en première ligne pour judiciariser le droit international afin de mettre un terme à l'impunité pour les responsables soupçonnés de graves violations des droits de l'Homme. Elles considèrent que la communauté internationale est un espace public. Dans le contexte d'après-guerre froide des années 1990, les associations de défense des droits de l'Homme et des victimes de régimes autoritaires vont internaliser leurs combats au nom que des atteintes perpétrées par des gouvernements représentent une atteinte à la conscience universelle. Par conséquent, la réponse judiciaire n'a pas de frontières. Les victimes et les associations vont internationaliser leurs combats. Les grandes organisations non gouvernementales comme *Amnesty International* vont utiliser le droit international pour contourner l'impunité décidée souverainement par

---

37 (P.) HAZAN, Juger la Guerre, juger l'Histoire. Du bon usage des Commissions Vérité et Réconciliation, *op. cit.*, p. 73.

38 *Ibid.*, p. 76.

39 L'ancien Premier ministre suédois Olaf Palme (1927-1986) dénonçait les violations des droits de l'Homme perpétrés par les régimes militaires sud-américains alors que la Suède n'avait pas de liens privilégiés avec cette région du monde.

40 (P.) HAZAN, Juger la Guerre, juger l'Histoire. Du bon usage des Commissions Vérité et Réconciliation, *op. cit.*, p. 77.

certains États afin de tourner la page des années de dictature. Par conséquent, les importantes organisations non gouvernementales ont joué un rôle majeur dans la judiciarisation des relations internationales. Elles s'inscrivent dans l'idée que la communauté internationale serait liée par des valeurs universelles défendues grâce aux institutions judiciaires transnationales[41]. Ainsi, les organisations non gouvernementales « affirment les nouvelles valeurs, disent les nouvelles règles de comportement, stigmatisent ceux qui les transgressent, dénoncent les silences du Prince et débusquent le mensonge d'État pour "dire le vrai". Les ONG se donnent pour mission d'être les sentinelles morales du nouvel ordre international »[42]. Les années 1990 étant marquées par l'essor de la mondialisation économique, les juristes et les associations de défense des droits de l'Homme ont décidé d'appliquer ce principe à l'action judiciaire. D'ailleurs, l'adoption de la Cour pénale internationale par le Statut de Rome en 1998 est le reflet de ce contexte. Les organisations non gouvernementales estiment que seule la condamnation des criminels contre l'humanité permet de faire en sorte que ces faits ne se reproduisent plus.

Par conséquent, « les affaires Pinochet ont établi la légitimité des poursuites transnationales fondées sur les principes de compétence universelle et de personnalité passive, tout au moins dans certaines circonstances (...). Elles ont conforté le principe selon lequel la justice a le devoir, en toutes circonstances, de faire rendre compte aux auteurs de ces crimes, et que toute législation nationale consacrant des procès injustes ou protégeant les criminels peut être sujette à un examen extérieur et ne peut être en soi contraignante pour les tribunaux étrangers. Elles ont produit une jurisprudence historique dans les tribunaux historiques de certains pays, jurisprudence qui puise aux sources des tribunaux internationaux et qui les alimente »[43].

La souveraineté de l'État est le moyen pour récuser les demandes d'extradition d'autorités judiciaires étrangères. En effet, selon Robert Kolb, celle-ci est mise en avant pour ne pas appliquer le droit international pour des raisons essentiellement politique et non juridique. Le gouvernement a décidé d'écarter les conventions internationales pour des motifs de politique intérieure, en l'occurrence ne pas juger ou ne pas extrader un de ses ressortissants responsables de violations des droits de l'Homme. En effet, « la souveraineté sert comme revendication de liberté contre le droit en

41 *Ibid.*, p. 72.
42 *Ibid.*, pp. 72-73.
43 (N.) ROHT-ARRIAZA, *The Pinochet Effect: Transitional Justice in the Age of Human Rights*, Pennsylvania Studies in Human Rights, Philadelphia, 2005, pp. 197-198.

s'offrant comme base de déduction pour des libertés anti-juridiques. Seule cette souveraineté politique peut entrer dans un conflit avec le droit international. Elle représente et reflète les raisons du pouvoir qui ne se recouvrent pas avec les raisons du droit. En revanche, la souveraineté juridique ne peut par hypothèse pas s'opposer au droit international. Elle n'indique pas une puissance de nature politique, mais agence une compétence conférée par le droit »[44].

Les tribunaux internes de l'État ont la compétence pour statuer sur les individus accusés d'un commis d'un crime sur le territoire de ce même État. Il s'agit de la compétence de territorialité. Néanmoins, le droit international étend la compétence personnelle des tribunaux internes afin d'exercer la compétence territoriale pouvant poursuivre les crimes perpétrés hors du territoire national. La compétence territoriale est évoquée au moyen du principe de la nationalité. Dans les trois types de compétences extraterritoriales, il y a un lien entre l'État et l'acte perpétrés en dehors de celui-ci. Dans le cas de la compétence personnelle passive, l'État applique sa compétence aux crimes perpétrés à l'étranger à l'encontre de ses ressortissants. La compétence universelle est fondée sur la nature même du crime. L'État exerce sa compétence, peu importe le lieu et la Commission de l'infraction (*locus delicti*) ainsi que la nationalité de l'auteur ou de la victime. Ainsi, par le biais de la compétence universelle, les États agissent au nom de la communauté internationale pour poursuivre les crimes de *jus cogens* perpétrés hors de leur territoire[45]. Le génocide, les crimes de guerre, les crimes contre l'humanité, la discrimination raciale et la torture sont des crimes de *jus* cogens. Ils entrent dans le champ de la compétence universelle. Cela aboutit à l'avènement d'un droit, mais aussi à une obligation d'agir pour les États, en tant que membres de la communauté internationale. Ainsi, les crimes de *jus cogens*, de par leur caractère et leur spécialité, nécessitent des États une réaction et rapide et efficace.

L'*Institut de droit international* avait apporté en 1993 une définition de la compétence personnelle passive. Elle y est décrite comme « la compétence à l'égard de personnes sur le territoire d'un autre État, basée sur le seul fait

---

44 (R.) KOLB, *Théorie du droit international*, deuxième édition, Collection. De droit international, Bruylant, Bruxelles, 2013, p. 451.

45 (D.) REZAI SHAGHAJI, « Les crimes de *jus cogens*, le refus de l'immunité des hauts représentants des États étrangers et l'exercice de la compétence universelle », *Revue Québécoise de droit international*, volume 28-2, 2015, pp. 149-150.

qu'ils [sic] ont porté préjudice aux droits ou intérêts légaux d'un ressortissant de l'État se réclamant de ce chef de compétence »[46].

La compétence personnelle passive confère à un État le droit d'appliquer le droit pénal si des infractions furent perpétrées à l'étranger sur ses propres ressortissants. Ce principe a pour fonction de protéger ces derniers à l'étranger. La compétence personnelle active avait été imaginée à l'origine pour des faits de terrorisme. Cette disposition est prévue dans plusieurs conventions, notamment la Convention des Nations unies contre la torture et autres peines ou traitements cruels, inhumains ou dégradants de 1984.

À partir des années 1980, les juridictions françaises furent saisies pour des cas de ressortissants français victimes de militaires en Argentine ou au Chili. Dans le droit français, il existe plusieurs dispositifs qui permettent d'investiguer sur des crimes commis à l'étranger. En effet, la France ne saurait rester inactive par rapport à des infractions commises à l'étranger, en particulier ses intérêts matériels ou moraux ainsi que sur les atteintes à ses ressortissants[47]. L'actuel Code pénal français, entré en vigueur le 1er mars 1994, dispose que les juridictions françaises sont compétentes pour les infractions internationales les plus graves que sont le génocide, les crimes contre l'humanité, les crimes de guerre, le terrorisme et la torture. Avant cette date, ils n'étaient pas codifiés dans l'arsenal législatif français[48]. Ainsi, il existe cinq catégories d'infractions qui relèvent du crime contre l'humanité.

Le génocide est défini à l'article 211-1 du Code pénal comme « le fait, en exécution d'un plan concerté tendant à la destruction totale ou partielle d'un groupe national, ethnique, racial ou religieux, ou d'un groupe déterminé à partir de tout autre critère arbitraire, de commettre ou de faire commettre, à l'encontre de membres de ce groupe, l'un des actes suivants : atteinte volontaire à la vie, atteinte grave à l'intégrité physique ou psychique ; soumission à des conditions d'existence de nature à entraîner la destruction totale ou partielle du groupe ; mesures visant à entraver les naissances ; transfert forcé d'enfants »[49]. L'article 212-1 du Code pénal prévoit que le crime contre l'humanité « est puni de la réclusion criminelle à perpétuité l'un des actes ci-après commis en exécution d'un plan concerté à l'encontre d'un

46 INSTITUT DE DROIT INTERNATIONAL, « Projet de résolution sur la compétence extraterritoriale de l'État : Délibérations de l'Institut en séances plénières », session de Milan, *Ann. IDI*, volume 65, tome II, 1993, p. 138.

47 (M.) BENILLOUCHE, « Droit français » *in* (A.) CASSESE, (M.) DELMAS MARTY (dir.), *Juridictions nationales et crimes internationaux*, *op. cit.*, p. 159.

48 *Ibid.*, p. 160.

49 https://www.legifrance.gouv.fr/codes/article_lc/LEGIARTI000006417533/2022-07-13/ (consulté le 31 mai 2018).

groupe de population civile dans le cadre d'une attaque généralisée ou systématique ». Ces actes sont « l'atteinte volontaire à la vie ; l'extermination ; la réduction en esclavage ; la déportation ou le transfert forcé de population ; l'emprisonnement ou toute autre forme de privation grave de liberté physique en violation des dispositions fondamentales du droit international ; la torture (...) la persécution de tout groupe ou de toute collectivité identifiable pour des motifs d'ordre politique, racial, national, ethnique, culturel, religieux ou sexiste ou en fonction d'autres critères universellement reconnus comme inadmissibles en droit international ; la disparition forcée (...) les autres actes inhumains de caractère analogue causant intentionnellement de grandes souffrances ou des atteintes graves à l'intégrité physique ou psychique »[50]. Le droit pénal français reprend d'ailleurs la définition du crime contre l'humanité issue de l'Accord de Londres du 8 août 1945 et le Statut de Rome du 18 juillet 1998 établissant la CPI. Il faut souligner que la torture n'est constitutive d'une infraction spécifique que depuis 1994. En effet, selon un arrêt de la Chambre criminelle de la Cour de cassation du 9 février 1816, « la qualification est abandonnée à la lumière et à la conscience de jurés »[51]. En effet, le législateur français n'a fait qu'introduire en droit interne des dispositions de droit international, en l'occurrence la Convention contre la torture et autres peines ou traitements cruels, inhumains ou dégradants du 10 décembre 1984 qui la définit comme « tout acte par lequel une douleur ou des souffrances aiguës, physiques ou mentales sont intentionnellement infligées à une personne ». Elle fut insérée en droit français par un décret du 9 novembre 1987[52].

À partir des années 1980, le principe de compétence personnelle passive va être étendu pour les contentieux relatifs à la Commission de graves violations des droits de l'Homme, notamment le crime contre l'humanité[53]. La France, l'Espagne, l'Italie et les États-Unis appliqueront cet outil dans leur législation pénale par le biais de ces conventions à l'encontre contre le terrorisme ou certaines graves atteintes aux droits fondamentaux.

---

[50]https://www.legifrance.gouv.fr/codes/article_lc/LEGIARTI000027811403/ (consulté le 31 mai 2018).

[51] (M.) BENILLOUCHE, « Droit français » *in* (A.) CASSESE, (M.) DELMAS MARTY (*dir.*), *Juridictions nationales et crimes internationaux*, *op. cit.*, p. 161.

[52] Décret n° 87-916 du 9 novembre 1987 portant publication de la convention contre la torture et autres peines ou traitements cruels, inhumains ou dégradants, adoptée à New York le 10 décembre 1984, JORF, 14 novembre 1987,
https://www.legifrance.gouv.fr/loda/id/LEGIARTI000006488527/1987-11-14/#LEGIARTI000006488527 (consulté le 7 avril 2021).

[53] (B.) STARWT, « La place des critères traditionnels de compétence » *in* (A.) CASSESE, (M.) DELMAS-MARTY (*dir.*), *op. cit.*, p. 577.

L'affaire Astiz compte parmi les premières affaires où la justice hexagonale s'est intéressée à des crimes commis par des militaires latino-américains sur des ressortissants français en Amérique du Sud. En décembre 1977, Alfredo Astiz, membre de l'armée argentine durant la dictature, enlève deux religieuses françaises à Buenos Aires, Alice Domon et Léonie Duquet. Elles seront, par la suite, torturées et tuées dans des conditions épouvantables quelques semaines plus tard. La Guerre des Malouines qui va opposer la Grande-Bretagne à l'Argentine va mettre en lumière les crimes du capitaine Astiz. Le 25 avril 1982, ce dernier est fait prisonnier par les troupes britanniques. La France, qui le soupçonnait d'être le bourreau des deux religieuses, désirait alors son arrestation. La Suède souhaitait aussi arrêter Alfredo Astiz pour l'enlèvement et le meurtre de la fille de l'ambassadeur suédois, en janvier 1977. Le Royaume-Uni refusera d'accorder l'extradition du militaire argentin aux autorités de Paris et de Stockholm sur une lecture stricte du fondement sur le premier paragraphe de l'article 17 de la Convention de Genève du 12 août 1949 sur le traitement des prisonniers de guerre. Ce texte prévoit que « chaque prisonnier de guerre ne sera tenu de déclarer, quand il est interrogé à ce sujet, que ses noms, prénoms et grades, sa date de naissance et son numéro matricule ou, à défaut, une indication équivalente »[54]. Néanmoins, malgré le refus du Royaume-Uni d'extrader Alfredo Astiz, alors lieutenant de l'armée argentine, le Parquet de Paris ouvre le 14 mai 1982 une information judiciaire contre X pour « arrestations illégales et séquestration de personnes » sur la base de l'article 689-1 du Code de procédure pénale[55]. Le 25 mars 1985, un juge d'instruction parisien délivre un mandat d'arrêt à l'encontre d'Alfredo Astiz qui restera sans effets. Le 20 octobre 1989, la Chambre d'accusation de la Cour d'appel de Paris prend une « ordonnance de prise de corps ». Tout agent de la force publique est habilité à arrêter celui qui est devenu le capitaine Astiz, pour qu'il réponde des crimes de « complicité d'arrestations illégales et de séquestration de personnes avec tortures corporelles »[56]. Le 16 mars 1990, la Cour d'assises de Paris condamne ce dernier par contumace à la réclusion criminelle à perpétuité. Astiz n'est pas présent, car il a refusé de se livrer aux autorités françaises. De plus, à cette époque, il n'existait pas de convention d'extradition entre la France et l'Argentine[57]. Néanmoins, le verdict sera salué

54 (C.) ROUSSEAU, « Chronique des faits internationaux 1982 », *Revue Générale de Droit international Public*, 1983, p. 763.

55 (T.) MENDES FRANCE, *Gueule d'ange*, Favre, Paris, 2003., p. 47.

56 (C.) ROUSSEAU, « Chronique des faits internationaux 1989 », *Revue Générale de Droit international public*, 1990, pp. 479-480.

57 (C.) ROUSSEAU, « Chronique des faits internationaux 1990 », *Revue Générale de Droit international public*, 1991, p. 767.

par les défenseurs des droits de l'Homme, car elle permet de mettre en lumière, dans n'importe quelle autre juridiction du globe, les crimes contre l'humanité commis dans un pays, même si celui-ci pratique l'impunité. L'affaire Astiz ne relève pas de la compétence universelle puisque les deux victimes étaient françaises, bien qu'elles furent assassinées en Argentine.

À crimes internationaux, réponse judiciaire internationale. Les violations des droits de l'Homme perpétrées par les dictatures au pouvoir dans le Cône Sud de l'Amérique latine n'avaient pas fait l'objet de poursuites judiciaires. Au nom de la réconciliation nationale et d'un poids important des responsables de l'ancienne dictature au sein de l'appareil d'État, les gouvernements choisissaient de faire obstacle à toute action de la justice relative aux atteintes en masse aux droits de l'Homme. Le droit international contemporain ayant consacré l'obligation pour les États d'enquêter, de poursuivre et de sanctionner les responsables des crimes de masse, les victimes et les organisations non gouvernementales décident d'internationaliser leurs causes. L'amnistie étant une mesure nationale, produit de la souveraineté étatique, est limitée territorialement. Les associations de défense des droits de l'Homme ainsi que les victimes de ces violations décident d'internationaliser leurs combats. En l'espèce, les faits commis en Amérique latine sont considérés par les organisations internationales de crimes contre l'humanité. De plus, des États d'Amérique latine entretiennent pour des raisons historiques, culturelles et linguistiques des liens forts avec des pays d'Europe occidentale. Ainsi, des citoyens argentins, chiliens ou uruguayens possèdent la nationalité espagnole, italienne ou française.

Vu que certaines victimes étaient ressortissantes de pays européens, les appareils judiciaires de la France, de l'Italie et de l'Espagne ont été saisis à la suite des dépôts de plaintes de proches de victimes de la dictature militaire au Chili afin d'enquêter sur les victimes du « Plan Condor ». L'arrestation du général Pinochet en octobre 1998 à la suite du mandat d'arrêt du juge Garzón va faire des émules dans d'autres juridictions européennes. En France, le juge Le Loire va émettre des mandats d'arrêt à partir de novembre 1998 contre le dictateur chilien et des membres des services secrets chiliens, mais aussi argentins, notamment le chef du sinistre bataillon n° 601, suspecté d'avoir enlevé et assassiné des opposants politiques, dans le cadre du « Plan Condor ». En mai 2001, le magistrat français va inviter Henry Kissinger, ancien secrétaire d'État de Richard Nixon, alors en passage à Paris, à comparaître comme simple témoin en lui soumettant une liste de questions écrites à propos du « Plan Condor ». L'ancien secrétaire d'État des présidents

Richard Nixon et Gerald Ford refusera de répondre[58]. En mai 2017, José Osvaldo Ribeiro, colonel argentin à la retraite, ancien n° 2 du bataillon 601, et qui fit l'objet de l'un des mandats d'arrêt du juge Roger Le Loire en 1998, est arrêté dans un hôpital en Argentine. Il est en effet soupçonné d'avoir fait assassiner en Argentine, dans le cadre du « Plan Condor », un ressortissant français, en 1976[59].

L'Italie ne fut pas en reste puisque des victimes du « Plan Condor » avaient la nationalité de ce pays. À la même période des instructions espagnoles et françaises à la fin des années 1990, le ministère italien de la Justice a chargé un juge à la Cour fédérale, Giancarlo Capaldo, d'enquêter sur les victimes italiennes du régime de Pinochet, ce qui a conduit ce magistrat à mettre en cause les principaux responsables militaires et des services secrets des pays membres du « Plan Condor », que sont le Chili, l'Argentine, l'Uruguay et le Brésil[60].

En Argentine, dans la lignée de l'arrêt du juge fédéral Cavallo du 6 mars 2001 qui déclare les deux lois d'amnistie non valides, car inconstitutionnelles, un autre magistrat argentin va rendre le 15 mai 2001 une autre décision en matière d'imprescriptibilité de crimes contre l'humanité. Il s'agit de l'arrêt *Augusto Pinochet Ugarte s./prescripcion.* Dans cette affaire, ce juge argentin va lancer un mandat d'arrêt contre le général Pinochet pour l'assassinat à Buenos Aires, en 1974, de l'ancien chef de l'armée du gouvernement socialiste de Salvador Allende, préfigurant le « Plan Condor »[61].

Les procédures judiciaires lancées en Espagne, en Italie ou en France mettent en exergue une certaine transformation du droit international. En effet, en permettant de poursuivre des citoyens d'un État étranger pour avoir attenté à la vie de leurs ressortissants. Le critère de personnalité renvoie à l'évolution du droit international public contemporain. D'abord centrée sur l'État, la personne devient le nouvel objet du « droit des gens ». Une atteinte en masse de la violation des droits de l'Homme, est contraire à l'obligation internationale de l'État de protéger la vie des citoyens qui se trouvent sur son territoire. Ainsi, un État a le devoir de poursuivre un étranger ayant attenté à la vie de l'un de ses ressortissants à l'étranger. Les faits perpétrés par les dictatures latino-américaines ne peuvent faire l'objet de mesures d'immunité.

---

58 (J.) DINGES, Les années Condor. Comment Pinochet et ses alliés ont propagé le terrorisme sur trois continents, La Découverte, Paris, 2005., p. 248.

59 OUEST FRANCE, « Argentine. Un ancien tortionnaire arrêté à la demande de la France », *Ouest France*, 6 mai 2017, [https://www.ouest-france.fr/monde/argentine/argentine-un-ancien-tortionnaire-arrete-la-demande-de-la-france-4971582] (consulté le 13 juin 2018).

60 (J.) DINGES, *op. cit.*

61 (A-E.) ALVAREZ, (E. A) BERTONI, M. BOO, *op. cit.*, p.321.

Par conséquent, des juridictions d'États dont leurs ressortissants ont subi la politique de violations de droits de l'Homme des gouvernements latino-américains, se doivent de recevoir et de traiter les plaintes des victimes.

Ainsi, la compétence territoriale consiste à ce que les tribunaux nationaux ne sont compétents que pour juger les individus qui ont commis un crime sur leur territoire. La délocalisation des procédures judiciaires lancées à partir des années 1990, notamment celles menées par le juge espagnol Baltasar Garzón le 28 mars 1996 à l'encontre des responsables de la junte militaire argentine, a permis de contourner les lois d'amnisties qui empêchaient de lancer des investigations sur les auteurs de violations des droits de l'Homme. Les juridictions espagnoles ont permis aux avocats des associations de défense des droits de l'Homme de saisir la justice. Ainsi, des poursuites judiciaires depuis l'Espagne ont pu rendre effectif le droit des défenseurs des victimes.

B. La délocalisation des poursuites judiciaires, mise en exergue de la violation du droit international contre l'impunité

Le 28 mars 1996, une association de procureurs espagnols, ont, à titre privé, déposé devant les juridictions des plaintes pour génocide et de terrorisme contre d'anciens chefs militaires argentins et leurs collaborateurs. Cette action judiciaire, qui avait commencé avec moins de dix victimes nommées, s'est étendue sur plus de six cents personnes de nationalité espagnole ou de leurs proches, assassinées ou disparues pendant la dictature au pouvoir en Argentine de 1976 à 1983. Le juge Garzón avait motivé son mandat d'arrêt sur l'article 25 du traité d'extradition signé le 3 mars 1987 par les gouvernements espagnol et argentin et ratifié le 26 février 1990. Ce texte prévoyait l'assistance mutuelle, dans la conduite d'enquêtes dans le cadre de procédures lancées par une des parties audit traité. En effet, ce traité de coopération entre l'Espagne et l'Argentine prévoit une coopération, dès lors que l'une des parties lance une procédure y compris même si le gouvernement argentin estimait que les faits faisant l'objet de plaintes ne peuvent faire l'objet de poursuites. Des ordonnances du 10 et du 28 juin 1996 ont accepté sans réserve la compétence des juridictions pour traiter des plaintes des victimes de la dictature argentine. Parmi les militaires visés figurait Leopoldo Fortunato Galtieri[62], qui a dirigé la junte militaire en

---

[62] EL PAÍS, « Garzón decreta orden de prisión para el ex presidente argentino », *El País*, 26 mars 1997, http://elpais.com/diario/1997/03/26/espana/859330815_850215.html (consulté le 1er avril 2021).

Argentine de décembre 1981 à juin 1982. Ces plaintes n'ont pas fait l'objet de recours, y compris par le Parquet espagnol[63].

Ainsi, quelle que soit l'issue de la procédure, les investigations sur les crimes donnent l'occasion unique pour les victimes de raconter leur histoire au monde entier. De plus, le récit des souffrances des victimes se fait dans un cadre protégé, c'est-à-dire un État garant des libertés fondamentales. Ainsi, elles ont pu témoigner auprès de l'*Audiencia Nacional* et en tenant des conférences de presse. Le droit espagnol, par le respect des procédures et une structure juridique solide, permet l'espace afin qu'émerge la vérité historique sur les crimes perpétrés par le régime militaire en Argentine. La haute juridiction de l'Espagne devient ainsi le nouveau réceptacle des poursuites judiciaires des victimes de la dictature du régime militaire argentin au pouvoir de 1976 à 1983. En effet, l'exécutif argentin avait approuvé deux lois d'amnisties dans les années 1980 empêchant toute enquête sur les crimes perpétrés durant cette période. La plainte déposée en 1996 a permis l'ouverture d'actions judiciaires puisque ces victimes de la dictature argentine étaient titulaires de la nationalité espagnole. L'Argentine empêchant toute action judiciaire en raison des lois d'amnisties et des décrets de grâce alors en vigueur au milieu des années 1990, l'Espagne garantissait des procédures régulières avec notamment un droit à un procès équitable. De plus, le droit espagnol avait intégré les conventions de répression et de protection des droits de l'Homme. L'autre but de ces poursuites judiciaires est de faire la lumière sur les violations des droits de l'Homme perpétrées par le régime militaire ayant pris le pouvoir après le Coup d'État militaire du 24 mars 1976. Le but est de créer un précédent judiciaire qui pourrait servir d'exemple pour des actions similaires[64]. Face aux actions en justice lancées à l'encontre de citoyens argentins, le ministère des Affaires extérieures de l'Argentine rejetait, dans une lettre du 15 janvier 1997, la coopération judiciaire pour les actes commis sur le territoire argentin. Le ministre des Affaires étrangères estimait que les faits faisant l'objet des mandats d'arrêt des juridictions espagnoles relevaient de la compétence exclusive des juridictions argentines qui sont déjà intervenues dans ces affaires. Cette immixtion d'une juridiction étrangère constitue « une violation des intérêts essentiels de la nation argentine qui solidairement et souverainement a trouvé une solution judiciaire pour se pacifier ». Le juge d'instruction Baltasar Garzón y a répondu, dans une

63 (J.) A. GONZÁLEZ VEGA, « La audiencia nacional contra la impunidad : los "desaparecidos españoles y los juicios a los militares argentinos y chilenos" », *Revista Española de Derecho Internacional*, volume 49, n° 1, janvier-juin 1997, p. 295.

64 (R.) J. WILSON, « Prosecuting Pinochet : International Crimes in Spanish International Law », *Human Rights Quartely*, volume 21, 1999, p. 933.

ordonnance du 23 janvier 1997, en affirmant que le caractère universel de l'action pénale restreint le refus d'accomplir une Commission rogatoire internationale[65]. Il faut souligner que les actions judiciaires lancées par le magistrat espagnol concernent des faits de génocide ou de terrorisme. En effet, avant la réforme de 2009, la loi de 1985 relative à l'organisation du pouvoir judiciaire en Espagne, prévoyant une compétence universelle, ne concernait pas le crime contre l'humanité. Elle concernait le génocide, conformément à la coutume ou le terrorisme, ainsi qu'aux conventions respectives de 1948 et de 1979.

Parmi les personnes visées par les mandats d'arrêt du juge Garzón, l'ancien officier argentin Adolfo Scilingo, qui se repentira des crimes contre l'humanité sous la dictature militaire, à la fin des années 1970, pour avoir été l'un des tortionnaires de l'École Supérieure Mécanique de la Marine. Il a notamment participé, avec Alfredo Astiz et Ricardo Cavallo, à la disparition, à la torture et à l'enlèvement. Adolfo Scilingo avait avoué lors d'une interview en mars 1995 avoir participé aux « vols de mort », entre 1976 et 1978, contre les opposants à la junte. Faisant l'objet d'un mandat d'arrêt du juge Garzón pour terrorisme, torture et tentative, de l'ancien officier se rend volontairement en Espagne le 4 octobre 1997[66]. L'affaire Scilingo mettra ainsi en exergue l'Audience Nationale comme lieu de réception des plaintes des victimes de la dictature argentine ayant la nationalité espagnole. Aidées par l'association *Hijos*, qui recherche les enfants des personnes enlevées et assassinées par le régime militaire argentin au pouvoir de 1976 à 1983, les victimes vont déposer leur plainte dans les consulats d'Espagne en Argentine[67]. Laissé libre sous caution, il sera emprisonné en 2001. Adolfo Scilingo sera condamné le 19 avril 2005 à six-cent-quarante années d'emprisonnement pour crime contre l'humanité[68]. Cette peine sera augmentée, en appel, à mille quatre-vingt-quatre années par le Tribunal suprême espagnol en juillet 2007[69].

---

65 (V.) BUCK, « Droit espagnol » *in* (A.) CASSESE, (M.) DELMAS-MARTY (*dir.*), *op. cit.*, p. 138.

66 (J.) YOLDI, « El juez Garzón detiene a Scilingo por su participación en la represión argentina », *El País*, 8 octobre 1997, https://elpais.com/diario/1997/10/08/internacional/876261608_850215.html (consulté le 24 mars 2021).

67 (C.) MARY, « Les enfants obstinés des Mères de mai. Les fils de disparus argentins portent plainte, en Espagne, contre la junte », *Libération*, 9 décembre 1997, https://www.liberation.fr/planete/1997/12/09/les-enfants-obstines-des-meres-de-mai-les-fils-de-disparus-argentins-portent-plainte-en-espagne-cont_224386/ (consulté le 1er avril 2021).

68 AGENCE FRANCE-PRESSE, « Adolfo Scilingo voulait combattre la subversion », *Le Monde*, 19 avril 2005, http://www.lemonde.fr/europe/article/2005/04/19/adolfo-scilingo-voulait-combattre-la-subversion_640807_3214.html (consulté le 6 septembre 2021).

69 (Z.) LINGANE, Punir, amnistier, nier : le crime international de Nuremberg à La Haye, L'Harmattan, Paris, 2014, p. 247.

À la différence de l'Espagne qui a mis en avant la compétence universelle pour fonder ses mandats d'arrêt à l'encontre de militaires sud-américains, ce n'est pas le cas de la France lorsque les autorités judiciaires ont enquêté sur des affaires de violations des droits de l'Homme en Amérique latine. La justice française s'est plutôt fondée sur la compétence personnelle passive, au moyen de l'article 113-7 du Code pénal de 1994. Cette disposition fut alors élargie à tout délit puni d'emprisonnement. La compétence personnelle passive est encouragée notamment dans des affaires relatives au terrorisme, notamment à travers la Convention de 1973 sur la répression des infractions commises à l'encontre des agents diplomatiques et celle de 1979 réprimant les auteurs de prises d'otages. Ainsi, la compétence personnelle passive permet aux autorités françaises de poursuivre des individus qui ont attenté à la vie de leurs ressortissants dans un pays étranger. L'arrestation de Pinochet à Londres en 1998 à la suite du mandat d'arrêt international lancé par le juge espagnol Baltasar Garzón va servir d'exemple pour des exilés latino-américains en Europe et les associations de défense des droits de l'Homme. En France, le juge d'instruction Roger Le Loire va être saisi de plusieurs affaires portant sur la disparition de ressortissants français en Amérique latine par les dictatures militaires. En novembre 1999, le magistrat français est saisi d'une plainte avec constitution de partie civile à l'encontre d'Augusto Pinochet pour faits de tortures à l'encontre d'une Française, sous la dictature, en 1976.

Le 9 août 2000, un militaire argentin faisant l'objet d'une procédure d'extradition vers la France est arrêté en Italie[70]. La doctrine française est de considérer que la juridiction compétente est celle de l'État où fut perpétré le crime. Il s'agit d'une approche qui met en avant le respect de la souveraineté de chaque État. La France s'estime compétente pour lancer des investigations si les autorités judiciaires du pays font défaut et à condition que la victime soit une ressortissante française. Les autorités hexagonales ont peu utilisé la compétence personnelle en matière de crimes internationaux. Néanmoins, la France a usé de ce fondement juridique pour lancer des investigations à l'encontre de militaires d'Amérique latine, car l'impunité prévalait dans cette partie du monde durant les années 1990 dans un contexte de réconciliation nationale. À la suite du dépôt d'une plainte de plusieurs familles de Français disparus au Chili, le Parquet de Paris a ouvert une information judiciaire le 2 novembre 1998 pour « séquestration suivie de tortures » afin qu'il y ait des recherches de preuve[71]. Ainsi, le 27 novembre

70 (M.) BENILLOUCHE, *op. cit.* pp. 168-169.

71 (D.) SIMONNOT, « Le cas Pinochet, casse-tête juridique en Europe. Un juge français a lancé hier un mandat d'arrêt », *Libération*, 3 novembre 1998, https://www.liberation.fr/planete/1998/11/03/le-

1998, le juge Roger Le Loire, saisi de l'affaire, émet des mandats d'arrêt internationaux contre le général Pinochet, treize militaires et trois civils chiliens dans le cadre de son information judiciaire. Il demande également au Royaume-Uni l'extradition de l'ancien dictateur chilien vers la France si elle ne le juge pas ou qu'elle ne le livre pas à l'Espagne[72]. En mai 2000, le même magistrat instructeur lance une Commission rogatoire internationale pour entendre en Argentine cent cinquante personnes suspectées de violations des droits de l'Homme[73].

À la suite des premiers dépôts de plaintes déposées devant les juridictions espagnoles, l'appareil judiciaire italien s'est vu dans le nouvel espace de dénonciation de l'impunité des crimes du régime militaire au pouvoir de 1976 à 1983. Le principe de compétence passive qui permet de poursuivre des infractions commises à l'étranger par des étrangers sur des ressortissants nationaux est prévu à l'article 10 du Code pénal italien. La seule condition est que le suspect sur le territoire de l'État ou que le ministère de la Justice ait requis l'ouverture de poursuites ou que la victime ait déposé une plainte pour des faits dont les peines s'étendent d'un an d'emprisonnement à la prison à vie. L'article 10 du Code pénal italien comprend aussi les crimes internationaux, permettant une certaine universalité des poursuites. Le jugement par contumace est possible à l'alinéa 5 de l'article 7 du Code pénal[74]. Le 7 mai 1996, des associations de défense des droits de l'Homme déposent une plainte pour crimes contre l'humanité à l'encontre de militaires argentins suspectés de la disparition forcée de six cents personnes de nationalité italienne sur le territoire de l'Argentine. Un général argentin sera poursuivi par la justice italienne, Guillermo Suárez Masón sur le moyen que la disparition forcée est considérée comme un crime contre l'humanité, notamment par la Déclaration de l'ONU de 1992, la Convention de l'OEA de 1994 et le Statut de Rome de 1998 instituant la CPI.

En juin 2000, sept militaires argentins sont jugés devant la Cour d'assises de Rome pour avoir fait disparaître puis assassiner sept citoyens italiens en Argentine. Dans son arrêt du 6 décembre 2000, Guillermo Suárez Masón est condamné par contumace à la réclusion criminelle à perpétuité par la Cour d'assises de Rome. Toutes ces procédures, bien qu'elles n'aient pas abouti ou que les condamnations se soient faites par contumace, ont permis de mettre

---

cas-pinochet-casse-tete-juridique-en-europe-un-juge-francais-a-lance-hier-un-mandat-d-arret_252520/ (consulté le 8 avril 2021).

72 (J.) FORTON, *Pinochet. Le procès de la dictature en France*, Collection « Regard latino », Toute Latitude, Toulouse, 2009, p.128.

73 (M.) BENILLOUCHE, *op. cit.*, p. 169.

74 (S.) ZAPPALA « Droit italien » *in* (A.) CASSESE, (M.) DELMAS-MARTY, *op. cit.*, p. 200.

en exergue les violations des droits de l'Homme perpétrées. Le procès de Rome de 2000 a permis de faire la lumière sur le « Plan Condor », l'association des régimes militaires dictatoriaux en Amérique latine pour combattre leurs opposants[75].

Les plaintes déposées dans des États grâce à la nationalité de la victime et à l'appui des associations de défense des droits de l'Homme ont permis de faire la lumière sur les crimes contre l'humanité perpétrés par les régimes militaires lorsqu'ils furent au pouvoir et de l'impunité dont ils bénéficiaient à travers des lois d'amnistie ou des mesures de grâce. Néanmoins, ces actions judiciaires ont pu avoir lieu en raison de la nationalité des plaignants. En effet, celles-ci sont des ressortissantes d'un État où saisir la justice est possible car il n'était pas possible pour les victimes de saisir des juridictions où les droits de l'Homme furent commis. La plainte, déposée en Espagne à l'encontre du général Pinochet, reposait à l'origine sur le principe de compétence passive, puisque les victimes détenaient la nationalité espagnole. L'affaire Pinochet va changer de dimension juridique lorsqu'il sera arrêté par le moyen de la compétence universelle. Désormais, il ne sera plus besoin d'un quelconque lien juridique pour lancer une poursuite judiciaire relative aux crimes internationaux.

SECTION 2.
La compétence universelle, vecteur de l'internationalisation des procédures judiciaires pour violation des droits de l'Homme

La compétence universelle va devenir le moyen pour contourner les lois d'amnisties en Argentine et au Chili. Il n'est ainsi plus nécessaire d'invoquer un quelconque lien de nationalité pour déposer une plainte devant une juridiction pour des faits relevant de crimes contre l'humanité. À crime international, réponse internationale. La compétence universelle est le produit du développement du droit international contre l'impunité (§ 1). L'affaire Pinochet va devenir un accélérateur pour les poursuites judiciaires relatives aux graves atteintes aux droits de l'Homme par le biais de la compétence universelle (§ 2).

---

75 (S.) LEFRANC, *Politiques du pardon*, *op. cit.*, p. 278.

§1. La compétence universelle, produit du développement du droit international public

A. La possibilité de l'élargissement des poursuites judiciaires dans les affaires latino-américaines

La compétence universelle tire sa légitimité à la fois d'une origine coutumière et conventionnelle. Certains actes ne nécessitent d'aucune législation pour les poursuivre. En effet, la compétence universelle pour poursuivre le génocide revêt un caractère coutumier. Ainsi, « l'exercice de la compétence universelle s'enracine dans des considérations idéalistes de sorte telle que l'État habilité à agir, aussi étranger soit-il à l'infraction ou au conflit qui sévit à l'étranger, n'entend pas satisfaire ses intérêts propres. En exerçant leur compétence universelle, les États expriment l'intérêt de toute la communauté internationale, et c'est précisément ce qui légitime leur immixtion judiciaire »[76].

Le droit international contemporain consacre l'obligation *erga omnes* d'enquêter et de poursuivre les crimes les plus graves, à fortiori le crime contre l'humanité. Ainsi, les États peuvent enquêter sur les violations des droits de l'Homme les plus graves, quelle que soit la nationalité de l'auteur présumé et du lieu où le crime a été perpétré. La compétence universelle a ainsi pour fonction un meilleur accès de la justice pour les victimes. Elle a permis de mettre en exergue les crimes de masse perpétrés par les régimes militaires latino-américains ainsi que l'impunité dont bénéficient les auteurs de violations des droits de l'Homme. Ainsi, à crime international, réponse internationale. Les victimes des crimes internationaux, à l'instar du crime contre l'humanité, ont droit à ce que la justice soit rendue à travers le monde[77].

La compétence universelle s'inscrit dans le principe de subsidiarité. Le principe est de confier à la juridiction d'un État de mener des investigations sur des crimes de *jus cogens*. Certains auteurs avaient estimé qu'il n'y avait pas à intervenir s'il y avait eu réconciliation, y compris par la volonté de ne pas poursuivre. Le caractère d'ubiquité de la compétence universelle a pour fonction de répondre aux carences du droit interne d'un État qui a refusé de manière légale d'investiguer sur les violations des droits de l'Homme perpétrées par l'ancien régime dictatorial.

---

[76](A.) GOGORZA, « Compétence universelle et réconciliation sociale », *Revue de science criminelle et de droit pénal comparé*, n° 2, 2010, p. 356.

[77] (Z.) LINGANE, Punir, amnistier ou nier : le crime international de Nuremberg à La Haye, L'Harmattan, Paris, 2014, p.232.

Ainsi, « en ce qu'elle est exceptionnelle par rapport à la compétence territoriale, la compétence universelle obéit dans sa mise en œuvre au principe de subsidiarité, ce qui permet d'en écarter le jeu lorsque la répression ou éventuellement un processus de réconciliation satisfaisant est en cours dans l'État normalement habilité à agir. Pour autant, les fondements idéalistes de la compétence universelle, ou l'idée que l'ubiquité de la répression répond à la carence judiciaire et politique des États territorialement compétents lui permettent de continuer à s'exercer dès l'instant où l'objectif d'impunité est avéré dans la politique législative ou judiciaire de ces derniers. Reste à savoir dans quelles conditions le conflit entre justice universelle et réconciliation sociale doit être résolu »[78].

Ainsi, « il aura fallu une prise de conscience des victimes et des ONG pour que le mécanisme de compétence universelle sorte du débat d'idées pour devenir un instrument au service de la lutte contre l'impunité. Force est de constater que l'application du mécanisme de compétence universelle est – dans la quasi-majorité voire la majorité des cas – conditionnée aux démarches proactives des victimes et des organisations non gouvernementales qui les soutiennent. C'est la raison pour laquelle on constate que le mécanisme de compétence universelle est utilisé là où les victimes ou les associations ont un accès direct à la justice. Ainsi, les États disposant du mécanisme de constitution de partie civile reçoivent nettement plus de plaintes fondées sur le principe de compétence universelle. C'est vrai en Belgique, en France, en Suisse, au Sénégal ou encore en Espagne. C'est enfin vrai aux États-Unis, mais devant les juridictions civiles. Pourtant, la mise en œuvre de la compétence universelle ne doit pas dépendre des seules victimes. En France, on note cependant une volonté de l'État de dresser des obstacles aux plaintes avec constitution de parties civiles basées sur le principe de compétence universelle. Le plus souvent, le Parquet n'applique pas de sa propre initiative le mécanisme de compétence universelle et cherche à faire peser sur les victimes des obligations qui pourtant lui sont propres »[79].

Pour la philosophe Catherine Colliot-Thélène, « l'érosion de la souveraineté étatique, qui est pour partie le résultat de transferts consentis par les États nationaux au profit d'instances supranationales, mais aussi de l'émergence de nouveaux pouvoirs polymorphes qui produisent de façon autonome des régulations juridiques ou quasi juridiques, a mis fin à cette

---

78 (A.) GOGORZA, *op. cit.*, p. 358.

79 (J.) SULZER, « Le statut des victimes dans la justice pénale internationale émergente », *Archives de politique criminelle*, n° 28, 2006, p. 35.

exclusivité »[80]. Pour Antoine Garapon, « la compétence universelle sublime la distinction entre l'interne et l'international en opérant un dédoublement des juridictions internes : celles-ci, outre leur mission habituelle, sont mises par leur État à leur disposition d'un ordre supranational. Elles ne tiennent plus alors seulement leur légitimité de la souveraineté interne, mais aussi du droit international. La compétence universelle semble en cela marquer l'aboutissement de cette nouvelle utopie démocratique qui dépasse la revendication d'une juridiction supranationale »[81]. Ainsi, « la compétence universelle, outre le fait qu'elle marque la suprématie de certains droits fondamentaux sur la souveraineté, manifeste la déterritorialisation extrême de l'idée de justice pénale internationale. Celle-ci ne s'incarne pas dans une institution particulière, mais se trouve à l'état latent de toute une institution de justice de n'importe quel pays ayant signé la Convention »[82].

Grotius reconnaissait aux souverains « le droit de punir non seulement les "injures" qui les avaient personnellement affectés, mais encore celles qui ne les regardent point en particulier, lorsqu'elles renferment une violation énorme du droit de la nature ou de celui des gens envers qui que ce soit ». Ainsi, tous les États devraient sanctionner des délits qui blessent les sentiments d'humanité et de justice, même s'ils n'ont pas été perpétrés par un de leurs nationaux, ou sur leur territoire, ou encore à l'encontre de leurs intérêts et au préjudice de leurs ressortissants en pays étranger. Le criminel, quel que soit l'endroit où a été commis son forfait, doit trouver son juge partout où il se trouve, y compris dans les hypothèses, particulièrement si le châtiment échappait à l'application stricte des règles de compétence ordinaires[83].

Dans son *Dictionnaire de droit international public*, le Professeur Jean Salmon définit la compétence universelle comme une « aptitude reconnue aux tribunaux de tout État à juger des faits commis à l'étranger, quels que soient le lieu de l'infraction et la nationalité de l'auteur ou de la victime afin d'assurer une répression sans faille pour certaines infractions particulièrement grave ».[84] Pour l'universitaire Sandrine Lefranc, « la certitude d'une défaillance des normes communes peut donc conduire à la mise en place d'instances chargées de composer une vérité dissensuelle ou dialoguée. Elle

---

80 (C.) COLLIOT-THELENE, « Pour une politique des droits subjectifs : la lutte pour les droits comme lutte politique », *L'Année sociologique*, volume 59, 2009, p. 233.
81 (A.) GARAPON, Des crimes qu'on ne peut ni punir, ni pardonner. Pour une justice internationale, Odile Jacob, Paris, 2002, p. 32.
82 *Ibid.*, p. 33.
83 (C.) GRYNFOGEL, *op. cit.*, p. 116.
84 (J.) SALMON, *Dictionnaire de droit international public*, Bruylant, Bruxelles, 2001, p. 212.

justifie à d'autres moments un recours au droit international et à l'humanité commune des instances pénales internationalisées. Le crime politique qui ne peut être jugé sans conflits dans le pays, l'est plus aisément par des étrangers ou à l'étranger. Ce qui est, par exemple, un crime commis par un pouvoir arbitraire aux yeux des familles des "disparus" du Cône Sud latino-américain, un acte de préservation de l'ordre social ou un "excès" individuel pour l'ancien dictateur, est une violation grave des droits de l'homme pour les organisations internationales »[85].

La compétence universelle est prévue dans des conventions internationales dans le droit interne. Ce sont la Convention pour la prévention et la répression du crime de génocide de 1948, les quatre Conventions de Genève relatives à la protection des victimes des conflits armés du 12 août 1949 et leurs deux Protocoles additionnels du 8 juin 1977. Même si elle ne prévoit pas expressément la compétence universelle, l'article 5 de la Convention contre la torture et autres peines ou traitements cruels, inhumains ou dégradants de 1984 dispose que « tout État partie prend les mesures nécessaires pour établir sa compétence aux fins de connaître des infractions visées à l'art. 4 dans les cas suivants : a) Quand l'infraction a été commise sur tout territoire sous la juridiction dudit État ou à bord d'aéronefs ou de navires immatriculés dans cet État ; b) Quand l'auteur présumé de l'infraction est un ressortissant dudit État ; c) Quand la victime est un ressortissant dudit État et que ce dernier le juge approprié (...). Tout État partie prend également les mesures nécessaires pour établir sa compétence aux fins de connaître desdites infractions dans le cas où l'auteur présumé de celle-ci se trouve sur tout territoire sous sa juridiction et où ledit État ne l'extrade pas conformément à l'art. 8 vers l'un des États visés au paragraphe 1 du présent article. 3. La présente Convention n'écarte aucune compétence pénale exercée conformément aux lois nationales »[86].

La compétence universelle des juridictions nationales est prévue par des législations nationales organisant le fonctionnement de la justice et s'applique conformément aux lois organisant l'appareil judiciaire. Les affaires latino-américaines puis celles en vertu du régime franquiste ont montré que très peu de procédures ont abouti à un procès. Ainsi, les tribunaux nationaux, même s'ils possèdent la compétence confiée par des conventions internationales ou des mesures nationales, ne sont pas pour autant en état de

---

85 (S.) LEFRANC, « La justice de l'après-conflit politique : justice pour les victimes, justice sans tiers ? », *op. cit.*, p.110.

86 ASSEMBLÉE GÉNÉRALE DES NATIONS UNIES, *Convention contre la torture et autres peines ou traitements cruels, inhumains ou dégradants*, résolution 39/46, Organisation des Nations unies, New York, 10 décembre 1984.

juger[87]. Dans son rapport remis à l'ONU en 1997, Louis Joinet estimait qu'« en l'absence d'une ratification permettant d'opposer une telle clause de compétence universelle au pays où le crime a été commis, les États peuvent prendre, dans un souci d'efficacité, des mesures dans leur législation interne, pour établir leur compétence extraterritoriale sur les crimes graves selon le droit international commis en dehors de leur territoire et qui, en raison de leur nature, ne relèvent pas seulement du droit pénal interne »[88]. Il convient d'indiquer que la Convention internationale pour la protection de toutes les personnes contre disparitions forcées, adoptée en 2006, prévoit la compétence universelle afin de poursuivre les auteurs de ces actes. L'alinéa 2 de l'article 9 dispose que « tout État partie prend également les mesures nécessaires pour établir sa compétence aux fins de connaître d'un crime de disparition forcée quand l'auteur présumé de l'infraction se trouve sur tout territoire sous sa juridiction, sauf si ledit État l'extrade, ou le remet à un autre État conformément à ses obligations internationales ou à une juridiction pénale internationale dont il a reconnu la compétence[89] ».

Les conventions internationales ne règlent pas la question de la compétence universelle. D'une certaine manière, le droit national l'emporte sur le droit interne. Ce sont les législations des États qui organisent l'application de la compétence universelle. Ainsi, la loi du for (*lex foric*) oblige le Parquet à lancer des investigations judiciaires après refus de l'extradition ou si celle-ci n'a pas été requise dans un système judiciaire basé sur la légalité des poursuites. Par contre, dans un appareil judiciaire reposant sur le principe de l'opportunité des poursuites, le Parquet demeure libre pour apprécier l'opportunité de continuer les enquêtes judiciaires. La liberté d'appréciation du ministère public dépend du droit qu'accordaient les législations et qui est la possibilité de conférer aux victimes d'exercer l'action publique en se constituant partie civile. D'ailleurs, la compétence universelle permet de mettre en exergue que les crimes contre l'humanité, le génocide et la torture ont toujours fait l'objet de plainte des victimes devant des tribunaux nationaux[90].

---

87 (G.) DE LA PRADELLE « Compétence universelle » *in* (H.) ASCENSIO, (E.) DECAUX, (A.) PELLET (*dir.*), *Droit international pénal*, deuxième édition révisée, Pedone, Paris, 2012, p. 1018.

88 (L.) JOINET, Question de l'impunité des auteurs des violations des droits de l'homme (civils et politiques), *op. cit.*, p. 23.

89 ORGANISATION DES NATIONS UNIES, *Convention internationale pour la protection de toutes les personnes contre les disparitions forcées*, A/RES/61/177, Résolution, Assemblée générale, New York, 20 décembre 2006.

90 (G.) DE LA PRADELLE, « Compétence universelle » *in* (H.) ASCENSIO, (E.) DECAUX, (A.) PELLET (*dir.*), *Droit international pénal*, deuxième édition révisée, Pedone, Paris, 2012, p. 1022.

Dans son rapport de 2004 relatif à la lutte contre l'impunité, l'ONU avait estimé que « les efforts pour traduire en justice les auteurs d'exactions passées n'ont pas été exclusivement le fait des juridictions des pays sur le territoire duquel ces actes ont été commis ou des tribunaux internationaux. On a vu ces dernières années un nombre sans précédent d'affaires être jugées par les tribunaux nationaux de pays tiers au nom du principe de l'universalité, un élément de la doctrine du droit international jusque-là peu utilisé qui veut que la gravité de certains crimes est telle que tous les pays ont un intérêt à poursuivre leurs auteurs. Une telle compétence universelle a été invoquée, avec des succès divers, dans des affaires concernant des exactions passées commises aux quatre coins du monde. C'est à juste titre, assurément, que l'exercice d'une telle compétence exceptionnelle est réservé pour les crimes les plus graves et pour les seuls cas où le système judiciaire du pays qui a été le théâtre de ces violations est incapable de poursuivre leurs auteurs ou s'y refuse. Qui plus est, il soulève des questions complexes sur le plan juridique, politique et diplomatique. Néanmoins, ce principe est ancré dans le droit international et codifié par les instruments des Nations unies, et il offre à la communauté internationale un éventuel important recours dans sa lutte contre l'impunité »[91]. L'ONU avait estimé que la compétence universelle, outil de lutte contre les auteurs de crimes les plus graves en droit international, avait consisté un élément pour pallier l'absence de sanction dont bénéficiaient les auteurs par les gouvernements des États où furent perpétrés ces actes. Néanmoins, elle ne devait être qu'un outil parmi d'autres pour mettre fin à l'impunité des auteurs de crimes internationaux.

B. L'affaire Pinochet, de la compétence personnelle passive à la compétence universelle

Le cas de l'arrestation du général Pinochet est le cas le plus célèbre de « compétence universelle » en raison de son retentissement juridique et médiatique. Il faut rappeler qu'en octobre 1998, date de l'arrestation du général Pinochet à Londres, la Cour pénale internationale n'est pas encore installée. De plus, le Statut de Rome adopté le 18 juillet 1998 ne prévoit pas la poursuite des crimes commis avant l'installation de CPI, suscitant la déception des militants des droits de l'Homme. L'affaire commence en juillet 1996 lorsque le procureur Carlos Castrezana souhaite qu'il y ait une action judiciaire à l'encontre de la junte militaire au pouvoir en Argentine de 1976 à 1983. À la suite de cela, l'avocat espagnol Juan Garcés déposait une plainte

---

91 CONSEIL DE SÉCURITÉ DES NATIONS UNIES, Rétablissement de l'état de droit et administration de la justice pendant la période de transition dans les sociétés en proie à un conflit ou sortant d'un conflit, *op. cit.*, pp. 20-21.

relative aux crimes du régime du général Pinochet au Chili en se basant sur la compétence passive des juridictions espagnoles. En effet, les victimes avaient la nationalité espagnole. À la suite des plaintes déposées en Espagne en juillet 1996, le juge Baltasar Garzón avait lancé un mandat d'arrêt à l'encontre de l'ancien dictateur chilien, lors de la visite médicale à Londres de ce dernier. Le général Pinochet est arrêté par les autorités britanniques le 16 octobre 1998, en vertu de la coopération judiciaire au sein de l'Union européenne. Dans un premier temps, la compétence universelle n'avait pas été mise en avant en raison de la nationalité espagnole des victimes dont les disparitions faisaient l'objet des deux plaintes en 1996[92].

Le 28 octobre 1998, la Haute Cour de Londres a reconnu l'immunité de Pinochet en sa qualité d'ancien chef de l'État et de sénateur à vie au Chili[93]. En effet, quelques jours plus tôt, le gouvernement chilien avait demandé le respect de l'immunité du général Pinochet et l'obtention de son droit à la liberté de mouvement[94]. Le gouvernement de transition démocratique, ayant succédé à un régime autre ayant perpétré des actes criminels pouvant faire l'objet de poursuites judiciaires, préférait maintenir l'immunité de juridiction pénale des anciens dirigeants, en l'occurrence, le général Pinochet[95]. Pour l'exécutif chilien de l'époque, autoriser de poursuivre l'ancien dictateur, y compris par une juridiction étrangère, remettrait en cause le décret-loi d'amnistie de 1978.

Le Chili a estimé l'immunité d'un chef d'État ou d'un ancien chef de gouvernement comme un aspect de l'immunité de l'État en droit international. Ainsi, poursuivre le général Pinochet reviendrait à poursuivre l'exécutif chilien lui-même. Il faut souligner que le droit britannique admet que l'immunité ne résulte pas de règles techniques, mais de considérations politiques, du droit international et de la courtoisie. Cette importance du respect de l'immunité est accordée, y compris dans des procédures visant des individus accusés de torture[96]. L'affaire Pinochet a mis en exergue la problématique de la différence des actes privés et les actes de fonction commis en qualité de chef d'État. D'une certaine manière, ceux-ci peuvent être considérés comme des actes de l'État. Ils peuvent être protégés de l'action en justice visant l'activité de l'État. En effet, c'est l'action de l'État

---

92 (J.) SERROUSI, « La cause de la compétence universelle. Note de recherche sur l'implosion d'une mobilisation internationale », *Actes de la recherche en sciences sociales*, n° 173, 2008, p. 100.

93 (B.) STERN, « Pinochet face à la justice », *Études*, tome 394, 2001, p. 10

94 (J-Y.) DE CARA, « L'affaire Pinochet devant la Chambre des Lords », *Annuaire français de droit international*, volume 45, 1999, p. 73.

95 (J.) RÍOS RODRÍGUEZ, « Límites y beneficiarios de la inmunidad de los gobernantes », *Revista electrónica de estudios internacionales*, n° 13, 2007, p. 14.

96 (J-Y.) DE CARA, *op. cit.*, p. 84.

lui-même qui est l'objet de la requête, ce qui n'est pas le cas des actes privés, actions propres à la personne qui s'est vu confier la fonction de gouvernant[97]. En l'occurrence, le mandat d'arrêt concerne les violations des droits de l'Homme perpétrées par le Chili alors dirigé par le général Pinochet, de 1973 à 1990. Les autorités chiliennes utilisaient le moyen de l'immunité pour faire valoir l'autoamnistie instaurée par l'ancien dictateur de sorte que les crimes commis par son régime ne fassent pas l'objet de poursuites ultérieures. En effet, « otra hipótesis diferente del mantenimiento de la inmunidad por el Estado de origen, pero directamente relacionada, es la concesión por las autoridades del Estado de una inmunidad más amplia que aquella de la que disfruta el antiguo gobernante en virtud del Derecho Internacional. La misma se traduce en leyes internas, llamadas "leyes de amnistía", que pueden excluír toda actuación penal contra el antiguo gobernante. Estas pueden ser contrarias al Derecho Internacional y por ello no invocables ante los tribunales extranjeros, pero el riesgo inherente a las mismas es que surtan los efectos previstos y produzcan la impunidad del sujeto »[98].

La juridiction d'appel espagnole, en outre des associations de Défense des droits de l'Homme, a mis en avant la compétence universelle dans son arrêt du 5 novembre 1998, légitimant ainsi le mandat d'arrêt lancé par le juge Baltasar Garzón[99].

Cette arrestation du général Pinochet sur le moyen de la compétence universelle va lancer toute une jurisprudence relative aux poursuites judiciaire sur ce fondement juridique. Ainsi, à l'instar de la piraterie consacrée par l'arrêt *Lotus* en 1927, le crime contre l'humanité est considéré comme un crime dont la poursuite judiciaire par compétence universelle relève du *jus cogens*. Dans son ordonnance du 6 novembre 1998, un juge du tribunal de première instance de Bruxelles a estimé qu'« il y a lieu de considérer qu'avant d'être codifié dans des traités ou des lois, le crime contre l'humanité est consacré par la coutume internationale et fait partie, à ce titre, du *jus cogens* international qui s'impose dans l'ordre juridique interne avec effet contraignant *erga omnes* »[100]. En effet, depuis l'arrêt *Eichmann* du 11 décembre 1961[101], les crimes contre l'humanité relèvent du *delicta juris*, devant faire l'objet de la compétence universelle où tous les États doivent prendre des

97 (J.) RÍOS RODRÍGUEZ, *op. cit.*, p.15.

98 *Idem.*

99 (J.) SERROUSI, « Les acteurs nationaux du droit pénal international : le cas Pinochet », *L'Année sociologique*, volume 59, 2009, p. 408.

100 TRIBUNAL FRANCOPHONE DE PREMIÈRE INSTANCE DE BRUXELLES, *Civ. Bruxelles*, ordonnance, 6 novembre 1998.

101 DISTRICT OF JERUSALEM, *Attorney-General of the Government of Israel v. Adolf Eichmann*, Criminal case n°40/61, 11 décembre 1961.

mesures pour les réprimer et les poursuivre même s'ils ont été perpétrés en dehors des frontières nationales. Ainsi, tout individu soupçonné d'avoir perpétré de tels crimes en qualité de *hostis humani generis* doit faire l'objet de poursuites judiciaires par n'importe quelle juridiction nationale, quel que soit l'État où les faits reprochés furent commis[102].

Pour Olivier Compagnon, spécialiste de l'Histoire contemporaine de l'Amérique latine, l'arrestation du général Pinochet à Londres en octobre 1998 marque une importante rupture. En plus de son inculpation pour torture, terrorisme et génocide, son arrestation provoque un changement d'échelle en faisant intervenir l'opinion publique internationale. En effet, « le récit de l'expérience vécue, la description de la découverte du corps de l'être aimé ne suffisent plus à fonder la cause dans le nouveau cadre où se développe l'affaire : tout d'abord parce que l'opinion internationale se trouve en position d'extériorité par rapport à la réalité de la dictature telle qu'elle fut vécue au Chili ; ensuite parce que ce n'est plus le bourreau que l'on poursuit, mais le responsable moral des crimes commis »[103].

Le 24 mars 1999, la Chambre des Lords restreint le champ d'application de la compétence universelle. Ainsi, Pinochet ne peut être poursuivi que pour les faits postérieurs à 1988, année de la ratification de la Convention contre la torture de 1984 par la Grande-Bretagne et le Chili dans leurs droits respectifs. Or, la majorité des faits reprochés au général Pinochet remontent aux années 1970. Le général Pinochet avait fait approuver en avril 1978 le décret-loi d'autoamnistie qui couvre les faits commis entre le coup d'État de septembre 1973 et mars 1978, rendant quasi impossible l'action de la justice au Chili pour enquêter sur les violations des droits de l'Homme. Avant 1988, la justice britannique ne pourrait poursuivre que les actes commis par l'un de ses ressortissants. Par conséquent, « la loi anglaise ne permet l'extradition que s'il y a ce que les juristes appellent une double incrimination, c'est-à-dire si l'acte pour lequel l'extradition est réclamée est un crime dans les deux États, celui qui demande l'extradition et celui à qui elle est demandée »[104]. Le 14 avril 1999, Jack Straw, ministre britannique de l'Intérieur, ordonne la poursuite des procédures tout en consultant les deux parties, mais en se limitant aux crimes de torture et de complot. Ainsi, « le gouvernement estime que le sénateur Pinochet ne bénéficie d'aucune immunité en ce qui concerne les

---

[102] (D.) REZAI SHAGHAJI, « L'exercice de la compétence universelle en tant qu'obligation *erga omnes* afin de réprimer les crimes de *jus cogens* », *Revue internationale de droit pénal*, 2017, p. 13.
[103] (O.) COMPAGNON, « L'affaire Pinochet. La justification à l'épreuve des changements d'échelle » *in* (L.) BOLTANSKI, (E.) CLAVERIE, (N.) OFFENSTADT, (S.) VAN DAMME (dir.), *Affaires, scandales et grandes causes. De Socrate à Pinochet*, Stock, Paris, 2007, p. 352.
[104] (B.) STERN, *op. cit.*, p.11.

crimes susceptibles de donner lieu à une extradition, ni au titre d'ancien chef de l'État, ni à celui de chef de mission spéciale »[105]. Ainsi, seuls les crimes postérieurs à 1988, année d'entrée en vigueur de la convention d'extradition entre le Chili et le Royaume-Uni, pourront être poursuivis sous le moyen de la compétence universelle. La Chambre des Lords estime qu'il ne peut bénéficier d'une immunité, car il n'est plus un chef d'État en exercice. De plus, bien que restreignant sa décision en n'enquêtant pas sur les faits commis Pinochet avant 1988, la haute juridiction britannique souligne que son immunité ne saurait justifier une absence de poursuites judiciaires, car les faits sont d'une gravité qui nécessite des investigations. En effet, les crimes perpétrés par le régime chilien relèvent du *jus cogens*. Les investigations doivent être menées par toutes les juridictions. Le professeur Jean-Yves De Cara, estimait constatable la procédure menée en Grande-Bretagne, car « l'établissement de la compétence des juridictions britanniques résultait (...) par ricochet de l'affirmation de sa compétence universelle par le juge espagnol ». Ainsi, cela expliquerait « peut-être que les Lords aient éprouvé la nécessité d'asseoir amplement la compétence universelle sur le jus cogens »[106].

La décision de la Chambre des Lords du 24 mars 1999 réintroduit la question de la souveraineté en ne poursuivant pas les crimes ayant eu lieu avant l'introduction, en 1988, dans la loi britannique de la Convention contre la torture de 1984. En effet, la haute juridiction du Royaume-Uni écarte les juges nationaux à se rattacher directement au droit international sur le moyen d'un formalisme très strict en matière pénale, la justice britannique préfère une application du droit pénal interne, plus respectueux des droits de la défense. Ainsi, « au nom de la spécificité du droit pénal international, dernière branche du droit international à pouvoir faire l'économie de la médiation d'une loi nationale selon les juges britanniques, la souveraineté nationale est restaurée comme garde-fou indispensable à la bonne conduite de la justice internationale »[107]. Beaucoup de Chiliens étaient assez critiques sur la question d'un éventuel procès Pinochet en Espagne, y compris parmi les partisans d'un jugement de l'ancien dictateur au pouvoir de 1973 à 1990. En effet, ils estimaient que l'Espagne était mal placée en raison de son passé colonial, mais surtout de ne pas avoir fait d'elle-même fait son propre travail de mémoire en ne condamnant pas le franquisme[108]. En raison de la réduction des charges imputées au général Pinochet à la suite de la deuxième

---

105 (J-Y.) DE CARA, *op. cit.*, p. 74.

106 *Ibid.*, p. 98.

107 (J.) SERROUSI, « Les acteurs nationaux du droit pénal international : le cas Pinochet », *op.cit.*, p. 410.

108 (B.) STERN, *op. cit.*, p. 11.

décision de la Chambre des Lords de mars 1999, le juge espagnol Baltasar Garzón trouve un moyen de contourner la plus haute juridiction britannique. Le magistrat de l'Audience nationale a ainsi fondé ses mandats d'arrêt avec une jurisprudence de la Cour européenne des droits de l'Homme sur des contentieux portant sur la Turquie. La juridiction du Conseil de l'Europe a d'ailleurs repris la jurisprudence internationale en rappelant que le crime de disparition était un crime continu en prolongeant la torture mentale qui empêche la famille et les proches de connaître le sort du disparu[109]. La Cour EDH s'est aussi basée sur la juridiction de la Cour interaméricaine des droits de l'Homme qui, dans son arrêt *Velásquez c. Honduras* de 1988, avait défini le crime de disparition forcée de « continu » et « permanent »[110].

En effet, le délai de prescription ne peut courir qu'à partir de la date de la découverte du corps de la victime et non la date de disparition[111]. Baltasar Garzón a proposé, en ce sens, de conserver les cas précédant l'année 1988, année de l'adoption par le Royaume-Uni de la Convention contre la torture pour laquelle les familles étaient toujours sans aucune nouvelle du sort de leurs proches disparus. Pour éviter l'extradition de Pinochet vers l'Espagne, le Chili a alors reconnu les fondements juridiques en faveur de la compétence universelle. Ainsi, les autorités de Santiago ont demandé au ministre britannique de l'Intérieur de relâcher Pinochet sur des bases humanitaires[112]. Le juge pénal décide le 8 octobre 1999 de contraindre le sénateur Pinochet, bien que dispensé d'assister à l'audience, d'attendre la décision finale d'extradition. L'ancien dictateur chilien avait introduit une demande d'*habeas corpus*, qui aurait dû faire l'objet d'une audience en mars 2000 si l'ancien chef de l'État chilien n'avait bénéficié d'une mesure de clémence. En effet, dès le 14 octobre 1999, l'ambassade du Chili a adressé au ministre Straw des rapports médicaux prouvant la détérioration de l'état de santé du sénateur Pinochet. Le ministre de l'Intérieur du Royaume-Uni, en exerçant son pouvoir discrétionnaire à la lumière des circonstances, demande à ce dernier de se soumettre à de nouveaux examens. Le 11 janvier 2000, Jack Straw annonce que l'état de santé de l'ancien dictateur du Chili estime qu'il ne faut pas extrader le sénateur Pinochet, car ce dernier ne serait pas en mesure d'être traduit devant un tribunal afin d'y être jugé. Le ministre a vu son pouvoir discrétionnaire réduit par plusieurs parties à la procédure sauf l'Espagne et la Belgique qui avait aussi sollicité entretemps l'extradition de l'ancien dictateur.

---

109 (J.) SERROUSI, « Les acteurs nationaux du droit pénal international : le cas Pinochet », *op.cit.*, p. 413.

110 Cour IDH, 29 juillet 1988, *Velásquez Rodríguez c. Honduras*, *op. cit.*, § 155.

111 (L.) JOINET, « Face aux dilemmes de l'instauration des processus de justice transitionnelle », *Mouvements*, n° 53, 2008, p. 51.

112 (J.) SERROUSI, *op. cit.*

Les parties ont été seulement autorisées à accéder au dossier médical sur lequel le ministre a fondé son appréciation. Le 2 mars 2000, le général Pinochet est autorisé à regagner le Chili, le ministre de l'Intérieur Jack Straw ne donnant pas suite à la demande d'extradition de la justice espagnole[113]. Bien que le retour de l'ancien dictateur dans son pays provoqua la déception des associations de Défense des droits de l'Homme, l'action judiciaire lancée par le juge Garzón avait néanmoins pu mettre en avant les crimes commis par le régime chilien.

Cette action judiciaire médiatisée à l'échelle planétaire a permis au Chili de mettre en exergue son douloureux et récent passé, l'appareil judiciaire ne pouvant mener des investigations sur les forces de sécurité impliquées dans la répression. Les nouvelles élites démocratiques qui dirigent le pays depuis le départ du général Pinochet de la tête de l'exécutif en mars 1990 ont refusé de remettre en cause le décret-loi d'autoamnistie d'avril 1978 décidée par le dictateur lui-même. En effets, elles craignaient de se mettre à dos un appareil militaire encore très puissant. L'action intentée par le juge espagnol et l'intervention de la justice britannique ont mis en lumière les exactions commises sous la dictature. Ainsi, cela a rendu plus difficile l'étouffement judiciaire sur les violations des droits de l'Homme perpétrées à cette époque.

§2. Le développement de la compétence universelle dans la dénonciation de l'impunité pour les auteurs de violations des droits de l'Homme en Amérique latine et en Espagne

A. La compétence universelle, la consécration du juge comme acteur principal de la lutte contre l'impunité

Pour Antoine Garapon, la compétence universelle reflète « la délocalisation extrême de la justice pénale internationale ». La compétence universelle marque ainsi l'achèvement de la reconnaissance de la supériorité à certains droits de l'Homme fondamentaux. Ainsi, « elle lève un coin du voile sur le rêve contemporain d'une nouvelle cité mondiale faisant confiance au pouvoir le plus indépendant – le pouvoir judiciaire – et aux sociétés civiles pour faire respecter quelques principes fondamentaux de justice universelle. La compétence universelle montre également que la justice des droits de l'homme n'est pas aussi déliée du politique que beaucoup le prétendent, puisque la tension entre le droit et la puissance de l'État est renvoyée au niveau interne »[114]. Ainsi, l'État ne peut plus mettre en avant sa souveraineté

113 (B.) STERN, *op. cit.*, p. 13.

114 (A.) GARAPON, « De Nuremberg au TPI : naissance d'une justice universelle ? », *op. cit.*, p. 179.

pour refuser de participer à l'arrestation de criminels afin de les déférer à un juge. La souveraineté devient un moyen d'affirmer la lutte contre l'impunité et non un vecteur d'empêchement d'action de la justice en matière de crimes internationaux. L'État peut difficilement refuser d'exécuter une Commission rogatoire internationale dont l'ordre émane de l'un de ses propres juges.

Pour faire face à ces crimes, différents gouvernements ont renforcé la répression au niveau interne plutôt qu'externe. Il s'agit de l'institution de juridictions pénales et la reconnaissance de la compétence universelle. En effet, elle autorise aux tribunaux internes des États de poursuivre les auteurs d'un crime même s'il n'y a aucun lien avec cet État. La sentence est rendue au moyen de la communauté internationale dans son ensemble. Il s'agirait de favoriser l'avènement d'une coopération pouvant être qualifiée « d'universaliste ». Cette conception reposerait sur la reconnaissance de certaines valeurs universelles qui s'imposeraient à tous les sujets du droit international, y compris l'État. Calqué sur le modèle de la législation pénale interne, le droit pénal international aurait pour fonction la protection d'un ordre social international avec la sanction des crimes les plus graves réprouvés par l'ensemble de la communauté universelle. Ainsi, « cette hypothèse que l'on peut qualifier de solidariste, renvoie à la fonction initiale du droit pénal qui a pour fonction de protéger l'ordre social, sanctionner ceux qui y portent atteinte et dissuader ceux qui seraient tentés de le faire, y compris désormais au sein de la société internationale »[115].

Par conséquent, ce qui est recherché c'est l'absence de conflits de compétence en assurant qu'il y aura toujours une juridiction, nationale ou internationale, pour poursuivre les auteurs de ce type de crimes dans l'intérêt et au nom de la communauté internationale tout entière. Le droit international pénal peut être considéré comme la branche pénale du droit international public, en codifiant les crimes internationaux les plus graves, et en prévoyant les modalités de leur répression aux échelles internationale et nationale. Ainsi, « le droit international pénal répond à la protection d'un noyau d'ordre public international, qui justifie une responsabilité pénale des individus directement en vertu du droit international et la compétence de juridictions pénales internationales ou encore, de la compétence universelle pour des crimes si graves qu'ils affectent la communauté internationale tout entière »[116].

---

[115] (I.) FOUCHARD, « De l'utilité de la distinction entre les crimes supranationaux et transnationaux : traduire les processus d'incrimination complexes alliant droit international et droits pénaux internes », *op. cit.*, p. 69

[116]*Ibid.*, pp. 69-70.

Dans l'arrêt *Eichmann* du 11 décembre 1961, la Cour suprême israélienne a considéré que l'État d'Israël avait le droit, en vertu du principe de compétence universelle, d'agir « en qualité de gardien du droit international »[117]. La Commission du droit international, dans son commentaire du *Projet de code des crimes contre la paix et la sécurité de l'humanité* en 1996, souligne que tout État a le droit d'exercer sa compétence à l'encontre du crime de génocide, du crime de guerre et du crime contre l'humanité. De plus, par l'exercice de la compétence universelle, les États deviennent des agents de la communauté internationale dans l'effectivité du droit international des droits de l'Homme. La compétence universelle, en tant que vecteur de répression des crimes de *jus cogens* perpétrés à l'extérieur du territoire, peut être considérée comme une obligation de nature *erga omnes.* Par conséquent, il y a un lien entre l'exercice de la compétence universelle et l'obligation *erga omnes* des États, induisant l'obligation d'extrader ou de poursuivre les crimes de *jus cogens*, que sont le génocide et la torture[118].

L'immunité des chefs d'État ne peut plus être un moyen pour empêcher toute poursuite judiciaire et refuser leur extradition. Dans le droit international contemporain, l'État est responsable des actes commis par ses agents et les responsables politiques. Il ne peut u avoir d'immunité sur les actes *jure imperii.* Ceux-ci sont de nature publique, gouvernementale et souveraine. Il n'y a plus de distinction entre les actes des chefs d'État accomplis à titre privé (les actes *jure gestionis* ou *privatorum*) ou ceux de nature publique accomplis dans le cadre de sa fonction[119]. Cela sera confirmé dans les jurisprudences internes et internationales, l'affaire Pinochet en sera l'exemple le plus flagrant. Dans leur décision du 25 novembre 1998, la Chambre des Lords a estimé que la nécessité de juger les crimes les plus graves, consacrés par le droit international, était supérieure à l'immunité réelle ou supposée d'un ancien chef d'État.

La haute juridiction du Royaume-Uni a dû trancher entre l'immunité diplomatique, coutume ancienne du droit international et celle, plus récente, l'obligation *aut dedere, aut judicare*, rend ainsi son application plus incertaine. Le conflit entre deux coutumes apparaît en raison de la nature et de la portée des obligations en cause[120]. En l'espèce fut le cas dans l'affaire Pinochet à la

---

117 DIST CT OF JERUSALEM, Attorney-General of the Government of Israel v Adolf Eichmann, Criminal case n°40/61, 11 décembre 1961.

118 (D.) REZAI SHAGHAJI, *op.cit.*, p. 152.

119 *Ibid.*, p. 156.

120 (R.) PROUVEZE, « Immunité de juridiction pénale vs. Obligation *aut dedere, aut judicare* un conflit de normes oublié ? » *in* (P.) PLAS, (V.) SAINT-JAMES (*dir.*), *L'immunité*, Institut de Recherche sur la Conflictualité (IRCO), Collection Transition et Justice, Institut Universitaire Varenne, Limoges, 2017, p. 135.

fin des années 1990. Ainsi, l'obligation *aut dedere, aut judicare*, en raison de son application *rationae personae* concerne l'ensemble des auteurs de crimes internationaux, qu'ils soient ou non responsables de gouvernements ou d'exécutifs nationaux.

L'immunité ne peut être un moyen pour faire obstacle à un individu suspecté de violations graves des droits de l'Homme, tel qu'elles sont codifiées par le droit international. L'affaire Pinochet a permis de mettre en exergue le conflit de normes entre une législation interne garantissant l'impunité et le droit international pénal obligeant pour les États la poursuite et l'extradition des auteurs des crimes les plus graves consacrés par l'ordre juridique international. Ainsi, en raison du caractère odieux de ces actes, le droit international pénal est supérieur en cas de conflits de normes[121]. Le général Pinochet a ainsi été placé en résidence surveillée et l'extradition vers la justice espagnole avait été acceptée par le biais de ce raisonnement qui fut effectué par la haute juridiction britannique dans sa décision de 1998.

Il y a un caractère d'ubiquité dans cette répression des violations graves des droits de l'Homme. La compétence universelle met en exergue la volonté des États de prouver qu'il existe une communauté internationale porteuse de normes et, *a fortiori*, de valeurs. Ainsi, les infractions faisant l'objet de poursuites sur le moyen de la compétence universelle sont contraires aux valeurs portées par la communauté internationale, justifiant l'ingérence de juridictions nationales. Ainsi, l'exercice de la compétence signifie pour un État, en agissant pour des intérêts qui ne lui seraient pas propres, d'agir pour ses propres intérêts. L'exercice de la compétence universelle est un moyen pour les États de faire valoir leur intérêt de toute la communauté internationale, légitimant ainsi leur immixtion judiciaire[122].

La compétence universelle s'inscrit dans le principe de subsidiarité. Le principe est de confier à la juridiction d'un État de mener des investigations sur des crimes de *jus cogens*. Certains auteurs avaient estimé qu'il n'y avait pas à intervenir s'il y avait eu réconciliation, y compris par la volonté de ne pas poursuivre. Le caractère d'ubiquité de la compétence universelle a pour fonction de répondre aux carences du droit interne d'un État qui a refusé de manière légale d'investiguer sur les violations des droits de l'Homme perpétrées par l'ancien régime dictatorial.

Ainsi, « les fondements idéalistes de la compétence universelle, ou l'idée que l'ubiquité de la répression répond à la carence judiciaire et politique des États territorialement compétents, lui permettent de continuer à s'exercer

---

[121] (R.) PROUVEZE, *op. cit.*, p. 141.
[122] (A.) GOGORZA, *op. cit.*, p. 356.

dès l'instant où l'objectif d'impunité est avéré dans la politique législative ou judiciaire de ces derniers. Reste à savoir dans quelles conditions le conflit entre justice universelle et réconciliation sociale doit être résolu »[123].

Le droit international contemporain consacre l'obligation *erga omnes* d'enquêter et de poursuivre les crimes les plus graves, a fortiori le crime contre l'humanité. Ainsi, les États peuvent enquêter sur les violations des droits de l'Homme les plus graves, quelle que soit la nationalité de l'auteur présumé et du lieu où le crime a été perpétré. La compétence universelle a pour objectif un meilleur accès de la justice pour les victimes, quels que soient leur nationalité et le lieu où elles souhaitent leur droit légitime à déposer une plainte. Elle a permis de mettre en exergue les crimes de masse perpétrés par les régimes militaires latino-américains ainsi que l'impunité dont bénéficient les auteurs de violations des droits de l'Homme. Ainsi, à crime international, réponse internationale. Les victimes des crimes internationaux, à l'instar du crime contre l'humanité, ont droit à ce que la justice soit rendue à travers le monde[124].

D'ailleurs, « les juges nationaux se sont montrés plus ou moins réceptifs à cette nouvelle mission de trancher les contentieux transnationaux selon l'État auquel ils sont rattachés, mais aussi à leur culture juridique et son rayonnement, le type de juridiction saisie et la nature du contentieux (...) l'invocation du droit au juge en particulier pour celui qui en est privé chez lui, mais aussi d'autres considérations plus pragmatiques ont incite les magistrats, parfois encourages par leurs États, à se montrer beaucoup plus accueillants à certains contentieux jusqu'à se poser en agence de justice globale. Cela tient notamment à la volonté des juges et des États eux-mêmes à promouvoir le rayonnement de leur droit et de leurs juridictions dans le contexte de la concurrence normative globale »[125].

La compétence universelle confirme ainsi le juge comme nouvel acteur de la lutte contre l'impunité au niveau international. Le juge national devient le gardien du droit international en permettant aux victimes de continuer leur combat judiciaire même si l'État dont elles sont ressortissantes fait appliquer une loi d'amnistie empêchant toute poursuite judiciaire. Au-delà de la compétence passive qui nécessite un lien juridique avec la nationalité de la victime, la compétence universelle met fin au verrou de ce lien. Les juridictions nationales deviennent des acteurs locaux de la justice pénale internationale. L'affaire Pinochet intervient dans le contexte de l'adoption de

123 *Ibid.*, p. 358.
124 (Z.) LINGANE, *op. cit.*, p. 232.
125 (B.) FRYDMAN, « Le juge à l'âge global », *Cités*, n° 69, 2017, p. 66.

la Cour pénale internationale à Rome en 1998. Pour les promoteurs de la compétence universelle, cet outil juridique viendra mettre fin à l'impunité pour les anciens dictateurs. En effet, avant l'entrée en vigueur de la Cour pénale internationale le 1er juillet 2002, il n'existait pas de juridiction pénale permanente. Les tribunaux institués pour les crimes contre l'humanité perpétrés en ex-Yougoslavie et au Rwanda sont des juridictions ad hoc. Ce sont des juridictions temporaires mises en place par le Conseil de Sécurité de l'ONU dans les années 1990, qui cesseront leur existence une fois l'ensemble des protagonistes jugés. En l'espèce, pour les violations des droits de l'Homme perpétrés en Amérique latine, aucune juridiction *had oc* ne fut instaurée.

Aucun responsable de violations des droits de l'Homme commises durant les dictatures militaires, ayant accédé au pouvoir durant la décennie 1970, n'a été poursuivi durant une juridiction internationale. Même si certaines procédures internationalisées ont été effectuées sur le moyen de la compétence personnelle, elles ont été lancées par des juridictions nationale, notamment espagnole et argentine. L'internalisation des procédures judiciaires à destination des militaires latino-américains a pu mettre en exergue les violations perpétrées dans cette région du monde, lorsque celles-ci étaient dirigées par des régimes dictatoriaux. En revanche, ces procédures judiciaires internalisées n'avaient pas abouti, elles ont conservé leur caractère symbolique. Ainsi, Alfredo Astiz n'a jamais purgé sa peine de réclusion criminelle à perpétuité en France malgré sa condamnation par la Cour d'assises de Paris le 16 mars 1990. En effet, la France, l'Espagne, l'Italie et la Suède avaient lancé des mandats d'arrêt à son encontre, les autorités argentines de l'époque avaient refusé son extradition sur le moyen du principe de territorialité. Le droit interne l'emportait sur le droit international. Néanmoins, l'idée du tribunal international avait été soulevée durant les années 1990, dans le contentieux qui opposait la France à l'Argentine, Alfredo Astiz bénéficiant en Argentine de la loi d'amnistie de l'*Obéissance Due*. Lors de la visite du président argentin Carlos Menem à Paris, en février 1996, ce dernier avait proposé à Alfredo Astiz de se rendre aux autorités judiciaires françaises. Le ministre des Affaires étrangères de l'Argentine de l'époque, Guido Di Tella, avait rencontré des associations de défenses des droits de l'Homme. Interrogé par des journalistes, Guido di Tella avait déclaré « qu'il n'avait rien à offrir » et qu'il fallait respecter les lois argentines. Le président Menem avait estimé que « l'affaire Astiz était close » puisque l'ancien capitaine de la Marine argentine avait été relaxé en 1986 par la justice argentine pour l'enlèvement et le meurtre des deux religieuses françaises en 1977. Néanmoins, le ministre des Affaires étrangères, M. Guido Di Tella, avait proposé aux associations de défense des droits de l'Homme, l'idée d'un tribunal international pour le cas d'Alfredo Astiz. Cette proposition n'a jamais abouti[126].

Il n'existe aucune législation pour codifier pour laquelle les États sont en droit de poursuivre les infractions qualifiées d'internationales ou internationalisées. En effet, il revient à chaque État de décider l'application de ses règles. En effet, les principes de non-interventions dans les affaires d'un autre État font partie de la coutume internationale et ont été rappelés par la Cour internationale de justice dans son arrêt, *activités militaires et paramilitaires au Nicaragua et contre celui-ci (Nicaragua c. États-Unis d'Amérique)* du 27 juin 1986[127]. En effet, bien qu'ils donnent compétence à leurs juridictions de pouvoir agir sur des contentieux perpétrés à l'étranger, les gouvernements ont toujours une réticence vis-à-vis des crimes perpétrés en dehors de leurs frontières. C'est ainsi que les législations prévoient une certaine restriction pour les crimes perpétrés en dehors du territoire national en prévoyant un rattachement juridique, tel que la nationalité de la victime ou de l'agresseur.

Pour le juriste belge Joe Verhoeven, tous les États confient à leur compétence à leurs juridictions pour la Commission des crimes perpétrés sur leur territoire. En revanche, il y a une réticence pour les délits perpétrés à l'étranger. Ils n'interviennent que dans les cas relevant de la compétence personne en reposant sur la nationalité de la victime ou de l'auteur de l'infraction. Ainsi, il n'existe pas une règle de caractère coutumier en matière d'intervention de juges extérieures à l'État ou furent perpétrées les violations des droits de l'Homme. Rien n'oblige les États à respecter les obligations imposées par le droit international[128].

La compétence universelle a été instituée pour répondre aux lacunes du droit international pénal. Le but de cette compétence est de confier les juridictions nationales afin de sanctionner les violations de celui-ci. Vu que nombreuses violations des droits de l'Homme telles que les crimes contre l'humanité ont été perpétrés avant l'instauration de la CPI en 2002, les juridictions nationales jouent ainsi un rôle clé au moyen de la compétence universelle pour essayer de poursuivre les auteurs de ces crimes malgré l'empêchement des législations nationales des États. En effet, ces faits sont parfois couverts par des lois d'amnisties ou des mesures de grâce. En

---

126(O.) LERNER, « Assassinats religieuses », *France 2*, 27 février 1996, https://m.ina.fr/video/CAB96009469/assassinat-religieuses-video.html (consulté le 18 mars 2021).

127 COUR INTERNATIONALE DE JUSTICE, 27 juin 1986, *Activités militaires et paramilitaires au Nicaragua et contre celui-ci* (Nicaragua c. États-Unis d'Amérique), Fond, jugement.

128 (J.) VERHOEVEN, « Vers un ordre répressif universel ? Quelques observations », *Annuaire français de droit international*, volume 45, 1999, pp. 64-65.

délocalisant le droit international pénal aux tribunaux nationaux, cela permet le développement de celui-ci à travers la compétence universelle. Il faut souligner que les violations perpétrées en Amérique latine et durant l'Espagne franquiste ont été commises avant l'instauration de la compétence universelle. La CPI n'étant pas rétroactive pour les faits perpétrés avant 2002, la poursuite des responsables de crimes internationaux tels que les crimes contre l'humanité doit se faire par le moyen de la compétence universelle des tribunaux nationaux[129].

Pour Julien Serrousi, les enquêtes de compétence universelle sont des procédures extraordinaires posant de nombreuses difficultés juridiques. Le risque était l'effacement du droit de la défense. Les acteurs judiciaires déploient des efforts pour assimiler les contentieux liés à la compétence universelle aux affaires ordinaires. Ces connexions sont effectuées par les organisations des droits de l'Homme entre les différents pays concernés par la procédure judiciaire. Ainsi, les frontières nationales s'atténuent aidées par les juridictions qui jouent le jeu de la compétence universelle[130].

Ainsi, en raison d'un nombre important de violations des droits de l'Homme qui ont été commis avant l'entrée en vigueur de la Cour pénale internationale, la compétence universelle conférée aux juridictions nationales est indispensable pour contourner les législations empêchant toute poursuite judiciaire dans les États où les faits ont été perpétrés.

B. La compétence universelle, palliatif aux politiques nationales d'impunité

À l'image de la compétence passive, la compétence universelle va permettre de pallier les carences du refus de l'État dont ses agents ont perpétré des crimes de masse à l'encontre de sa population de poursuivre, en permettant à toute juridiction de lancer des actions pénales à l'encontre des responsables de ces actes. La compétence personnelle deviendra le principal outil de mise en exergue des violations des droits de l'Homme commises par les régimes militaires latino-américains (1). L'Espagne deviendra la terre d'accueil des plaintes des victimes des dictatures au pouvoir en Argentine et au Chili. Néanmoins, il sera intéressant de relever l'existence d'un retournement de situation. En effet, la justice argentine va devenir le nouveau réceptacle de la lutte contre l'impunité puisqu'elle va se voir confier les

---

129 (G.) DE LA PRADELLE « Compétence universelle » *in* (H.) ASCENSIO, (E.) DECAUX, (A.) PELLET (*dir.*), *Droit international pénal*, deuxième édition révisée, Pedone, Paris, 2012, p. 1024.

130 (J.) SEROUSI, « Si loin, si proche : la légitimité de l'enquête dans les affaires de compétence universelle », *Critique internationale*, n° 36, juillet-septembre 2007, pp. 35-36.

poursuites judiciaires liées aux atteintes aux droits de l'Homme sous l'Espagne franquiste (2).

La politiste Sandrine Lefranc évoque la compétence universelle comme d'une justice de substitution. En effet, la compétence universelle fait entrer l'humanité dont elle se revendique comme un acteur du processus judiciaire, et non plus simplement dans le cadre d'une source d'une loi ou le droit international des droits de l'homme. Ainsi, « ces procès "délocalisés" ont ceci de particulier qu'ils veulent juger pour la société affectée par la violence en même temps que pour l'humanité – toute l'humanité ou l'humanité locale du pays qui juge »[131].

Le principe de la compétence universelle avait été retenu par la communauté internationale comme seule alternative à l'absence d'extradition. Les mécanismes de compétence universelle ont été développés, car ils relèvent du principe de l'universalité du droit de punir qui a été consacré dans plusieurs conventions internationales. La communauté internationale avait essayé de chercher un équilibre entre le respect de la souveraineté des États en matière pénale et l'obligation de sanctionner les crimes les plus graves[132].

Les mandats d'arrêt lancés par le juge Baltasar Garzón à l'encontre des militaires argentins puis du général Pinochet dans les années 1990 mettent en exergue la place accordée dans le droit pénal espagnol à la compétence universelle. Comme de nombreux États ayant connu une période assez longue de dictature argentine, la Constitution espagnole accorde une place prépondérante pour le droit international public. Adoptée en 1978, la norme fondamentale de l'Espagne prévoit au premier alinéa de l'article 96 que « les traités internationaux régulièrement conclus et une fois publiés officiellement en Espagne feront partie de l'ordre juridique interne. Leurs dispositions ne pourront être abrogées, modifiées ou suspendues que sous la forme prévue dans les traités eux-mêmes ou conformément aux normes générales du droit international »[133]. L'article 122 de la Constitution prévoit l'organisation du pouvoir judiciaire. Conformément à cette disposition, le Parlement espagnol a approuvé le 1er juillet 1985 la *Ley de Organisacion del Poder Judicial*. Il prévoit à l'alinéa 4 de l'article 23 la liste des infractions faisant l'objet d'une compétence universelle. Le génocide s'y trouve dès l'adoption du texte. À la suite de la ratification par l'Espagne des conventions internationales, la loi

131 (S.) LEFRANC, « La justice de l'après-conflit politique : justice pour les victimes, justice sans tiers ? », *op. cit.*

132 (L.) NÉEL, « Échecs et compromis de la justice pénale internationale (Note) », *Études internationales*, volume 29, n° 1, mars 1998, p. 90.

133 Constitucion Española, *op. cit.*,

inclut dans la torture les disparitions forcées dans la liste des crimes relevant de la compétence universelle. La loi sur le Pouvoir judiciaire prévoit que les juridictions espagnoles sont compétentes si le crime a été perpétré sur le territoire espagnol. Si ces faits ont été perpétrés à l'étranger, ils doivent l'avoir été par un Espagnol ou alors la victime doit être de nationalité espagnole[134]. Le crime contre l'humanité ne sera ajouté qu'à l'adoption d'une loi votée en 2009[135].

La loi espagnole prévoit à l'origine le principe de la juridiction absolue. La loi organique sur le pouvoir judiciaire de 1985 est compétente pour connaître des crimes perpétrés par des Espagnols ou par des étrangers en dehors du territoire national. Ces faits considérés sont la législation de l'Espagne comme des délits de génocide. La *loi sur le Pouvoir judiciaire* a la particularité de ne plus conditionner la présence de la personne soupçonnée sur le territoire. Le 2 novembre 1999, le juge Baltasar Garzón a ouvert quatre-vingt-huit informations judiciaires sur le moyen du crime de « génocide » à l'encontre de militaires, dont les responsables de la junte militaire, Jorge Rafael Videla et Emilio Massera, les responsables du coup d'État du 24 mars 1976[136]. Dans une ordonnance du 30 décembre 1999, le magistrat espagnol lance quatre-vingt-dix-huit mandats d'arrêt à l'encontre notamment de Jorge Rafael Videla, Emilio Massera, Domingo Bussi, l'ancien militaire de la province de Tucuman, Guillermo Suárez Masón ou d'Alfredo Astiz. L'ordonnance du magistrat n'aura aucun effet puisque les autorités argentines ont estimé que les mandats n'avaient pas d'effets sur le territoire argentin[137].

Parmi les individus visés par l'action judiciaire, lancée le 2 novembre 1999, par le juge Baltasar Garzón pour génocide, torture et terrorisme, se détache la figure de Ricardo Cavallo, soupçonné d'avoir perpétré ses faits durant les années 1970. Ce dernier est arrêté au Mexique le 25 août 2000, où il résidait depuis 1989. Dans sa demande d'extradition du 12 septembre 2000, le juge Garzón reproche à Ricardo Cavallo d'avoir participé aux « vols de la

---

134 LEY ORGANICA 6/1985 DEL PODER JUDICIAL, 1 de julio de 1985, *Boletín oficial del Estado*, n° 157, 2 de julio de 1985, pp. 20632-20678.

135 LEY ORGANICA 1/2009, 3 de noviembre de 2009, complementaria de la Ley de reforma de la Legislación procesal para la implantación de la nueva Ofi cina judicial, por la que se modifica la Ley Orgánica 9/1985, de 1 de julio, del Poder Judicial, Boletín oficial del Estado, n°266, 4 de noviembre de 2009, p. 92091.

136 (Z.) LINGANE, *op. cit.*, p. 246.

137 (J.) M. LAZARO, « Garzón decreta la orden de captura internacional de 48 de los 98 militares argentinos procesados por genocidio », *El Pais*, 31 décembre 1999, https://elpais.com/diario/1999/12/31/internacional/946594818_850215.htm (consulté le 1er avril 2021).

Mort », entre 1976 et 1980[138]. En juin 2003, les autorités mexicaines acceptent son extradition vers l'Espagne. Pour la première fois, un État accepte de coopérer dans le cadre d'une procédure motivée par le principe de compétence universelle. En janvier 2006, Ricardo Cavallo est inculpé de génocide, terrorisme organisé, crimes contre l'humanité et meurtre par le Procureur de l'Audience Nationale. En décembre 2006, cette dernière se déclare non compétente sur le moyen de la compétence territoriale de l'Argentine. En février 2008, l'extradition de Ricardo Cavallo pour l'Argentine est autorisée. Les autorités judiciaires espagnoles closent l'affaire un mois plus tard[139].

Au moment de l'arrestation du général Pinochet sur le moyen de la compétence universelle par Baltasar Garzón, des justices d'autres pays de l'Union européenne vont demander l'arrestation de l'ancien chef d'État chilien. Tel est le cas de la Belgique. L'alinéa 3 de l'article 5 de la loi de compétence universelle approuvée le 16 juin 1993 prévoit ainsi que le droit belge devient l'outil d'une politique fondée sur l'humanitaire et d'une conscience modifiant les relations entre les États. Pour le professeur et avocat Antoine Bailleaux, professeur de droit international à l'Université Saint-Louis à Bruxelles, « au nom de la lutte contre l'impunité et du respect des droits fondamentaux, il a fait de son pouvoir judiciaire l'instrument d'une politique humanitaire qui s'ancre dans une conscience transnationale et bouscule les relations entre États. L'ordre des priorités a changé : la politesse qui commandait qu'un gouvernement ne se mêlât point des affaires de son voisin a dû céder le pas à la conviction que l'essor d'un ordre public mondial passe par la mise en jugement de tous les criminels qui ont offensé la conscience de l'humanité »[140]. Ainsi, l'article 7 de la loi belge de compétence universelle permet qu'un juge soit compétent pour lancer des investigations sur un crime perpétré – puis étendu en 1999 aux crimes contre l'humanité et de génocide – quelle que soit la nationalité de la victime ou de l'auteur de l'infraction. Le 1er novembre 1998, grâce à la loi relative à la compétence universelle votée par la Belgique le 16 juin 1993, des citoyens chiliens et belges ont porté plainte contre le général Pinochet et se sont portés partie civile devant une juridiction bruxelloise. À la suite de l'arrestation à Londres de l'ancien chef d'État au pouvoir au Chili de 1973 à 1990, le magistrat chargé d'instruire les plaintes s'est déclaré compétent dans une ordonnance du 6 novembre 1998. Ainsi, le juge belge a délivré un mandat d'arrêt contre

---

138 JUZGADO CENTRAL DE INSTRUCCIÓN N°5 AUDIENCIA NACIONAL – MADRID, 12 septembre 2000, Procedimiento : Sumario 19/97-L - Delito: Terrorismo y Genocidio.

139 (Z.) LINGANE, *op. cit.*, p. 246.

140 (A.) BAILLEAUX, *op. cit.*, p. 116.

Augusto Pinochet[141]. En janvier 2000, à la suite de la décision des autorités du Royaume-Uni de libérer l'ancien dictateur chilien pour des raisons médicales, la justice belge a adressé deux Commissions rogatoires pour obtenir l'extradition de ce dernier. D'ailleurs, le 10 février 1999, le législateur belge a étendu la compétence universelle aux crimes contre l'humanité et au génocide. Cette loi a la particularité d'être applicable immédiatement. La personne s'estimant victime de l'infraction peut se constituer partie civile au moyen du principe de compétence universelle. Cette mesure législative prévoit une application immédiate, y compris pour les crimes perpétrés avant l'adoption de la loi. Cela permet à la personne se prétendant victime de l'infraction de déposer elle-même une plainte sur le moyen de la compétence universelle[142].

Le droit états-unien a permis des poursuites judiciaires à l'encontre de militaires suspectés de crimes contre l'humanité sur le moyen de la compétence universelle. Les associations de défense des droits de l'Homme se sont inspirées de l'*Alien Tort Claim Act.* Il s'agit d'un dispositif juridique inventé par le Congrès américain en 1789, dans les premiers temps des États-Unis indépendants. L'*Alien Tort Claim Act* permet de poursuivre devant des tribunaux civils des personnes qui auraient violé la « Loi des Nations ». Lors de son institution à la fin du dix-huitième siècle, cela ne concernait que les actes de piraterie, qui étaient à l'époque les faits les plus graves en droit. L'*Alien Tort Claim Act* fut pour la première fois utilisé pour des crimes contre l'humanité en 1981 dans l'affaire *Filartiga v. Pena-Irala.* Le contentieux portait sur la condamnation civile d'un officier paraguayen qui avait tué dans son propre pays un opposant au régime dictatorial du Paraguay. Elle constitua la première affaire d'intervention de la justice américaine dans des affaires de disparitions forcées et d'exécutions illégales en Amérique latine[143]. Le 12 mars 1992, le Congrès des États-Unis a renforcé l'Alien *Tort Claim* avec le vote du *Tort Victim Protection Act (TVPA).* Ce texte prévoit des actions civiles en dommages et intérêts par des violations telles que des actes de torture ou des exécutions sommaires ayant un caractère officiel si l'auteur des faits se trouve sur le territoire des États-Unis[144]. Ainsi, la jurisprudence sur le moyen de l'*Alien Tort Act* reposait sur l'idée d'un individu en dehors de justice corrective selon laquelle la responsabilité civile est issue de l'auteur individuel

---

141 (D.) VANDERMEERSCH « Droit belge », *in* (A.) CASSESE, (M.) DELMAS-MARTY (*dir.*), *op.cit*, p. 111.
142 *Ibid.*, p. 112.
143 (J.) SERROUSI, *op. cit.*, p. 407.
144 US CONGRESS, 12 mars 1992, *Tort Victim Protection Act*, Became Public Law, n° 102-256, https://www.govinfo.gov/content/pkg/STATUTE-106/pdf/STATUTE-106-Pg73.pdf (consulté le 13 avril 2021).

de l'infraction dans un contentieux portant sur le Paraguay. La Cour d'appel situé aux États-Unis estimait que la torture, pratiquée au nom de l'État par des autorités officielles, était contraire au droit des gens. Ainsi, « aux fins de la responsabilité civile, le tortionnaire est devenu – comme le pirate et le trafiquant d'esclaves avant lui – *hostis humani generis*, un ennemi du genre humain " »[145]. Pour Ruti G. Teitel, les actions en justice intentées à l'encontre de personnes suspectées d'atteinte aux droits de l'Homme ramènent aux périodes transitionnelles qui suivent la fin d'une dictature, en l'occurrence, en Amérique latine. Dans toute affaire d'intervention de la justice sur un contentieux ayant lieu à l'étranger se pose la question de la responsabilité des auteurs de violations de droits de l'Homme. En effet, il est très difficile, au nom de la souveraineté, de faire juger des chefs d'État, en exercice ou non, lorsqu'ils ont planifié de graves atteintes aux droits de l'Homme sur leur population.

La compétence universelle ou sa version états-unienne, *l'Alien tort Claim Act* constituait des palliatifs en raison de l'impossibilité juridique de juger les personnes dans le territoire où elles ont organisé ou exécuté l'infraction. Ainsi, « la détermination de l'auteur de l'acte dommageable, dans les poursuites fondées sur la notion d'*Alien tort*, apparaît comme une construction juridique caractéristique d'une justice rendue dans des circonstances non idéales. De telles poursuites s'observent généralement dans des situations politiques où il n'est pas possible de mettre en jeu la responsabilité du régime devant les tribunaux du pays impliqué »[146].

L'*Alien tort Claim Act* ne peut être engagé que dans le cas de crimes perpétrés par l'État portant atteinte aux libertés fondamentales des citoyens. Ce sont l'ensemble des pratiques étatiques ou paraétatiques que sont les actes de torture, les disparitions forcées, les exécutions extrajudiciaires et le génocide, dont la répression relève du *jus cogens*[147]. Pour Ruti G. Teitel, l'*Alien Tort Claim Act* institue un droit d'action contre des auteurs individuellement responsables, y compris les faits délictueux qualifiés d'officiels puisqu'ils ont été perpétrés en accord avec la législation de l'État. Ainsi, « l'extension des actions en responsabilité civile qui résulte de l'ATCA, bien que limitée à ce qu'on a interprété comme une attribution de "compétence universelle", montre à quel point l'idée de réparation judiciaire est au cœur de l'état de droit mondial. L'accès aux tribunaux est un thème central de la norme

145 (R.) G. TEITEL, « L'"alien" tort » et l'état de droit mondial », *Revue internationale des sciences sociales*, n° 185, 2005, p. 598.
146 *Ibid.*, p. 599.
147 *Idem.*

établissant la responsabilité des entreprises et, corrélativement, l'accès à la justice est devenu un élément critique de l'ordre juridique mondial »[148].

En effet, cette problématique d'une justice universelle pour les crimes les plus graves était mise en exergue par les mandats d'arrêt du juge Baltasar Garzón à l'encontre de militaires argentins et du général Pinochet qui bénéficiaient de mesures de clémence dans leurs pays respectifs. Parmi les membres de l'armée argentins visés par l'*Alien Tort Claim Act* se détache la figure du général argentin Guillermo Suárez Masón, suspecté de quarante-trois assassinats et vingt-quatre séquestres illégaux dont plusieurs bébés soustraits à leurs mères emprisonnées. Il est convoqué par la justice argentine dès le retour à la démocratie en décembre 1983 pour six-cent-cinq faits de tortures, d'assassinats et de disparitions forcées. Il est radié de l'appareil militaire pour refus de présentation devant la justice et le Conseil suprême des Armées. Guillermo Suárez Masón s'enfuit aux États-Unis en janvier 1987, où il sera arrêté et extradé en Argentine un an plus tard[149]. Il bénéficie de la grâce présidentielle de Carlos Menem, *par le biais* d'un décret du 6 octobre 1989 stoppant toute action judiciaire à son encontre[150]. Néanmoins, le général Suárez Masón est arrêté à la fin des années 1990 dans le cadre de l'enquête visant les soustractions d'enfants des opposants assassinés durant la dictature. Ayant alors plus de soixante-dix ans, la législation argentine prévoit qu'il soit assigné à résidence dans l'attente de son procès. Le général Suárez Masón est de nouveau placé en détention en 2004 pour avoir quitté son domicile sans autorisation. Il mourra le 21 juin 2005 sans jamais avoir été jugé en Argentine[151].

Ainsi, l'application de l'*Alien Tort Claims* permet d'affirmer que les crimes graves comme la torture sont une préoccupation commune de la communauté internationale. Le juge des États-Unis confirme dans l'affaire *Filartiga c. Pena-Irala*, que la torture perpétrée par un étranger sur un étranger et à l'extérieur des États-Unis, est une violation du droit international coutumier. Cela doit ainsi aboutir en une action en réparation devant les juridictions fédérales des États-Unis. L'exercice de la compétence universelle à l'encontre des actes perpétrés tortionnaires de manière systématique rend

148 *Ibid.*, p. 602.

149 UNITED STATES DISTRICT COURT, N.D. CALIFORNIA, *Forti v.Suárez-Masòn*, 672 F. Supp. 1531 (N.D. Cal. 1987), Oct 6, 1987.

150 DECRETO NACIONAL 1.002/1989 BUENOS AIRES, 6 de Octubre de 1989, *Boletín Oficial*, 10 de Octubre de 1989.

151 AGENCE FRANCE-PRESSE, « Le général Suárez Masón, un des chefs de la dictature en Argentine, est mort », *Le Monde.fr*, 21 juin 2005, https://www.lemonde.fr/ameriques/article/2005/06/21/le-general-suarez-mason-un-des-chefs-de-la-dictature-en-argentine-est-mort_664701_3222.html (consulté le 14 juin 2018).

effective l'obligation *erga omnes* de poursuivre les crimes de droit international les plus graves. Ainsi, « dans ce contexte, les États en invoquant la nature de *jus cogens* de l'interdiction de la torture, peuvent exercer la compétence universelle pour poursuivre la torture en tant qu'un crime contre l'humanité »[152].

Comme un retournement de l'Histoire, l'Espagne, qui est devenue le nouveau champ d'action judiciaire des victimes des régimes autoritaires latino-américains afin de contourner les lois d'amnisties votées en Argentine et au Chili, se voit reprocher son propre passé. En effet, la loi d'amnistie du 14 octobre 1977 n'avait jamais été remise en cause. Approuvée au début de la transition démocratique afin de libérer les derniers opposants au régime franquiste encore emprisonnés ou poursuivis, elle est devenue l'instrument pénal pour empêcher toute action judiciaire à l'encontre d'agents de l'ex-dictature. L'Espagne, lieu d'effectivité de principes internationaux (justice, vérité, réparation), devenait l'un des pays à la pointe du droit international pénal contre les anciens agents des régimes dictatoriaux argentins et chiliens. À partir des années 2010, les autorités espagnoles faisaient valoir les mêmes arguments que les gouvernements latino-américains vingt ans auparavant pour refuser l'extradition de fonctionnaires espagnols impliqués dans la politique de répression du régime franquiste. En effet, la justice argentine est devenue le nouveau champ d'action pour lancer des poursuites sur les violations des droits de l'Homme perpétrées par la dictature du général Franco.

Ainsi, la justice argentine va devenir le nouveau lieu de dépôt des plaintes des victimes du régime franquiste. La compétence universelle sera le moyen de poursuivre des fonctionnaires soupçonnés de graves violations des droits de l'Homme lorsque le général Franco était au pouvoir. La Constitution argentine prévoit la supériorité du droit international depuis la révision constitutionnelle du 22 août 1994. En effet, l'article 22 révisé consacre la supériorité des normes internationales sur la législation interne[153]. Il faut souligner que la Constitution argentine, dès son adoption en 1853, prévoyait le droit des gens comme une source de droit interne. En ce sens, les juridictions argentines pouvaient lancer des investigations sur les crimes allant à l'encontre du droit des gens même s'ils se produisent en dehors du territoire argentin. D'ailleurs, dès 1865, la Cour suprême de la Nation argentine avait estimé qu'en vertu de la Constitution, une personne pouvait

---

152 (D.) REZAI SHAGHAJI, « L'exercice de la compétence universelle en tant qu'obligation *erga omnes* afin de réprimer les crimes de jus cogens », *Revue internationale de droit pénal*, 2017, p. 16.

153 (A-E.) ALVAREZ, (E. A) BERTONI, (M.) BOO, « Droit argentin » *in* (A.) CASSESE, (M.) DELMAS-MARTY (*dir.*), *op. cit.*, p. 326.

être poursuivie pour crime contre le droit des gens[154]. Un siècle plus tard, la juridiction suprême de l'Argentine, dans un arrêt du 23 février 1995, avait estimé que « les normes internationales de nature fédérale concernant la juridiction internationale des magistrats argentins n'autorisent pas à soumettre à un pays les faits, objets de cette demande d'extradition, commis à l'étranger ; car il ne s'agit ni d'un délit contre le droit des gens ni d'un délit compris dans les hypothèses de l'article du Code pénal »[155]. Ainsi, le tribunal argentin aurait pu être compétent si le crime avait relevé de la catégorie du droit des gens. Il faut souligner que la révision de la Constitution argentine en 1994 a permis aux tribunaux nationaux de mettre un terme aux manquements de la législation. Des juridictions internes ont considéré des faits comme des crimes contre l'humanité, alors qu'ils étaient classifiés autrement par la loi pénale[156].

Le 14 avril 2010, deux descendants espagnols de victimes du régime franquiste, avec l'appui d'associations argentine et espagnole des droits de l'Homme, déposent une plainte en Argentine, sur le moyen de la compétence universelle, pour crimes de génocide et crime contre l'humanité commis par l'Espagne franquiste. La juge María Servini de Cubría décide d'ouvrir une information judiciaire et adresse deux mandats d'arrêt aux autorités espagnoles. L'Espagne n'apporte alors aucune réponse claire à ce sujet. Entre-temps, en février 2012, le Tribunal Suprême relaxe Baltasar Garzón du délit de prévarication dont il avait été accusé en 2010. Néanmoins, la juridiction suprême déclare l'impossibilité pour les tribunaux espagnols d'enquêter sur les crimes du franquisme en raison de la loi d'amnistie de 1977. La juge Servini devait normalement se rendre à Madrid pour recueillir preuves et témoignages à l'été 2012. Cette visite n'aura pas lieu en raison de l'annulation du voyage. La *Red de apoyo a la Querella Argentina contra Crímenes del Franquismo* (renommée en mai 2013 *Coordinadora estatal*, CEAQUA) est une plateforme associative créée au début de l'année 2012. Elle recueille une liste de cinq mille témoignages de victimes du régime franquiste, permettant de déposer une plainte devant le tribunal de Buenos Aires en novembre 2012. L'Espagne exerce alors des pressions diplomatiques pour empêcher les témoins d'être entendus par la justice argentine, que ce soit *de visu* ou par vidéoconférence[157]. La juge María Servini de Cubría a recueilli le témoignage

---

154 *Ibid.*, p.327.

155 CORTE SUPREMO DE LA NACION ARGENTINA, 23 février 1995, *Peyru, Diego Alberto c./extradicion*, § 6.

156 (A-E.) ALVAREZ, (E. A) BERTONI, (M.) BOO, « Droit argentin » *in* (A.) CASSESE, (M.) DELMAS-MARTY (*dir.*), *op. cit.*, p. 329.

157 (E.) FOURMONT GIUSTINIANI, « Répression dictatoriale, justice transitionnelle et mémoire historique. Le cas espagnol au miroir argentin (1975-2018) », *Cahiers d'Études Romanes*, 2020, p. 12.

de plusieurs victimes torturées durant cette période qui s'étaient confiées dans la presse espagnole[158]. Le 18 septembre 2013, la juge Servini va lancer un mandat d'arrêt international à destination de sept ex-ministres et un ex-vice-président du gouvernement, ainsi qu'un ordre d'extradition à l'encontre de quatre d'entre eux, dont Antonio González Pacheco, surnommé « Billy El Niño », accusé d'avoir torturé à la Direction générale de la Sécurité à Madrid, de 1971 à 1975. Les 24 et 25 septembre 2013, le procureur de l'Audience Nationale, Javier Zaragoza, estime que la détention des quatre anciens agents du régime franquiste était « inutile ». Les moyens avancés pour ne pas arrêter et livrer les personnes suspectées aux autorités argentines figurent dans un rapport remis au juge de l'Audience Nationale, Pablo Ruz. Il s'agit de l'ancienneté des faits reprochés, le manque de précision quant aux circonstances de temps et de lieu ainsi que l'empêchement de poursuites judiciaires par la loi d'amnistie de 1977[159]. Une délégation de victimes se rend à Buenos Aires pour être entendue par la justice argentine, à la fin du mois de novembre 2013. Cela aura pour conséquence la comparution par le juge Pablo Ruz, de deux anciens policiers cités dans la demande d'extradition, devant l'Audience Nationale, à Madrid, le 5 décembre 2013. En janvier 2014, le Procureur principal rejette la demande d'extradition sur le moyen de la prescription des crimes. Un expert est mandaté par l'Espagne auprès de l'ONU. Spécialiste de la justice transitionnelle, Pablo de Greiff rend un rapport provisoire très critique envers l'appareil judiciaire espagnol. En avril 2014, l'Audience nationale affirme son refus d'extrader les inculpés au motif que les actes dont ils font l'objet d'un mandat d'arrêt ne relèvent pas de crimes contre l'humanité. Par conséquent, ces crimes sont prescrits, car ils ne relèvent pas de cette notion. En mai 2014, la juge argentine María Servini retourne à Madrid avec une Commission judiciaire dans l'optique de recueillir les témoignages de sept victimes, trop âgées pour se rendre à Buenos Aires. Entre-temps, la *Querella* réunit 350 plaignants. Les conclusions définitives de Pablo de Greiff et du Groupe de travail de l'ONU sur les disparitions forcées sont rendues publiques dans un rapport publié à l'été 2014. L'Espagne adresse alors une fin de non-recevoir à toute idée de poursuivre les agents du régime franquiste encore en vie. Antonio González Pacheco décèdera des suites de la COVID-19 en Espagne le 7 mai 2020 sans jamais avoir été jugé.

Par conséquent, « la transition espagnole constitue un cas unique de réconciliation nationale sans justice pénale, par décision délibérée et

---

158 (M-C.) CHAPUT, (A.) TAILLOT, « Le franquisme face à la justice », *Matériaux pour l'histoire de notre temps*, n° 111 - 112, 2013, p. 46.

159 *Ibid.*, p. 44.

consensuelle de l'immense majorité des forces politiques parlementaires d'éviter la justice transitionnelle. L'équilibre des différents intérêts, la paix et la démocratie, la justice et la réconciliation ont été trouvés en Espagne au moyen du renoncement à la justice pénale »[160]. Le choix de l'Argentine n'est pas anodin. En outre, des liens historiques et linguistiques par rapport à l'Espagne, il faut souligner qui depuis l'élection de Nestor Kirchner à la présidence de la République en 2003, les mesures d'impunité bénéficiant aux militaires au pouvoir sous la dictature ont été abrogées. Par conséquent, les victimes du régime franquiste ont choisi l'Argentine au début des années 2010. Ces dernières estimaient que les juridictions argentines auraient une légitimité particulière pour mettre fin aux mesures d'impunité en Espagne. Les victimes directes ou indirectes du régime franquiste s'inspirent des démarches effectuées dans les années 1990 par celles des dictatures argentines et chiliennes. Elles se sont inspirées de l'action du juge Garzón qui avait obtenu l'arrestation du général Pinochet, lors de sa visite au Royaume-Uni en 1998[161].

Ainsi, « a pesar de las justificaciones basadas en razones de estricta legalidad, el hecho de que España enjuiciara los crímenes de otras dictaduras sin haber sido capaz de enfrentar su propio pasado representó un argumento de mucho peso que afectó negativamente a la imagen del país y motivó una reacción interna de cuestionamiento del modelo transicional de impunidad. Todo ello se produce en un contexto de emergencia, a escala mundial, de la cultura de la memoria histórica y del creciente protagonismo de los derechos de las víctimas. Por otra parte, la Ley de memoria histórica no ha satisfecho algunas de las principales reivindicaciones de las asociaciones civiles, especialmente en lo tocante a las fosas comunes en las que fueron sepultadas las víctimas de las ejecuciones extrajudiciales masivas perpetradas por las tropas de Franco, respecto a las cuales la Ley se limita a prever subvenciones y dar facilidades para que sea la iniciativa privada la que efectúe labores de investigación, localización, identificación y dignificación. La frustración de la expectativa de que sea el Estado quien asuma esta labor ha estimulado el recurso a la justicia penal como medio de averiguación y establecimiento oficial de la verdad »[162].

En ce sens, selon la chercheuse Sophie Baby, spécialiste de l'Espagne contemporaine, « la quête initiale de vérité dans un pays bloqué par le silence

160 (E.) FOURMONT GIUSTINIANI, *op.cit.*, p. 13.

161 (M-C.) CHAPUT, (A.) TAILLOT, « Le franquisme face à la justice », *Matériaux pour l'histoire de notre temps*, 2013, n° 111 - 112, p. 45.

162 (J.) TAMARIT SUMALLA, « Los límites de la justicia transicional penal : la experiencia del caso español », *Política criminal*, volume 7, n° 13, juillet 2012, Art. 2, p. 78.

et le déni, dans lequel il fallait libérer la parole et révéler un passé refoulé, s'est transformée en quête de reconnaissance et de réhabilitation publique des victimes avant que la soif de justice ne prenne le dessus. On a vu comment les acteurs avaient su mobiliser d'emblée l'opinion internationale pour peser sur les gouvernements successifs, tout en ne découvrant qu'au fur et à mesure le potentiel représenté par la législation internationale de défense des Droits de l'Homme puis par la justice universelle, alors en plein déploiement. Ils ont su agréger à leur répertoire d'actions initial de nouveaux instruments de lutte, énoncer clairement les droits auxquels pouvaient prétendre les victimes et que l'on peut résumer par la formule "vérité, justice, réparation", et intégrer à leur discours une nouvelle grammaire victimaire dominée par le registre juridique transnational. Ces nouveaux outils ont été essentiels dans la légitimation symbolique des victimes et de leurs revendications sur la scène nationale, dans la mesure où ils ont contribué à une relative neutralisation de la conflictualité politique en élevant leur cause au niveau de l'universel »[163].

La compétence universelle a permis de mettre à jour les violations des droits de l'Homme perpétrées lorsqu'un État fut dirigé par un gouvernement dictatorial. Quelle que soit l'issue de la procédure judiciaire, elle a permis de poursuivre les auteurs de graves violations des droits de l'Homme alors que les faits reprochés ne pouvaient plus légalement faire l'objet de poursuites judiciaires. En effet, l'État, lorsqu'il était gouverné par un régime autoritaire, avait été responsable des violations au moyen de ses organismes officiels. Par conséquent, le gouvernement a décidé de mettre fin à toute action de la justice par une loi d'amnistie ou décret de grâce. Il convient de souligner que peu de procédures judiciaires relatives aux dictatures latino-américaines lancées sur le moyen de la compétence universelle ont abouti. Néanmoins, elles ont pu provoquer un choc dans l'opinion nationale en mettant au grand jour l'ensemble des violations des droits de l'Homme commises par les agents de l'État, lorsque celui-ci était administré par une dictature. Ainsi, les procédures sur le moyen de la compétence universelle ont eu un rôle dans la remise en cause des mesures juridiques empêchant toute poursuite judiciaire. Ce fut notamment le cas en Argentine et dans une moindre mesure au Chili.

163 (S.) BABY, « Vérité, justice, réparation : de l'usage en Espagne de principes internationaux », *Matériaux pour l'histoire de notre temps*, n° 111 – 112, 2013, p. 32.

CHAPITRE 4.

Le droit international public, le vecteur de la réaction du processus judiciaire au niveau national

Le droit international public sera le principal vecteur d'abrogation des lois d'amnistie, permettant de rouvrir le processus judiciaire des militaires latino-américains impliqués dans les violations des droits de l'Homme. L'intégration des normes internationales au sein des corpus juridiques des États va permettre à des juges de contourner les lois d'amnisties, permettant de renvoyer des militaires suspectés de crimes contre l'humanité en Amérique latine. Cet activisme judiciaire va ouvrir un mouvement de remise en cause des mesures d'impunité dans cette région du monde. Les pays d'Amérique latine, lors de leur démocratisation, ont intégré dans leurs corpus juridiques internes des normes de droit international, notamment en matière de protection des droits de l'Homme.

Or, un procès est indispensable pour les victimes et une Nation qui ont été dirigées par un régime qui, pour accomplir sa politique, fut responsable de graves droits de l'Homme. Or, l'amnistie, en bloquant l'action judiciaire, empêche la tenue d'un procès. Dès le début des années 1990, la Commission IDH avait reproché à l'Argentine et à l'Uruguay leurs lois amnistiant les dirigeants et agents publics qu'ils soient civils et militaires, pour les crimes commis sous leurs dictatures respectives. En effet, indemniser les victimes directes ou indirectes ne suffit pas à refermer les plaies du domaine psychique et physique engendrées par les crimes contre l'humanité. Le droit à un procès est une des prérogatives fondamentales de tout citoyen dans le cadre d'un État de droit. En effet, l'institution judiciaire est considérée par les juristes ou les spécialistes de la justice transitionnelle comme la meilleure agora pour faire éclater la vérité.

SECTION 1.
Le droit international public, instrument de réactivation de l'action de la justice dans le cadre de la justice transitionnelle

§1. Le rôle fondamental de la place du droit international public au sein du droit interne dans la remise en cause de l'impunité

La question de la place du droit international public au sein des législations internes fut primordiale dans l'abolition des mesures empêchant de poursuivre les auteurs de violations des droits de l'Homme, en l'occurrence les responsables et les agents des dictatures militaires latino-américaines. Appliquer les textes internationaux au sein du corpus juridique des États permettant de mettre en œuvre les mesures de justice transitionnelle. Cela aboutit à la l'application du droit à l'action judiciaire dans le cadre du droit international à la justice transitionnelle.

A. L'application du droit international en droit interne, vecteur de l'application du droit à la justice transitionnelle

L'application des normes de droit international public vont permettre au sein de législations internes de normes obligeant la poursuite judiciaire des auteurs de faits dont la gravité est réprouvée par la communauté internationale. La Convention de Vienne sur le droit des traités de 1969 prévoit la supériorité du droit international public sur le droit interne. Elle estime que ce dernier doit voir son application écarter lorsqu'il méconnaît l'application du droit international. À l'exception d'un consentement vicié, rien ne peut justifier l'application de ce dernier au sein de la législation interne[1]. La Cour permanente de justice internationale, dans son arrêt *Question des communautés gréco-bulgares* du 31 juillet 1930, a estimé que « c'est un principe généralement reconnu du droit des gens que, dans les rapports entre Puissances contractantes d'un traité, les dispositions d'une loi interne ne sauraient prévaloir sur celles du traité[2] ».

L'article 27 de la Convention de Vienne sur le droit des traités prévoit qu'un État partie « ne peut invoquer les dispositions de son droit interne comme justifiant la non-exécution d'un traité ». Il faut souligner que pour les États dits « dualiste », l'application des normes internationales se réalise à

---

[1] (D.) ALLAND, *Manuel de droit international public*, Collection Droit fondamental, Presses universitaires de France, Paris, 2014, p. 190.

[2] CPJI, 31 juillet 1930, *Question des communautés gréco-bulgares*, Sér. B, n° 17, Rec. p. 32.

travers un acte spécial de transposition. En revanche, dans les États de culture « moniste », il n'est pas forcément obligatoire que soit pris un acte spécifique pour transposer la norme interne au sein de la législation interne. L'application des mesures de justice transitionnelle avec l'obligation pour les États de lancer une action pénale pour des responsables de crimes contre l'humanité ou toute autre violation grave des droits de l'Homme dépend de l'effet direct du droit international au sein du droit interne. Cela met en exergue la problématique de l'effet direct comme vecteur de l'exécution des engagements internationaux de l'État. Le juriste italien Dionisio Anzilotti, partisan du dualisme, estimait que les droits internationaux et internes sont conçus séparément, une norme ne pouvant à la fois être interne et internationale. Pour les dualistes, les actes internes sont dénués de toute attache avec les obligations internationales de l'État[3].

En l'espèce, dans le cas des affaires latino-américaines, la possibilité de renvoyer devant les autorités judiciaires et de sanctionner l'ensemble de l'appareil militaire et policier suspecté de crimes contre l'humanité a pu s'effectuer grâce à la volonté des États d'appliquer les mesures de droit interne au sein de la législation interne. Dans la conception positiviste du droit, les conventions internationales sont supérieures aux normes internes, élément nécessaire pour l'existence d'un ordre juridique international[4]. L'application des conventions internes au sein du droit interne oppose deux principales écoles de pensées juridiques. Selon la doctrine dualiste, une règle de droit interne ne peut contenir en son sein une règle de droit international. La source du droit créée par la norme internationale doit devenir la source de la norme interne. Ainsi, selon l'école dualiste, le droit international n'a aucune influence sur la validité du droit interne, une norme non conforme à une Convention internationale est toujours valide dans l'ordre juridique de l'État[5]. Les partisans du monisme, à l'instar de Hans Kelsen, considèrent qu'il n'y a qu'un seul ordre juridique avec un rapport de délégation ou de dérivation des normes de droit interne aux normes de droit international. D'ailleurs, il existe deux variantes de l'école moniste. Dans l'optique d'un ordre juridique unique, certains auteurs estiment que le droit international est subordonné au droit interne, tandis que d'autres pensent l'inverse. Hans Kelsen estime qu'il existe un rapport de délégation entre le droit et les divers ordres juridiques, élément nécessaire dans l'unité des conceptions du droit. Néanmoins, dualistes et monistes s'entendent pour estimer qu'un État qui

---

3 (R.) RIVIER, *Droit international public*, Collection Thémis « Droit », Presses universitaires de France, Paris, troisième édition, 2017, p. 656.
4 (D.) ALLAND, *op. cit.*, p. 189.
5 *Ibid.*, p. 187.

maintient ou promulgue au sein de son appareil législatif un acte en droit interne entrainant un effet contraire à l'engagement international souscrit n'en est pas moins problématique, constituant ainsi une violation du droit international[6].

L'applicabilité directe du droit international en droit interne reflète le cas de figure où les bénéficiaires directs des actes conférés aux particuliers les rendent opposables devant les juridictions internes. L'effet direct du droit international dépendant du droit international, la situation interne des particuliers se résout par le droit interne en raison du caractère justiciable des règles de droit international. Il faut souligner qu'une règle internationale peut avoir un caractère immédiat sans qu'il y ait un acte interne sans effet direct de l'ordre juridique d'un État. D'ailleurs, la Constitution peut prévoir l'effet direct des règles internationales[7]. Le droit international était ratifié, mais n'avait pas d'effets sur la législation interne et sur les sujets de droit au niveau de l'État. Le droit international ne devient effectif que si les destinataires le respectent en accomplissant l'obligation imposée par la règle[8]. Hans Kelsen estimait qu'une règle devenait effective « lorsqu'elle est appliquée dans les cas concrets par les organes de l'ordre juridique, par les tribunaux, c'est-à-dire lorsque la sanction est ordonnée et exécutée quand la norme le prévoit, soit également lorsqu'elle est suivie par les sujets, c'est-à-dire lorsqu'ils manifestent la conduite qui évite la sanction[9] ».

Lors de la mise en place de la Convention de Vienne sur le droit des traités de 1969, le Luxembourg avait posé un amendement obligeant les États à prendre des mesures de droit interne pour appliquer pleinement les textes ratifiés si ceux-ci ne peuvent atteindre leur objet et leur but d'une autre manière. Le but de l'amendement luxembourgeois était que les traités obligeant les parties contractantes à harmoniser leur législation sur des sujets déterminés ou à introduire certains principes dans leur droit interne ne peuvent sortir tous leurs effets que si les autorités compétentes des États prennent des mesures de législation, de réglementation ou de publication pour rendre effectif le droit international. En effet, ce type de normes ne peut se suffire à lui-même. En effet, les normes internationales édictent des règles de droit interne prises par les parlements lorsqu'il s'agit de matières réservées à la loi et par les exécutifs s'ils sont habilités afin de compléter et

6 *Ibid.*, p. 188.
7 (R.) RIVIER, *op. cit.*, p. 657.
8 (Y.) LEROY, « La notion d'effectivité du droit », *Droit et société*, n° 79, 2011, p. 718.
9 (H.) KELSEN, *Théorie pure du droit*, Dalloz, Paris, 1962, p. 15.

de préciser[10]. Pour que le droit international soit un effet en droit interne, il n'est pas nécessaire d'y reconnaître un effet direct ou une valeur légale. En complément de l'effet direct, le droit international peut être considéré comme simple fait juridique. Ces autres techniques d'application des normes internationales dans la législation interne sont la conséquence de la souveraineté de l'État dans sa manière d'appliquer le droit international en droit interne. Ainsi, l'effet direct permet l'application des obligations internationales de l'État en permettant au droit international de faire autorité devant les juridictions et l'ensemble des organes internes[11]. L'article 53 de la Convention de Vienne prévoit la nullité de « tout traité qui, au moment de sa conclusion, est en conflit avec une norme impérative du droit international général. Aux fins de la présente Convention, une norme impérative du droit international général est une norme acceptée et reconnue par la communauté internationale des États dans son ensemble en tant que norme à laquelle aucune dérogation n'est permise et qui ne peut être modifiée que par une nouvelle norme du droit international général ayant le même caractère ».

La transition démocratique a permis l'adhésion des États à des conventions internationales qui prévoient un contrôle international du respect des droits de l'Homme dans sa législation nationale[12]. L'obligation de poursuivre les auteurs de violations des droits de l'Homme met en exergue les métamorphoses du droit international public contemporain. La sanction des graves atteintes aux droits humains devient un dérivé des droits de l'Homme avec cette obligation positive pour l'État de traduire en justice les responsables de crimes de masse.

La Convention de 1948 relative à la répression du crime de génocide ainsi que la Convention de 1984 sur la torture avaient constitué une profonde avancée. La répression est imposée, elle n'est plus laissée à la bonne appréciation des États. La Cour internationale de justice, dans son avis consultatif sur la *Licéité de la menace ou de l'emploi des armes nucléaires* du 8 juillet 1996, rappelle que la Convention de Genève fait partie du droit coutumier, qui comprend la répression pénale des infractions les plus graves de droit international. D'ailleurs, l'obligation de poursuivre les auteurs d'atteintes aux droits de l'Homme ou de tout autre crime de nature internationale a un caractère impératif tel qu'il n'est pas utile qu'un texte relatif ait été adopté. Ainsi, même des dispositions relevant du droit conventionnel sont d'une

---

10 (J.) HOSTERT, « Droit international et droit interne dans la Convention de Vienne sur le droit des traités du 23 mai 1969 », *Annuaire français de droit international*, volume 15, 1969, p. 111.

11 (R.) RIVIER, *op. cit.*

12 (K.) MARTIN-CHENUT, « Droit international et démocratie », *Diogène*, n° 220, 2007, p. 39.

importance telle qu'elles vont relever du droit coutumier[13]. En effet, la CIJ estime que « ces règles fondamentales s'imposent d'ailleurs à tous les États, qu'ils aient ou non ratifié les instruments conventionnels qui les expriment, parce qu'elles constituent des principes intransgressibles du droit international coutumier »[14].

La CIJ, dans son arrêt *Barcelona Traction* du 5 février 1970, rappelle le respect par l'État de ses obligations internationales *erga omnes* qui engagent la responsabilité de ce dernier devant la communauté internationale. En effet, les États sont tenus d'appliquer certaines règles sans que celles-ci soient écrites. Ainsi, « vu l'importance des droits en cause, tous les États peuvent être considérés comme ayant un intérêt juridique à ce que ces droits soient protégés ; les obligations dont il s'agit sont des obligations *erga omnes.* Ces obligations découlent par exemple, dans le droit international contemporain, de la mise hors la loi des actes d'agression et du génocide, mais aussi des principes et des règles concernant les droits fondamentaux de la personne humaine (...). Certains droits de protection correspondants se sont intégrés au droit international général »[15] .

Le droit constitutionnel joue un rôle clé dans le cadre des transitions démocratiques dans son rôle de gardien des libertés fondamentales des citoyens. Les États ayant connu des régimes autoritaires acquièrent lors de la démocratisation une Constitution très protectrice des libertés fondamentales. De plus, le droit constitutionnel permet de définir la place du droit international public dans l'ordre juridique interne. Une large part étant consacrée à la protection des droits fondamentaux, la norme suprême va ainsi devenir l'un des vecteurs de l'application du droit international en droit interne. Le droit à la justice transitionnelle ne doit pas être en dehors de la Constitution, mais doit s'inscrire dans ce cadre. En effet, les mesures de vérité, justice et réparation sont consacrées et protégées par le droit international. La justice transitionnelle doit ainsi respecter les droits fondamentaux prévus dans la Constitution de l'État. Ainsi, « la constitutionnalisation de la justice transitionnelle permettra de renforcer le processus en obligeant la justice transitionnelle à respecter les prescriptions de la Constitution et de la Cour (NDLR constitutionnelle) (...) et, plus largement, en facilitant l'appropriation des conclusions de la justice

---

13 (A.) CASSESE, « L'incidence du droit international sur le droit interne », *in* (A.) CASSESE, (M.) DELMAS MARTY (*dir.*), *op. cit.*, p. 557.

14 CIJ, 8 juillet 1996, avis consultatif, *Licéité de la menace ou de l'emploi des armes nucléaires*, *Rec.*, pp. 254-255, § 79.

15 CIJ, 5 février 1970, Barcelona Traction, Light and Power Company Limited, arrêt, CIJ Recueil 1970, §§ 33-34, p. 32.

transitionnelle par le juge constitutionnel. Ainsi, loin d'être une justice "hors de la constitution", comme à première vue son caractère dérogatoire le laisserait supposer, la justice transitionnelle est bien une justice "dans la constitution" »[16].

Ainsi, le droit constitutionnel va devenir l'un des principaux moyens de remise en cause des lois d'impunité dans le Cône Sud de l'Amérique latine, notamment en Argentine. Les révisions constitutionnelles ou l'adoption de nouvelles Constitutions vont permettre aux citoyens de rendre opposable le droit international. Le juge constitutionnel va pouvoir motiver sa décision en se fondant sur le droit international public. Par l'intermédiaire du contrôle de conventionnalité, le juge constitutionnel va permettre de remettre en cause les lois empêchant de renvoyer devant les autorités judiciaires les auteurs de crimes contre l'humanité qui bénéficiaient de lois d'amnisties ou de grâces. En effet, les acteurs de la justice transitionnelle mettent en exergue la nécessité sur le droit à la vérité et le droit à la justice des victimes. Le droit constitutionnel devient l'un des vecteurs de l'application du droit international en droit interne. Les normes internationales étant insérées dans le contrôle de constitutionnalité, cela a permis de faire annuler des lois d'amnistie en Amérique latine, permettant de renvoyer devant la justice des auteurs de violations des droits de l'Homme[17].

Le droit constitutionnel devient l'un des principaux vecteurs de l'application du droit à la justice transitionnelle. La norme suprême permet le caractère effectif du droit de savoir, du droit à la vérité, du droit à réparation et du droit à la justice. Par conséquent, toute transition démocratique qui ne verrait pas l'application de ces mesures serait contraire à l'État de droit. En effet, le droit pour tout citoyen de disposer du recours judiciaire est l'un des droits fondamentaux principaux. Par conséquent, des gouvernements démocratiques violent l'État de droit en amnistiant des personnes condamnées ou suspectées de graves violations des droits de l'Homme. La justice transitionnelle est liée au processus constitutionnel puisque les transitions démocratiques sont caractérisées par de grandes modifications de la norme suprême. Par conséquent, les principes de vérité, de justice et de réparation consacrés par le droit international acquièrent une valeur constitutionnelle. En effet, la Constitution, par son rôle de norme suprême, garantit la prérogative des citoyens à pouvoir saisir la justice. Le but est d'éviter que le processus de justice transitionnelle ne devienne une

---

16 (F.) HOURQUEBIE, « La notion de justice transitionnelle a-t-elle un sens ? », *Les Petites Affiches*, n° 90, 2009, p.7.

17 (F.) MÉGRET, « Les processus constituants transitionnels : essai de typologie et analyse critique », Juges constitutionnels et doctrine - Constitutions et transitions », *op. cit.*, p. 579.

entrave à des poursuites judiciaires par le vote d'une loi d'amnistie ou toute autre mesure empêchant de poursuivre les auteurs de violations des droits de l'Homme lorsque le régime autoritaire était au pouvoir. Il faut rappeler que le droit international insiste sur la notion que la justice transitionnelle doit apparaître comme un complément de la justice pénale et non comme un substitut[18]. Par conséquent, la Constitution peut encadrer le processus de justice transitionnelle en rendant effectif le droit de poursuivre devant la justice les auteurs de violations des droits de l'Homme.

L'interprétation du juge constitutionnel a pour conséquence l'application d'un caractère fondamental pour statuer sur les crimes du passé. Ainsi, ce dernier, en étant le garant de la supériorité de la Constitution, limite le champ d'application du processus de justice transitionnelle en évitant que celle-ci se conjugue avec l'impunité. Ainsi, la justice constitutionnelle devient pour les acteurs publics et non gouvernementaux un rôle clé pour faire respecter le droit international public – et *a fortiori* la Constitution – dans le cadre de la justice transitionnelle, permettant ainsi de la légitimer[19].

La Cour IDH rappelle aux systèmes constitutionnels et aux constituants lorsqu'ils doivent statuer sur les violences du passé dictatorial et dans l'écriture de l'avenir et qu'ils sont responsables devant le droit international. Celui-ci veille à l'application des mesures de justice transitionnelle et à la mémoire des victimes du régime autoritaire. En effet, la Cour IDH invalide les lois d'amnistie, car elles sont contraires au droit à la vérité et à la justice des citoyens. Le juge constitutionnel a pu jouer un rôle de contre-pouvoir juridictionnel en Amérique latine en remettant en cause les lois d'amnistie. De nombreux États d'Amérique latine ayant accordé une valeur constitutionnelle aux textes internationaux de protection des droits fondamentaux, les juridictions constitutionnelles ont pu mettre fin à l'impunité législative des anciens responsables et agents des ex-régimes autoritaires en raison de leur fonction de contrôleur de la production normative interne. Les citoyens des États ayant connu un régime autoritaire accordent une certaine confiance à leurs juges constitutionnels en raison de leur rôle de gardien du respect de la norme fondamentale et de la création de la loi et, *in fine*, du respect des droits fondamentaux. En effet, la Cour constitutionnelle fut instituée lors du rétablissement de la démocratique

---

18 (X.) PHILIPPE, « La justice transitionnelle est-elle compatible avec les principes constitutionnels reconnus dans un nouvel État de droit ? », *Droit constitutionnel et transition démocratique*, 8ème Congrès mondial de droit constitutionnel, Mexico, décembre 2010 *in Long Cours. Mélanges offerts à Pierre Bon*, Dalloz, Paris, 2014, p. 15.

19 (L-M.) GUTIERREZ RAMIREZ, *Justice transitionnelle et Constitution*, Collection des Thèses, Institut universitaire Varenne, LGDJ/Lextenso, Paris, 2018, p. 988.

après le vote d'une nouvelle Constitution ou d'importantes modifications apportées à la loi fondamentale[20].

Les importantes réformes constitutionnelles entreprises durant les années 1980 et 1990 à la suite du retour de la démocratie en Amérique latine ont consacré la supériorité des textes internationaux protecteurs des droits de l'Homme dans leur hiérarchie des normes au niveau interne[21]. La jurisprudence de la Cour IDH, en plus des conventions internationales de protection des droits de l'Homme, devient l'une des sources du juge constitutionnel. Les Constitutions espagnoles et du Cône Sud de l'Amérique latine prévoyant la supériorité du droit international sur le droit interne, les tribunaux internes, quelle que soit leur niveau, vont pouvoir remettre en cause les mesures d'impunité en se fondant sur le droit constitutionnel. Les juridictions suprêmes ont pu mettre fin aux lois d'amnistie empêchant de poursuivre judiciairement les auteurs de violations des droits de l'Homme en raison de leur inconstitutionnalité.

Ainsi, les Cours constitutionnelles se retrouvent en arbitre susceptible de trancher les litiges opposant des revendications contradictoires sur l'application des mesures de justice transitionnelle[22]. Les États du Cône Sud de l'Amérique latine accordent une valeur supralégislative et constitutionnelle au droit international des droits de l'Homme. Seule l'existence d'une juridiction constitutionnelle et d'un pouvoir judiciaire est efficace pour rendre ces droits effectifs[23]. Les États, en ratifiant des textes internationaux protecteurs des droits fondamentaux, ont voulu mieux protéger ceux-ci au sein de leur corpus juridique interne. En effet, le renforcement de protection des droits de l'Homme en droit interne ne peut être effectif que si la supériorité des normes en question sur la législation interne est assurée[24].

Les États parties doivent prendre toutes les mesures nécessaires pour rendre effectifs les droits et libertés prévues dans la Convention américaine dans le respect de leur cadre constitutionnel. Le droit à pouvoir se constituer partie civile devant les autorités judiciaires constitue l'une des prérogatives fondamentales qui ne peuvent être entravées sous n'importe quelle forme que ce soit. En l'espèce, dans le cas de l'Amérique latine, il existe un lien très fort entre les juridictions constitutionnelles et la Cour IDH. Le juge de San José, dans son arrêt *Barrios Altos* de 2001 qui pose le principe de la non-

---

20 *Idem.*
21 (K.) MARTIN-CHENUT, « Droit international et démocratie », *op. cit.*, p. 39.
22 (L-M.) GUTIERREZ RAMIREZ, *op. cit.*,
23 (N.) YOUSSEF, *op. cit.*, p. 547.
24 *Ibid.*, p. 548.

conventionnalité des lois d'amnistie, ne fait aucune référence aux jurisprudences constitutionnelles des États parties au mécanisme interaméricain de protection des droits de l'Homme. Néanmoins, il faut souligner que les lois d'amnistie, notamment celles votées en Argentine, avaient été validées par une juridiction constitutionnelle. Il faut noter que dans l'arrêt *Almonacid Arennallo* de 2006, le juge interaméricain ne fait pas non référence à des Cours constitutionnelles même lorsque celles-ci ont remis en cause les lois d'amnisties sur la base du droit international[25]. En effet, la juridiction supranationale vérifie si certaines restrictions aux droits de l'Homme – dont notamment celle de saisir un recours devant les juridictions internes – est justifiée, d'où le rôle du juge constitutionnel de veiller sur la conformité des mesures internes vis-à-vis des conventions souscrites par l'État[26].

Les juges des Cours suprêmes vont effectuer le contrôle de conventionnalité par le biais du droit constitutionnel qui a inséré en son sein le droit international public. L'intervention des normes internationales va permettre de rendre effective l'obligation de répression interne des graves violations des droits de l'Homme. Le droit interne va permettre de garantir la sécurité en prévoyant la répression des crimes les plus graves de droit interne. Les lois d'impunité rompent avec la sécurité juridique puisque des crimes d'une gravité extrême ne sont pas sanctionnés pour des raisons politiques. Ainsi, l'intervention du juge constitutionnel permet de justifier la souveraineté de l'État comme moyen du respect de ses engagements internationaux, permettant de garantir le respect de la sécurité juridique des individus en prévoyant la nécessité de réprimer les violations des droits de l'Homme grâce au droit international[27].

B. La consécration du droit à l'action judiciaire dans le cadre du droit international à la justice transitionnelle

La Cour IDH, dans son arrêt *Velásquez* de 1988, a consacré l'obligation de poursuivre les responsables de disparitions forcées en estimant que les lois d'amnistie n'étaient pas conformes à la Convention américaine de 1969 qui garantit à tous les citoyens le libre accès à la justice. Permettre à tous les justiciables de se tourner vers les autorités judiciaires fait partie des obligations conventionnelles devant être appliquées en droit interne sans

25 (L-M.) GUTIERREZ RAMIREZ, *op. cit.*, p. 427.

26 *Ibid.*, p. 429.

27 (S.) GARIBIAN, « Le recours au droit international pour la répression des crimes du passé : Regards croisés sur les affaires *Touvier* (France) et *Simón* (Argentine), *Annuaire français de droit international*, volume 56, 2010, p. 200.

dérogation possible. Les disparitions forcées, malgré la complexité de ce crime, ne doivent pas rester impunies, l'État doit tout mettre en œuvre pour rechercher les responsables et les traduire devant les autorités judiciaires afin qu'ils soient sanctionnés. Ainsi, poursuivre les auteurs des droits de l'Homme consiste à respecter la Convention. Par conséquent, l'obligation d'enquêter sur les violations des droits de l'Homme est « comme une obligation de moyen ou de comportement qui n'est pas respectée par le seul fait que l'enquête n'a pas produit de résultat satisfaisant. Il faut cependant la concevoir avec sérieux et non comme une simple formalité condamnée d'avance à être infructueuse. Elle doit avoir du sens et être prise en compte par l'État comme un devoir juridique propre et non comme une simple gestion des intérêts particuliers qui dépendrait de l'initiative procédurale de la victime ou de ses proches ou d'un apport privé en ce qui concerne les éléments probatoires, sans que l'autorité publique cherche de façon effective la vérité »[28].

L'arrêt *Barrios Altos* rendu le 14 mars 2001 par la Cour IDH sera décisif pour abroger les législations d'impunité en Amérique latine. Cette jurisprudence figure dans les motivations des juridictions nationales qui estiment que les mesures d'impunité sont contraires au droit international, empêchant son exercice dans le corpus juridique interne[29]. Poursuivre les auteurs de violations de crimes contre l'humanité relève d'une norme impérative qui ne peut faire l'objet d'aucune dérogation. Comme l'avait consacré la Cour IDH dans son arrêt *Tibi c. Équateur* en 2004, le droit interne doit être conforme au *jus cogens*. Par conséquent, toute mesure législative, ou tout acte administratif ou judiciaire, contraire au droit international, pouvant autoriser ou tolérer une violation manifeste d'une norme impérative, doit être frappé d'une nullité *ab initio* en raison de l'interaction entre les ordonnancements de droit interne et de droit international[30].

Dans son arrêt *Goiburu et autres c. Paraguay*, la Cour IDH a affirmé que le droit à la justice pour les victimes de disparitions forcées et leur famille représentait une norme impérative du droit international. Par cette qualification, le Tribunal de San José en conclut que l'extradition fait partie des instruments fondamentaux dans le respect de cette obligation *erga omnes* de traduire devant la justice les responsables de violations des droits de l'Homme. Ainsi, l'extradition est consacrée comme norme impérative dans le dispositif de la convention américaine. La qualification des disparitions

---

28 Cour IDH, 29 juillet 1988, *Velásquez Rodríguez c. Honduras*, *op. cit.*, § 77.

29 (C.) MAIA, « Le *jus cogens* dans la jurisprudence de la Cour interaméricaine des droits de l'Homme », *op. cit.*, p. 280.

30 *Ibid.*, p. 297.

forcées en exécutions extrajudiciaires de crimes contre l'humanité permet de renforcer le caractère impératif du droit au juge. La Cour IDH consacre l'obligation *erga omnes* dont celles d'incrimination d'actes conduits sous la dictature, établir la compétence des juridictions. Le but est de poursuivre, extrader et juger les agents de l'ancienne dictature, mais aussi d'anciens chefs. Le but est de renforcer la responsabilité internationale[31].

Le contrôle de conventionnalité est imposé par l'arrêt *Almonacid* de la Cour IDH en 2006, *au moyen de* son paragraphe 124. Les juges de San José estiment que « la Cour est consciente du fait que les juges et tribunaux internes sont soumis à l'empire de la loi et sont obligés, pour ce faire, d'appliquer les dispositions en vigueur dans l'ordre juridique. Toutefois, quand un État a ratifié un traité international comme la Convention américaine, ses juges, comme partie intégrante de l'appareil d'État, lui sont également soumis, ce qui les contraint à veiller à ce que les effets des dispositions conventionnelles ne soient pas malmenés par l'application de lois contraires à son objet et son but et qui, depuis le début, sont dépourvues d'effets juridiques. En d'autres termes, le pouvoir judiciaire doit exercer une sorte de "contrôle de conventionnalité" entre les normes juridiques internes qu'ils appliquent dans des affaires concrètes et la Convention américaine des droits de l'homme. Dans le cadre de cette fonction, le pouvoir judiciaire doit prendre en compte non seulement le traité, mais également l'interprétation que la Cour interaméricaine en a fait, celle-ci étant l'interprète ultime de la Convention américaine[32] ».

La Cour IDH demande aux juridictions nationales de ne plus se fonder uniquement la Convention, mais aussi sur l'interprétation du Tribunal de San José. Le juge interaméricain poursuit sa jurisprudence en matière de contrôle de conventionnalité consacrée lors de l'arrêt *Almonacid Arellano c. Chili*, réaffirmant que l'État, au moyen de ses organes et ses juges, doit veiller à ce que les effets des dispositions prévues dans un traité de droit international ne soient pas atténués si une législation interne n'est pas en adéquation à l'objet et à la finalité de la norme de droit international. Le pouvoir judiciaire interne doit lui-même effectuer ce contrôle du respect du droit régional et international dans le cadre des pouvoirs conférés par la Constitution et le droit interne. La jurisprudence de la Cour IDH estime qu'il revient au juge interne de résoudre lui-même le conflit normatif entre une mesure interne et

31 (H.) TIGROUDJA, « La Cour interaméricaine des droits de l'homme au service de "l'humanisation du droit international public". Propos autour des récents arrêts et avis », *Annuaire français de droit international*, volume 52, 2006, p. 629.

32 Cour IDH, 26 septembre 2006, *Almonacid Arellano et autres c. Chili*, Fond et réparations, Série C n° 154, § 124.

la Convention, au bénéfice de cette dernière. Les juridictions internes doivent aussi reprendre la jurisprudence du Tribunal de San José dans le cadre du contrôle de conventionnalité[33].

Par conséquent, les arrêts *Velásquez* de 1988 et *Barrios Altos* de 2001 ont consacré l'obligation de poursuivre les responsables de disparitions forcées et en demandant l'abolition des lois d'amnisties. La jurisprudence de la Cour IDH a eu un rôle prépondérant dans la lutte contre l'impunité dans le Cône Sud de l'Amérique latine. Le dernier arrêt, qui a permis d'abroger une loi d'amnistie au Pérou, va permettre de déclarer nulle toute mesure d'impunité pour les auteurs de violations des droits de l'Homme. La justice constitutionnelle sera le vecteur de l'effectivité des jurisprudences de la Cour IDH en matière d'application de mesures de droit international en faveur des victimes des disparitions forcées perpétrées par les agents de l'ancien régime autoritaire. Le juge constitutionnel permettra de remettre en cause les législations faisant obstacle à l'action judiciaire en faisant appliquer le droit international que l'État a inséré dans son corpus juridique interne. De plus, les juridictions constitutionnelles sont les gardiennes des droits fondamentaux des citoyens, raison d'être de « l'État constitutionnel de droit » et, a fortiori, du régime démocratique[34].

Ces dernières se feront les porte-voix de l'application des mesures de justice transitionnelle afin de garantir la pérennité de la transition démocratique. Les jurisprudences ultérieures de la Cour IDH confirmeront la tendance amorcée depuis l'arrêt *Barrios Altos* de 2001 et *Almonacid Arenallo* de 2006 sur l'abrogation des lois empêchant de traduire les auteurs de violations des droits de l'Homme devant les institutions judiciaires. L'importance accordée au contrôle de conventionalité décentralisé au niveau de l'ensemble de l'appareil judiciaire de l'État met en exergue cette obligation d'effectivité du droit à la justice pour les victimes et le lancement de poursuites puis de sanctions à l'encontre des responsables des crimes de masse, qu'ils soient au sein du pouvoir exécutif alors dictatorial et des organes officiels.

Dès le lendemain de la Seconde Guerre mondiale, l'ONU avait rappelé l'obligation pour les États de garantir le libre accès à la justice pour les victimes dont leurs droits fondamentaux furent violés par des régimes politiques. En effet, le droit au recours judiciaire est un droit fondamental

---

[33] (K.) MARTIN-CHENUT, « Droits de l'Homme. Le renforcement des obligations positives de nature pénale dans la jurisprudence interaméricaine : l'exemple des graves violations des droits de l'Homme commises pendant les dictatures des pays du Cône Sud », *op. cit.*, p. 721.

[34] (A.) MARTIN (dir.), Le glaive et la balance. Droits de l'homme justice constitutionnelle et démocratie en Amérique latine, Collection « Pouvoirs comparés », L'Harmattan, Paris, 2012, p. 163.

primordial en protégeant les autres prérogatives essentielles. Un État de droit repose sur la garantie juridictionnelle de ces droits. Pouvoir librement se constituer partie civile devant la justice est l'un des piliers d'un régime basé sur la règle de droit[35]. Louis Favoreu évoquait le « devoir de protection juridictionnelle de l'État ». Celui-ci doit garantir le service public à la justice, notamment son libre accès, et doit voir sa responsabilité en cas de mauvais fonctionnement de celui-ci[36]. Les lois d'amnisties approuvées en Espagne puis dans le Cône Sud de l'Amérique latine dans les années 1970 et 1980 ont eu comme conséquence de porter atteinte au principe du droit au recours juridictionnel pour tous les individus. En effet, le droit à la justice n'est pas seulement une obligation à la charge de l'État de ne pas entraver l'accès à un tribunal. Ce droit contient des obligations ayant pour fonction de faciliter l'accès à la justice.

Le droit à recourir devant la justice est consacré par tous les textes internationaux et régionaux et les Constitutions des pays garantissant l'État de droit. La Déclaration universelle des droits de l'Homme de 10 décembre 1948 évoque le droit à tout individu à recourir devant le pouvoir judiciaire comme « un recours effectif »[37]. En effet, la DUDH de 1948 prévoit que « toute personne a droit à un recours effectif devant les juridictions nationales compétentes contre les actes violant les droits fondamentaux qui lui sont reconnus par la constitution ou par la loi[38] ». Le Pacte international des droits civils et politiques garantit que « que l'autorité compétente, judiciaire, administrative ou législative, ou toute autre autorité compétente selon la législation de l'État statueront sur les droits de la personne qui forment le recours et le développement des possibilités de recours juridictionnel[39] ». Le texte ajoute à l'alinéa premier de l'article 14 que « tous sont égaux devant les tribunaux et les cours de justice. Toute personne a droit à ce que sa cause soit entendue équitablement et publiquement par un tribunal compétent, indépendant et impartial, établi par la loi, qui décidera soit du bien-fondé de toute accusation en matière pénale dirigée contre elle, soit des contestations sur ses droits et obligations de caractère civil[40] ».

---

35 (T.) S. RENOUX, « Le droit au recours juridictionnel », *La Semaine juridique*, volume I, n° 19, 1993, pp. 211-212.

36 *Ibid.*, p. 216.

37 (N.) YOUSSEF, *op. cit.*, p. 297.

38 ORGANISATION DES NATIONS UNIES, *Déclaration universelle des droits de l'Homme*, Organisation des Nations unies, New York, 10 décembre 1948, p. 3.

39 ASSEMBLÉE GÉNÉRALE, *Pacte international des droits civils et politiques*, résolution 2200 A (XXI), Organisation des Nations unies, New York, 16 décembre 1966, entré en vigueur le 23 mars 1976, *Recueil des traités 1976*, p. 189.

40 *Ibid.*, p.192.

À l'instar des ONG qui ont pu mettre en exergue les violations des droits de l'Homme qui avaient été niées par les responsables des régimes dictatoriaux en Amérique latine, les organisations internationales vont consacrer l'application dans les législations internes des mesures de justice transitionnelle dans cette région du monde lorsque celle-ci a retrouvé la démocratie. En 1981, l'ONU, au moyen de la Sous-Commission de prévention des discriminations et de protection des minorités, avait demandé aux États de ne pas amnistier dans le cadre d'investigations relatives aux disparitions forcées[41]. Toutes les conventions internationales de protection des droits de l'Homme prévoient la nécessité de réprimer les auteurs d'actes contraire aux droits fondamentaux. Ainsi, la Convention contre la torture de 1984 prévoit à son article 5 l'obligation de réprimer et de sanctionner les auteurs de cette atteinte à la personne humaine. L'alinéa 3 prévoit la compétence universelle en disposant que « la présente Convention n'écarte aucune compétence pénale exercée conformément aux lois nationales ». Ce texte va être l'un des moyens de répression des faits de torture perpétrés par les régimes militaires latino-américains dans les années 1970 et au début des années 1980. Le Comité des droits humains affirme le caractère non compatible des amnisties. Les textes internationaux consacrent l'obligation des États relative aux faits de torture afin de garantir qu'ils ne s'en commettent pas de semblables dans leur propre juridiction, et que ces faits ne se reproduisent pas à l'avenir[42].

La jurisprudence de certaines organisations régionales, notamment celle issue de la Cour IDH, va être une source pour la codification à l'échelle internationale des faits de violations des droits de l'Homme ainsi que de leur répression. En effet, tous ces rapports ont mis en exergue l'idée que le droit international public était mis à l'écart lors de la transition démocratique. En effet, durant les années 1990, les internationalistes ont rappelé qu'en plus de respecter et faire respecter les droits fondamentaux de toute personne humaine, les États ont l'obligation d'enquêter sur les violations des droits de l'Homme, poursuivre les agents, civils et militaires, qui les ont commises en garantissant l'effectivité du droit au recours judiciaire pour les victimes. En effet, les conventions internationales considèrent ce droit comme fondamental pour ces dernières. Ainsi, l'État qui a attenté aux droits de l'Homme par l'intermédiaire de ses agents, lorsqu'il était dirigé par un régime autoritaire, est accusé, une fois devenu un régime démocratique, ne pas avoir

41 (F.) ANDREU-GUZMAN, *op.cit.*, p. 55.

42 *Idem.*

respecté son obligation d'accès à la justice pour les victimes et leur assurer une protection juridique[43].

Le contexte de la démocratisation en Amérique latine explique l'adoption de la *Déclaration sur les disparitions forcées* par l'Assemblée générale de l'ONU, le 18 décembre 1992 qui prévoit à l'alinéa premier de son article 13 que « tout État assure à toute personne disposant d'informations ou pouvant invoquer un intérêt légitime, qui allègue qu'une personne a été victime d'une disparition forcée, le droit de dénoncer les faits devant une autorité de l'État compétente et indépendante, laquelle procède immédiatement et impartialement à une enquête approfondie. Lorsqu'il existe des raisons de croire qu'une personne a été victime d'une disparition forcée, l'État défère sans délai l'affaire à ladite autorité pour qu'elle ouvre une enquête approfondie. Lorsqu'il existe des raisons de croire qu'une personne a été victime d'une disparition forcée, l'État défère sans délai l'affaire à ladite autorité pour qu'elle ouvre une enquête, même si aucune plainte n'a été officiellement déposée. Cette enquête ne saurait être limitée ou entravée par quoi que ce soit »[44]. L'article 14 prévoit l'obligation de répression et de sanction pénale des disparitions forcées. En effet, la Déclaration de 1992 dispose que « les auteurs présumés d'actes conduisant à des disparitions forcées dans un État doivent être déférés aux autorités civiles compétentes de cet État pour faire l'objet de poursuites et être jugés, lorsque les conclusions d'une enquête officielle le justifient (...). Tous les États devraient prendre les mesures légales appropriées qui sont à leur disposition pour faire en sorte que tout auteur présumé d'un acte conduisant à une disparition forcée qui relève de leurs juridictions ou de leur contrôle soit traduit en justice ». Ce texte exercera une influence dans la codification et l'adoption de la Convention sur les disparitions forcées par l'OEA en 1994.

En juin 1993, l'ONU organise à Vienne la Conférence mondiale sur les droits de l'Homme. Adoptée dans le contexte « optimiste » de l'immédiat après-guerre froide, la *Déclaration et programme d'action de Vienne* insiste sur la nécessité de l'appareil judiciaire dans l'effectivité et la préservation des droits fondamentaux des citoyens. La *Déclaration et programme d'action de Vienne* consacre l'obligation de poursuivre et de sanctionner les auteurs de violations des droits de l'Homme, notamment celles codifiées par des textes internationaux. Ainsi, « la Conférence mondiale sur les droits de l'homme, se félicitant de l'adoption par l'Assemblée générale de la Déclaration sur la

43 (S.) LEFRANC, *Politiques du pardon*, *op. cit.*, p. 80.

44 ORGANISATION DES NATIONS UNIES, Déclaration sur la protection de toutes les personnes contre les disparitions forcées, *op. cit.*, p. 6.

protection de toutes les personnes contre les disparitions forcées, appelle tous les États à prendre les mesures appropriées, législatives, administratives, judiciaires ou autres, pour prévenir, éliminer et sanctionner les actes conduisant à des disparitions forcées. Elle réaffirme que les États ont le devoir, en toutes circonstances, de faire procéder à des enquêtes dès qu'il y a des raisons de penser qu'une disparition forcée s'est produite dans un territoire placé sous leur juridiction. Si les faits sont vérifiés, les auteurs doivent être poursuivis »[45].

La *Déclaration et le programme d'action de Vienne* adoptée en 1993 a pu mettre en exergue le fait que le retour de la démocratie dans le Cône Sud de l'Amérique latine s'est effectué au détriment de l'action de la justice. Ce texte a servi de rappel sur la nécessité de poursuivre les auteurs de violations des droits de l'Homme et qu'une démocratisation réussie ne peut se réaliser par l'amnésie judiciaire. Dans son rapport remis en 1997, Louis Joinet rappelle l'obligation pour l'État de garantir l'effectivité pour les victimes le droit de saisir les autorités judiciaires, y compris celles qui ont subi les violations des droits de l'Homme perpétrées par l'ex-dictature. Il consacre « le droit à un recours équitable et efficace » qui « implique que toute victime ait la possibilité de faire valoir ses droits en bénéficiant d'un recours équitable et efficace, notamment pour obtenir que soit jugé son oppresseur et obtenir réparation. Il n'est pas de réconciliation juste et durable sans que soit apportée une réponse effective au besoin de justice ; le pardon, en tant que facteur de réconciliation, suppose en tant qu'acte privé que soit connu de la victime l'auteur des violations et que ce dernier ait été en mesure de manifester son repentir : en effet, pour que le pardon puisse être accordé, il faut qu'il ait été demandé »[46].

D'ailleurs, atteindre aux droits de l'Homme de la population au titre d'agent de la force publique en obéissant aux supérieurs hiérarchiques ne peut être un moyen pour ne pas voir engager sa responsabilité pénale. La *loi de l'Obéissance Due*, votée en Argentine en 1987, amnistiant les membres de forces de sécurité ayant réprimé contre tout cadre légal des opposants, dans le cadre de l'application de la politique de répression décidée par les responsables de la junte militaire, est contraire au droit international. Dans son rapport remis à l'ONU, Louis Joinet rappelait que « le fait que les violations aient été commises par un subordonné n'exonère pas ses supérieurs de leur responsabilité, notamment pénale, s'ils savaient ou avaient

[45] ORGANISATION DES NATIONS UNIES, Déclaration et programme d'action de Vienne, *op. cit.*, p. 24.

[46] (L.) JOINET, Question de l'impunité des auteurs des violations des droits de l'homme (civils et politiques), *op. cit.*, p. 7.

des raisons de savoir, dans les circonstances du moment, que ce subordonné commettait ou allait commettre un tel crime et s'ils n'ont pas pris toutes les mesures nécessaires en leur pouvoir pour empêcher ou réprimer ce crime. La qualité officielle de l'auteur d'un crime selon le droit international, même s'il agit en qualité de chef d'État ou de gouvernement, ne l'exonère pas de sa responsabilité pénale et n'est pas un motif de diminution de la peine »[47]. Le Rapport Joinet de 1997 sera la pierre angulaire pour garantir l'effectivité des mesures de justice transitionnelle au sein des législations internes. L'ONU reprendra les mesures issues de ce document dans ses textes adoptés ultérieurement et enrichira la doctrine internationaliste en matière de protection des victimes des violations des droits de l'Homme, notamment dans le cas des disparitions forcées commises par les dictatures latino-américaines.

À la mi-temps des années 2000, la Commission des droits humains demande d'adopter l'*ensemble actualisé de principes pour la protection et la promotion des droits humains grâce à la lutte contre l'impunité*. Son principe 19 prévoit « que les États doivent mener rapidement des enquêtes approfondies, indépendantes et impartiales sur les violations des droits de l'Homme et du droit international humanitaire et prendre des mesures adéquates à l'égard de leurs auteurs, notamment dans le domaine de la justice pénale, pour que les responsables de crimes graves selon le droit international soient poursuivis, jugés et condamnés à des peines appropriées »[48]. Établi par la juriste Diane Orentlicher en 2005, le texte reprend les principes énoncés par Louis Joinet huit ans auparavant. Les expériences d'absence totale ou partielle de mesures de justice transitionnelle lors du retour à la démocratie dans le Cône Sud de l'Amérique latine expliquent l'avènement de ces textes qui codifient les mesures à prendre pour mettre fin à l'impunité des auteurs de violations des droits de l'Homme. La disparition forcée, technique privilégiée pour réprimer l'opposition politique aux régimes militaires dans le Cône Sud de l'Amérique latine, a fait l'objet de nombreuses conventions codifiant et prévoyant sa répression. Il faut souligner que le Statut de Rome de 1998 créant la Cour pénale internationale inclut dans son article 7 la disparition forcée comme crime contre l'humanité.

Près de trois décennies après la résolution de 1978 et plus d'une dizaines d'années après la Déclaration de l'ONU de 1992, le crime de disparition

---

47 *Ibid.*, p. 25.

48 (D.) ORENTLICHER, Promotion et Protection des droits de l'Homme. Ensemble de principes actualisé pour la protection et la promotion des droits de l'homme par la lutte contre l'impunité, E/CN.4/2005/102/Add.1, Commission des droits de l'Homme, Soixante et unième session, Conseil et économique et social, Organisation des Nations unies, New York, 8 février 2005, p. 12.

forcée va faire l'objet d'une convention spécifique. Adoptée par l'Assemblée générale de l'ONU le 20 décembre 2006, la Convention internationale pour la protection de toutes les personnes contre les disparitions forcées dispose à son article 6 l'obligation des poursuites judiciaires. Celui-ci prévoit la responsabilité pénale des auteurs de ces actes, qu'ils soient l'ordonnateur, le commanditaire, le complice ou le participant. Il en est de même pour les supérieurs hiérarchiques qui n'auraient pas empêché leurs subordonnés d'avoir fait disparaître des individus. L'alinéa 12 de la Convention garantit le droit au recours des victimes de disparitions forcées. En effet, celui-ci prévoit que « tout État partie assure à quiconque alléguant qu'une personne a été victime d'une disparition forcée le droit de dénoncer les faits devant les autorités compétentes, lesquelles examinent rapidement et impartialement l'allégation et, le cas échéant, procèdent sans délai à une enquête approfondie et impartiale »[49].

La Convention de 2006 prévoit les principales violations qui doivent être réprimées par l'État tandis que les infractions connexes sont passibles d'une « sanction ». L'article 25, alinéa premier de la répression pénale, concerne aussi la soustraction d'enfants et les manœuvres pour modifier leur identité. L'alinéa 4 de l'article 12 de la Convention prévoit l'interdiction de sanctionner toute action visant à faire obstacle aux investigations relatives aux disparitions forcées. Le texte dispose que les manœuvres, constituant une atteinte aux enquêtes, peuvent être toute mesure de pression, d'intimidation ou de représailles. Ainsi, commettre directement une disparition forcée, ordonner ou le commander la Commission de celle-ci, la tentative, la complicité ou la participation sont des actions codifiées à l'alinéa premier de l'article 6. La sanction pénale vise de manière spécifique les disparitions impliquant les enfants avec l'enlèvement d'un enfant ainsi que les manipulations consécutives de leur identité et qui font l'objet de l'article 25, § 1er. L'alinéa 4 de l'article 12 sanctionne les actes connexes tels que les mesures de pression, de représailles ou d'intimidation. L'article 22 prohibe toute entrave aux enquêtes et obstructions ainsi que les deux recours en *habeas corpus* et *habeas data*. Il faut souligner que le droit international pénal récent vise plus spécifiquement les auteurs de faits de disparitions forcées[50].

En effet, le droit à la justice transitionnelle doit être garanti pour les victimes et appliqué par la législation interne. Les juridictions nationales doivent faire appliquer les droits à la vérité, à la justice et à la réparation pour les victimes de crimes de masse de l'État alors dirigé par un régime

---

[49] ORGANISATION DES NATIONS UNIES, Convention internationale pour la protection de toutes les personnes contre les disparitions forcées, *op. cit.*,

[50] (B.) TAXIL, *op. cit.*, p. 146.

autoritaire. L'amnistie est tolérable pour les petites infractions, mais pose problème lorsqu'elle est destinée aux responsables de crimes privant l'homme de sa dignité. C'est la raison pour laquelle les États sont obligés par le droit interne de poursuivre les auteurs de ces faits, la gravité étant consacrée par l'imprescriptibilité. Ainsi, l'obligation de réprimer les crimes internationaux est une norme de *jus cogens*. Le caractère effectif de la sanction permet le devoir de vérité et de justice afin d'éviter la répétition de tels actes. Reconnaître l'établissement des responsabilités dans les violations des droits de l'Homme permet aux victimes de ne pas ressentir la violation impunie de leurs droits. La sanction juridique des criminels doit être considérée comme un moyen d'atteindre la réconciliation[51].

La résolution de l'ONU du 16 décembre 2005 va rappeler l'obligation pour l'État d'enquêter lorsqu'il y a eu infraction vis-à-vis du droit international, qu'il soit conventionnel ou coutumier. Ainsi, « en cas de violations flagrantes du droit international des droits de l'homme et de violations graves du droit international humanitaire qui constituent des crimes de droit international, les États ont l'obligation d'enquêter et, s'il existe des éléments de preuve suffisants, le devoir de traduire en justice la personne présumée responsable et de punir la personne déclarée coupable de ces violations. Dans ces cas, les États devraient en outre, conformément au droit international, établir une coopération entre eux et aider les instances judiciaires internationales compétentes dans leur enquête et dans la poursuite des auteurs des violations »[52]. L'article 12 de la résolution consacre le droit au recours pour les victimes de crimes internationaux, l'accès à la justice pour ces dernières étant l'un des piliers essentiels de la justice transitionnelle, comme l'avait énoncé Louis Joinet dans son rapport de 1997. Ainsi, « les victimes d'une violation flagrante du droit international des droits de l'Homme ou d'une violation grave du droit international humanitaire auront, dans des conditions d'égalité, accès à un recours judiciaire utile, conformément au droit international. Les autres recours à la disposition des victimes incluent l'accès aux organes administratifs et autres, ainsi qu'aux mécanismes, modalités et procédures régies par la législation interne. Les obligations découlant du droit international qui visent à garantir le droit

---

51 (G.) Blandine KOUDOU, *op. cit.*, p. 93.

52 ASSEMBLÉE GÉNÉRALE DES NATIONS UNIES, Principes fondamentaux et directives concernant le droit à un recours et à réparation des victimes de violations flagrantes du droit international des droits de l'homme et de violations graves du droit international humanitaire, résolution, Organisation des États-Unis, New York, 16 décembre 2005, A/RES/60/147, p. 5.

d'accès à la justice et à un procès équitable et impartial doivent être reflétées dans les législations internes »[53].

Le droit au recours est protéiforme, puisqu'il permet à la fois l'accès à la justice, la sanction des responsables, mais aussi le droit à la vérité. La Cour IDH, depuis l'arrêt *Velásquez* de 1988, rappelle que les disparitions forcées et les crimes de masse perpétrés par les régimes autoritaires latino-américains sont une atteinte à la Convention américaine relative aux droits de l'Homme qui prévoit à son article 1 la garantie pour toute personne « du libre et plein exercice » des droits contenus dans celle-ci, notamment le droit à porter plainte devant les juridictions des États. Ne pas appliquer ce droit est contraire à la Convention. C'est ce principe qui sera repris dans tous les documents officiels puis les textes internationaux de protection des victimes de crimes de masse perpétrés par des autorités officielles[54].

§2. Le droit à la justice, pilier du droit international à la justice transitionnelle

Le droit à la justice est l'un des droits fondamentaux de tout citoyen consacré par la justice transitionnelle. Le droit constitutionnel va être le vecteur de son application en droit interne (A). Cette utilisation du droit international et de la norme suprême va devenir, à partir de la fin des années 1990, le moyen du pouvoir judiciaire pour déclarer non conformes les mesures empêchant l'action de la justice en cas de violation des droits de l'Homme (B).

A. Le rôle du droit constitutionnel dans la remise en cause de l'impunité

La Constitution de l'Argentine mentionne explicitement le droit international public dans le droit interne. Ainsi, l'Argentine a révisé sa norme fondamentale à travers la loi du 15 décembre 1994 pour consacrer constitutionnellement la supériorité du droit international public sur le droit interne, notamment en matière de protection des libertés fondamentales des citoyens. Il faut souligner que, à l'instar des autres constitutions latino-américaines, il n'existe aucun titre consacré au droit international.

L'article 75 de la Constitution argentine prévoit les attributions du pouvoir du Parlement. Cette disposition a été révisée en 1994 avec l'alinéa 22 qui prévoit que le pouvoir législatif doit « approuver ou rejeter les traités

---

53 *Ibid.*, p. 6.

54 (N.) TURGIS, La justice transitionnelle en droit international, *op. cit.*, p. 325.

conclus avec les autres nations et les organisations internationales, ainsi que les concordats signés avec le Saint-Siège. Les traités et concordats ratifiés ont une autorité supérieure à celle des lois. La Déclaration américaine des droits et des devoirs de l'Homme ; la Déclaration universelle des droits de l'homme ; la Convention américaine sur les droits humains ; le Pacte international des droits économiques, sociaux et culturels ; le Pacte international des droits civils et politiques et son protocole facultatif ; la Convention sur la prévention et la répression du crime de génocide ; la Convention internationale sur l'élimination de toutes formes de discrimination raciale ; la Convention internationale sur l'élimination de toutes formes de discrimination contre la femme ; la Convention contre la torture et autres peines ou traitements cruels, inhumains ou dégradants ; la Convention relative aux droits de l'enfant ; dans les conditions en vigueur, ils ont une autorité constitutionnelle, n'abrogent aucun article de la première partie de la présente Constitution et doivent être considérés comme complémentaires des garanties et droits reconnus par ladite Constitution. Ils ne peuvent être dénoncés que par le Pouvoir exécutif national, après ratification des deux tiers des membres composant chaque chambre. Après ratification par le Parlement, les autres traités et conventions sur les droits humains n'ont une autorité constitutionnelle qu'au vote des deux tiers des suffrages exprimés des membres composant chaque chambre »[55].

Ainsi, toutes les conventions internationales, notamment celles protégeant les droits de l'Homme, ont une valeur supérieure à la législation interne. La Constitution de l'Argentine prévoit le principe selon lequel le droit international l'emporte *de facto* sur le droit interne. Par celle-ci, toute disposition nationale contraire au droit interne doit être écartée si celle-ci n'est pas conforme aux normes internationales. En consacrant une valeur constitutionnelle aux traités internationaux, ces derniers doivent être effectifs dans le corpus juridique interne. Droit constitutionnel et droit international ne font qu'un. Ainsi, les normes inférieures à la Constitution doivent être conformes au droit international public puisque celui-ci a valeur constitutionnelle. Tout texte de droit interne non conforme au droit international public est en infraction avec la norme fondamentale argentine. L'application de la législation non conforme aux traités internationaux est anticonstitutionnelle et doit être écartée.

---

[55] CONSTITUCION DE LA NACION ARGENTINA, Ley N° 24.430, *Ordénase la publicación del texto oficial de la Constitución Nacional* (sancionada en 1853 con las reformas de los años 1860, 1866, 1898, 1957 y 1994)., Sancionada Diciembre 15 de 1994, Promulgada Enero 3 de 1995, p. 11.

L'alinéa 23 de l'article 75 de la Constitution argentine prévoit l'obligation pour l'État d'assurer l'effectivité des droits garantis par la norme fondamentale et *in fine* du droit international ayant valeur constitutionnelle. Cet article prévoit l'approbation et la mise en place « des mesures d'action positive qui garantissent l'égalité réelle des chances et de traitement, et la pleine jouissance et l'exercice des droits reconnus par la présente Constitution et par les traités internationaux en vigueur sur les droits humains »[56]. L'article 75 consacre l'existence du système interaméricain de protection des droits de l'Homme en prévoyant sa supériorité à l'alinéa 24 qui prévoit que l'une des attributions du Parlement argentin sont de « ratifier des traités d'intégration portant délégation des compétences et juridictions à des organisations surétatiques dans des conditions de réciprocité et d'égalité et observant l'ordre démocratique et les droits humains. Les règles fixées à cet effet ont une autorité supérieure à celle des lois »[57] .

La CSJN avait rappelé que les tribunaux se devaient de vérifier la constitutionnalité des lois lorsque des cas leur étaient soumis. Si ces textes n'étaient pas conformés à la Constitution, les juges devaient écarter leur application. Le juge suprême argentin a par la suite rappelé que les tribunaux et tous les organes juridictionnels provinciaux devaient se prononcer si des parties estimaient que certaines lois étaient anticonstitutionnelles. La CSJN a insisté sur le caractère essentiel de ce contrôle par les juges nationaux, y compris ceux des provinces de l'État[58]. L'ordonnance du juge Cavallo de 2001, ayant remis en cause les lois d'amnistie des années 1980 faisant obstacle à l'ouverture de poursuites judiciaires contre les responsables de violations des droits de l'Homme sous la dictature, s'inscrit dans ce contrôle diffus de constitutionnalité et, *in fine*, de conventionnalité. La Constitution argentine révisée en 1994, par le biais de l'alinéa 23 de l'article 75, impose au pouvoir législatif de garantir aux citoyens qu'ils puissent exercer et jouir des droits garantis par les conventions internationales. Comme le souligne Hélène Tigroudja, « si cette obligation est souvent affirmée par les organes internationaux et considérée comme une expression particulière de l'obligation coutumière de mise en conformité du droit interne avec les règles internationales, il est plus rare de la trouver inscrite dans la loi fondamentale d'un État, et du même coup, de la rendre potentiellement justiciable devant le juge interne »[59].

---

56 *Ibid.*, p. 12.

57 *Idem.*

58 (H.) TIGROUDJA, « Le droit international dans les États d'Amérique latine : regards sur l'ordre juridique argentin », *Revue internationale de droit comparé*, volume 60, n° 1, 2008, p. 91.

59 *Ibid.*, p. 93.

Les modifications apportées à la Constitution argentine en 1994 seront un élément fondamental pour remettre en cause les lois d'amnistie votées durant les années 1980. En effet, le droit international est supérieur au droit interne. Le droit au recours étant une garantie constitutionnelle et un droit international, les victimes pourront demander la non-application des mesures empêchant de traduire devant les autorités judiciaires les responsables des violations des droits de l'Homme commises sous la dictature militaire au pouvoir de 1976 à 1983. Ainsi, le juge fédéral de Buenos Aires, Gabriel Cavallo, a pu déclarer, dans sa décision du 6 mars 2001, l'inconstitutionnalité des lois d'amnisties du *Point final* et de l'*Obéissance Due* au moyen de la Constitution argentine qui garantit à l'article 75 les droits fondamentaux des citoyens et la supériorité du droit international sur le droit interne. En effet, les législations amnistiant les auteurs de violations des droits de l'Homme sont contraires au droit international qui garantit le droit au recours des victimes et la sanction des auteurs de crimes internationaux et, *in fine*, au droit constitutionnel argentin depuis la révision de 1994. Les lois du *Point final* et de l'*Obéissance Due* sont ainsi déclarées nulles en raison de leur inconstitutionnalité, ce qui va permettre de rouvrir les procédures judiciaires sur les crimes contre l'humanité perpétrés par les militaires qui dirigèrent l'Argentine entre 1976 et 1983[60].

Les révisions constitutionnelles effectuées durant les années1990 ont permis de reconnaître les droits aux victimes des régimes autoritaires[61]. Il faut souligner que la consécration des droits des victimes au niveau de la Constitution en Amérique latine n'est pas le produit du processus de justice transitionnelle initié par l'Argentine, l'Uruguay et le Chili. Néanmoins, le processus doit respecter les droits des victimes – et de tous les citoyens – garantis dans la norme fondamentale de l'État. La justice transitionnelle doit ainsi respecter le cadre constitutionnel, celui-ci devenant le vecteur de la lutte contre l'impunité en garantissant l'effectivité les droits fondamentaux, notamment le droit au recours judiciaire[62]. Le juge doit lui-même consacrer la supériorité des traités des droits de l'Homme dans l'ordre juridique interne, même si les textes constitutionnels ou la législation interne ne le prévoient pas. L'absence de mesures prévoyant la supériorité du droit international des droits de l'Homme sur les normes étatiques ne peut justifier l'inapplication

---

60 PODER JUDICIAL DE LA NACION, Buenos Aires, 6 de marzo de 2001, AUTOS Y VISTOS:Para resolver en la presente causa Nro. 8686/2000 caratulada A. Simon, Julio, Del Cerro, Juan Antonio s/sustracción de menores de 10 años del registro de la Secretaría Nro. 7 de este Juzgado Nacional en lo Criminal y Correccional Federal Nro. 4; en particular, sobre el contenido de la presentación del Centro de Estudios Legales y Sociales de fs. 1153 y ss.

61 (L-M.) GUTIERREZ RAMIREZ, *op.cit.*, p. 150.

62 *Ibid.*, p. 151.

de ce principe de *jus cogens*, notamment en raison de la constitutionnalisation du droit international[63]. En effet, la constitutionnalisation du droit international est un processus selon lequel les traités des droits de l'Homme acquièrent une valeur constitutionnelle[64].

La remise en cause de l'impunité en Argentine, au Chili et en Uruguay est le fruit du dialogue, à la fois contraint et forcé, entre le juge américain et le juge interne. En effet, dans certains contentieux relatifs aux disparitions forcées, la Cour IDH s'est parfois présentée comme une cour constitutionnelle de substitution en rappelant la supériorité du droit international sur le droit interne qui avait été consacré dans les normes suprêmes des États. La juridiction panaméricaine avait déclaré inconstitutionnelles des lois d'amnistie au motif que les États d'origine des requérants avaient réformé leurs Constitutions afin que les normes internationales fussent supérieures à la législation nationale. Dans son arrêt *Almonacid* de 2006, la Cour IDH estime que le contrôle de conventionnalité n'est pas réservé à la juridiction interaméricaine, mais doit être effectué par les juridictions internes. Cette même jurisprudence s'est aussi fondée sur la jurisprudence des cours constitutionnelles des États parties qui ont aussi rappelé la non-conventionnalité des lois d'amnisties pour les auteurs des violations des droits de l'Homme. Pour motiver ses décisions, la Cour IDH s'est basée sur le droit constitutionnel. En effet, le juge interaméricain se fonde aussi sur la jurisprudence intérieure, notamment des juridictions constitutionnelles qui, depuis les années 1990, rappellent la supériorité du droit international sur le droit interne. La lutte contre l'impunité dans le Cône Sud de l'Amérique latine s'est ainsi développée par l'avènement d'un dialogue entre les juridictions constitutionnelles et la Cour IDH afin de faire appliquer le droit international public en droit interne[65]. Le juge national, étant dans l'obligation de veiller au respect du droit international des droits de l'Homme, dont découle la nécessité de poursuivre et sanctionner les atteintes graves aux droits fondamentaux des citoyens, a pour fonction de rappeler l'ordre juridique interne. Par conséquent, la Cour IDH, en s'appuyant sur sa compétence subsidiaire, peut être considérée comme une juridiction complémentaire et non supplémentaire[66].

---

63 (I.) Carolina MORA BURBANO, *Les constitutions Sud-américaines et le droit international*, Thèse en vue de l'obtention du grade de docteur en droit, Université de Bourgogne-Franche-Comté, 11 décembre 2019, p. 280.

64 (H.) Miranda BONILLA, « El control de convencionalidad como instrumento de dialogo jurisprudencial en America Latina », *Revista jurídica IUS Doctrina*, n° 12, 2015, p. 2.

65 *Idem.*

66 (I.) Carolina MORA BURBANO, *op. cit.*, p. 305.

Le caractère moniste du droit argentin a permis de consacrer officiellement la supériorité du droit international sur la loi interne. En effet, la révision de la Constitution en 1994, à travers l'alinéa 22 de l'article 75, consacre la constitutionnalité des traités internationaux, particulièrement ceux protecteurs des droits de l'Homme. La norme suprême de l'Espagne, issue de la transition démocratique postfranquiste, consacre dans son article 155 l'application directe du droit international en droit interne. En revanche, le Chili et l'Uruguay ne prévoient pas officiellement la supériorité des conventions internationales sur le droit interne. L'article 72 de la Constitution uruguayenne prévoit l'application de tout droit s'il est protecteur des prérogatives à la personne humaine. Ainsi, tout texte protecteur des droits humains, même non édicté par la Charte des droits fondamentaux, se verra reconnaître un rang constitutionnel s'il est prévu dans la DUDH de 1948. Le Chili et l'Uruguay effectuent le caractère dit « consacré » qui consacre l'exclusivité du contrôle de constitutionnalité à une seule juridiction.

L'Argentine a adopté un contrôle dit « diffus » où toutes les juridictions nationales doivent vérifier le respect des lois et des décisions de justice vis-à-vis de la Constitution[67]. Le juge suprême uruguayen a estimé que la *loi de la Caducité préventive de l'État* votée le 22 décembre 1986 prévoyant l'amnistie pour les militaires impliqués dans les violations des droits de l'Homme durant la période de la dictature était contraire à la Constitution. Pour consacrer la supériorité du droit international public sur les normes internes, la Cour suprême de justice de l'Uruguay a émis l'idée de ce que Louis Favoreu appelait « bloc de constitutionnalité » pour le droit français. En effet, dans son arrêt n° 365 du 19 octobre 2009, la juridiction suprême uruguayenne a estimé qu'il était possible d'appliquer directement le droit international public au sein de la législation interne en estimant la valeur constitutionnelle des normes internationales des dispositions relatives aux droits de l'Homme[68]. La Cour suprême de justice de l'Uruguay a contesté la loi d'amnistie en instituant un bloc qui consacre une valeur constitutionnelle au sens de l'article 72 de la Constitution, en plus de la Constitution elle-même, tout texte de droit international des droits de l'Homme, qu'il soit conventionnel, notamment la Convention américaine, ou non ainsi que le *jus cogens*. Le

---

67 (S.) FOUGÈRE, « Les résistances à la mise en œuvre de l'obligation internationale de répression des violations graves des droits de l'homme : l'exemple des pays d'Amérique latine » *in* (M .) UBÉDA-SAILLARD (*dir.*), *La souveraineté pénale de l'État au XXIème* siècle, Actes du colloque, SFDI, Lille, 18-20 mai 2017, Pedone, Paris, 2018, p. 432.

68 (M.) RISSO FERRAND, « Le juge constitutionnel en Uruguay » in (A.) MARTIN (dir.), Le glaive et la balance. Droits de l'Homme Justice constitutionnelle et démocratie en Amérique latine, op.cit., p. 241.

raisonnement opéré par la Cour de justice de l'Uruguay afin de déclarer non constitutionnelle la loi d'amnistie votée lors de la transition démocratique consiste à appliquer la norme la plus favorable aux droits fondamentaux des citoyens lorsqu'il existe deux textes de protection des droits de l'Homme. Le juge chargé de l'interprétation doit écarter la disposition la moins protectrice en cas de contradiction entre ces deux types de normes[69].

La Cour IDH va rappeler ainsi à maintes reprises l'obligation de rendre effectives les prérogatives des citoyens défendus par les traités internationaux, notamment le droit au recours juridictionnel pour les victimes de violations des droits de l'Homme et l'obligation positive pour l'État de mener son travail d'enquête et de sanction pour les responsables de ces crimes de masse.

Le contrôle de conventionalité, quel que soit l'organe chargé d'effectuer cette tâche, est l'un des vecteurs pour abroger les décrets de grâce ou les lois amnistiant les auteurs de violations des droits de l'Homme. Le dialogue permanent entre la Cour IDH et le juge constitutionnel aboutira à la nécessité pour tous les organes judiciaires de l'État – et non plus les seules juridictions suprêmes – de vérifier que tout acte juridique soit conforme au droit international public. En effet, à partir de la fin des années 1990 et le début des années 2000, la contestation des lois d'amnistie s'effectuait à la suite de la saisine par les victimes des régimes militaires latino-américains de la juridiction suprême ou de la Cour IDH qui estimait que la mesure d'impunité n'était pas conforme aux traités internationaux ayant désormais une valeur constitutionnelle.

La juridiction de San José a estimé qu'il fallait favoriser la subsidiarité pour le contrôle de conventionalité. Faire respecter l'application du droit international en droit interne devait constituer le but de toutes les juridictions et que l'administration devait faire de même. Par conséquent, les victimes de violations des droits de l'Homme pendant la période de la dictature ne devaient plus attendre l'épuisement des voies de recours en droit interne et se porter requérant devant le système américain de protection des droits fondamentaux. Rappeler la nécessité internationale de poursuivre les responsables et agents des anciens régimes dictatoriaux du Cône Sud de l'Amérique latine ne devait plus être l'exclusivité de la Cour IDH qui se retrouvait bien souvent à faire *de facto* un contrôle de conventionnalité et, *in fine*, un contrôle de constitutionnalité. Le contrôle diffus consiste à ce que la

---

[69] (A.) MARTIN (dir.), Le glaive et la balance. Droits de l'Homme Justice constitutionnelle et démocratie en Amérique latine, *op. cit.*, p. 344.

Cour IDH contrôle la conventionalité d'une loi, que les juges et les autorités effectuent ce contrôle au niveau national. Il arrive que les juridictions internes se refusent à effectuer à vérifier la conventionnalité d'une loi, car ils ne s'estiment pas compétents. Certaines juridictions de l'ordre interne vont s'estimer compétentes pour effectuer ce contrôle en se fondant sur la position jurisprudentielle de la Cour IDH. Ce travail a été facilité par les révisions constitutionnelles, à l'image de celle effectuée en Argentine en 1994, qui reconnaît de manière expresse la supériorité du droit international sur le droit interne. La jurisprudence du Tribunal de San José est d'ailleurs reconnue comme l'une des sources du droit pour les juges de l'ordre interne qui vérifient la conventionnalité des lois, notamment dans l'abrogation des lois d'amnistie ou dans l'abstention pour l'État de prendre de telles mesures dans les affaires de violations des droits de l'Homme.

La Cour IDH a estimé, dans un arrêt du 20 novembre 2012, que le contrôle de conventionnalité devait être « diffus » à l'image de l'Argentine, y compris dans des systèmes juridiques qui n'ont pas cette tradition. Contrôler la conformité de toute loi, tout acte administratif, de toute décision judiciaire, doit être subsidiaire, comme l'énonce l'arrêt *Gudiel Álvarez et autres c. Guatemala*[70].

L'arrêt *Gelman c. Uruguay* rendu le 24 février 2011 par la Cour IDH a permis de remettre sur la scène publique et judiciaire les violations des droits de l'Homme perpétrées en Uruguay par le régime militaire au pouvoir de 1973 à 1985. Le Tribunal de San José rappelle les disparitions forcées perpétrées dans le cadre du « Plan Condor », l'association des services de sécurité des dictatures militaires du Cône Sud de l'Amérique latine à la seconde moitié des années 1970. En l'espèce, en 2000, le président uruguayen Jorge Battle va transmettre des informations au poète Juan Gelman sur le sort de son fils et de son épouse, María Macarena Gelman, alors âgé de dix-neuf ans au moment des faits[71]. Ils furent enlevés à Buenos Aires, en août 1976, par des agents de la dictature argentine. La jeune femme sera emmenée en Uruguay dans un centre clandestin de détention où elle donnera naissance à une petite fille. Après son accouchement, la compagne du fils de Juan Gelman sera assassinée. La *Loi de Caducité préventive de l'État* approuvée par le Parlement uruguayen va empêcher de lancer des poursuites judiciaires sur les responsables de ce crime. L'article 4 de la loi d'amnistie uruguayenne de ce texte dispose que seul le pouvoir exécutif doit mener les

[70] Cour IDH, 20 novembre 2012, *Gudiel Álvarez et autres (Journal Militaire) c. Guatemala*, Fond et réparations, Série C, n° 253, § 330

[71] (S.) LEFRANC, *Politiques du pardon*, *op. cit.*, p. 284.

investigations en matière de disparitions forcées ou d'enlèvement d'enfants[72]. En effet, ces faits ont été amnistiés par ce texte. Face au blocage judiciaire des autorités uruguayennes, Juan Gelman s'est tourné vers la Cour IDH. Dans son arrêt du 24 février 2011, le Tribunal de San Jose estime que « la soustraction, la suppression et la substitution d'identité de María Macarena Gelman comme conséquence de la détention et du transfert ultérieur de sa mère enceinte au sein d'un autre État, peuvent être qualifiées comme une forme particulière de disparition forcée pour avoir eu le même objectif ou le même effet, en laissant indéterminé – faute d'information – son sort ou sa sépulture ou par la négation à le reconnaître, selon les termes mêmes de la Convention interaméricaine »[73].

L'article premier de la Convention américaine sur les disparitions forcées de personnes de 1994, qui motive l'arrêt *Gelman* de la Cour IDH, prévoit l'obligation pour les juridictions des États où ces crimes furent commis de les poursuivre et de sanctionner les auteurs, complices, et ceux qui les ont couverts. Cette jurisprudence met en exergue la question de la responsabilité partielle puisqu'en l'espèce, les torts de deux États sont partagés. La victime avait été enlevée par les forces de sécurité en Argentine puis fut assassinée par leurs homologues uruguayens. Par la jurisprudence *Gelman*, le Tribunal de San Jose élargit ainsi la nécessité du contrôle de conventionnalité et de l'abrogation des lois d'amnistie. Cet élargissement comprend la configuration de l'atténuation de la responsabilité de l'État où la victime est décédée. De plus, l'existence d'un nouveau-né ne remet pas en cause « le caractère continu et permanent » du crime de disparition forcée dont fut victime María Gelman. L'interprétation combinée des articles 8.1 et 25.1 oblige l'État à une obligation d'enquêter à la suite de la violation d'un droit protégé par la Convention américaine. Le « droit à la vérité » à destination vient de la gravité et de la répétition de ces violations. En effet, la Cour, depuis l'arrêt *Barrios Altos* de 2001, invalide toute loi amnistiant les auteurs des atteintes aux droits de l'Homme et toute mesure contraire à la Convention. En effet, le Tribunal de San Jose n'hésite pas à examiner in abstracto si une loi nationale est conforme avec la Constitution et réaffirme sa position dans plusieurs affaires similaires. Dans l'arrêt *Gelman*, la Cour IDH étend sa jurisprudence sur la suppression des lois d'amnisties aux violations des droits de l'Homme qui ne sont pas contraires au droit international. L'État est obligé de supprimer de sa législation nationale toute mesure entravant son obligation de poursuivre

---

72 (A.) SOLEDAD MONTERO, « La scène de débat autour de l'annulation de la loi de caducité de la prétention punitive de l'État en Uruguay (2011) : positionnements présidentiels et enjeux politiques », *ILCEA*, n° 26, Mémoire justice et vérité en Uruguay, 2016, p. 3.

73 Cour IDH, 24 février 2011, *Gelman c. Uruguay*, Fond et réparations, Série C, n° 221, § 122.

les responsables des violations des droits humains. La Cour IDH estime non conventionnelle l'autorité de la chose jugée ou le principe *bis in idem* pour des faits relevant de cas des crimes contre l'humanité ou toute atteinte grave aux violations des droits fondamentaux[74].

L'arrêt *Gelman* affirme qu'une loi d'amnistie, même confirmée par plusieurs référendums populaires, est contraire aux traités internationaux lorsqu'elle concerne les violations des droits de l'Homme. En l'espèce, la loi d'amnistie dite de *Caducité préventive de l'État* approuvée lors du retour à la démocratie par le législateur uruguayen en décembre 1986 concernait les atteintes aux droits fondamentaux perpétrées par le régime militaire uruguayen dans les années 1970 et 1980. Ce texte avait été jugé conforme à la Constitution par la juridiction suprême de l'Uruguayen dans son arrêt du 2 mai 1988[75]. Le référendum d'initiative populaire du 16 avril 1989 a confirmé le maintien de la loi d'amnistie. Vingt ans plus tard, le gouvernement uruguayen, sur la base de l'article 331 de la Constitution relative aux révisions constitutionnelles, a organisé un référendum constitutif afin de modifier la norme fondamentale. L'objectif était d'ajouter à la Constitution une disposition afin de rendre nulle la loi d'amnistie. Le référendum s'est tenu le 25 octobre 2009. Seuls 47,7 % des suffrages exprimés ont souhaité l'abrogation de la *loi de Caducité préventive de l'État*[76]. À la suite de ce référendum, la Cour IDH étendra le contrôle de conventionnalité dans son arrêt *Gelman c. Uruguay* de 2011 en rappelant la prohibition de toute loi d'amnistie pour atteintes aux droits de l'Homme.

En effet, les instruments internationaux de protection des droits de l'Homme prévoient les dispositions nécessaires dans le cadre de la lutte contre l'impunité des personnes ayant participé aux graves atteintes aux droits de la personne humaine. L'État est obligé de garantir l'effectivité du droit au recours pour les victimes des violations des droits de l'Homme devant les juridictions qui est un droit fondamental pour tout citoyen. La jurisprudence de la Cour IDH ainsi que les juridictions suprêmes, mais aussi certains juges de droit commun, comme le juge argentin Gabriele Cavallo, dans sa décision du 6 mars 2001, ont rappelé à l'État le caractère non conventionnel des lois d'amnisties qui bloquaient judiciairement toute poursuite des auteurs, complices et organisateurs de la politique de répression. Dans le cadre d'un système jurisprudentiel, les juges, qu'ils soient

---

74 (M.) ROTA, « Chronique de jurisprudence de la Cour interaméricaine des droits de l'homme (2011-2012) », *CRDF*, n° 12, Droit et psychiatrie, 2014, p. 156.

75 CORTE SUPREMA DE JUSTICIA DE URUGUAY, Detta, Josefina ; Menotti, Noris ; Martínez, Federico ; Musso Osiris ; Burgell, Jorge s/inconstitucionalidad de la ley 15.848, *op. cit.*.

76 (L-M.) GUTIERREZ RAMIREZ, Justice transitionnelle et Constitution, *op. cit.*, p. 261.

d'une Cour suprême, de la Cour IDH ou d'une juridiction de droit commun, motivent leurs décisions de l'inconstitutionnalité et de la non-conventionnalité des lois d'amnisties ou des décrets de grâces, par la jurisprudence des cours régionales des droits de l'Homme ainsi que les conventions régionales et internationales de protection des droits de l'individu. L'impossibilité pour les victimes de pouvoir exercer leur droit de recours juridictionnel qui est un droit international fondamental de la personne humaine fut le moyen pour abroger les lois d'amnisties[77]. Comme le souligne le professeur Xavier Magnon, « trop souvent considéré comme un défenseur de son ordre de référence, le juge constitutionnel n'en est pas moins également un organe de protection du droit supranational dans un sens large (la protection des normes internationales par le juge constitutionnel). Il sert celui-ci qu'il s'agisse de l'intégrer directement en tant que norme de référence de son contrôle ou qu'il interprète les dispositions constitutionnelles nationales à la lumière des exigences supranationales »[78].

D'une certaine manière, la remise en cause des lois d'impunité en Amérique latine est le résultat d'une harmonisation de la jurisprudence de la Cour IDH et des juridictions suprêmes. Le juge interne peut ainsi mettre en cause la responsabilité de l'État pour manquement à son devoir d'enquête et de sanction relatives aux violations des droits de l'Homme[79]. Seule l'obligation du respect au niveau interne des traités internationaux des protections des droits fondamentaux peut rendre ceux-ci effectifs. Ainsi, le principe de subsidiarité oblige les institutions, notamment le juge constitutionnel, à s'imprégner du droit conventionnel. Dans une logique de dialogue de juridictions, les cours supranationales, notamment la Cour IDH, reprennent les décisions des juridictions constitutionnelles des États[80].

Poursuivre les auteurs de violations des droits de l'Homme est désormais consacré comme une obligation de *jus cogens*. D'ailleurs, l'absence de ratification de conventions ne peut être un moyen pour l'État de ne pas respecter ses obligations internationales, comme le dispose l'article 38 de la Cour internationale de justice. La jurisprudence internationale a participé à la consécration des victimes des violations des droits de l'Homme à bénéficier des mesures de justice transitionnelle. Elle s'est largement inspirée de la jurisprudence de la Cour IDH qui a codifié l'ensemble des mesures à prendre

---

77 (N.) YOUSSEF, *op. cit.*, p. 488.

78 (X.) MAGNON, « Introduction : le procès constitutionnel face aux exigences supranationales (droit constitutionnel comparé, U.E., C.E.D.C., C.A.D.H.) » *in* (X.) MAGNON, (P.) ESPLUGAS-LABATUT, (W.) MASTOR, (S.) MOUTON (*dir.*), *L'office du juge constitutionnel face aux exigences supranationales*, Bruylant, Bruxelles, 2015, p. 23.

79 (L-M.) GUTIERREZ RAMIREZ, Justice transitionnelle et Constitution, *op. cit.*, p. 428.

80 *Ibid.*, p. 429.

lors des transitions démocratiques en Amérique latine où le retour à la démocratie s'est effectué au détriment de l'action judiciaire relative aux disparitions forcées. La jurisprudence interaméricaine a été reprise par les organisations internationales dans la codification de la justice transitionnelle en devenant l'une des sources du droit international public pour consacrer le droit à la vérité, le droit à réparation et le droit à la justice ainsi que la nécessité de sanctionner les responsables des crimes de masse de nature politique[81]. En effet, le droit à la justice est le principe fondamental dans le cadre de la justice transitionnelle car le droit international a consacré l'obligation de poursuivre les auteurs de crimes de droit international. D'ailleurs, le droit à la justice renvoie aussi au droit consacré en droit international qui garantit aux victimes de violations du droit international des droits de l'Homme le droit au recours[82].

À travers la jurisprudence de la Cour IDH, l'Argentine, le Chili et l'Uruguay ont remis en cause, d'une manière totale ou partielle, des mesures législatives faisant obstacle à la poursuite judiciaire des auteurs des violations des droits de l'Homme sur le fondement de la jurisprudence internationale. Ainsi, les décisions de tribunaux ordinaires puis constitutionnelles vont affirmer le caractère non conventionnel des lois d'amnisties et des décrets de grâce présidentielles. Dans le cas de l'Argentine, ces juridictions vont réactiver le processus judiciaire des agents et des responsables de la politique de répression contraire aux droits fondamentaux commises par les dictatures militaires dans le Cône Sud de l'Amérique latine.

B. La lutte contre l'impunité, produit d'une volonté judiciaire et politique au niveau interne par le biais du droit international public

Le pouvoir judiciaire a devancé les pouvoirs exécutif et législatif dans l'abrogation des lois d'impunité. Ce changement de paradigme s'inscrit dans la métamorphose du droit international des droits de l'Homme à partir des années 1990. Partant d'une abstention de l'État afin d'éviter l'arbitraire et la garantie des libertés fondamentales des individus, le droit international des droits de l'Homme va se transformer en obligation pour l'État d'exercer l'action pénale pour les auteurs des crimes les plus graves perpétrés par des agents du régime autoritaire. Cette modification des droits de l'Homme appelée "*humans right turn*" est le reflet du développement du droit international pénal. Dans un contexte de lutte contre l'impunité pour les

81 (N.) TURGIS, La justice transitionnelle en droit international, *op. cit.*, p. 316.
82 *Ibid.*, p. 323.

auteurs de violations des droits de l'Homme, le droit international va ainsi légitimer la demande de justice pour les victimes et leurs proches[83]. Ainsi, le juge doit précéder le pouvoir législatif en déclarant la nullité des lois d'amnistie même si celles-ci sont présentes dans la législation interne. Comme le souligne Louis Joinet, la jurisprudence dans le cadre de la justice transitionnelle est essentielle. Ce fut le cas pour les disparitions forcées, considérées par la Cour IDH comme un « crime continu ». La ratification de traités internationaux est importante, car le juge, par son interprétation, peut faire jouer la supériorité du droit international sur le droit interne en écartant l'application de la loi d'amnistie. Louis Joinet évoque « l'antidote jurisprudentiel » contre l'impunité[84].

En l'espèce, après les deux lois d'amnisties votées au milieu des années 1980 sous la présidence de Raúl Alfonsín et les grâces présidentielles accordées par le président Carlos Menem, en 1989 et en 1990, le processus judiciaire semblait bloqué en Argentine. Néanmoins, les procès des années 1980, malgré la libération de militaires condamnés pour atteintes aux droits de l'Homme, ont permis de mettre à jour l'étendue de la politique de répression pratiquée par la dictature militaire. Malgré l'oubli et le pardon officiel consacrés par la loi d'amnistie et la grâce présidentielle, la population argentine était consciente des violations des droits fondamentaux des citoyens entre 1976 et 1983. Les procès de 1985 et de 1986, même s'ils ont abouti à la libération des militaires, avaient reconnu leur culpabilité des personnes suspectées de violations des droits de l'Homme qui ne pouvaient plus être niées. En l'espèce, une grâce n'annule jamais une condamnation. Le rapport de la CONADEP en 1984 a pu faciliter ce travail de mémoire sur les disparus et l'ensemble des victimes de la dictature militaire. Les associations de défense des droits de l'Homme ont essayé de perpétuer l'action de la justice bloquée depuis par les lois d'amnisties et les décrets présidentiels de grâce. De plus, les militaires graciés par le décret présidentiel de Carlos Menem en 1989 et en 1990 ne pouvaient être poursuivis pour les mêmes faits, sur le moyen de l'autorité de la chose jugée. Les avocats des familles des disparus ont ainsi décelé une faille dans les lois d'amnisties ou les décrets de grâce présidentielle. Les faits amnistiés ou les individus graciés ne concernent pas l'enlèvement des nourrissons après l'enlèvement et l'assassinat de leurs parents dans les centres clandestins de détention.

---

83 (S.) GARIBIAN, « La justice post-transitionnelle en Argentine et le *human right turn* » in (K.) ANDRIEU, (G.) LAVAU (*dir.*), *Quelle justice pour les peuples en transition ?*, *op. cit.*, p. 109.

84 (L.) JOINET, « Face aux dilemmes de l'instauration des processus de justice transitionnelle », *Mouvements*, n° 53, 2008, p. 51.

Les procès des années 1980 n'avaient pas soulevé cette question et aucun condamné ne l'a été pour ce motif. Ainsi, les Grands-Mères de la Place de Mai, qui recherchent leurs petits-enfants placés chez des militaires ou des civils partageant les opinions de la dictature militaire, ont déposé une plainte pour ce grief en décembre 1996[85]. De plus, l'Argentine a ratifié en 1990 la Convention internationale des droits de l'enfant adopté par l'ONU l'année précédente qui prohibe les enlèvements d'enfants. Le 9 juin 1998, le général Videla, gracié huit ans auparavant par le président Carlos Menem, est placé en détention préventive. Celui qui renversa le pouvoir civil à la suite d'un Coup le 24 mars 1976 et qui dirigea l'Argentine d'une manière dictatoriale jusqu'en 1981 retourne derrière les barreaux[86]. C'est une première étape symbolique pour les familles des victimes et les associations de défense des droits de l'Homme avec l'arrestation d'un des principaux responsables de la dictature. Alors toujours président en exercice, Carlos Menem, en visite privée en France à l'occasion de la Coupe du monde de football, est interrogé par la presse s'il souhaite de nouveau soustraire le général Videla de l'action judiciaire. Le président argentin répond que s'il a « bien édicté une grâce pour des militaires et des civils »[87], il se refuse d'élargir cette mesure de clémence.

Le 15 juillet 1998, le juge Roberto Marquevich confirme la détention du général Videla au motif que les faits commis ne sont pas prescriptibles. En effet, la soustraction d'enfants des opposants assassinés constituait l'un des outils de la politique du « terrorisme d'État ». Néanmoins, l'ancien chef de la junte militaire est placé en résidence surveillée en raison de son âge, ayant dépassé les soixante-dix ans[88]. L'amiral Massera, autre responsable du coup d'État militaire du 24 mars 1976, est placé en détention préventive le 25 novembre 1998, pour le même grief. Quelques mois plus tard, le général Reynaldo Bignone, amnistié par la loi du *Point final* en 1986, dernier militaire à présider l'Argentine de 1982 à 1983, est à son tour écroué dans le cadre des investigations sur l'enlèvement des enfants, le 22 janvier 1999[89]. Ainsi, les

---

85 (É.) JELIN, *op.cit.*, p. 89.

86 (C.) MARY, « Argentine. L'ex-chef de la junte arrêtée : Jorge Videla est accusé de l'enlèvement de cinq mineurs », *Libération*, 11 juin 1998, http://www.liberation.fr/planete/1998/06/11/argentine-l-ex-chef-de-la-junte-arrete-jorge-videla-est-accuse-de-l-enlevement-de-cinq-mineurs-sous-_241048 (consulté le 9 août 2021).

87 (J-M.) PITTE, (F-G.) CLAVIERE, « Videla en prison », *France 3*, 10 juin 1998, http://www.ina.fr/video/CAC98023637. 104 (consulté le 9 août 2021).

88 (C.) MARY, « Argentine : Videla reste en prison. L'ex-dictateur est accusé d'avoir enlevé les enfants de détenues », *Libération*, 16 juillet 1998, https://www.liberation.fr/planete/1998/07/16/argentine-videla-reste-en-prison-l-ex-dictateur-est-accuse-d-avoir-enleve-les-enfants-de-detenues_241752/ (consulté le 9 août 2021).

89 VINGTIÈME SIÈCLE. REVUE D'HISTOIRE, « Repères chronologiques », *Vingtième siècle. Revue d'Histoire*, n° 105, 2010, p. 297.

principaux responsables de la dictature sont de nouveau visés par des procédures judiciaires, à la suite de plaintes des associations de défense des droits de l'Homme et par l'action de juges, qui se fondent sur l'incorporation du droit international en droit interne. Le placement en détention des responsables de la junte militaire des années 1970 et du début des années 1980, a été confirmée par des juridictions d'appel en se fondant sur le droit international des droits de l'Homme, qui a valeur constitutionnelle depuis 1994, notamment dans l'arrêt *Massera s./excepciones* du 9 septembre 1999. En effet, la Cour d'appel fédérale de Buenos Aires a estimé que la soustraction des mineurs est le résultat de la disparition forcée des parents, mais aussi une disparition forcée de l'enfant. Le Tribunal de la capitale de l'Argentine a affirmé qu'il s'agissait d'un crime contre l'humanité en motivant son arrêt par la Déclaration de l'ONU sur les disparitions forcées du 18 décembre 1992, la Convention interaméricaine sur les disparitions forcées du 9 juin 1994 et le statut du Tribunal pénal international adopté à Rome le 18 juillet 1998. En effet, toutes ces normes consacrent l'obligation de *jus cogens* de poursuivre les auteurs de violations des droits de l'Homme qui a été reconnu comme l'une des sources du droit interne, ce qui a été reconnu ultérieurement par la CJSN[90]. Le même jour, la Cour fédérale d'appel de Buenos Aires a confirmé la privation de liberté du général Videla en motivant sa décision sur l'arrêt *Velásquez* de la Cour IDH du 29 juillet 1988[91].

Les normes internationales ont une valeur constitutionnelle depuis la révision de la Constitution argentine en 1994. L'autorité de la chose jugée ne peut être un moyen pour échapper aux actions judiciaires dans le cadre de la politique de soustraction d'enfants à leurs parents puisque ces faits n'avaient pas été soulevés lors des procès lors du retour à la démocratie dans les années 1980. Ainsi, ce sont les crimes annexes qui ont permis de réactiver le processus judiciaire en Argentine puisque les lois d'amnistie étaient encore en vigueur. C'est le principe du « crime pour un autre », l'essentiel est que le responsable de crime de masse soit condamné par la justice, quels que soient les faits commis, y compris pour des actes d'une gravité moindre que pour les principaux faits reprochés[92].

Ainsi, des policiers et des militaires de rang inférieur ayant participé au meurtre puis à l'enlèvement d'enfants vont également faire l'objet de

---

90 (A.) E. ALVAREZ, (E.) A. BERTONI, (M.) BOO, « Droit argentin », *op. cit.*, p. 320.

91 13.CAMARA NAC. DE APELAC. EN LO CRIMINAL Y CORRECCIONAL FEDERAL. CAPITAL FEDERAL, CIUDADAUTÓNOMA DE BUENOS AIRES Sala 01, *VIDELA, J. A. s/ excepciones* - causa 30.311 SENTENCIA 9 de Septiembre de 1999 Nro. Interno: 735 Tribunal origen: J.7 - S. Magistrados : Vigliani - Riva Aramayo Id SAIJ: FA99260237, p. 9.

92 (S.) LEFRANC, « L'Argentine contre ses généraux : un charivari judiciaire ? », *op. cit.*, pp. 24-25.

poursuites à la suite de l'ouverture d'informations judiciaires par des magistrats à la suite de plaintes déposées pour ce crime. En 1998, une trentaine de membres des Forces armées, en activité ou à la retraite ainsi que des médecins ayant participé à la disparition d'enfants sont inculpés et placés en détention préventive ou en résidence surveillée. En juillet 2000, la Chambre fédérale de Buenos Aires a confirmé les détentions des généraux Reynaldo Bignone et Cristino Nicolaides ainsi que l'ancien capitaine de corvette Jorge Acosta[93]. À la suite du dépôt d'une plainte de la famille de disparus, le Procureur fédéral Horacio Comparatore a engagé, le 20 avril 1998, l'ouverture d'une action pénale pour la disparition et l'assassinat de José Liborio Poblete Roa et Gertrudis Marta Hlaczik, le 28 novembre 1978, ainsi que l'enlèvement de leur fille, Claudia Victoria Poblete[94]. Un juge fédéral de Buenos Aires, Gabriele Cavallo, sera saisi de cette affaire et va lancer des investigations. Deux militaires ayant servi sous la dictature, Julio Hector Simón et Juan Antonio Del Cerro sont placés en détention préventive le 1er novembre 2000[95]. Ce nourrisson avait été retiré à ses parents à la suite de l'assassinant de ces derniers par des agents de la dictature. Dans sa décision du 6 mars 2001, le magistrat de la capitale argentine va confirmer la détention du militaire et déclarer le caractère non conventionnel, mais aussi l'inconstitutionnalité des lois d'amnistie du *Point final* et de l'*Obéissance Due*. Dans son attendu, le juge Cavallo a motivé sa décision sur le caractère inconstitutionnel des lois d'amnistie du Point final et de l'Obéissance Due et en se fondant sur le droit et la jurisprudence régionale et internationale. Le magistrat se fonde sur la Convention contre la torture de 1984, l'arrêt *Blake c. Guatemala* rendu par la CIDH le 24 janvier 1998[96] ainsi que sur d'autres décisions et avis de la juridiction de San Jose et le Statut de Rome du 18 juillet 1998[97]. Dans son ordonnance, le juge Cavallo cite de nombreux arrêts de la jurisprudence constante de la Cour IDH qui, depuis 1988, rappelle aux États l'obligation d'investigation, de prévention et de sanction des atteintes aux droits de l'Homme. Le Tribunal de San José a rappelé que les États sont obligés d'enquêter et de prévenir les violations des droits fondamentaux.

---

93 (S.) LEFRANC, *Politiques du pardon*, *op. cit.*, p. 282.

94 (G.) R. CAVALLO, PODER JUDICIAL DE LA NACION, Buenos Aires, 6 de marzo de 2001, autos y visitos : Para resolver en la presente causa Nro. 8686/2000 caratulada A. Simon, Julio, Del Cerro, Juan Antonio s/sustracción de menores de 10 años del registro de la Secretaría Nro. 7 de este Juzgado Nacional en lo Criminal y Correccional Federal Nro. 4; en particular, sobre el contenido de la presentación del Centro de Estudios Legales y Sociales de fs. 1153 y ss., p. 1.

95 *Ibid.*, p. 5.

96 *Ibid.*, p. 61.

97 *Ibid.*, p. 53.

Ainsi, le devoir d'investigation et de prévention n'est pas une obligation de résultat, mais de moyens. L'ouverture d'actions judiciaires ne doit pas être une simple formalité qui se révélerait dès le départ non concluant. L'obligation de prévention et d'enquêtes doit être garantie par l'État. Il s'agit d'un devoir juridique qui lui est propre[98]. Le juge Cavallo motive son ordonnance sur l'opinion consultative OC14/94 dans un arrêt de la Cour IDH du 9 décembre 1994[99] que si les États parties à la Convention IADH doit prendre des mesures pour la respecter, ils sont obligés de ne pas adopter des législations contraires à celle-ci[100]. Ainsi, l'ordonnance du magistrat de Buenos Aires du 6 mars 2001 déclare le caractère non conventionnel des lois d'amnisties du Point final et de l'Obéissance Due qui sont contraires aux articles 2 et 9 du Pacte international des droits civils et politiques de 1966, aux articles 1,2, 8 et 25 de la Convention américaine relative aux droits de l'Homme, la Déclaration américaine des droits de l'Homme, et l'objet de la Convention contre la torture de 1984, selon l'article 18 de la Convention de Vienne de 1969[101]. De plus, le Parlement argentin a voté le 25 mars 1998, lors du vingt-deuxième anniversaire du coup d'État de mars 1976, la possibilité de déroger aux lois d'amnistie du *Point final* et de l'*Obéissance Due.* La limite de cette loi est qu'elle ne concernait que les poursuites à venir et qu'au nom de la rétroactivité, les bénéficiaires des mesures votées en 1986 et en 1987 ne pouvaient toujours pas être poursuivis[102].

Pour la première fois depuis les grâces du président Menem, un juge fédéral va estimer que les lois d'amnistie ne peuvent être un obstacle à l'action judiciaire pour les violations des droits de l'Homme perpétrées par la dictature militaire au pouvoir en Argentine de 1976 à 1983. Cette ordonnance déclarant la nullité de lois d'amnisties pour violation du droit international, rendue le 6 mars 2001, aura certainement un rôle dans l'arrêt *Barrios Altos c. Pérou* rendu huit jours plus par la Cour IDH. En effet, le Tribunal de San José confirmera le caractère non conventionnel des législations empêchant la poursuite des auteurs de violations des droits de l'Homme et l'abrogation de celles-ci dans les législations nationales. La Cour fédérale d'appel de

---

98 (A.) E. ALVAREZ, (E.) A. BERTONI, (M.) BOO, « Droit argentin », *op. cit.*, p. 323.

99 Cour IDH, 9 décembre 1994, Opinión consultiva oc-14/94 del 9 de diciembre de 1994, responsabilidad internacional por expedición y aplicación de leyes violatorias de la convención (arts. 1 y 2 convención americana sobre derechos humanos), p.15.

100 (G.) R. CAVALLO, PODER JUDICIAL DE LA NACION, Buenos Aires, 6 de marzo de 2001, autos y visitos, *op. cit.*, pp.154-155.

101 *Ibid.*, p. 183.

102 HONORABLE CONGRESO DE LA NACION, LEY 24.952 *Deróganse las Leyes Nros. 23.492 y 23.521.*, Sancionada Marzo 25 de 1998, Promulgada de Hecho: Abril 15 de 1998. *B.O*, 17 de abril de 1998.

Buenos Aires a confirmé, dans son arrêt du 9 novembre 2001[103], la détention de Julio Hector Simon et Juan Antonio Del Cerro. La juridiction de deuxième instance confirme l'ordonnance du juge Cavallo au motif que depuis la révision constitutionnelle de 1994, la Convention américaine des droits de l'Homme, du Pacte international des Droits civils et politiques ainsi que de la Convention contre Torture, le conflit normatif avec les lois d'amnistie se résout en faveur de normes internationales. De plus, la Cour fédérale d'appel de Buenos Aires rappelle la position selon laquelle la jurisprudence des tribunaux régionaux ou internationaux ainsi que les conventions internationales constituent la ligne directrice et ont une valeur constitutionnelle pouvant d'ailleurs être directement interprétée par les juridictions nationales. La juridiction d'appel de la capitale de l'Argentine a repris la jurisprudence de la CSJN de 1995 dans l'affaire *Priebke* sur la supériorité du droit international sur le droit interne. De plus, entre l'ordonnance du juge Cavallo et l'arrêt de la Cour fédérale d'appel de Buenos Aires, la Cour IDH a rendu les deux arrêts relatifs au contentieux *Barrios Altos c. Pérou*[104] qui consacre la non-application et l'abolition des lois empêchant les poursuites judiciaires pour les auteurs de violations des droits de l'Homme[105].

Dans son rapport relatif à l'année 2001, la Commission IDH a approuvé la décision du juge Cavallo sur la nullité des lois d'amnistie en Argentine. Néanmoins, l'organe du système américain de protection des droits de l'Homme a rappelé l'exclusivité du pouvoir législatif pour abolir les lois d'amnisties. Une jurisprudence ne pourrait suffire. De fait, même si un juge déclare ne plus appliquer une loi empêchant de poursuivre des responsables de crimes contre l'humanité ou de toute autre violation des droits fondamentaux en se fondant sur le droit constitutionnel ou le droit international, la mesure incriminée est toujours présente dans l'ordre juridique interne. Par conséquent, un autre magistrat, moins scrupuleux sur le droit international des droits de l'Homme et des obligations qui en découlent, peut décider de continuer à appliquer la loi d'amnistie au motif que celle-ci figure toujours au sein de l'arsenal pénal de l'État. Ainsi, dans son rapport relatif à l'année 2001, la Commission IDH a estimé que les

---

103 (H.) FIRMADO R. CATTANI, (H.) IRURZUN MARTIN, (E.) LURASCHI. Jueces de Cámara, PABLO J. HERBON, Prosecretario de Cámara CAMARA, *Los Fallos de la Sala II de la Cámara Federal ratificando la nulidad de la O. Debida y el P. Final*, Causa n° 17.889, *Incidente de apelación de Simón, Julio (Continuación)*, 9 de noviembre de 2001, 27 p.

104 Cour IDH, 14 mars 2001, *Barrios Altos c. Pérou*, Fond, Série C, n° 75 ; Cour IDH, 3 septembre 2001, *Barrios Altos c. Pérou*, Interprétation, Série C, n° 83.

105 (M.) EDUARDO GONGORA MERA, « El Bloque de Constitucionalidad en Argentina y su relevancia en la lucha contra la impunidad », *Centro de Derechos humenos de Nuremberg*, 19 janvier 2007, p. 28.

législateurs devaient abolir les lois d'impunité. Ainsi, il faut « abroger les lois d'amnistie au lieu de laisser à des organes judiciaires le pouvoir discrétionnaire de statuer dans des cas précis »[106]. Par la suite, des juges argentins, saisis pour des cas de violations des droits de l'Homme, déclareront l'inconstitutionnalité des lois d'amnistie votées en 1986 et 1987 ou les grâces présidentielles décrétées en 1989 et en 1990. Si la juridiction interaméricaine a rappelé aux législateurs le soin d'abroger ces lois d'impunité, celles-ci ont eu un rôle essentiel dans la lutte contre l'impunité[107].

L'Uruguay n'a jamais abrogé la *loi de Caducité préventive de l'État* votée en décembre 1986. À la différence de son voisin argentin qui abrogera les mesures d'impunité dans les années 2000, le gouvernement uruguayen n'a jamais pu remettre en cause la législation soustrayant les militaires et les agents de la dictature impliqués dans la politique de répression, dans les années 1970 et le début des années 1980. Les différents gouvernements qui se sont succédé après le retour de la démocratie en 1985 ont toujours refusé de lancer ou de soutenir des enquêtes sur les violations des droits de l'Homme, en particulier les disparitions forcées, perpétrées par la dictature militaire. Il a fallu attendre mai 2000 pour qu'un juge, Estela Jubette, réponde positivement à la requête de Tota Quinteros dont la fille Elena a disparu sous la dictature. La magistrate avait critiqué l'ancien président Sanguinetti pour avoir violé le droit national et international en refusant d'ouvrir des investigations sur les violations des droits de l'Homme. Elle a exigé une enquête sur la disparition d'Elena Quinteros en vertu des articles 7, 29 et 72 de la Constitution uruguayenne, la Convention interaméricaine sur les disparitions forcées de 1994 ainsi que le Pacte international des droits civils et politiques. Jorge Batlle, président de la République de l'Uruguay, a fait pression sur la magistrate pour qu'elle abandonne l'affaire. La Cour d'appel de Montevideo, dans son arrêt du 31 mai 2000[108], a estimé que la juge Jubette était fondée à enquêter sur le moyen de la législation internationale dont l'Uruguay est désormais un État partie en l'intégrant à son corpus juridique interne. À la suite du refus de cette dernière, le chef de l'État s'est tourné vers la Cour suprême pour mettre fin aux investigations de la magistrate. La Cour suprême a refusé de l'évincer de l'enquête.

Ainsi, les juges deviennent l'un des protagonistes dans la quête de la vérité et de la justice en Uruguay. Pour la première fois, un juge d'un tribunal de première instance puis de la Cour suprême se fonde sur les textes

---

106 Com. IDH, *Rapport annuel 2001* (OEA/Ser.L/V/II.114, doc. 5 rev., chap. V (Pérou), par. 25).

107 (M.) EDUARDO GONGORA MERA, *op. cit.*, p. 28.

108 COUR D'APPEL DE MONTEVIDEO, Official legal document from the Montevideo Court of Appeals, Case n° 98, 31 May 2000.

internationaux relatifs aux droits de la personne afin de poursuivre les responsables et les agents de la dictature militaire uruguayenne qui se sont succédés entre 1973 et 1985. Ainsi, grâce à cette jurisprudence de 2000, une autre juge, María del Rosario Berro, a pu inculper, en avril 2002, l'ancien ministre des Affaires étrangères, Juan Carlos Blanco, pour l'enlèvement illégal et la disparition d'Elena Quinteros. La juge a fondé sa demande d'arrestation au motif que Juan Carlos Blanco était un civil et n'était donc pas couvert par la loi d'amnistie de 1986 qui était réservée aux militaires et aux policiers. De plus, elle a estimé que la disparition est un crime continu et permanent, comme le définissait la Cour IDH dans l'arrêt *Velásquez* de 1988. Par conséquent, l'ancien ministre de la dictature a été arrêté en 2002[109]. Face à ces actions individuelles de juges, le Gouvernement uruguayen avait tenté en avril 2003 d'étendre la *loi de Caducité préventive de l'État* aux civils. Les poursuites judiciaires contre Blanco se sont poursuivies malgré l'ingérence gouvernementale qui avait inquiété Amnesty International[110]. En octobre 2002, un juge, Eduardo Cavalli, a accepté l'ouverture d'une information judiciaire pour l'enlèvement d'Adalberto Soba, à Buenos Aires, en 1976[111]. Le Pacte du Club Naval de 1984 et la *loi de Caducité préventive de l'État*, votée en 1986, n'amnistient pas les mêmes individus et les mêmes types de crime. En effet, la loi n° 15 737 du 8 mars 1985 qui traduit juridiquement le Pacte du Club Naval destinée aux civils prévoit l'impossibilité de poursuites judiciaires tandis qu'elle est prévue par la loi d'amnistie de 1986 dite de *Caducité préventive de l'État.* Ainsi, les civils ayant dirigé la dictature, à l'instar de Juan Maria Bordaberry, élu démocratiquement en 1971 puis présidant l'Uruguay de manière dictatoriale de 1973 à 1976, ne sont pas couverts par la loi d'amnistie. Les familles des victimes ont ainsi pu déposer des plaintes à l'encontre de ce dernier[112]. En septembre 2006, un juge de Montevideo a ordonné le renvoi devant une juridiction pénale de six militaires et de deux policiers. Par la suite, vingt-sept autres cas d'Uruguayens disparus en Argentine ont été mis à jour. L'affaire de la disparition d'Adalberto Soba a été exclue de la loi d'amnistie uruguayenne, car les faits se sont produits en Argentine. Cela va déboucher sur la tenue de procès à partir de mars 2009, notamment celui de l'ancien dictateur Juan Maria Bordaberry, investigateur du coup d'État du 28 juin 1973, en février 2010[113].

---

109 (E.) SKAAR, *op. cit.*, p. 492.

110 *Ibid.*, p. 493.

111 (F.) LESSA, *op. cit.*, p. 6.

112 (J.) ERRANDONEA, « Justicia transicional en Uruguay », *Revista IIDH* , volume 47, 2008, p. 34.

113 (F.) LESSA, « Barriers to Justice The Ley de Caducidad and Impunity in Uruguay » *in* (F.) LESSA, (L.) A. PAYNE (*dir.*), *Amnesty in the Age of Human Rights Accountability*, Cambridge University Press, juin 2012, p. 137.

En ce qui concerne le Chili, à la suite de l'arrestation du général Pinochet à Londres en 1998, des citoyens chiliens ont décidé de saisir directement la justice de leur pays en déposant plainte contre l'ancien dictateur, malgré le décret d'autoamnistie de 1978. Les plaintes concernaient les crimes perpétrés par la *Caravane de la mort*, nom d'une unité militaire qui avait parcouru le Chili en octobre 1973, un mois après le coup d'État renversant Salvador Allende. Deux mois après le retour du général Pinochet au Chili, la Cour de Santiago décide, le 5 juin 2000, de lever l'immunité parlementaire de ce dernier par treize voix contre neuf à la demande du juge Guzmán Tapies qui avaient instruit les plaintes des proches des disparus[114]. Cette décision sera confirmée le 8 août 2000 par la Cour suprême du Chili par quatorze voix contre six. En effet, seuls les faits perpétrés avant mars 1978 sont concernés par ce texte. Par conséquent, les crimes commis après cette date peuvent faire l'objet de poursuites. Le général Pinochet, désormais dépourvu d'immunité parlementaire, est placé en résidence surveillée par la justice le 1er décembre 2000. Quelques mois plus tôt, l'armée chilienne s'est engagée à rendre publics des documents autrefois secrets permettant de retrouver les disparus, mettant à jour les exactions commises sous la dictature. Paradoxalement, le maintien du décret-loi d'autoamnistie de 1978 permet à l'appareil militaire du Chili de faire la vérité sur les violations des droits de l'Homme décidées par sa hiérarchie. En effet, ces révélations ne pouvaient déboucher sur une poursuite judiciaire[115].

La réforme constitutionnelle de décembre 1997 a permis la levée de l'immunité parlementaire contre l'ancien dictateur au pouvoir de 1973 à 1990 en augmentant le nombre de juges au sein de la Cour suprême, diminuant ainsi le poids de ceux mis en place sous le général Pinochet[116]. La procédure judiciaire contre l'ancien dictateur chilien dans son pays d'origine a commencé en août 1998 lorsque le juge Guzmán avait fait savoir qu'il mènerait des investigations sur les violations des droits de l'Homme perpétrées par l'ancien général et les agents du régime impliqués dans la « Caravane de la mort ». Même si les poursuites judiciaires n'aboutissent pas sur une condamnation en raison du décret d'autoamnistie, ce texte n'empêchait pas des enquêtes approfondies pour l'identification des suspects[117]. Le juge Guzmán a contourné le décret-loi d'autoamnistie bénéficiant aux hauts responsables de l'armée. En effet, comme le consacre

114 (D.) PION-BERLIN, « The Pinochet Case and Human Rights Progress in Chile: Was Europe a Catalyst, Cause or Inconsequential ? », *Journal of Latin America Studies*, volume 36, n° 3, 2004, p. 484.
115 (B.) STERN, *op. cit.*, p. 10.
116 (S.) LEFRANC, *Politiques du pardon*, *op. cit.*, p. 281.
117 (D.) PION-BERLIN, *op. cit.*, p. 502.

la jurisprudence de la Cour IDH et les conventions internationales, le crime de disparition forcée est « continu et permanent » jusqu'à la découverte du corps de la victime. Le juge Guzmán a estimé qu'il s'agissait d'enlèvements aggravés. Ainsi, jusqu'à la preuve du décès de la victime pendant la période couverte par l'amnistie, le magistrat chilien établit une présomption de vie de la victime, considérant que le crime de disparition court toujours. En septembre 1998, la Cour suprême du Chili annule la procédure en estimant que les jugements de premières instance et de la Cour d'appel avaient débouté les victimes et les associations de défense des droits de l'Homme sur le moyen du décret d'autoamnistie de 1978. La juridiction suprême chilienne a ainsi demandé la réouverture des investigations closes par la justice militaire sur l'emprisonnement de Pedro Poblete Córdova[118].

Par conséquent, la disparition d'une personne doit faire l'objet d'investigations et, le cas échéant, d'une condamnation judiciaire. Ainsi, pour placer en détention le général Pinochet en décembre 2000 puis l'assigner à résidence à partir du 29 janvier 2001, le juge Guzmán a motivé sa demande d'arrestation de l'ex-chef d'État sur le fondement de l'article 413 du Code de procédure pénale qui prévoyait qu'une procédure ne pouvait être suspendue qu'après l'établissement des faits. Le juge soulignait qu'il fallait une enquête pour savoir si les faits étaient couverts ou non par l'amnistie. Le magistrat chilien se fonde sur l'article 93 du Code pénal chilien qui prévoit que l'amnistie éteint la possibilité de sanction, mais non le crime lui-même. Pour lever l'immunité du général Pinochet, les juges devaient prouver que ce dernier était, soit l'auteur ou le complice du crime et qu'il avait tenté de le dissimuler. Ainsi, le 29 janvier 2001, le juge Guzmán a pu inculper l'ancien général qui dirigea le Chili pendant près de dix-sept ans[119]. Par la suite, en avril 2003, un tribunal chilien a pu contourner l'amnistie en arrêtant et inculpant plusieurs ex-membres de la police secrète du général Pinochet, la DINA, pour des faits d'enlèvements et de disparitions forcées commis en 1975[120]. Lorsque les lois d'amnistie sont en vigueur, les juges vont être en première ligne pour dénoncer celles-ci. À la suite de l'accroissement du nombre de plaintes, les juges vont multiplier les enquêtes sur les militaires, responsables ou agents de la dictature, suspectés de crimes contre l'humanité, vidant de leur sens les lois d'amnistie. Le pouvoir judiciaire devance ainsi le pouvoir législatif dans la remise en cause des mesures d'impunité.

---

118 (C.) STELLA NEIRA PINZON, *La compétence internationale pénale à la lumière du précédent Pinochet*, Centre d'Études internationales et européennes, Université de Strasbourg, 2016, p. 278.
119 (D.) PION-BERLIN, *op. cit.*, p. 490.
120 *Ibid.*, p. 485.

La réouverture du processus judiciaire en Amérique latine à la fin des années 1990 et au début des années 2000 a permis de remettre ou de placer en détention des responsables des régimes militaires responsables de graves violations des fondamentaux lorsqu'ils exercent le pouvoir. Ce réveil de l'activisme judiciaire est issu de facteurs essentiellement juridiques et non politiques, avec le caractère non dérogatoire du droit international dans la législation interne. Néanmoins, le retour à l'activisme judiciaire des années 1990 n'est pas que le fruit d'une volonté d'agir du pouvoir judiciaire et, dans une moindre mesure, des autorités politiques. Les associations de défense des droits de l'Homme ainsi que les juges chargés d'instruire les plaintes en Amérique latine ont traduit les actions judiciaires lancées en Europe de l'Ouest à partir du milieu de la décennie 1990. Les plaintes déposées en Espagne contre des militaires argentins et chiliens en 1996 puis en Italie et en France ont rendu difficile pour l'opinion publique d'Argentine ou du Chili l'idée que leurs propres juridictions soient impuissantes contre leurs anciens dirigeants ou agents des anciens régimes militaires. Les plaintes instruites par des magistrats étrangers se faisaient sur le moyen que les victimes possédaient la nationalité espagnole, italienne ou française. Même si elles n'ont jamais abouti sur un procès – à l'exception de la justice française qui a condamné le général Astiz à la réclusion criminelle à perpétuité par contumace en 1990 – ces procès ont pu continuer en dehors des frontières, ce que la chercheuse Sandrine Lefranc évoque cela sous le terme de « justice résiduelle »[121]. En l'espèce, les plaintes instruites par les justices espagnoles et italiennes à partir de 1996 ont eu un effet en Argentine. D'ailleurs, l'année 1998 représente un véritable tournant dans la lutte contre l'impunité dans les États du Cône Sud de l'Amérique latine. En effet, le Parlement argentin approuve, le 25 mars 1998, une loi prévoyant la possibilité de déroger aux lois d'amnistie du *Point final* et de l'*Obéissance Due*. La limite de cette loi est qu'elle ne concernait que les poursuites à venir. En effet, au nom de la rétroactivité, les bénéficiaires des mesures votées en 1986 et en 1987 ne pouvaient toujours plus être poursuivis[122]. En 1998, les responsables du Coup d'État de 1976, le général Videla et l'amiral Massera sont de nouveaux privés de liberté dans l'affaire « des bébés volés ». En effet, les associations argentines de défense des droits de l'Homme avaient déposé une plainte dans

---

[121] (S.) LEFRANC, « L'Argentine contre ses généraux : un charivari judiciaire ? », *op. cit.*, p. 24.

[122] HONORABLE CONGRESO DE LA NACION, LEY 24.952 *Deróganse las Leyes Nros. 23.492 y 23.521.*, Sancionada Marzo 25 de 1998, Promulgada de Hecho: Abril 15 de 1998. *B.O*, 17 de abril de 1998.

cette affaire en décembre 1996, dans la foulée des mandats d'arrêt lancés par le juge espagnol Garzón concernant des militaires argentins[123].

L'arrestation du général Pinochet en octobre 1998 à Londres va accélérer le processus. Même si le placement en détention préventive du général Pinochet à la suite de son inculpation pour son rôle dans la Caravane de la mort responsable de disparitions forcées est le fruit de l'action d'un magistrat chilien, il ne faut pas écarter le rôle de l'action judiciaire ouverte en Espagne par le juge Garzón en 1996. Il est indéniable que l'arrestation de l'ancien dictateur du Chili a pu développer le dépôt de plaintes à son encontre dans son pays d'origine. Lorsque le juge Guzmán ouvre son instruction en janvier 1998 à la suite d'une seule plainte, il en dispose trois cents à la fin de l'année 2001[124]. D'ailleurs, l'apparition entre 1998 et 2000 d'une opinion publique internationale favorable au procès du général Pinochet a eu des répercussions au Chili. En effet, au milieu des années 1990, les Chiliens se résignaient sur le caractère inéluctable pour l'impunité. Des sondages d'opinion effectués pendant l'arrestation du général Pinochet mettaient en exergue le refus de voir l'ex-dictateur jugé à l'étranger. Néanmoins, à partir de juin 1999, 69 % des Chiliens souhaitaient l'organisation d'un procès dans leur pays. Désormais, en cette fin des années 1990, l'idée de la connaissance de la vérité et la tenue d'un procès devenaient une affaire collective et politique concernant l'ensemble de la société. Ce n'était plus restreint aux victimes ou aux familles de ces dernières[125]. Les poursuites judiciaires engagées par le juge Garzón en Espagne ont été un facteur déterminant dans l'action de la justice chilienne, notamment celle du juge Guzmán à partir de 1998 et confirmée par la Cour suprême du Chili en 2000. Cela a pu mettre en exergue que nombre de tribunaux n'osaient pas dénoncer le décret-loi d'amnistie de 1978 qui consacrait l'impunité pour les militaires. En effet, la Constitution chilienne, adoptée en 1980 à la demande du général Pinochet, représente elle-même un héritage de la dictature[126]. La décision du juge Guzmán de poursuivre et de placer ce dernier en détention préventive met en exergue le rôle de la procédure espagnole dans l'idée que les victimes ont droit à un procès de l'ancien chef d'État du Chili. Les associations de défense des droits de l'Homme, bien que favorables à l'action de la justice menée en Espagne, ont toujours estimé qu'elle devait créer un mouvement en faveur de la tenue d'un procès au Chili, en particulier pour les victimes de la dictature

123 (P.) TAPPATA DE VALDEZ, « Argentine : la recherche de la vérité et de la justice comme construction d'une logique démocratique », *Mouvements*, n° 53, 2008, p. 79.

124 (O.) COMPAGNON, (F.) GAUDICHAUD, « Un passé trop vite passé ? », *Hermès*, n° 52, 2008, p. 85.

125 *Idem.*

126 (D.) PION-BERLIN, *op. cit.*, p. 498.

militaire au pouvoir de 1973 à 1990, traduisant la normalisation des relations entre le pouvoir militaire et les autorités civiles[127]. Vu que le gouvernement ne souhaitait pas abroger le décret-loi d'amnistie de 1978, les magistrats chiliens statuant sur les plaintes de victimes du général Pinochet ont été un palliatif à l'absence d'action du pouvoir exécutif en la matière. Le juge Guzmán s'est d'ailleurs fondé sur la législation chilienne pour pouvoir poursuivre l'ex-dictateur. Ainsi, la justice du Chili a décidé d'agir dans le traitement des disparitions forcées perpétrées par les agents du général Pinochet en réaction à l'arrestation de l'ancien chef d'État à Londres. Les juridictions chiliennes avaient modifié, dans ces années 1999-2001, la notion de souveraineté. Auparavant, elles étaient utilisées pour refuser de poursuivre l'ex-dictateur.

Après l'arrestation de Pinochet à Londres en 1998, les juges chiliens ont estimé qu'ils étaient souverains, en se fondant sur leurs propres lois, pour instruire les plaintes visant celui qui fut le chef d'État durant dix-sept années. L'arrêt de la Cour suprême du 8 août 2000, puis le placement en détention préventive le 1er décembre de la même année, traduisaient cette volonté de la justice du Chili de traiter enfin son propre passé[128]. Ces actions judiciaires n'ont pas abouti en raison de l'activisme des avocats du général Pinochet qui retardera les procédures. Ce dernier décèdera le 10 décembre 2006. Néanmoins, l'arrestation de l'ex-dictateur à Londres en 1998 aura permis de réactiver l'action de la justice dans le territoire où les crimes furent perpétrés, en l'occurrence. Ainsi, le Chili a pu de nouveau traiter un passé qu'elle n'avait jamais voulu affronter en raison du poids politique de l'armée qui avait dirigé le pays dix-sept ans. Les gouvernements chiliens qui se sont succédé à la fin de la dictature en 1990 n'avaient ainsi pas voulu remettre en cause l'impunité décrétée par le général Pinochet lui-même en 1978. L'action judiciaire lancée en Espagne en 1996, qui mènera à l'assignation à résidence de l'ex-dictateur, deux ans plus tard, aura permis aux juridictions chiliennes et au pays tout entier de mettre en exergue le traitement des victimes et des responsables des violations des droits de l'Homme sous la dictature[129].

En Argentine, les actions judiciaires lancées à la suite des dépôts de plaintes déposées dans des juridictions étrangères, avec les arrestations puis les remises en liberté du capitaine Astiz en 2001 et 2003, ont accentué la difficulté pour les autorités politiques de justifier les lois d'amnisties du *Point final* et de *l'Obéissance Due*. En effet, les autorités judiciaires françaises, italiennes et suédoises avaient respectivement demandé, en juillet et en

127 *Ibid.*, p. 503.
128 *Idem.*
129 (Z.) LINGANE, *op. cit.*, p. 240.

décembre 2001 ainsi qu'en juillet 2003, l'extradition du capitaine Astiz pour l'enlèvement et l'assassinat de leurs ressortissants à Buenos Aires en 1977. Le placement en détention puis les remises en liberté successives de l'ex-militaire, en août 2001, en janvier 2002 et en septembre 2003, ont été motivés par le principe de territorialité de la loi d'amnistie de 1987. Néanmoins, même si les extraditions demandées par la France, l'Italie, et la Suède n'avaient pas abouti, elles ont pu de nouveau mettre en exergue l'impunité dont bénéficiaient militaires et policiers impliqués dans la politique de répression de la dictature, au pouvoir en Argentine de 1976 à 1983. Les remises en liberté d'Alfredo Astiz compliquèrent pour les autorités gouvernementales de maintenir l'impunité judiciaire pour les auteurs de violations des droits de l'Homme. En effet, à partir de 1998, les hauts dignitaires de la dictature militaire avaient été de nouveau emprisonnés. Entretemps, le Parlement argentin avait voté la même année une loi prévoyant la dérogation des deux lois d'amnistie votées après le rétablissement de la démocratie.

Depuis le milieu des années 1990, l'activisme des juges à l'étranger va entraîner un activisme des associations de défense des droits de l'Homme qui donneront lieu aux « procès pour la vérité ». Organisés entre 1998 et 2000, ils vont prouver les disparitions forcées, malgré l'absence de sanction pénale, concrétisant ainsi le droit à la vérité pour les victimes ainsi que les arrestations de militaires et de policiers dans le cadre du « vol de bébés » sous la dictature. Cette possibilité sera aussi accrue avec un renouvellement du personnel judiciaire, avec la mise à l'écart du personnel plus âgé ayant servi pendant le régime autoritaire. La justice refait son apparition sur le devant de la scène publique en Argentine avec l'arrivée de jeunes juges plus sensibilisés au droit international. Cela aboutit au renforcement de la mobilisation de la société civile afin de dénoncer l'impunité[130].

Malgré les lois d'amnistie en vigueur dans la législation pénale, les juges en Argentine, au Chili et en Uruguay ont pu poursuivre des agents ou des responsables de la dictature militaire pour certaines de leurs violations des droits de l'Homme qui n'étaient pas concernés par les mesures d'impunité. Ils furent aidés par la société civile désireuse de justice et de vérité qui ont déposé plainte devant des juridictions étrangères qui ont donné lieu à l'ouverture d'informations judiciaires et de véritables enquêtes qui étaient impossibles dans les États ou les crimes furent perpétrés. Aidés par leurs homologues étrangers, les magistrats du Cône Sud de l'Amérique latine ont

130 (S.) LEFRANC, « Renoncer à l'ennemi ? Jeux de piste dans l'Argentine post-dictatoriale », *Raisons politiques*, n° 5, 2002, pp. 136-137.

pu remettre en cause les politiques officielles de réconciliation nationale reposant sur l'oubli des crimes des anciennes dictatures.

SECTION 2.
Le droit international public, vecteur de la nécessité du procès dans le cadre de la justice transitionnelle

Depuis les années 1980, le droit international ainsi que la jurisprudence de la Cour IDH ont condamné les législations empêchant de traduire les responsables de violations des droits de l'Homme devant les autorités judiciaires. Elles ont toujours estimé que seules les actions judiciaires aboutissants à un procès sont nécessaires pour les victimes. La réconciliation nationale ne peut pas reposer sur l'oubli officiel. Connaitre quels types de crimes furent perpétrés et qui en furent les responsables sont les premières réparations à apporter aux victimes directes ou indirectes, à leurs proches, mais aussi à la population en général.

§1. La consécration par le droit international de la nécessité de procès des auteurs de violations des droits de l'Homme, objectif principal de la justice transitionnelle

A. Le procès, pilier de la justice transitionnelle

Dans son rapport de 1997, Louis Joinet consacrait le droit à la justice comme l'un des piliers de la justice transitionnelle. L'organisation du procès pour violations des droits de l'Homme n'est pas contraire à la transition démocratique, mais s'inscrit pleinement dans celle-ci. Des poursuites judiciaires aboutissant à la sanction, dans le respect de l'État de droit, est le meilleur moyen de la réussite d'une démocratie. L'existence d'un procès permet de réaffirmer la primauté de la loi et que nul n'est au-dessus de celle-ci. En effet, une démocratie reposant sur le respect de la règle de droit, ne pas punir les auteurs des crimes les plus graves du droit pénal contemporain mettrait en exergue l'impuissance de l'État de droit. Des individus commettant de graves crimes n'auraient pas à répondre de leurs actes devant le pouvoir judiciaire. Ces procès doivent faire l'objet d'une sanction proportionnée au crime commis. Le procès ne doit pas seulement être le lieu de l'avènement de la vérité, à l'image des *juicios por la verdad* institués en Argentine à partir de 1998. La Commission ainsi que la Cour IDH, dans un avis de 1999 et dans un arrêt rendu en 2000, avait consacré le caractère autonome du « droit à la vérité ». Ainsi, l'Argentine, pour satisfaire à ses obligations conventionnelles, avait consenti, en 2000, à faire la lumière sur les violations des droits de l'Homme à l'occasion d'un procès qui n'aboutirait pas sur une sanction pénale. Ainsi, pour le magistrat et essayiste Denis Salas, « voilà pourquoi la scène langagière qu'est le procès est centrale dans la reconstruction d'une légitimité démocratique. Elle rend visible l'usurpation de la loi totalitaire. Elle vide les mots du droit de leur venin, arrache ainsi à la loi son masque juridique, la rend disponible pour un usage intègre. Elle retourne ainsi l'inversion perverse du bien et du mal : ceux qui avaient pouvoir de vie et de mort sont les accusés ; ceux qui les ont subis dans leur chair peuvent leur demander des comptes »[131].

Ainsi, les jugements permettent l'individualisation de la culpabilité. Les poursuites judiciaires favorisent cette idée de réconciliation nationale, car les abus subis par les victimes sont enfin traités par les institutions étatiques. En sanctionnant les responsables de violations des droits de l'Homme pour les faits commis, ceux-ci sont neutralisés, et leur influence de la société est fortement réduite. Les procès mettent un terme à l'impunité et dissuader d'éventuels futurs criminels. Tenir des procès participe à la réaffirmation de l'ordre légal et permet de réinstaurer la confiance dans les institutions publiques en renforçant la légitimité du processus de démocratisation[132]. Le philosophe français Paul Ricœur considérait le procès comme une mise en scène du « temps reconstitué du passé où sont visés des faits qui constituaient déjà eux-mêmes des épreuves de mémoire : outre les torts physiques infligés à des entités définies par leur histoire propre, les ruptures de contrat, les contestations au sujet d'attribution de biens, de positions de pouvoir et d'autorité, et tous autres délits et crimes constituent autant de blessures de mémoire qui appellent un travail de mémoire inséparable d'un travail de deuil en vue d'une réappropriation par toutes les parties du délit et du crime en dépit de son étrangeté essentielle »[133.] Comme le note le magistrat et essayiste Denis Salas, les procès permettent de restaurer le lien politique brisé sous la dictature. Cela est nécessaire pour la pérennité du régime démocratique. L'action pénale permet de déterminer la responsabilité et la réparation des conséquences des actes criminels. En effet, le procès impute les responsabilités de manière individuelle et nominative. Ainsi, « le procès et en scène la refondation de la loi sur les ruines d'une loi ancienne et pervertie ; ensuite, en affirmant des valeurs du droit, il contribue à écrire le récit de la

131 (D.) SALAS, « La transition démocratique sur la scène judiciaire : vers une justice restaurative ? », *Les Cahiers de la justice*, n° 3, 2015, p. 398.

132 (N.) TURGIS, La justice transitionnelle en droit international, *op. cit.*

133 (P.) RICŒUR, *op. cit.*, p. 55.

démocratie nouvelle ; il engage enfin une recherche de la vérité avec les auteurs et les victimes par-delà leurs divisions. En affrontant ce surcroît d'exigences, cette nouvelle justice est habitée par le besoin d'écrire le devenir démocratique d'un peuple. Au sein du pénal lui-même se rejoue la nouvelle alliance entre l'État et la démocratie »[134]. Le jugement, par le biais de la peine, permet l'expression du respect de la norme et la réprobation sociale, quels que soient le crime ou le délit commis. Grâce au juge, les institutions, le respect de la procédure, la cérémonie de la parole ainsi que la tenue du procès, le processus pénal est le vecteur de la réaffirmation des interdits moraux indispensables dans une société, notamment l'usage par l'État de la torture, ou l'emprisonnement extrajudiciaire, et la disparition forcée d'individus[135].

L'Argentine, qui se penche depuis le retour à la démocratie en 1983, sur son passé dictatorial, a connu tous les stades de la justice transitionnelle, du palliatif à l'action pénale à l'application de toutes les mesures. L'abrogation des mesures d'impunité par le Parlement argentin puis la reconnaissance de l'illégalité de celle-ci par le pouvoir judiciaire au milieu des années 2000 est le fruit d'un processus soutenu par le droit international. En effet, les procès pour la vérité de la fin des années 1990 avaient été organisés en raison du blocage des lois d'amnistie. Néanmoins, ceux-ci n'ont jamais empêché la majeure partie de l'opinion publique et de la société civile argentine de demander une action judiciaire accompagnée d'une sanction. Le cas argentin de réactivation du processus judiciaire s'est effectué au moyen de plusieurs paramètres, notamment l'utilisation de failles juridiques dans les lois d'amnistie ou les décrets de grâce. Il y eut la mise en place de procédés alternatifs à la justice pénale qui ont permis l'effectivité du droit à la vérité. Au final, ce processus se construit en parallèle à l'action judiciaire traditionnelle bloquée par l'amnistie qui a permis la réactivation du processus judiciaire et le renvoi devant la justice des responsables des juntes militaires entre 1976 et 1983 ainsi que de leurs agents. En effet, mêmes amnistiés, les faits de disparition forcée ne peuvent s'effacer dans la mémoire des victimes ou de la population grâce à des procédés alternatifs dans le cadre de la justice transitionnelle[136]. Dans le cas argentin du traitement de son passé dictatorial, les procédés de justice alternative, tels que les *juicios por la verdad*, ont été un complément à la justice pénale. Par conséquent, lors de l'abrogation de la

134 (D.) SALAS, *op. cit.*, p. 396.

135 (J.) HUBVRECHT, « Appliquer le fer rouge de la justice à la torture », *Les Cahiers de la justice*, n° 1, 2017, p. 74.

136 (S.) CAPITANT, « Introduction. Réponse judiciaire aux crimes contre l'humanité versus responsabilité de lutter contre leur commission ? », *Revue Tiers Monde*, n° 205, 2011, p. 21.

législation d'impunité, ils ont pu servir de preuves pour la justice pénale et la condamnation des militaires argentins pour crimes contre l'humanité à partir de 2010[137].

Le procès est la meilleure agora pour restituer et reconnaître les crimes qui furent perpétrés, en l'occurrence les crimes contre l'humanité. La justice pénale est le seul vecteur grâce à son caractère contradictoire en octroyant la parole aux victimes et aux témoins. En effet, la justice est le meilleur endroit pour remettre de mots où l'humanité a été bafouée[138]. La gravité des crimes, à l'image du crime contre l'humanité, rend difficile la prise de parole de la victime. En permettant d'évoquer « ce qui s'est passé », le procès est l'endroit où la parole peut être retrouvée pour les différents acteurs du crime qui vont pouvoir donner leur vision et leur version des faits[139]. Le jugement permet la reconnaissance publique et officielle des vérités exprimées pendant le procès. Dire les choses ne suffit pas à rendre justice, d'où le caractère inefficace des « procès pour la vérité » en Argentine. En effet, « en déclarant coupables les auteurs de crimes de masse, le jugement permet aussi de remettre l'accent sur la responsabilité individuelle de la personne face au crime collectif. Les faits ne peuvent plus être présentés, à l'instar d'une catastrophe naturelle, comme une fatalité inéluctable sur laquelle personne n'a eu d'emprise et pour laquelle il n'y a fatalement pas de responsables [...]. Dans cette optique, la peine n'est pas appelée à réparer le mal infligé. Tout au plus, elle peut constituer la rétribution imposée au condamné (certes relative, parfois même sans proportion avec les crimes commis dont il doit s'acquitter avant de pouvoir retrouver un jour une place dans la communauté. Dans cette perspective, le débat sur la peine ne peut être confondu avec le débat sur la réparation civile. Il est d'ailleurs sain que la peine ne soit pas l'affaire des victimes : il s'agit d'une responsabilité qui relève de l'autorité (procureur et juge)[140] ».

Pour Mark Osiel, l'action de justice est nécessaire pour la réconciliation des États ayant eu à subir la violation des droits de l'Homme. Le traitement judiciaire par les différents gouvernements depuis le rétablissement de la démocratie des crimes perpétrés par le régime militaire argentin au pouvoir de 1976 à 1983 fut son objet d'étude. La justice est la seule institution clé pour ressouder une société divisée par les années de dictature. L'impunité des auteurs de crimes de masse ne peut créer que la division et

137 *Ibid.*, p. 23.

138 (D.) VANDERMEERSH « Réparer pour que "justice soit faite" ou plutôt que "justice soit faite pour réparer" ? » *in* (X.) PHILIPPE (*dir.*), *La justice face aux réparations des préjudices de l'histoire. Approche nationale et comparée*, *op. cit.*, p. 55.

139 *Ibid.*, p. 56.

140 *Ibid.*, p. 57.

l'incompréhension au sein de la population. Les violations des droits de l'Homme, appelés par l'historien du droit Mark Osiel « massacre administratif », doivent nécessairement faire l'objet d'une action judiciaire en raison de leur gravité. Néanmoins, juges et procureurs doivent être conscients des limites de leur action tout en assumant pleinement leurs prérogatives que leur confie la loi. Ainsi, la justice, particulièrement dans le traitement des violations des droits de l'Homme perpétrées par l'État, a un rôle dépassant son seul cadre d'institution chargé de dire le droit. En effet, les procès où comparaissent des chefs d'État pour l'assassinat d'une partie de leur population peuvent parfois transformer les magistrats en historiens, ce qui n'est pas leur rôle. Dans cette configuration, le verdict peut rapidement apparaître comme une leçon d'histoire.

Ainsi, les magistrats doivent être conscients des limites de l'usage de la justice. En effet, comme le souligne Mark Osiel, « cherchant à influencer la mémoire collective d'un massacre administratif, juges et procureurs doivent être capables de reconnaître et d'expliquer publiquement les limites et les possibilités de la justice, même lorsqu'ils accomplissent leurs tâches les plus fondamentales [...]. Elle peut aussi mettre face à la réalité résistante d'un désaccord durable au lendemain d'un massacre administratif, sur la question de savoir quelle portée conférer à l'interprétation des leçons à tirer des horreurs récentes commises dans le passé »[141]. En ce qui concerne les procès pour crimes contre l'humanité et dans le cas d'espèce de l'Amérique latine, la justice va condamner des individus pour avoir organisé et d'autres exécuté ces actes. Par conséquent, en jugeant des faits perpétrés par l'État au nom de l'application d'une politique, le risque est que le juge se transforme en historien, ce qu'il n'est pas, le droit n'étant pas l'Histoire. Ainsi, un jugement, notamment en matière de crimes contre l'humanité, a un effet normatif puisqu'il participe à la jurisprudence. Le droit, en raison de son effet prescriptif, se différencie de l'histoire. L'autorité de la chose jugée ne peut être confondue avec la vérité historique[142].

En effet, dans le cas des violations des droits de l'Homme, le juge pénal considère les mobiles de l'acte pour savoir s'il a été perpétré à des fins privées ou dans l'application d'une politique. À la différence du simple crime de droit commun, le projet politique est inclus dans les éléments constitutifs du crime contre l'humanité, expliquant ainsi que le contexte rétroagit lorsqu'il s'agit de qualifier l'acte commis. La qualification du régime et l'appréciation du contenu du programme politique sont les tâches que doit effectuer le juge

---

141 (M.) OSIEL, *op. cit.*, p. 240.

142 (Y.) THOMAS, « La vérité, le temps, le juge et l'historien », *Le Débat*, n° 102, 1998, p. 21.

dans l'établissement des actes liés au pouvoir politique dans le cadre du crime contre l'humanité143. Ainsi, le procès institue une cohérence sur les différentes preuves et des témoignages fragmentaires. Il attribue un degré d'intentionnalité et d'organisation pour aboutir à un récit cohérent et explicatif des faits apparus durant la procédure, formatant ainsi la vérité judiciaire. Le juge est contraint par la législation encadrant sa compétence[144].

Juger les auteurs de violations des droits de l'Homme a été consacré par le droit international depuis 1945. Dès juillet 1988, la Cour IDH avait rappelé la nécessité de poursuivre les investigations relatives aux disparitions forcées perpétrées par les agents des régimes autoritaires afin qu'ils puissent être sanctionnés pour leurs crimes. En octobre 1992, la Commission IDH avait condamné l'Argentine et l'Uruguay pour leurs lois d'amnisties. Le rétablissement d'un État de droit pérenne ne peut se traduire qu'à travers le jugement des violations des droits de l'Homme, produit de la politique de répression du régime autoritaire ayant précédé le gouvernement démocratique. Comme le souligne Louis Joinet, le rétablissement de l'État de droit doit obligatoirement par la phase judiciaire à travers l'action des tribunaux impartiaux et indépendants. Ainsi, « par sa force symbolique, une justice nationale restaurée jugeant ses propres ressortissants, écoutant les victimes sans polémique ni suspicion d'atteinte à la souveraineté nationale ou d'ingérence, sans interférence avec la politique étrangère et ses compromis, ne peut que faciliter la crédibilité d'un processus de conciliation puis de réconciliation nationale »[145]. Depuis les années 1990, le droit international a codifié la lutte contre l'impunité. Les pays d'Amérique latine ont inséré au moyen de leurs révisions constitutionnelles les textes internationaux prohibant les amnisties pour les responsables de violations des droits de l'Homme. Comme le souligne Florence Hartmann, « la justice, quant à elle, ne s'occupe pas de l'humanité du criminel, mais de ses droits pour rendre une justice équitable. Elle mesure la faute à la lumière de l'infraction d'une règle et du tort fait à autrui. Au moment du procès, elle réduit donc l'auteur de la faute à l'action négative qu'il a commise afin d'énoncer la peine par laquelle il pourra se racheter et réintégrer la société dans la pleine jouissance de ses droits, non pas parce qu'il aura montré son humanité, mais parce qu'il aura payé sa dette »[146].

---

143 (A.) GARAPON, Des crimes qu'on ne peut ni punir ni pardonner, *op. cit.*, pp. 194-195.
144 *Ibid.*, pp. 196-197.
145 (L.) JOINET (dir.), Lutter contre l'impunité. Dix questions pour comprendre et pour agir, *op. cit.*, p. 50.
146 (F.) HARTMANN, « Juger et pardonner des violences d'État : deux pratiques opposées ou complémentaires ? », *Revue internationale et stratégique*, n° 88, 2012, p. 78.

En effet, la Cour IDH a rappelé dans sa jurisprudence que les États signataires de la Convention américaine sont tenus de respecter l'obligation internationale de sanctionner les responsables de violations aux droits humains. Ainsi, l'arrêt *Simón* rendu le 14 juin 2005 par la Cour suprême de l'Argentine a rappelé la qualification de « crimes contre l'humanité » des faits de privation illégale de liberté lorsqu'ils sont perpétrés dans la constitution de disparitions forcées. La CSJN, dans son arrêt *Simón*, reconnaît à plusieurs le caractère de *jus cogens* de poursuivre les auteurs de violations des droits de l'Homme et est reconnue comme l'une des sources de droit interne. Le juge suprême argentin estime que la Convention américaine sur les disparitions forcées de 1994 ainsi que la Convention sur l'imprescriptibilité des crimes de guerre et des crimes contre l'humanité de 1968 consacrent de manière formelle des normes coutumières existant depuis un important nombre de décennies. Par conséquent, elles constituent une norme impérative de *jus cogens*[147]. La juridiction suprême argentine renvoie au droit international en rappelant le droit à un recours prévu par la convention interaméricaine sur la disparition forcée des personnes de 1994 et la coutume internationale. Celle-ci sera retenue par la majorité des juges pour nier le caractère rétroactif de l'application d'une convention qui n'était pas en vigueur au moment des faits. D'ailleurs, la CSJN s'est fondée sur l'arrêt *Barrios Altos* rendu par la Cour IDH en 2001 pour consacrer l'illégalité d'une loi empêchant de traduire en justice les responsables de disparitions forcées afin de déclarer la nullité de la loi d'amnistie argentine du *Point final*.

La juridiction suprême de l'Argentine, à travers son arrêt *Simón*, confirme l'ordonnance du juge Cavallo de 2001 en déclarant le caractère non conventionnel de la loi votée en décembre 1986. En confirmant la nullité de cette mesure amnistiant les responsables de violations de droits de l'Homme, le juge argentin va permettre la réouverture de plus de mille affaires concernant des militaires et ex-militaires impliqués dans la politique institutionnelle de répression de la dictature au pouvoir de 1976 à 1983 et la condamnation de Julio Hector Simón à vingt-cinq années d'emprisonnement. D'ailleurs, la juridiction suprême de l'Argentine a annulé, en octobre 2007, le décret présidentiel de Carlos Menem de 1989 qui graciait le général Santiago Riveros en se fondant sur la jurisprudence *Barrios Altos* puis *Almonacid* de la Cour IDH[148].

Le procès pénal est la principale modalité dans l'application du droit à réparation dans le cadre de la justice transitionnelle. En effet, la justice a ainsi

---

147 (S.) GARIBIAN, « Le recours au droit international pour la répression des crimes du passé : Regards croisés sur les affaires *Touvier* (France) et *Simón* (Argentine) », *op. cit.*, p. 212.
148 (É.) TARDIF, *op. cit.*, pp. 14-15.

une triple fonction de réparation. En effet, le procès permet un récit et de restituer les faits. La restitution publique des réalités et de mettre des mots sur des faits atroces sont les deux rôles indissociables de la justice, par le biais de l'enquête et du procès. L'action judiciaire permet de reconnaître de manière officielle non seulement l'identification de la victime, mais aussi en tant que telle par le droit, les institutions et l'ensemble de la population[149]. Le procès a un rôle symbolique, mais néanmoins important dans le droit à réparation pour les victimes en mettant fin à la logique de l'impunité pour les auteurs de crimes contre l'humanité et aussi à l'impunité qui ne crée que de l'injustice. En effet, « pour la communauté internationale et les États, qui ont failli dans leur mission de protection des citoyens les plus vulnérables et qui se sont révélés incapables d'empêcher la Commission des crimes les plus graves, l'organisation des procès représente également une forme de contribution à la réparation du préjudice collectif subi du fait de ces crimes »[150].

B. La difficulté de juger les auteurs de violations des droits de l'Homme dans le contexte post-dictatorial

Le processus judiciaire entamé au retour à la démocratie en Argentine en 1983 est une exception dans le Cône Sud de l'Amérique latine. En effet, il fut le seul pays à poursuivre les militaires pour atteinte aux droits de l'Homme dès que les civils ont repris démocratiquement le pouvoir. Le nouveau président Raúl Alfonsín avait proposé que ces derniers soient renvoyés devant la justice militaire. Ce dernier avait posé pour principe de ne pas poursuivre les militaires ayant commis des atteintes aux droits de l'Homme en obéissant à leurs supérieurs. Finalement, les responsables des juntes militaires qui ont dirigé l'Argentine entre 1976 et 1983 seront jugés par la justice civile.

En l'espèce, pour le cas de Cône Sud de l'Amérique latine, la jurisprudence va être l'un des moyens pour réactiver le processus judiciaire obstrué lors de la transition démocratique au nom de la réconciliation nationale. Le cas de l'Argentine mettra en exergue le difficile équilibre entre recherche de la justice et volonté de réconciliation nationale avec les anciens responsables de l'armée impliquées dans la dictature. Lorsque le pays retrouve la démocratie, l'Argentine fut alors le seul pays à décider de renvoyer devant la justice les militaires ayant dirigé les différentes juntes militaires lorsqu'elles ont pris le pouvoir à la suite du Coup d'État militaire de mars

---

149 (D.) VANDERMEERSH, *op. cit.*, p. 58.
150 *Ibid.*, p. 59.

1976 jusqu'à leur départ en décembre 1983. L'élection présidentielle du 30 octobre 1983 voit la victoire de Raúl Alfonsín. Il avait axé sa campagne électorale sur les droits de l'Homme et la nécessité de la justice pour connaître la vérité sur les disparitions forcées. Dans un discours du 30 septembre 1983, le candidat de l'Union civile radicale établit la doctrine qu'il mettra en œuvre une fois élu président de la République. Raúl Alfonsín parlera de la « théorie des deux démons » afin de renvoyer dos à dos la violence des guérillas d'extrême gauche qui auraient engendré le putsch des généraux en 1976 et la violente répression qui s'en est suivie.

En plus d'instituer la CONADEP, le nouveau président démocratiquement élu souhaite, à travers deux décrets du 13 décembre 1983, renvoyer devant la justice les hauts responsables de l'armée ayant dirigé la junte militaire à partir de 1976[151] et certains leaders des *Montoneros* d'extrême gauche[152]. Le décret du 13 décembre 1983 prévoit l'inculpation des généraux et des amiraux ayant exercé le pouvoir de manière dictatoriale de 1976 à 1983 par le Conseil suprême des Forces armées, sur le fondement de l'article 502 du Code de justice militaire[153].

Dans un souci d'apaisement avec la haute hiérarchie militaire, le président Alfonsín avait parié sur l'autoépuration des Forces armées, en raison du caractère récent de la transition démocratique. La crainte du nouveau pouvoir civil démocratique était un nouveau Coup d'État qui mettrait fin à la jeune démocratie. Le 13 décembre 1983, Raúl Alfonsín avait chargé le Parlement d'abroger l'autoamnistie décidée par la dictature militaire quelques mois auparavant. De plus, il désirait réformer le Code de justice militaire afin de juger les responsables de la dictature[154]. Le 29 décembre 1983, le pouvoir législatif argentin abroge la *loi de Pacification nationale* qui disposait que les crimes commis par l'ex-régime dictatorial ne pouvaient faire l'objet d'aucune action en justice. Les parlementaires ont estimé que cette mesure était inconstitutionnelle, car les militaires n'étaient pas habilités à prendre ce type

151 PODER EJECUTIVO NACIONAL, Decreto 158/83,13 de diciembre de 1983, Orden presidencial de procesar a las juntas militares. Juicio Sumario ante el Consejo Supremo de las Fuerzas Armadas, Publicado Boletín Oficial, 15 de diciembre de 1983.

152 PODER EJECUTIVO NACIONAL, Decreto 157/83, 13 de diciembre de 1983, Persecución penal de integrantes de grupos no estatales. Declaración de la « necesidad de promover la persecución penal, con relación a los hechos cometidos con posterioridad al 25 de mayo de 1973, contra Mario Eduardo Firmenich (…); Fernando Vaca Narvaja (…); Ricardo Armando Obregón Cano (…); Rodolfo Gabriel Galimberti (…); Roberto Cirilo Perdía (…) ; Héctor Pedro Pardo (…); y Enrique Heraldo Gorriarán Merlo… », Publicado Boletín Oficial, 15 de diciembre de 1983.

153 PODER EJECUTIVO NACIONAL, Decreto 158/83, *op.cit.*

154 (S.) RAGGIO, *op. cit.*, p. 94.

d'actes[155]. Ainsi, la loi du 9 février 1984 portant réforme sur le Code de justice militaire prévoyait une deuxième instance de la justice civile si la justice militaire s'estimait incompétente[156]. Le texte s'inscrivait dans la logique du discours du président Alfonsín du 30 septembre 1983 et prévoyait que les subordonnés ne pouvaient être poursuivis pour violations des droits de l'Homme en ayant obéi aux ordres. Néanmoins, il était prévu deux exceptions pour renvoyer ces derniers devant les autorités judiciaires. Le premier cas se trouve où les subordonnés disposaient d'une marge de manœuvre dans les ordres qu'ils devaient exécuter. La conscience de commettre ces actes en toute illégalité et de toute demande d'un supérieur, était considérée comme une circonstance aggravante. Le second cas exceptionnel pour poursuivre les subordonnés était la Commission d'actes « atroces et aberrants »[157]. Le 25 septembre 1984, le Conseil suprême des Forces armées s'estime dans l'incapacité de mettre en examen les membres de la plus haute hiérarchie militaire qui ont dirigé le pays, durant la dictature, de 1976 à 1983[158]. En revanche, la Cour fédérale de Buenos Aires se déclare compétente pour juger ces derniers le 4 octobre 1984[159]. Les militaires seront poursuivis devant une juridiction civile, la *Camara nacional de apelaciones en lo criminal correccional federal* de Buenos Aires pour homicide, privation illégale de liberté et torture, suivant les chefs d'inculpations énoncés par le décret présidentiel du 13 décembre 1983[160]. Le choix d'une juridiction civile a permis d'éviter que les militaires ne soient jugés par leurs pairs, ce qui aurait nui à l'impartialité. Le 19 mars 1985, le ministère public annonce l'ouverture des poursuites à l'encontre des commandants de la junte pour avoir été les auteurs indirects de sept-cent-onze délits. Le procès s'ouvre le 22 avril suivant et est qualifié « d'historique ». Il compte huit cents témoins. Le procureur est Luis Gabriel Moreno Ocampo, futur premier procureur à la CPI de 2003 à 2012[161]. Le 9 décembre 1985, le verdict établit la culpabilité des cinq des accusés, « en tant que commandants et non comme membre

155 HONORABLE CONGRESO DE LA NACION ARGENTINA, Ley 23040 PACIFICACION NACIONAL LEY N° 22.924 - SU DEROGACION, *Derogase por inconstitucional la Ley n° 22.924 y se la declara insanablemente nula*, 22 de diciembre de 1983, Publicada *Boletín Nacional* 29 de diciembre de 1983.

156 HONORABLE CONGRESO DE LA NACION ARGENTINA, LEY N° 23.049 Sancionada Febrero 9 de 1984, *Codigo de Justicia militar, Modificaciones*, Promulgada Febrero 13 de 1984, Publicación *B.O.* 15 de febrero de 1984.

157 (S.) LEFRANC, *Politiques du pardon*, *op. cit.*, p. 30.

158 (S.) RAGGIO, *op. cit.*.

159 (S.) LEFRANC, *op. cit.*, p. 31.

160 (S.) GARIBINAN, « La justice (post-) transitionnelle en Argentine et le *human rights turn* », *op. cit.*, pp. 93-94.

161 *Ibid.*, p. 94.

des juntes »[162]. Celui-ci est prononcé et est motivé sur une sélection de deux-cent-quatre-vingts cas sélectionnés sur les sept-cent-neuf qui avaient été à l'origine retenus par le ministère public[163]. Ainsi, Jorge Videla et Emilio Massera, membres de la première junte militaire qui a pris le pouvoir en renversant le gouvernement civil d'Isabel Perón le 24 mars 1976, sont condamnés à la prison à vie. Robert Viola, commandant en chef de l'Armée de Terre de 1978 à 1979, et qui présida la junte militaire de mars à décembre 1981, est condamné à dix-sept années d'emprisonnement. Armando Lambruschini, commandant en chef de la Marine de 1978 à 1981, écope de huit ans de prison. Orlando Agosti, commandant en chef de l'Armée de l'Air de 1976 à 1978, est condamné à quatre ans et six mois d'emprisonnement. Omar Graffigna, commandant en chef de l'armée de l'Air de 1978 à 1979. Leopoldo Galtieri, commandant en chef de l'Armée de Terre de 1979 à 1982, qui présida la junte militaire de décembre 1981 à juin 1982, Jorge Anaya, commandant en chef de la Marine de 1981 à 1982 ainsi que Basilio Lami Dozo, commandant en chef de l'Armée de l'Air de 1979 à 1982, sont acquittés faute de preuves[164].

Les réactions des victimes, de leurs proches ainsi que des associations de défense des droits de l'Homme furent mitigées. Si certaines victimes ont salué le verdict, d'autres associations le trouvaient bien trop clément. En effet, certains membres des juntes ont bénéficié d'acquittements ou de sanctions trop légères. Néanmoins, cela a permis dans ces premières années de la démocratie en Argentine, d'engager d'autres poursuites à l'encontre d'officiers de rang inférieur en vertu de l'alinéa 30. Le gouvernement argentin de l'époque avait alors émis un avis contraire qui ne voulait pas poursuivre ces derniers sur le moyen du « devoir d'obéissance »[165]. Ce grand procès qui s'est étalé sur huit mois, d'avril à décembre 1985, a servi de catalyseur pour la société argentine. L'ensemble de la population a permis d'être imprégné de toutes les violations des droits de l'Homme perpétrées par le régime militaire, au pouvoir de 1976 à 1983. Ainsi, « l'impératif de ne pas oublier s'est aussi nourri de la mauvaise conscience d'une société qui, pendant la dictature militaire, avait préféré ignorer la portée de la répression »[166].

---

162 (S.) LEFRANC, *Politiques du pardon*, *op. cit.*, p. 31.

163 (S.) GARIBINAN, « La justice (post-) transitionnelle en Argentine et le *human rights turn* », *op. cit.*, p. 94.

164 (S.) RAGGIO, *op. cit.*

165 *Idem.*

166 (D.) QUATTROCCHI-WOISSON, « Autour des années de plomb. Histoire, mémoire et justice en Argentine », *Le Débat*, n° 122, 2002, p. 81.

Le procès de 1985 a permis de mettre en exergue devant l'opinion publique la politique de répression de la junte militaire qui s'est accompagnée de très graves violations des droits fondamentaux. Ainsi, la politique d'impunité décidée à partir de 1986 avec le vote d'une première loi d'amnistie et qui s'est achevée avec les grâces présidentielles de Carlos Menem en 1990 aux derniers responsables de la dictature militaire encore emprisonnés n'a pu faire oublier de la mémoire des Argentins, le « terrorisme d'État » du régime militaire.

Le retour de la nécessité de poursuivre les auteurs de violations des droits de l'Homme dans les années 1990 s'est effectuée plus d'une décennie après le retour à la démocratie en Argentine et en Uruguay. Cela explique pourquoi certains auteurs qualifient de « justice post-transitionnelle » la réactivation des procédures judiciaires à l'encontre des agents et responsables des régimes militaires argentins, chiliens et uruguayens. En effet, la justice transitionnelle concerne les mesures prises dès le retour à la démocratie alors que la justice post-transitionnelle est une mesure d'accomplissement de droit à la vérité, de droit à réparation et de droit à justice des années, voire des décennies après le retour à la démocratie. L'arrestation du général Pinochet à Londres en 1998 fut le coup d'envoi à cette réactivation des processus judiciaires relative aux violations des droits de l'Homme perpétrées par les régimes militaires du Cône Sud de l'Amérique latine. De plus, les procédures ont été très longues, avec renvoi devant les juridictions de première instance, d'appel et parfois devant les Cours suprêmes. Par conséquent, la justice est bien souvent intervenue plus de deux voire trois décennies après la transition démocratique. Les violations des droits de l'Homme traitées par la justice concernent les disparitions forcées, où le corps de la victime n'a parfois jamais été retrouvé ou des décennies après la Commission du crime par des agents des dictatures, par des groupes paramilitaires dans des centres clandestins ne figurant sur aucun organigramme officiel. Par conséquent, il était difficile pour les défenseurs des victimes de remonter la chaîne des responsabilités. D'ailleurs, la question des disparus en Argentine, au Chili et en Uruguay avait été évoquée devant les organisations internationales dès les années 1970. Comme le rappelle le professeur Olivier de Frouville lors d'un colloque en 2014, la question des disparitions forcées a été traitée dès 1980 par l'ONU en créant cette année-là le Groupe de travail sur les disparitions forcées de personnes, devenu en 2006 le Comité sur les disparitions forcées de personnes. Ainsi, ce dernier souligne, en se fondant sur la jurisprudence internationale, que le principe de non-rétroactivité en matière pénale n'est pas violé lorsqu'un individu est poursuivi pour disparition forcée si celle-ci n'a toujours pas été résolue au moment du lancement des poursuites judiciaires[167].

Le caractère continu et permanent du crime de disparition forcée permet l'ouverture de procédures judiciaires et que la prescription ne peut être un moyen pour ne pas lancer des investigations sur un individu ayant disparu, *a fortiori* à une époque où un régime dictatorial était au pouvoir. Ainsi, le droit international public prend son importance dans la continuité du processus judiciaire pour des violations des droits de l'Homme perpétrées dans les années 1970 et à l'aube des années 1980. Le droit à la vérité ne peut être détaché du droit à la justice et la nécessité de sanctionner les responsables de crimes contre l'humanité. En effet, le droit à la vérité détaché du droit à la justice ne suffit pas en lui-même. Faire la lumière sur les crimes de masse ne peut constituer une fin en soi. Le droit à la vérité est inclus à l'obligation d'enquêter pour la justice et l'obligation de poursuite, source de la vérité judiciaire. En l'espèce, dans le cas de l'Argentine, les *jucios por la verdad* étaient un moyen de contourner les deux lois d'amnisties du *Point final* et de l'*Obéissance Due*. Ces procès sans condamnation sont devenus par la suite un complément lors de la réouverture de l'action pénale après la déclaration en nullité de ces deux textes par le juge Cavallo en 2001 confirmée quatre ans plus tard par la CSJN. En effet, le droit à la vérité, garanti au droit international, devient un dérivé au droit au juge et un complément au droit au recours, expliquant ainsi l'annulation des lois d'amnistie votées en Argentine en 1986 et en 1987 et les décrets de grâce du président Carlos Menem en 1989 et en 1990[168]. Ainsi, le juge argentin Raul Zaffaroni, affirme dans l'arrêt *Simón* que la loi d'amnistie a été écartée en appliquant de manière souveraine le droit international des droits de l'homme à la suite de la ratification dans l'ordre juridique interne[169].

En effet, depuis la révision constitutionnelle de 1994 qui consacre la supériorité du droit international sur la législation interne, les tribunaux argentins ont estimé dès 1999 dans l'arrêt Massera que l'imprescriptibilité des crimes contre l'humanité est une norme de *jus cogens*[170], c'est-à-dire avant que l'Argentine ne ratifie la Convention de 1968. D'ailleurs, le juge Garzón, dans

---

167 (O.) DE FROUVILLE, « La question de la justice et de la vérité en Uruguay devant les Nations unies », *Revue de l'institut des langues et cultures d'Europe, Amérique, Afrique, Asie et Australie*, Mémoire justice et vérité en Uruguay, n° 26, 2016, p. 4.

168 (S.) GARIBIAN, « La justice post-transitionnelle en Argentine et le *human right turn* » in (K.) ANDRIEU, (G.) LAVAU (*dir.*), *Quelle justice pour les peuples en transition ?, op. cit.*, p. 106.

169 (S.) GARIBIAN, « Le recours au droit international pour la répression des crimes du passé : Regards croisés sur les affaires *Touvier* (France) et *Simón* (Argentine) », *op. cit.*, p. 214.

170 (M.) DELMAS MARTY, « Synthèse générale » *in* (A.) CASSESE, (M.) DELMAS MARTY (dir.), *op. cit.*, p. 623.

un rapport du 18 décembre 1998 relatif au mandat d'arrêt lancé contre le général Pinochet, avait estimé que l'imprescriptibilité des crimes contre l'humanité était une norme coutumière. Par conséquent, il n'était pas nécessaire que la Convention de 1968 ait été ratifiée pour poursuivre le responsable, l'auteur ou le complice de ce type d'actes. D'ailleurs, le juge Garzón avait estimé que le caractère non coutumier de la non-prescriptibilité des crimes contre l'humanité, motivant son mandat d'arrêt à l'encontre du général Pinochet, puisqu'en 1998, l'Espagne n'était pas encore un État partie des conventions internationales et européennes de 1968 et de 1974 relatives à l'imprescriptibilité des crimes contre l'humanité. Grâce à la jurisprudence des cours régionales et des conventions internationales, des magistrats nationaux vont aussi déclarer l'unité de plusieurs infractions ou effectuer la vérification de l'effectivité de l'action pénale[171]. Il souligne l'évolution positive du droit international qui étend le principe d'imprescriptibilité des violations des droits de l'Homme les plus graves à l'instar des crimes contre l'humanité, des crimes de guerre et des infractions graves définies par les conventions de Genève de 1949 et le Statut de Rome de 1998[172].

Le contexte des années 1990, avec l'utilisation de la compétence universelle et les mandats d'arrêt lancés par des juges européens à l'encontre de militaires latino-américains, a permis d'affirmer que les lois d'impunité étaient contraires au droit international et à la réconciliation nationale. L'adhésion à des textes internationaux prohibant toute législation bloquant l'action judiciaire pour les auteurs de violations des droits de l'Homme a permis aux juges de motiver leurs décisions pour poursuivre d'anciens agents ou responsables des ex-dictatures en Amérique latine. Ainsi, la justice, par le biais du droit international, a devancé les gouvernements et les Parlements en déclarant la nullité des lois d'amnistie empêchant de poursuivre les auteurs de criminels contre l'humanité. En effet, les juges nationaux vont ainsi considérer comme continues et permanentes certaines violations comme les disparitions forcées.

§2. La sanction judiciaire des auteurs des violations des droits de l'Homme, la réussite de la justice transitionnelle

Afin de faire valoir le droit à la vérité sur les violations des droits de l'Homme commises par les régimes militaires latino-américains, il est

---

171 *Ibid.*, p. 624.

172 (L.) JOINET, « Face aux dilemmes de l'instauration des processus de justice transitionnelle », *op. cit.*, p. 51.

nécessaire de sanctionner les protagonistes de l'ensemble de l'appareil répressif, du responsable politique à l'agent public, qu'il soit civil ou militaire. L'Argentine condamnera tous les protagonistes de la dictature lors de procès qui se tiendront à partir de la fin des années 2000 (A). L'Uruguay et le Chili, en raison du maintien de l'amnistie, opteront pour des poursuites et des condamnations ponctuelles de militaires ou civils soupçonnés dans les crimes contre l'humanité (B).

A. L'Argentine, la condamnation de l'ensemble du processus répressif

En 1985, les responsables de la junte militaire ayant dirigé le pays de 1976 à 1983 ont été condamnés à la prison à perpétuité. Le motif de leur sanction fut « l'atteinte aux droits de l'Homme ». Ils seront libérés en 1989 et en 1990, bénéficiant de décrets de grâce présidentielle au nom du pardon. À partir de la fin des années 1990, les généraux Videla, Massera et Bignone seront de nouveau emprisonnés en raison de l'organisation du « vol de bébés », les lois de l'amnistie et les décrets de grâce ne couvrant pas ce crime. Néanmoins, pour les familles des victimes, les associations de défense des droits humains, le placement en détention des responsables de la dictature par le seul moyen de l'enlèvement des nourrissons des disparus dans les centres clandestins de la dictature ne pourrait suffire. Les dirigeants des juntes militaires doivent être sanctionnés pour l'ensemble de la politique de répression, responsable des trente mille disparus, comme l'a mis en exergue la réactualisation du rapport de la CONADEP. Le 12 août 2003, les députés argentins abrogent la loi d'amnistie du *Point final* et de l'*Obéissance due*, dont l'illégalité avait été reconnue deux ans auparavant par le juge Cavallo. Les sénateurs feront de même dix jours plus tard[173]. Dans son arrêt *Simón* de 2005, la Cour suprême invalidera pour inconstitutionnalité les deux mesures d'amnisties votées en 1986 et en 1987.

Par la suite, des juges vont annuler pour non-respect de la Constitution les décrets du président Menem graciant des agents de la dictature, qu'ils soient civils ou militaires, impliqués dans la répression. Les personnes graciées ou amnistiées ayant été condamnées au milieu des années 1980 se posent la question de l'autorité de la chose jugée. Dans un État de droit, il n'est pas possible de renvoyer devant la justice des personnes déjà condamnées pour le même motif. Les juges argentins et les avocats des victimes de la dictature ont trouvé le moyen pour renvoyer devant la justice responsables et exécutants de la politique de répression. Ces derniers avaient

[173] (V.) BERNADOU, *op. cit.*, p. 147.

été condamnés dans les années 1980 pour « atteinte aux droits de l'Homme ». À cette époque, l'Argentine n'était pas encore partie à la Convention sur l'imprescriptibilité des crimes contre l'humanité de 1968, qu'elle ne ratifiera qu'en 2003. D'ailleurs, les autorités argentines lors du retour à la démocratie estimaient que les faits perpétrés sous la junte militaire au pouvoir de 1976 à 1983 ne relevaient pas de ces griefs. La ratification de conventions internationales, notamment en matière de disparitions forcées qui ont une valeur constitutionnelle depuis la révision de la norme fondamentale en 1994. L'autorité de la chose jugée ne peut ainsi être invoquée puisque les militaires et civils graciés puis amnistiés ne l'avaient pas été pour crimes contre l'humanité. Ainsi, la justice argentine, dont l'action fut bloquée par les deux lois d'amnistie, va pouvoir traiter des crimes perpétrés au sein du centre clandestin de détention de l'ESMA, où sévira notamment Alfredo Astiz.

Après des années de procédure, les responsables de la junte militaire sont renvoyés devant les tribunaux pour crimes contre l'humanité en Argentine. Le général Videla (1925-2013), qui présida la junte militaire de 1976 à 1981, est jugé à partir de juillet 2010. Le 23 décembre suivant, il est condamné à la prison à vie pour crimes contre l'humanité, deux décennies après avoir bénéficié de la grâce présidentielle accordée par Carlos Menem le 29 décembre 1990. Le 5 juillet 2012, il sera de nouveau sanctionné dans le cadre des « vols de bébés » aux côtés du général Reynaldo Bignogne. La condamnation de l'ancien chef du régime militaire argentin est de cinquante années d'emprisonnement pour avoir organisé l'enlèvement des enfants des opposants à la dictature.

Le général Reynaldo Bignogne (1928-2018), dernier chef de la junte militaire de 1982 à 1983, est condamné à vingt-cinq ans de prison le 20 avril 2010, pour détention illégale et torture[174]. Le 14 avril 2011, il est condamné à la prison à perpétuité pour les mêmes faits dans une autre affaire[175]. Le 29 décembre suivant, Reynaldo Bignone écopera d'une peine de quinze années d'emprisonnement pour la création, au milieu des années 1970, d'un centre clandestin de détention dans un hôpital où onze personnes disparîitront[176]. Le 5 juillet 2012, il est condamné, aux côtés du général

---

174 (F.) GALAUD, « Le dernier dictateur argentin condamné pour tortures », *Le Figaro*, 20 avril 2010, ttps://www.lefigaro.fr/international/2010/04/21/01003-20100421ARTFIG00165-le-dernier-dictateur-argentin-condamne-pour-tortures-.php (consulté le 6 septembre 2021).

175 (L.) PATTI, « Prisión perpetua para Bignone y el ex comisario », *Clarín*, 14 avril 2011, https://www.clarin.com/politica/luis-patti-perpetua_0_HJ9zR3XpPmx.html (consulté le 6 septembre 2021).

176 (M.)WARREN, « Argentine : 15 ans de prison de plus pour l'ex-dictateur Reynaldo Bignone », *La Presse*, 29 décembre 2011, https://www.lapresse.ca/international/amerique-latine/201112/29/01-

Videla, à quinze ans de prison pour l'organisation d'un plan d'enlèvement des enfants des opposants à la junte militaire[177]. Le 27 mai 2016, le général Bignone est sanctionné à vingt ans d'emprisonnement aux côtés d'autres membres des Forces armées pour leurs rôles dans le Plan Condor, considéré par la justice argentine comme une « organisation criminelle » et que cette association entre les différents régimes militaires argentins, chiliens, uruguayens et boliviens relève d'un « système criminel et institutionnalisé ». Les victimes étaient d'ailleurs ressortissants de ces pays[178]. Les généraux Massera, Viola et Galtieri qui participèrent ou présidèrent la junte entre 1976 et 1982 n'ont pas été jugés à la suite de leur décès pendant la période d'instruction.

Lors du rétablissement de la démocratie en 1983, les autorités argentines avaient décidé de ne pas poursuivre les agents du régime autoritaire, à la seule condition qu'ils n'aient pas commis d'actes graves. Le 4 juin 1987, sous la pression de l'armée, le Parlement argentin vote la loi dite de *l'Obéissance Due* qui amnistie les crimes perpétrés par les exécutants de la dictature, qu'ils soient civils ou militaires. Quelques mois après le vote de la loi du Point final approuvée le 23 décembre 1986, il était devenu très difficile de traduire en justice les agents de la dictature qui participèrent à la répression. Ainsi, Alfredo Astiz a pu échapper à la justice pendant deux décennies grâce à ces mesures. En 2003, le gouvernement argentin, à la suite de l'arrivée au pouvoir de Nestor Kirchner à la présidence de la République, décide d'abroger les lois d'amnisties des années 1980. Il est désormais possible d'engager en Argentine des poursuites judiciaires contre des membres de l'appareil de sécurité, civils ou militaires, mais aussi des individus ayant pratiqué des actes contraires aux droits fondamentaux dans la cadre de la politique de répression des opposants à la dictature. Ainsi, un prêtre, aumônier dans un centre de torture, partisan du régime du général Videla, est jugé à partir du 5 juillet 2007 par un tribunal de La Plata pour avoir été complice de quarante-

---

4481683-argentine-15-ans-de-prison-de-plus-pour-lex-dictateur-reynaldo-bignone.php (consulté le 6 septembre 2021)

177 AGENCE FRANCE – PRESSE, « Argentine : l'ex dictateur Videla condamné à 50 ans de prison pour vols de bébés », *L'Express*, 6 juillet 2012, https://www.lexpress.fr/actualite/monde/argentine-l-ex-dictateur-videla-condamne-a-50-de-prison-pour-vols-de-bebes_1135107.html (consulté le 6 septembre 2021).

178 LE MONDE, AGENCE FRANCE-PRESSE, REUTEURS, « En Argentine, quinze ex-militaires condamnés pour l'opération Condor », *Le Monde*, 28 mai 2016, https://www.lemonde.fr/ameriques/article/2016/05/28/en-argentine-quinze-ex-militaires-condamnes-pour-le-plan-condor_4928072_3222.html (consulté le 6 septembre 2021).

deux enlèvements, trente-et-un cas de torture et sept assassinats179. Il sera condamné à l'emprisonnement à vie le 9 octobre 2007[180]. Le renvoi devant la justice des agents du régime le plus symbolique est celui d'Alfredo Astiz, accusé d'enlever, torturer puis assassiner deux religieuses françaises, durant l'année 1977. Son procès s'ouvre en décembre 2009. Après près de deux ans de procès, l'ancien capitaine de corvette est condamné à la réclusion criminelle à perpétuité le 26 octobre 2011[181]. Le procès des agents du régime va continuer avec le grand procès des « vols de la mort ». Il s'est ouvert à Buenos Aires le 28 novembre 2012. Sont renvoyés soixante-huit anciens chefs militaires, dont l'ex-capitaine Astiz, accusé de 789 assassinats, parmi les 5000 personnes emprisonnées à l'ESMA, durant la dictature, entre 1976 et 1983. Les prévenus sont aussi accusés par la justice des « vols de la mort » qui firent deux mille victimes, ayant « transitées » par le centre de torture de l'ESMA avant d'être jetés dans l'océan Atlantique, le Río de la Plata ou le delta de Panama182. Des policiers et des membres des Forces armées vont aussi comparaître à partir de 2013 et condamnés en 2016 pour leur participation au « Plan Condor ». Plus de deux décennies après la réouverture des procédures judiciaires à la fin des années 1990 et au début des années 2000, des agents, civils ou militaires, sont encore jugés pour les crimes contre l'humanité perpétrés, sous la dictature, durant les années 1970. Le 18 février 2021, huit anciens soldats et policiers sont condamnés à des faits considérés par le droit international de crimes contre l'humanité. Les peines vont de six ans d'emprisonnement à la réclusion criminelle à perpétuité. Il s'agit de détention illégale, de torture, de meurtres et de « vols de bébés » où huit cents personnes perdirent la vie au sein de l'ESMA[183].

179 (A.) BIGO, « L'aumônier tortionnaire face à la justice argentine », *Libération*, 25 juillet 2007, https://www.liberation.fr/planete/2007/07/25/l-aumonier-tortionnaire-face-a-la-justice-argentine_98864/ (consulté le 6 septembre 2021).

180 AGENCE FRANCE-PRESSE, REUTERS, « Un ancien aumônier catholique de la police argentine condamné pour crimes pendant la dictature », *op., cit.*

181 AGENCE FRANCE-PRESSE, « Argentine : Astiz condamné à perpétuité », *Le Figaro*, 27 octobre 2011, https://www.lefigaro.fr/flash-actu/2011/10/27/97001-20111027FILWWW00384-argentine-astiz-condamne-a-perpetuite.php (consulté le 6 septembre 2021) .

182 (Z.) LINGANE, *op. cit.*, p. 293.

183 (A.) VILLIERS-MORIAME, « En Argentine, la course contre la montre des procès des crimes de la dictature », *Le Monde*, 20 février 2021, https://www.lemonde.fr/international/article/2021/02/20/en-argentine-la-course-contre-la-montre-des-proces-des-crimes-de-la-dictature_6070636_3210.html (consulté le 6 septembre 2021).

B. L'Uruguay, la condamnation partielle des responsables de la répression

À partir des années 2000, l'Uruguay a décidé de contourner les lois d'amnistie grâce au droit international, permettant de poursuivre les responsables de la dictature militaire, au pouvoir entre 1973 et 1985. L'intégralité des protagonistes de l'appareil répressif n'a pas été renvoyée devant la justice en raison du maintien de loi d'amnistie de 1986 confirmé à deux reprises par référendum en 1989 et en 2009. Malgré la loi d'amnistie, la justice uruguayenne a ainsi pu condamner, le 16 novembre 2006, l'ancien président de la République, Juan María Bordaberry, et Juan Carlos Blanco, qui fut son ministre des Affaires étrangères de 1972 à 1976, comme « coauteurs de quatre délits d'homicide très spécialement aggravé » pour l'assassinat des parlementaires Zelmar Michelini et Héctor Gutiérrez Ruiz et de militants tupamaros, Rosario Barredo et William Whitelaw. Pour ces crimes, le général Gregorio Álvarez, dernier dictateur de l'Uruguay au pouvoir de 1981 à 1985 et le capitaine de vaisseau Carlos Larcebeau ont été condamnés pour délits contre l'humanité en décembre 2007[184].

En mars 2009, les huit prévenus ont été condamnés à des peines allant de vingt ans à vingt-cinq ans de prison pour vingt-huit homicides aggravés, constituant le premier jugement pour crimes de terrorisme d'État prononcé en Uruguay – vingt-quatre ans après la transition. D'autres verdicts importants se sont produits dans des cas de chefs civils et militaires de la dictature, exclus du champ d'application de l'amnistie. En février 2010, l'ancien dictateur Bordaberry a été condamné à trente ans de prison pour avoir orchestré deux meurtres politiques et neuf disparitions et attaqué la constitution - un verdict sans précédent en Amérique latine concernant le rôle de Juan Maria Bordaberry dans le coup d'État de 1973. En avril 2010, Juan Carlos Blanco a été condamné à vingt ans pour l'homicide aggravé d'Elena Quinteros. Enfin, l'ancien dictateur Gregorio Álvarez a été condamné à vingt-cinq ans de prison pour trente-sept meurtres aggravés, une peine confirmée par la Cour suprême en septembre 2011[185].

Si le général Pinochet n'a jamais été jugé en raison de son décès en décembre 2006, certains agents du régime ont été condamnés par la justice chilienne. Dès 1998, un juge décide d'instruire des plaintes des familles de victimes de la dictature. L'arrestation la même année à Londres de l'ancien chef d'État chilien au pouvoir de 1973 à 1990 a permis d'activer un processus judiciaire bloqué en raison de l'autoamnistie décrétée par le général Pinochet

184 (E.) ALLIER MONTAÑO, *op. cit.*, p. 16.
185 (F.) LESSA, *op. cit.*, p. 137.

lui-même en 1978 et le poids important de l'armée au sein de l'État. Dans un discours du 8 juin 1992, le président Patricio Aylwin avait déclaré souhaiter que chacun soit jugé dans tous les cas, mais « que la justice doit être rendue dans la mesure du possible[186] ». Tout en soulignant que « sans la loi d'amnistie, la prolifération des cas aurait créé un climat dangereux pour la réconciliation », le premier président chilien démocratiquement élu à la fin de la dictature estime que « la loi a cependant, sans aucun doute, un obstacle à la justice[187] ». En août 1993, Patricio Aylwin avait soumis un projet législatif aux parlementaires chiliens afin d'accélérer les poursuites judiciaires pour les cas couverts par l'amnistie. Ce projet de loi prévoyait aussi la garantie du secret des déclarations des personnes participant à la mise à l'élucidation des faits, le but n'étant plus la condamnation, mais l'avènement de la « vérité »[188]. La justice chilienne, malgré l'autoamnistie de 1978, a condamné à sept ans d'emprisonnement en novembre 1993, l'ancien chef de la DINA, la police secrète du temps du général Pinochet, Manuel Contreras, pour l'assassinat, en 1976, d'Orlando Letelier, l'ancien ministre du président socialiste Salvador Allende. Le brigadier-chef Pedro Espinoza écopera d'une peine de six ans de prison pour sa participation à ce crime. Manuel Contreras sera détenu à partir du 21 octobre 1995 dans une précision pour officiers et personnalités publiques. Ainsi, le successeur de Patricio Aylwin, Eduardo Frei, avait proposé en ce même mois d'octobre 1995, que le Parlement chilien examine un projet de loi qui prévoyait des enquêtes judiciaires sur les disparitions, mais qui ne serait pas assorti de sanctions[189]. Malgré l'impunité, la justice chilienne a condamné des militaires pour avoir attenté à la vie d'opposants sous la dictature. Le 3 juillet 2018, huit anciens membres des Forces armées ont été condamnés à dix-huit ans de prison et un autre à cinq ans. Ils ont été jugés pour être complices et avoir torturé et assassiné le chanteur Victor Jara, en septembre 1973[190]. Le 11 septembre 2019, quarante-six ans après le coup d'État qui renversa le président Salvador Allende, une association de victimes dépose une plainte contre d'anciens ministres du général Pinochet[191]. Par rapport à ses deux voisins qui ont connu des régimes militaires contraires

---

186 (S.) LEFRANC, *Politiques du pardon*, *op. cit.*, p. 44.

187 *Ibid.*, p. 45.

188 *Idem.*

189 *Ibid.*, p. 51.

190 (F-X.) GOMEZ, « Justice. Le Chili condamne enfin les assassins du chanteur Víctor Jara », *Libération*, 5 juillet 2018, https://www.liberation.fr/planete/2018/07/05/le-chili-condamne-enfin-les-assassins-du-chanteur-victor-jara_1664186/ (consulté le 6 septembre 2021).

191 (N.) DERROISNE, « Chili : poursuites judiciaires contre les ministres de la dictature Pinochet », *RFI*, 12 septembre 2019, https://www.rfi.fr/fr/ameriques/20190912-chili-justice-familles-victimes-poursuivent-ministres (consulté le 6 septembre 2021).

aux droits de l'Homme, le Chili est encore aujourd'hui l'État où la justice s'applique encore le plus difficilement sur cette période de son Histoire récente.

Conclusion

L'Amérique latine peut être considérée comme le véritable laboratoire de la justice transitionnelle, au sens où celle-ci fut codifiée à partir des années 1990. L'étude du processus de rétablissement de la démocratie dans le Cône Sud latino-américain a pu mettre en exergue l'évolution du passé criminel d'un État. La justice transitionnelle éclaire le rôle du droit international contemporain. Les transitions démocratiques effectuées en Amérique latine s'étaient inspirées de celle effectuée au lendemain du décès du général Franco au milieu des années 1970. L'Espagne est longtemps apparue alors comme un modèle en matière de rétablissement d'un régime garantissant les libertés fondamentales des citoyens. L'avènement d'une démocratie se ferait sans intervention de l'action judiciaire. Il n'était pas question de poursuivre les responsables d'un régime autoritaire. Réinstaurer un régime démocratique représentait la priorité absolue.

La volonté de démocratisation peut être rejointe par une partie des forces politiques qui s'étaient opposées au régime autoritaire. Des opposants au régime autoritaire peuvent ainsi accepter les « modérés » de l'ex-dictature pour procéder à la transformation du système politique. Le régime dictatorial se dissout la place à un régime garantissant l'État de droit. La question de l'amnistie rentre toujours en jeu lors des transitions démocratiques. Les processus de rétablissement de la démocratie en Europe du Sud dans les années 1970 mettaient en exergue l'amnistie pour libérer les prisonniers politiques. Les forces de l'opposition désormais légalisées réclamaient la fin des poursuites et des condamnations judiciaires pour leurs pairs.

Les associations de défense des droits de l'Homme étaient à cette époque favorable à l'amnistie, car elles permettaient aux victimes des régimes autoritaires de retrouver la liberté. Des amnisties générales étaient donc votées, à l'instar de celle approuvée par le Parlement espagnol élu démocratiquement en 1977, deux ans après la mort du général Franco. Par sa configuration même, la transition démocratique de l'Espagne supposait la mise à l'écart de l'action pénale. Elle fut souhaitée pour mettre un terme à l'emprisonnement et aux procédures visant les opposants au régime franquiste. Néanmoins, en raison de son caractère général, la loi d'amnistie a aussi bénéficié à des agents de la dictature du général Franco ayant attenté à la vie d'individus pour des raisons politiques dans le cadre de l'application de la politique de répression. L'amnistie devait mettre un terme à l'action de la justice visant des possibles atteints aux droits fondamentaux commises par l'ex-régime autoritaire. La loi devient un instrument de l'oubli. La démocratisation suppose une amnésie officielle des crimes de l'ex-dictature. Retrouver la démocratie était alors l'essentiel, fut-il au prix de l'absence de la justice.

La transition démocratique espagnole apparaît comme un modèle exportable pour tout gouvernement devant succéder à un régime dictatorial. Les années 1980 voient le rétablissement de la démocratie dans les États du Cône Sud de l'Amérique latine. De nombreux leaders des partis d'opposition, désormais au pouvoir à la suite du départ des régimes dictatoriaux, s'inspiraient du processus de retour à la démocratie en Espagne. Fort de ses liens historiques et linguistes, le pouvoir espagnol de l'époque mettait en avant la réussite de son retour vers la démocratie. L'amnistie était le paramètre indispensable pour toute transition démocratique, l'État de droit devait être instauré ou réinstauré au détriment de la justice. Une transition démocratique étant un évènement politique exceptionnel, l'application normale du droit devait être suspendue. Les crimes perpétrés sous une dictature étant de nature politique, la politique devait l'emporter sur le droit.

Les transitions démocratiques des États du Cône Sud de l'Amérique latine vont modifier l'objet et le but de l'amnistie. À l'origine destinée à libérer les prisonniers politiques au rétablissement de la démocratie, elle va devenir le symbole de l'impunité des responsables et des agents zélés des régimes dictatoriaux. La configuration du rétablissement de la démocratie en Argentine en 1983, en rupture avec la dictature militaire à la suite de l'échec de la Guerre des Malouines, met en exergue ce changement de la perception de l'amnistie. Fait rare lors d'une transition démocratique, le gouvernement argentin avait décidé de poursuivre les plus hauts responsables de la hiérarchie des Forces armées. Ces derniers ont été condamnés dans le cadre de l'État de droit. Ainsi, la décision de ne plus poursuivre les militaires impliqués dans la politique de répression à la suite du vote d'une loi d'amnistie avait entraîné le fort mécontentement des victimes et des associations de défense des droits de l'Homme. Amnistier devient un symbole d'impunité.

Le processus du rétablissement de la démocratie en Argentine a constitué un changement dans les transitions démocratiques engagées à partir des années 1970. Même si l'action judiciaire relative aux disparitions forcées fut bloquée à travers l'amnistie ou les décrets présidentiels de grâce, les nouvelles autorités démocratiques de Buenos Aires avaient engagé des mesures complémentaires aux poursuites pénales. En effet, l'instauration d'une Commission d'enquête sur les disparus a permis de reconnaître les crimes perpétrés par la dictature militaire.

Les mesures prises en Argentine ont préfiguré ce que les juristes et politistes ont appelé la justice transitionnelle. Organe non judiciaire, la CONADEP avait permis de reconnaître la souffrance des victimes du régime autoritaire. La reconnaissance des douleurs des victimes afin de les réinsérer dans la société va devenir l'une des modalités nécessaires pour la réussite de la transition démocratique. Lors du rétablissement de la démocratie au Chili, en 1990, le nouveau gouvernement démocratiquement élu a instauré une Commission de vérité et de réconciliation pour mettre en lumière les disparus sous le général Pinochet. Reconnaître les victimes, telle sera la raison d'être de la justice transitionnelle. Les amnisties approuvées en Espagne puis dans le Cône Sud de l'Amérique latine ont pour conséquence de ne pas prendre en considération les souffrances des victimes.

La reconnaissance des victimes est la toile de fond de la justice transitionnelle. Si les mesures d'amnisties pour les responsables et agents des régimes autoritaires ont été condamnées par les organisations internationales, les mesures non judiciaires prises lors du retour à la démocratie en Amérique latine ont été en revanche très favorablement accueillies. La transition démocratique ne peut pas être qu'un passage d'un système politique à une autre, aussi positif soit-il. Un tel processus ne peut être réussi que s'il est construit sur la vérité des faits de l'État dictatorial. Les expériences latino-américaines ont montré qu'il existe d'autres moyens de prendre en considération la souffrance des victimes et de reconnaître les crimes du passé. Ainsi, des Commissions furent chargées de recueillir les témoignages des personnes ayant directement ou indirectement souffert pendant la dictature. Sur la base de la prise en compte de la parole des victimes, elles ont proposé des recommandations qui ont été traduites en lois. Ce sont les réparations sous forme d'indemnisations, de réintégration dans la fonction publique et aides financières pour les études des enfants des disparus. De plus, des mémoriaux ont été installés sur des places publiques ou des anciens centres de détention où les opposants aux dictatures furent torturés et perdirent la vie. Le but de ces dispositions est la perpétuation de la mémoire des victimes, même en dehors de l'action pénale. Dans les années 1980 et

1990, l'Argentine et le Chili faisaient apparaître la justice transitionnelle comme une alternative aux poursuites pénales en raison des lois d'amnistie. les organisations internationales ainsi que les associations de défense des droits de l'Homme estimaient que la seule reconnaissance de la souffrance des victimes, à travers des réparations financières, ne peut suffire.

Ainsi, la justice transitionnelle va être consacrée et codifiée, à partir de la décennie 1990, dans le contexte particulier de l'immédiat après-guerre froide. Elle ne doit plus constituer un palliatif à l'absence de poursuites judiciaires. Les Commissions de Vérité et de Réconciliation ainsi que les réparations doivent être des compléments à l'action judiciaire. Ils ne peuvent pas se substituer à la justice. Les poursuites pénales sont nécessaires dans la réparation des victimes. Les crimes d'État ne peuvent pas rester impunis. À la suite des expériences argentines et chiliennes, le droit international a codifié l'obligation qu'une démocratie ne peut se reconstruire sur la négation des crimes de l'État dictatorial. En effet, en plus d'être un droit pour les victimes et les citoyens, le droit à la vérité oblige l'État de faire connaître la vérité sur les atteintes aux libertés fondamentales.

Le Cône Sud de l'Amérique latine a démontré qu'il n'est pas possible de reconstruire une démocratie sur l'oubli. Amnistier les crimes revient à nier les victimes. Des mesures destinées à faire la vérité sont les bienvenues, et même souhaitées, pour reconnaître les préjudices de ceux qui ont subi la répression dans leur cœur et dans leur chair. Les victimes sont en droit de reconnaître la réparation devant le pouvoir judiciaire. Le droit de saisir la justice est un droit fondamental de tout individu dans un État de droit. Les crimes perpétrés durant les années 1970 et le début des années 1980 par les régimes autoritaires latino-américains représentaient une négation des principes fondamentaux du respect de la personne humaine. De plus, la technique fréquemment utilisée était celle de la disparition forcée de la victime. Celle-ci n'ayant jamais été retrouvée vivante ou morte, les proches se voient confrontés à la négation de leur souffrance par l'absence d'enquête et la négation des anciens dirigeants de la dictature. L'amnistie bénéficiant aux auteurs de ces actes entrave une rupture dans l'ordre pénal. En effet, un crime, parce qu'il serait commis au nom d'une idéologie par l'État, ne pourrait être poursuivi. De plus, ces violations des droits de l'Homme ont eu lieu de manière massive et répetée.

Par conséquent, le droit international public, et notamment, le droit international pénal, ont eu un rôle fondamental. La disparition forcée a été ainsi incriminée, codifiée, avec une obligation de poursuite et de sanction par une juridiction régionale, en l'occurrence la Cour IDH. La jurisprudence du Tribunal de San José influera sur la codification au niveau international.

Grâce aux traités internationaux, des juges vont écarter l'application des mesures d'impunité afin de poursuivre les plus hauts dignitaires des régimes autoritaires pour crimes contre l'humanité. L'Argentine condamnera l'ensemble de l'appareil répressif, le pouvoir judiciaire devancera le pouvoir législatif. Les dirigeants de la junte militaire uruguayenne grâce aux actions individuelles de certains magistrats. Ainsi, le traitement du passé dictatorial des États du Cône Sud de l'Amérique latine, en particulier celui de l'Argentine, va devenir un exemple pour des pays qui n'ont pas opéré l'examen de conscience d'un passé marqué par un régime politique contraire aux droits de l'Homme. Le retour de la question du passé franquiste en est l'exemple le plus flagrant. L'Espagne, qui fut longtemps le pays modèle en matière de transition démocratique, est remise en cause en raison de l'occultation des crimes commis sous le franquisme.

Vérité, justice, réparation, mémoire étaient les demandes des associations de défense des droits de l'Homme et des victimes des régimes militaires sud-américains. Les victimes et les associations espagnoles en mémoire des opposants au général Franco s'inspirent des combats menés au sud de l'Atlantique. Dans les années 1990 et 2000, l'Espagne fut la terre d'accueil des procédures judiciaires relatives aux militaires argentins et chiliens accusés de crimes contre l'humanité. Pourtant, elle n'a jamais traité son propre passé. Les victimes espagnoles se tournent désormais vers la justice argentine pour obtenir la justice. Désormais, les termes « disparition forcée », « vérité », « réparation », « impunité », « crimes contre l'humanité », issus des mobilisations de victimes des dictatures latino-américaines des années 1970 et 1980, vont qualifier les effets de la violence d'État dans le monde entier. Les victimes des régimes oppressifs, leurs intermédiaires experts et les pouvoirs publics se sont liés autour de problématiques communes. Par conséquent, il s'agit d'établir la vérité des faits, réparer les victimes et opter pour des actions de justice[1]. Les luttes pour les victimes des dictatures militaires d'Amérique latine des années 1970 et 1980 serviront de modèle pour le droit international qui codifiera la justice transitionnelle contemporaine sur les trois piliers suivant : vérité, justice, réparation.

Ainsi, la justice transitionnelle dans le monde hispanophone apparaît comme un aller-retour permanent entre l'Espagne et l'Amérique latine. Quand la justice fonctionnait d'un côté de l'Europe de l'Ouest, elle était bloquée en Argentine et au Chili. L'Espagne apparaît dans la situation de l'Argentine et du Chili dans les années 1990 et 2000. Le gouvernement

---

[1] (S.) SMAOUI, « Domestiquer les normes, repenser le combat : l'internationalisation de la cause des "disparus" du franquisme en Espagne », *Critique internationale*, n° 82, 2019, p. 76.

espagnol a reconnu les fautes de la dictature, a condamné le régime pour son idéologie et ses pratiques meurtrières en engageant certains mécanismes de réparation. La nouvelle loi présentée au Conseil des ministres en juillet 2021 a pour fonction de réactualiser la *loi sur la Mémoire historique* votée en 2007. Il s'agit de promouvoir les valeurs démocratiques et de supprimer toute promotion du régime franquiste. Le projet de loi présenté en 2021 va au-delà du texte actuel en annulant les condamnations prononcées par les tribunaux franquistes à l'encontre des opposants au *Caudillo*. En revanche, il ne souhaite pas lancer d'actions en justice sur des responsables encore en vie. Ainsi, des agents du régime franquiste n'ont jamais été poursuivis en Espagne. L'adhésion à des mécanismes supranationaux entraîne la nécessité pour une fraction des responsables de régimes autoritaires de libéraliser le système politique.

Par conséquent, droit international et justice transitionnelle sont intimement liés. Les conventions internationales ont codifié les mesures indispensables lorsqu'un État retrouvait la démocratie. La justice transitionnelle est aussi le reflet des relations internationales et des liens privilégiés entre certains gouvernements. Ainsi, des termes spécifiant les violations des droits de l'Homme dans une zone géographique particulière, en l'occurrence l'Amérique latine, ont été repris par l'Espagne pour désigner les morts de son propre passé franquiste, en qualifiant de disparus les morts de la Guerre civile des années 1930. Le droit international est devenu le meilleur allié des victimes et des associations de défense des droits de l'Homme pour lutter contre l'impunité qui bénéficiait aux militaires qui prirent le pouvoir en Amérique latine dans les années 1970. Seule l'action de la justice peut répondre aux violations des droits de l'Homme et permettre à un État de réussir sa démocratisation dans la durée.

Références bibliographiques

Ouvrages généraux

ALLAND Denis, *Droit international public*, Collection Droit international, Presses universitaires de France, Paris, 2000, 807 p.

ALLAND Denis, *Manuel de droit international public*, Collection Droit fondamental, Presses universitaires de France, Paris, 2014, 279 p.

DE FROUVILLE Olivier, *Droit international pénal, sources, incriminations, responsabilité*, Pedone, Paris, 2012, 523 p.

DE GREIFF Pablo (*dir.*), *The Handbook of Reparations*, Oxford University Press, 2006, 1020 p.

FUKUYAMA Francis, *La Fin de l'histoire et le Dernier Homme*, Collection Histoire, Flammarion, Paris, 1992, 452 p.

HENNEBEL Ludovic, TIGROUDJA Hélène (*dir.*), *Le particularisme interaméricain des droits de l'homme*, Pedone, Paris, 2009, 416 p.

JUROVICS Yann, *Réflexions sur la spécificité du crime contre l'humanité*, Librairie Générale de Droit et de Jurisprudence, Paris, 2002, 519 p.

KANT Emmanuel, *Projet de paix perpétuelle*, Flammarion, Paris, 1991, 94 p.

KOLB Robert, *Théorie du droit international*, deuxième édition, Collection de Droit international, Bruylant, Bruxelles, 2012, 830 p.

KOLB Robert, *Théorie du droit international*, deuxième édition, volume 73, Collection de droit international, Bruylant, Bruxelles, 2013, 830 p.

RICŒUR Paul, *La mémoire, l'histoire, l'oubli*, Le Seuil, Paris, 2000, 736 p.

RIVIER Raphaëlle, *Droit international public*, Collection Thémis Droit, Presses universitaires de France, Paris, troisième édition, 2012, 841 p.

RUIZ FABRI Hélène, DELLA MORTE Gabriele, LAMBERT-ABDELGAWAD Elisabeth, MARTIN-CHENUT Kathia (*dir.*), *La clémence saisie par le droit. Amnistie, prescription, grâce en droit international et comparé*, Société de Législation comparée, Paris, 2007, 645 p.

SALMON Jean, *Dictionnaire de droit international public*, Bruylant, Bruxelles, 2001, 1200 p.

Ouvrages spécialisés

ANDRIEU Kora, *La justice transitionnelle*, Collection Folio Essais, Gallimard, Paris, 2012, 671 p.

ANDRIEU Kora, LAVAU Geoffroy (dir.), *Quelle justice pour les peuples en transition ?*, Collection « Philosophie appliquée », Presses de l'Université Paris Sorbonne, Paris, 2014, 402 p.

BAKINER Onur, *Truth Commissions : Memory, Power, and Legitimacy*, Pennsylvania Studies in Human Rights, University of Pennsylvania Press, 2015, 328 p.

BOLTANSKI Luc, CLAVERIE Elisabeth, OFFENSTADT Nicolas, VAN DAMME Stéphane (*dir.*), *Affaires, scandales et grandes causes. De Socrate à Pinochet*, Stock, Paris, 2007, p. 462.

BOISSON DE CHAZOURNES Laurence, QUEGUINER Jean-François, VILLALPLANDO Santiago (*dir.*), *Crimes de l'Histoire et réparations : les réponses du droit et de la justice*, Bruylant, Bruxelles, 2004, 401 p.

CASSESE Antonio, DELMAS MARTY Mireille (*dir.*), *Juridictions nationales et crimes internationaux*, Presses universitaires de France, 2002, 673 p.

DINGES John, *Les années Condor. Comment Pinochet et ses alliés ont propagé le terrorisme sur trois continents*, préface de William Bourdon, La Découverte, Paris, 2005, 301 p.

FORTON Jac, *Pinochet. Le procès de la dictature en France*, Collection « Regard latino », Collection Toute Latitude, Toulouse, 2009, 189 p.

GARAPON Antoine, *Des crimes qu'on ne peut ni punir, ni pardonner. Pour une justice internationale*, Odile Jacob, Paris, 2002, 352 p.

HAZAN Pierre, *Juger la guerre, juger l'Histoire. Du bon usage des Commissions Vérité et Réconciliation*, Presses universitaires de France, Paris, 2007, 252 p.

JOINET Louis, *Lutter contre l'impunité, dix questions pour comprendre et pour agir*, Collection Sur le Vif, La Découverte, Paris, 2002, 143 p.

LEFRANC Sandrine, *Politiques du pardon*, Collection « Fondements de la politique », Presses universitaires de France, Paris, 2002, 363 p.

LESSA Francesca, PAYNE (*dir.*), *Amnesty in the Age of Human Rights Accountability*, Cambridge University Press, juin 2012, 423 p.

LINGANE Zakaria, *Punir, amnistier, nier : le crime international de Nuremberg à La Haye*, L'Harmattan, Paris, 2014, 337 p.

MAGNON Xavier, ESPLUGAS-LABATUT Pierre, MASTOR Wenda *et al.* (*dir.*), *L'office du juge constitutionnel face aux exigences supranationales*, Bruylant, Bruxelles, 2015, 331 p.

MARTIN Arnaud (*dir.*), *La mémoire et le pardon. Les Commissions de la Vérité et de la Réconciliation en Amérique latine*, Collection Pouvoirs comparés, L'Harmattan, Paris, 2009, 211 p.

MARTIN Arnaud (*dir.*), *Le glaive et la balance. Justice constitutionnelle et démocratie en Amérique latine*, Collection Pouvoirs comparés, L'Harmattan, Paris, 2012, 358 p.

MENDES-FRANCE Tristan, *Gueule d'ange*, Favre, Paris, 2003, 119 p.

OSIEL Mark, *Juger les crimes de masse. La mémoire collective et le droit*, préface d'Antoine Garapon, Collection La Couleur des idées, Le Seuil, Paris, 2006, 453 p.

ROHT-ARRIAZA Naomi, *The Pinochet Effect : Transitional Justice in the Age of Human Rights*, Pennsylvania Studies in Human Rights, Philadelphia, 2005, 272 p.

Articles

ANDREU-GUZMAN Federico, « Impunité et droit international. Quelques réflexions historico-juridiques sur la lutte contre l'impunité », *Mouvements*, n° 53, 2008, pp. 54-60.

ALLIER MONTAÑO Eugenia, « Les disparus politiques en Uruguay, entre l'histoire et la mémoire », *Conserveries mémorielles*, 2011, 27 p.

ARBÓS MARÍN Xavier, « Acuerdos prejudiciales y conflictos intergubernamentales sobre normas con rango de ley », *UNED. Teoría y Realidad Constitucional*, n° 34, 2014, pp. 129-154.

BABY Sophie, « Sortir de la guerre civile à retardement : le cas espagnol », *Histoire@Politique*, n° 3, 2007, pp.1-12.

BABY Sophie, « Vérité, justice, réparation : de l'usage en Espagne de principes internationaux », *Matériaux pour l'histoire de notre temps*, n° 111 - 112, 2013, pp. 25-33.

BARBERIS Julio A., « Les liens juridiques entre l'État et son territoire : perspectives théoriques et évolution du droit international », *Annuaire français de droit international*, volume 45, 1999, pp. 132-147.

BENZIMRA-HAZAN Jérôme, « Disparitions forcées de personnes et protection du droit à l'intégrité : la méthodologie de la Cour interaméricaine des Droits de l'Homme », *Revue trimestrielle des Droits de l'Homme*, juillet 2001, pp. 765-796.

BONNEAU Karine, « Le droit à réparation des victimes de violations des Droits de l'Homme : le rôle pionnier de la Cour interaméricaine des Droits de l'Homme », *Droits fondamentaux*, n° 6, janvier - décembre 2006, pp.1-32.

BURGORGUE-LARSEN Laurence, « Chronique d'une théorie en vogue en Amérique latine Décryptage du discours doctrinal sur le contrôle de conventionalité », *Revue française de droit constitutionnel*, n° 100, 2014, pp. 831-863.

BURGORGUE-LARSEN Laurence, « Décryptage d'une jurisprudence pionnière sur un crime "complexe" : la Cour interaméricaine des droits de l'homme et les disparitions forcées », Actes du Colloque *La Convention internationale pour la protection de toutes les personnes contre les disparitions forcées. Les enjeux d'une mise en œuvre universelle et effective*, 15 mai 2012, CRDH, Université Paris II *in* « Les disparitions forcées », *Droits fondamentaux*, n° 10, n° spécial, janvier – décembre 2013, 19 p.

CAPITANT Sylvie, « Introduction. Réponse judiciaire aux crimes contre l'humanité versus responsabilité de lutter contre leur commission ? », *Revue Tiers Monde*, n° 205, 2011, pp. 7-27.

CERNA Christina, « La Cour interaméricaine des Droits de l'Homme – les premières affaires », *Annuaire français de droit international*, volume 29, 1983, pp. 300-312.

CERNA Christina, « Questions générales de droit international examinées par la Cour interaméricaine des droits de l'homme », *Annuaire français de droit international*, volume 42, 1996, pp. 715-732.

CHAPUT Marie-Claude, TAILLOT Allison, « Le franquisme face à la justice », *Matériaux pour l'histoire de notre temps*, n° 111 - 112, 2013, pp. 39-48.

CHARPENTIER Jean, « L'affaire de la *Barcelona Traction* devant la Cour internationale de Justice (arrêt du 5 février 1970) », *Annuaire français de droit international*, volume 16, 1970, pp. 307-328.

CHETAIL Vincent, « La banalité du mal de Dachau au Darfour : réflexion sur l'évolution du concept de génocide depuis 1945 », *Relations internationales*, n° 131, 2007, pp. 49-72.

CIURLIZZA Javier, « Pérou : la défaite juridique de l'amnistie et l'agenda politique en suspens », *Mouvements*, n° 53, 2008, pp. 95-101.

COMPAGNON Olivier, GAUDICHAUD Franck, « Un passé trop vite passé ? », *Hermès. La Revue*, n° 52, 2003, pp. 83-89.

D'ARGENT Pierre, « Le droit de la responsabilité internationale complétée ? Examen des *Principes fondamentaux et directives concernant le droit à un recours et à réparation des victimes de violations flagrantes du droit international des droits de l'homme et de violations graves du droit international humanitaire* », *Annuaire français de droit international*, volume 51, 2005, pp. 27-55.

D'ARGENT Pierre, « Réconciliation, impunité, amnistie : quel droit pour quels mots ? », *La Revue nouvelle*, n° 11, novembre 2003, pp. 30-36.

DE CARA Jean-Yves, « L'affaire Pinochet devant la Chambre des Lords », *Annuaire français de droit international*, volume 45, 1999, pp. 72-100.

DE FROUVILLE Olivier, « La question de la justice et de la vérité en Uruguay devant les Nations unies », *Revue de l'institut des langues et cultures d'Europe, Amérique, Afrique, Asie et Australie*, Mémoire justice et vérité en Uruguay, n° 26, 2016, pp. 1-16.

ERRANDONEA Jorge, « Justicia transicional en Uruguay », *Revista IIDH*, volume 47, 2008, pp.13-69.

FOUCHARD Isabelle, « De l'utilité de la distinction entre les crimes supranationaux et transnationaux : traduire les processus d'incrimination complexes alliant droit international et droits pénaux internes », *Revue interdisciplinaire d'études juridiques*, volume 71, 2013, pp. 49-81.

FOURMONT GIUSTINIANI Ève, « Répression dictatoriale, justice transitionnelle et mémoire historique. Le cas espagnol au miroir argentin (1975-2018) », *Cahiers d'Études Romanes*, 2020, 19 p.

FRUMER Philippe, « Entre tradition et créativité juridiques : la jurisprudence de la Cour interaméricaine des Droits de l'Homme », *Revue belge de droit international*, 1995, pp. 515-539.

GARAPON Antoine, « De Nuremberg au TPI : naissance d'une justice universelle ? », *Critique internationale*, Mémoire, justice et réconciliation, volume 5, 1999, pp. 167-180.

GARAPON Antoine, « Le droit mis à l'épreuve », *Esprit*, volume 8/9, n° 337, août-septembre 2007, pp. 208-217.

GARIBIAN Sevane, « Le recours au droit international pour la répression des crimes du passé : Regards croisés sur les affaires *Touvier* (France) et *Simón* (Argentine), *Annuaire français de droit international*, volume 56, 2010, pp. 197-215.

GATTI Gabriel, REVET Sandrine, « Victimes cherchent statut désespérément : le cas des "bébés volés" en Espagne », *Critique internationale*, n° 72, juillet-septembre 2016, p. 106.

GOGORZA Amane, « Compétence universelle et réconciliation sociale », *Revue de science criminelle et de droit pénal comparé*, n° 2, 2010, pp. 353-363.

GONGORA MERA Miguel Eduardo, « El Bloque de Constitucionalidad en Argentina y su relevancia en la lucha contra la impunidad », *Centro de Derechos humenos de Nuremberg*, 19 janvier 2007, 37 p.

GONZÁLEZ Felipe, ACUNA Ramon Luis, « Une politique extérieure pour l'Espagne », *Politique étrangère*, 47ème année, n° 3, 1982, pp. 557-564.

GONZÁLEZ VEGA Javier A., « La Audiencia nacional contra la impunidad : los "desaparecidos españoles y los juicios a los militares argentinos y chilenos" », *Revista Española de Derecho Internacional*, volume 49, n° 1, janvier-juin 1997, pp. 285-297.

HARTMANN Florence, « Juger et pardonner des violences d'État : deux pratiques opposées ou complémentaires ? », *Revue internationale et stratégique*, n° 88, 2012, pp. 67-80.

HAUBERT Maxime, « Francis Fukuyama, La fin de l'histoire et le dernier homme », *Revue Tiers Monde*, tome XXXV, n° 138, avril-juin 1994, pp. 467-469.

HAZAN Pierre, « Les dilemmes de la justice transitionnelle », *Mouvements*, n° 53, 2008, pp. 41-47.

HAZAN Pierre, « Mesurer l'impact des politiques de châtiment et de pardon : plaidoyer pour l'évaluation de la justice transitionnelle », *Revue internationale de la Croix Rouge*, volume 88, n° 861, 2006, pp. 343-365.

HERMET Guy, « L'apurement du passé », *Pouvoirs*, n° 98, 2001, pp. 89-101.

HOURQUEBIE Fabrice, « La notion de justice transitionnelle a-t-elle un sens ? », *Les Petites Affiches*, n° 90, 2009, pp. 6-8.

HILLING Carol, « Le système de protection des Droits de l'Homme : le modèle adapté aux réalités latino-américaines », *Revue québécoise de droit international*, 1991-1992, pp. 210-217.

HOSTERT Jean, « Droit international et droit interne dans la Convention de Vienne sur le droit des traités du 23 mai 1969 », *Annuaire français de droit international*, volume 15, 1969, pp. 92-121.

HUBVRECHT Joël, « Appliquer le fer rouge de la justice à la torture », *Les Cahiers de la justice*, n° 1, 2017, pp. 67-81.

JELIN Elizabeth, « Les mouvements sociaux et le pouvoir judiciaire dans la lutte contre l'impunité », *Mouvements*, n° 47-48, 2006, pp. 82-91.

JEWSIEWICKI Bogumil, « Réparations, restitutions, réconciliations », *Cahiers d'études africaines*, n° 173/174, 2004, 488 p.

JOINET Louis, « Face aux dilemmes de l'instauration des processus de justice transitionnelle », *Mouvements*, n° 53, 2008, pp. 48-53.

JOINET Louis, « L'amnistie », *La mémoire et l'oubli*, Communications, volume 49, 1989, pp. 213-224.

JOINET Louis, « Le rôle des archives dans la lutte contre l'impunité », Les Droits de l'homme au XXe siècle, *Matériaux pour l'histoire de notre temps*, n° 72, 2003, pp. 50-52.

JUROVICS Yann, « Le crime contre l'humanité, définition et contexte », *Les Cahiers de la justice*, n° 1, 2011, pp. 45-64.

KOUDOU Gallo Blandine, « Amnistie et impunité des crimes internationaux », *Droits fondamentaux*, n° 10, janvier-décembre 2004, pp. 67-95.

LEFRANC Sandrine, « L'Argentine contre ses généraux : un charivari judiciaire ? », *Critique internationale*, n° 26, 2005, pp. 23-34.

LEFRANC Sandrine, « La justice de l'après-conflit politique : justice pour les victimes, justice sans tiers ? », *Négociations*, n° 24, 2015, pp. 101-116.

LEFRANC Sandrine, « La justice transitionnelle n'est pas un concept », *Mouvements*, n° 53, 2008, pp. 61-69.

LEFRANC Sandrine, « La professionnalisation d'un militantisme réformateur du droit : l'invention de la justice transitionnelle », *Droit et société*, n° 73, 2009, pp. 561-589.

LEFRANC Sandrine, « Les commissions de vérité : une alternative au droit ? », *Droits et cultures*, 2008, pp. 129-143.

LEFRANC Sandrine, « Les politiques de réconciliation dans le Cône Sud latino-américain : dissensus démocratique ou oubli de l'histoire ? », *Annales Franco-latino-américaines de Philosophie*, n° 1, 2003, 2 p.

LEFRANC Sandrine, « Renoncer à l'ennemi ? Jeux de piste dans l'Argentine post-dictatoriale », *Raisons politiques*, n° 5, 2002, pp. 127-143.

LESSA Francesca, « ¿Justicia o impunidad? Cuentas pendientes a treinta años del retorno a la democracia », *ILCEA*, Mémoire justice et vérité en Uruguay, n° 26, 2016, pp.1-17.

MARTIN-CHENUT Kathia, « Droits de l'Homme. Le renforcement des obligations positives de nature pénale dans la jurisprudence interaméricaine : l'exemple des graves violations des droits de l'Homme commises pendant les dictatures des pays du Cône Sud », *Revue de science criminelle et de droit pénal comparé*, 2012, pp. 705-725.

MARTIN-CHENUT Kathia, « Droit international et démocratie », *Diogène*, n° 220, 2007, pp. 36-48.

MASSIAS Jean-Pierre, PICARD Kelly, « Les piliers de la justice transitionnelle », *Revue du droit public*, n° 4, 2018, pp. 961-972.

McSHERRY Patrice J., « Military Power, Impunity and State-Society Change in Latin America », *Revue canadienne de science politique*, XXV, septembre 1992, pp. 463-488.

MENDEZ Juan E., « National Reconciliation, Transnational Justice, and the International Criminal Court », *Ethics & International Affairs*, volume 15, Issue 1, mars 2001, pp. 25–44.

MONTERO Ana Soledad, « La scène de débat autour de l'annulation de la Loi de caducité de la prétention punitive de l'État en Uruguay (2011) : positionnements présidentiels et enjeux politiques », *ILCEA*, n° 26, Mémoire justice et vérité en Uruguay, 2016, pp. 1-14.

NADEAU Christian, « Conflits de reconnaissance et justice transitionnelle », *Politique et Société*, volume 28, n° 3, 2009, pp. 191-210.

NADEAU Christian, « Responsabilité collective, justice réparatrice et droit pénal international », *Revue française de science politique*, volume 58, 2008, pp. 915-931.

NAFTALI Patricia, « Le "droit à la vérité" à l'épreuve de ses mobilisations en Amérique latine : entre ressource et contrainte », *Revue interdisciplinaire d'études juridiques*, volume 75, 2015, pp. 139-165.

NÉEL Lison, « Échecs et compromis de la justice pénale internationale (Note) », *Études internationales*, volume 29, n° 1, mars 1998, pp. 85-106.

PELLET Alain, « Les articles de la CDI sur la responsabilité de l'État pour fait internationalement illicite. Suite - et fin ? », *Annuaire français de droit international*, volume 48, 2002, pp.1-23.

PION-BERLIN David, « The Pinochet Case and Human Rights Progress in Chile: Was Europe a Catalyst, Cause or Inconsequential ? », *Journal of Latin America Studies*, volume 36, n° 3, 2004, pp. 479-505.

PINTO Marcelina, « La réparation dans le système interaméricain des droits de l'homme. À propos de l'arrêt *Aloeboetoe* », *Annuaire français de droit international*, volume 42, 1996, pp. 733-747.

QUATTROCCHI-WOISSON Diane, « Autour des années de plomb. Histoire, mémoire et justice en Argentine », *Le Débat*, n° 122, 2002, pp. 78-88.

RAGGIO Sandra, « La lutte pour les droits de l'homme et la mémoire du terrorisme d'État dans la construction de la démocratie », *Matériaux pour l'histoire de notre temps*, n° 81, 2006, pp. 87-98.

RENOUX Thierry Serge, « Le droit au recours juridictionnel », *La Semaine juridique*, volume I, n° 19, 1993, pp. 211-220.

REZAI SHAGHAJI Daniel, « Les crimes de *jus cogens*, le refus de l'immunité des hauts représentants des États étrangers et l'exercice de la compétence universelle », *Revue Québécoise de droit international*, volume 28-2, 2015, pp. 143-171.

RICŒUR Paul, « Les rôles respectifs du juge et de l'historien », *Esprit*, volume 8/9, n° 266/267, août-septembre 2000, pp. 48-71.

RÍOS RODRÍGUEZ Jacobo, « Límites y beneficiarios de la inmunidad de los gobernantes », *Revista electrónica de estudios internacionales*, n° 13, 2007, 18 p.

RIVAS Juana María Ibáñez, « Le droit international humanitaire au sein de la jurisprudence de la Cour interaméricaine des droits de l'Homme », *La Revue des droits de l'Homme*, n° 11, 2017, http://journals.openedition.org/revdh/2799 (consulté le 16 mai 2019).

ROTA Marie, « Chronique de jurisprudence de la Cour interaméricaine des Droits de l'Homme », *Centre de Recherche sur les Droits fondamentaux*, n° 7, 2009, pp. 189-198.

ROTA Marie, « Chronique de jurisprudence de la Cour interaméricaine des droits de l'homme (2011-2012) », *Centre de Recherche sur les Droits fondamentaux*, n° 12, Droit et psychiatrie, 2014, pp. 153-162.

ROUSSEAU Charles, « Chronique des faits internationaux 1982 », *Revue Générale de Droit international Public*, 1983.

ROUSSEAU Charles, « Chronique des faits internationaux 1989 », *Revue Générale de Droit international Public*, 1990.

ROUSSEAU Charles, « Chronique des faits internationaux 1990 », *Revue Générale de Droit international Public*, 1991.

ROUSSEAU Dominique, « Question de Constitution », *Politiques et société*, volume 19, n° 2-3, 2000, pp. 9-30.

ROUSSO Henri, « Vers une mondialisation de la mémoire », *Vingtième siècle. Revue d'Histoire*, n° 98, 2007, pp. 3-10.

ROZENBERG Danielle, « La mémoire du franquisme dans la construction de l'Espagne démocratique », *Témoigner. Entre histoire et mémoire*, mars 2014, pp. 56-66.

ROZENBERG Danielle, « Le "pacte d'oubli" de la transition démocratique en Espagne. Retours sur un choix politique controversé », *Politix*, n° 74, 2006, pp. 173-188.

ROZENBERG Danielle, « Mémoire, justice et... raison d'État dans la construction de l'Espagne démocratique », *Histoire@Politique*, n° 2, 2007, pp. 1-17.

RUIZ FABRI Hélène *et al.*, « Les institutions de clémence (amnistie, grâce, prescription) en droit international et droit constitutionnel comparé », *Archives de politique criminelle*, n° 28, 2006, pp. 237-255.

SALAS Denis, « La transition démocratique sur la scène judiciaire : vers une justice restaurative ? », *Les Cahiers de la justice*, n° 3, 2015, pp. 395-405.

SEROUSSI Julien, « La cause de la compétence universelle. Note de recherche sur l'implosion d'une mobilisation internationale », *Actes de la recherche en sciences sociales*, n° 173, 2008, pp. 98-109.

SEROUSSI Julien, « Les acteurs nationaux du droit pénal international : le cas Pinochet », *L'Année sociologique*, volume 59, 2009, pp. 403-415.

SEROUSSI Julien, « Si loin, si proche : la légitimité de l'enquête dans les affaires de compétence universelle », *Critique internationale*, n° 36, 2007, pp. 21-36.

SKAAR Elin, « Wavering Courts : From Impunity to Accountability in Uruguay », *Journal of Latin American Studies*, volume 45, n° 3, août 2013, pp. 483-512.

SMAOUI Sélim, « Domestiquer les normes, repenser le combat : l'internationalisation de la cause des "disparus" du franquisme en Espagne », *Critique internationale*, n° 82, 2019, pp. 75-95.

SOLEDAD MONTERO Ana, « La scène de débat autour de l'annulation de la Loi de caducité de la prétention punitive de l'État en Uruguay (2011) : positionnements présidentiels et enjeux politiques », *ILCEA*, n° 26, Mémoire justice et vérité en Uruguay, 2016, pp. 1-14.

STERN Brigitte, « Pinochet face à la justice », *Études*, 2001, pp. 7-18.

SULZER Jeanne, « Le statut des victimes dans la justice pénale internationale émergente », *Archives de politique criminelle*, n° 28, 2006, pp. 29-40.

TAPPATA DE VALDEZ Patricia, « Argentine : la recherche de la vérité et de la justice comme construction d'une logique démocratique », *Mouvements*, n° 53, 2008, pp. 71-79.

TARDIF Éric, « Le système interaméricain de protection des droits de l'homme : particularités, percées et défis », *La Revue des droits de l'homme*, 2014, pp. 1-23.

TAXIL Bérangère, « À la confluence des droits : la Convention internationale pour la protection de toutes les personnes contre les disparitions forcées », *Annuaire français de droit international*, volume 53, 2007, pp. 129-156.

TEITEL Ruti G., « L'"alien" tort » et l'État de droit mondial », *Revue internationale des sciences sociales*, n° 185, 2005, pp. 597-607.

THOMAS Yan, « La vérité, le temps, le juge et l'historien », *Le Débat*, n° 102, 1998, pp. 17-36.

TRIGOUDJA Hélène, « La Cour interaméricaine des droits de l'Homme au service de "l'humanisation du droit international public". Propos autour des récents arrêts et avis », *Annuaire français de droit international*, volume 52, 2006, pp. 617-640.

TIGROUDJA Hélène, « Le droit international dans les États d'Amérique latine : regards sur l'ordre juridique argentin », *Revue internationale de droit comparé*, volume 60, n° 1, 2008, pp. 89-119.

VERVAELE, John A.E., « Violations graves des droits de l'Homme et crimes internationaux, du *jus (non) puniendi* de l'État nation à un *deber puniendi* impératif tiré du *jus cogens* », *Revue de science criminelle et de droit pénal comparé*, 2014, pp. 487-521.

WILSON Richard J., « Prosecuting Pinochet : International Crimes in Spanish International Law », *Human Rights Quartely*, volume 21, 1999, pp. 927-979.

WOOK DANIEL HAN Sang, « Transitional justice: when justice strikes back case studies of delayed justice in Argentina and South Korea », *Houston Journal of International Law*, volume 30, n° 3, 2008, pp. 653-701.

Chapitres d'ouvrages

DUPUY Pierre-Marie, « Humanité, communauté et efficacité du droit », *in Humanité et droit international, mélanges en l'honneur de René-Jean Dupuy*, Pedone, Paris, 1991, 382 p.

PHILIPPE Xavier, « Brèves réflexions sur les relations entre "justice transitionnelle" et Constitution » *in Renouveau du droit constitutionnel, Mélanges en l'honneur de Louis Favoreu*, Dalloz, Paris, 2007, pp. 373-385.

PHILIPPE Xavier, « La justice transitionnelle est-elle compatible avec les principes constitutionnels reconnus dans un nouvel État de droit ? », *Droit constitutionnel et transition démocratique*, 8ème Congrès mondial de droit constitutionnel, Mexico, décembre 2010 in *Long Cours. Mélanges offerts à Pierre Bon*, Dalloz, Paris, 2014, pp. 389-403.

RUNAVOT Marie-Clotilde, « La fonction consultative de la Cour interaméricaine des droits de l'Homme : splendeurs et misères de l'avis du juge interaméricain » *in* (L.) HENNEBEL, (H.) TIGROUDJA (*dir.*), *Le particularisme interaméricain des droits de l'homme*, Pedone, Paris, 2009, pp. 121-149.

Actes de colloques

ASSOCIATION INTERNATIONALE DE DROIT PENAL, *Les crimes internationaux et le Droit pénal interne*, Actes du Colloque Préparatoire, Hammamet, Tunisie, 6-8 juin 1987, Volume 60 (1-2), 1989. AUCOIN Louis, « Indépendance judiciaire : perspective mondiale et leçons émergeantes relatives à la séparation des pouvoirs dans le cadre d'une démocratie constitutionnelle », *État de droit et séparation des pouvoirs, colloque international*, Actes du colloque, Cotonou, 13-15 janvier 2004, 10 p.

COMMISSION INTERNATIONALE DES JURISTES, COMMISSION NATIONALE CONSULTATIVE DES DROITS DE L'HOMME, *Non à l'impunité non à l'injustice*, Organisations des Nations unies, Genève, 2 -5 novembre 1992, 375 p.

DELLA MORTE Gabriele, « L'Amnistie en Droit International », *Société européenne de droit international*, Paris, 18-20 mai 2006, 16 p.

DOAT Matthieu, PICOD Claire (*dir.*), *Raconter l'exil et la dictature*, Actes du colloque, Université de Perpignan Via Domitia, 23-24 novembre 2017, Mare et Martin, Paris, 2020, 295 p.

GONZÁLEZ QUINTANA Antonio, « Le devenir des archives dans les régimes post-autoritaires », *Archives, Justice et Droits de l'Homme*, Actes du colloque international organisé par l'Association française d'histoire de la Justice, l'Association des Archivistes français et le Conseil international des Archives *in La Gazette des archives*, n° 206, 2007, pp. 11-16.

KABANDA Marcel, « Droit des archives et droits de l'homme », *Archives, Justice et Droits de l'Homme*, Actes du colloque international, Association française d'histoire de la Justice, Association des Archivistes français, Conseil international des Archives *in La Gazette des archives*, n° 206, 2007, pp. 97-105.

PEROTIN DUMON Anne, « Les archives de la défense des droits humains en Amérique latine : Chili, Argentine, Pérou », *Archives, Justice et Droits de l'Homme*, Actes du colloque international, Association française d'histoire de la Justice, Association des Archivistes français, Conseil international des Archives *in La Gazette des archives*, n° 206, 2007, pp.45-94.

PHILIPPE Xavier (*dir.*), *La justice face aux réparations des préjudices de l'histoire. Approche nationale et comparée*, Actes de la Table ronde, Aix-en-Provence, 7 octobre 2011, Collection Transition et Justice, Institut universitaire Varenne, LJDG/Lextenso, Paris, 2013, 190 p.

UBÉDA-SAILLARD Muriel (*dir.*), *La souveraineté pénale de l'État au XXIème* siècle, Actes du colloque, *Société française pour le droit international*, Lille, 18-20 mai 2017, Pedone, Paris, 2018, 519 p.

Thèses, rapports de thèses et mémoires universitaires.

BOUVET Lauriane, *Uruguay 1985-2013 : pour une mémoire de la justice. L'évolution du traitement judiciaire des affaires de violations des Droits de l'Homme dans la démocratie post-dictatoriale*, Mémoire de maîtrise, Université Stendhal III, Grenoble, 2013, 398 p.

FOUCHARD Isabelle, *Crimes internationaux. Entre internationalisation du droit pénal international et pénalisation du droit international*, Collection Organisation internationale et relations internationales, Bruylant, Bruxelles, 2014, 548 p.

MORA BURBANO Ivonny Carolina, *Les constitutions Sud-américaines et le droit international*, Thèse en vue de l'obtention du grade de docteur en droit, Université de Bourgogne-Franche-Comté, 11 décembre 2019, 394 p.

NEIRA PINZON Clara Stella, *La compétence internationale pénale à la lumière du précédent Pinochet*, Thèse en vue de l'obtention du grade de docteur en droit, Centre d'Études internationales et européennes, Université de Strasbourg, 2016, 475 p.

TURGIS Noémie, *La justice transitionnelle en droit international*, Collection Organisation Internationale et Relations Internationales, Bruylant, Bruxelles, 2014, 627 p.

YOUSSEF Nada, *La Transition démocratique et la garantie des droits fondamentaux*, Collection Droit et Sciences politiques, Publibook, Paris, 2011, 735 p.

Conventions internationales

ORGANISATION DES NATIONS UNIES, *Convention contre la torture et autres peines ou traitements cruels, inhumains ou dégradants*, Résolution 39/46, Assemblée générale, Organisation des Nations unies, New York, 10 décembre 1984, entré en vigueur le 26 juin 1987, 36 p.

ORGANISATION DES NATIONS UNIES, *Convention relative aux droits de l'enfant*, adoptée et ouverte à la signature, ratification et adhésion par l'Assemblée générale dans sa Résolution 44/25, Organisation des Nations unies, New York, 20 novembre 1989, entré en vigueur le 2 septembre 1990.

ORGANISATION DES NATIONS UNIES, *Convention internationale pour la protection de toutes les personnes contre les disparitions forcées*, Résolution A/RES/61/177, Organisation des Nations unies, New York, 20 décembre 2006, 17 p.

ORGANISATION DES NATIONS UNIES, *Convention sur l'imprescriptibilité des crimes de guerre et des crimes contre l'humanité* adoptée et ouverte à la signature, à la ratification et à l'adhésion par l'Assemblée générale dans sa résolution 2391 (XXIII) du 26 novembre 1968 entrée en vigueur le 11 novembre 1970, conformément aux dispositions de l'article VIII, https://www.ohchr.org/fr/professionalinterest/pages/warcrimes.aspx (consulté le 4 décembre 2018).

ORGANISATION DES NATIONS UNIES, *Déclaration et programme d'action de Vienne*, Conférence mondiale sur les droits de l'homme, Vienne, 14-25 juin 1993, A/CONF.157/23, 12 juillet 1993, 30 p.

ORGANISATION DES NATIONS UNIES, *Pacte international relatif aux droits civils et politiques*, Résolution 2200 A (XXI), Assemblée générale, Organisation des Nations unies, New York, 19 décembre 1966, entré en vigueur le 23 mars 1976, 92 p.

Conventions régionales

ORGANISATION DES ÉTATS AMERICAINS, *Convention interaméricaine pour la prévention et la répression de la torture*, quinzième session ordinaire, Cartagena de Indias, Colombie, Assemblée générale, Organisation des États américains, 9 décembre 1985, https://www.cidh.oas.org/Basicos/French/i.torture.htm (consulté le 30 octobre 2018).

ORGANISATION DES ÉTATS AMERICAINS, *Convention interaméricaine sur la disparition forcée des personnes*, Assemblée générale, vingt-quatrième session ordinaire, Belém do Pará, Brésil, 9 juin 1994, https://www.cidh.oas.org/Basicos/French/k.disparition.htm (consulté le 13 décembre 2018).

Résolutions d'organisations internationales

ASSEMBLÉE GÉNÉRALE, *Convention pour la prévention et la répression du crime de génocide*, résolution 260 A (III), Organisation des Nations Unies, New York, 9 décembre 1948, entrée en vigueur le 12 janvier 1951, https://www.ohchr.org/fr/instruments-mechanisms/instruments/convention-prevention-and-punishment-crime-genocide (consulté le 12 décembre 2018).

ASSEMBLÉE GÉNÉRALE DES NATIONS UNIES, *Principes fondamentaux et directives concernant le droit à un recours et à réparation des victimes de violations flagrantes du droit international des droits de l'homme et de violations graves du droit international humanitaire, résolution, Organisation des États-Unis,* New York, 16 décembre 2005, A/RES/60/147, 6 p.

COMMISSION DES DROITS DE L'HOMME, *Promotion du droit à la démocratie*, résolution 1999/57, Organisation des Nations unies, New York, 27 avril 1999.

COMMISSION DES DROITS DE L'HOMME, *Questions diverses, Promotion et consolidation de la démocratie*, résolution E/CN.4/Sub.2/2002/36, Organisation des Nations unies, New York, 10 juin 2002.

COMMISSION DES DROITS DE L'HOMME, *Renforcement du rôle des organisations et mécanismes régionaux, sous régionaux et autres en vue de promouvoir et de consolider la démocratie*, Résolution 2004/30, Organisation des Nations unies, New York, 19 avril 2004.

COMMISSION DU DROIT INTERNATIONAL, *Projet de statut d'une cour criminelle internationale et commentaires relatifs*, Assemblée générale, quarante-huitième session, Organisation des Nations unies, New York, 5 juillet 1996, 45 p.

CONSEIL DE SÉCURITÉ, *Résolution 955 (1994) portant Statut du Tribunal pénal international pour le Rwanda*, S/RES/955 (1994), Organisation des Nations unies, New York, 8 novembre 1994, 14 p.

CONSEIL DE SÉCURITÉ, *Statut actualisé du Tribunal pénal international pour l'Ex-Yougoslavie*, résolution 827, Organisation des Nations unies, New York, 25 mai 1993, 81 p.

HAUT-COMMISSARIAT DES DROITS DE L'HOMME, *Désignation du 24 mars comme Journée internationale pour le droit à la vérité en ce qui concerne les violations flagrantes des droits de l'Homme et pour la dignité des victime*s, A/RES/65/196, Organisation des Nations unies, New York, 3 mars 2011.

ORGANISATION DES ÉTATS AMERICAINS, Résolution n° 686, XIIIème Assemblée générale, session plénière, Washington DC, 18 novembre 1983, 106 p.

ORGANISATION DES NATIONS UNIES, *Confirmation des Principes de droit international reconnus par le Tribunal de Nuremberg*, A/RES/95 (I), 11 décembre 1946, 3 p.

ORGANISATION DES NATIONS UNIES, *Déclaration sur la protection de toutes les personnes contre la torture et autres peines ou traitements cruels, inhumains ou dégradants, résolution* 3452 (XXX), Assemblée générale, 9 décembre 1975, https://www.ohchr.org/fr/professionalinterest/pages/declarationtorturÉ.aspx (consulté le 12 décembre 2018).

ORGANISATION DES NATIONS UNIES, *Déclaration sur la protection de toutes les personnes contre les disparitions forcées*, Résolution A/RES/47/133, Assemblée générale, Organisation des Nations unies, New York, 18 décembre 1992, 8 p.

ORGANISATION DES NATIONS UNIES, *Personnes disparues*, Résolution, A/RES/33/173, Assemblée générale, Organisation des Nations unies, 90ème session plénière, New York, 20 décembre 1978, p. 161.

ORGANISATION DES NATIONS UNIES, *Statut de la Cour pénale internationale*, A/CONF. 183/ 9, Rome, 18 juillet 1998, 85 p.

Rapports d'organisations internationales

ARBOUR Louise, « Cartographie du secteur de la justice », *Les instruments de l'État de droit dans les sociétés sortant d'un conflit*, HR/PUB/06/2, Haut-commissariat des Nations unies aux droits de l'Homme, Organisation des Nations unies, New York, Genève, 2006, 82 p.

COMMISSION DES DROITS DE L'HOMME, *Étude sur le droit à la vérité*, doc. E/CN.4/2006/91, Organisation des Nations unies, New York, 6 février 2006.

COMMISSION INTERAMÉRICAINE DES DROITS DE L'HOMME, *Rapport annuel 1985/86*, OEA/SER.L/V/II.68 ; doc.8, rev.1, 26 septembre 1986.

COMMISSION INTERAMÉRICAINE DES DROITS DE L'HOMME, *Alicia Consuelo Herrera et al.* v. *Argentina*, affaires n° 10.147, 10.181, 10.240, 10.262, 10.309 et 10.311, rapport n° 28/92, 2 octobre 1992, 7 p.

COMMISSION DU DROIT INTERNATIONAL, *Projet de statut d'une cour criminelle internationale et commentaires relatifs*, Assemblée générale, Organisation des Nations unies, quarante-sixième session, New York, 1994, pp. 28-92.

COMMISSION DU DROIT INTERNATIONAL, *Projet de statut d'une cour criminelle internationale et commentaires relatifs*, Assemblée générale, quarante-huitième session, Organisation des Nations unies, 5 juillet 1996, 45 p.

COMMISSION INTERAMÉRICAINE DES DROITS DE L'HOMME, *Garay Hermosilla et autres c. Chili*, affaire 10.843, Rapport n° 36/96, OEA/Ser.L/V/II.95 Doc.7 rev., p. 156, 1996 ; *Leopoldo Garcia Lucero c. Chili*, affaire 350/02, Rapport n° 58/05 (Admissibilité), 15 octobre 1996.

HAUT-COMMISSARIAT DES NATIONS UNIES AUX DROITS DE L'HOMME, « Amnisties », *Les instruments de l'état de droit dans les sociétés sortant d'un conflit*, HR/PUB/09/1, Organisation des Nations unies, New York, 2009.

HAUT-COMMISSARIAT DES NATIONS UNIES AUX DROITS DE L'HOMME, « Amnisties », *Les instruments de l'état de droit dans les sociétés sortant d'un conflit*, HR/PUB/09/1, Organisation des Nations unies, Genève, 2009, pp.1-46.

HAUT-COMMISSARIAT DES NATIONS UNIES AUX DROITS DE L'HOMME, « Les archives », *Les instruments de l'état de droit dans les sociétés sortant d'un conflit*, HR/PUB/14/4, Organisation des Nations unies, 2015, pp.1-52.

HAUT-COMMISSARIAT DES NATIONS UNIES AUX DROITS DE L'HOMME, « Les commissions de vérité », *Les instruments de l'état de droit dans les sociétés sortant d'un conflit*, HR/PUB/06/1, Organisation des Nations unies, 2006, pp. 1-36.

HAUT-COMMISSARIAT DES NATIONS UNIES AUX DROITS DE L'HOMME, « Programmes de réparation », *Les instruments de l'état de droit dans les sociétés sortant d'un conflit*, HR/PUB/08/1, Organisation des Nations unies, New York, Genève, 2008, pp. 1-45.

JOINET Louis, *Question de l'impunité des auteurs des violations des droits de l'Homme (civils et politiques)*, rapport établi en application de la décision 1996/119 de la Sous-commission des droits de l'Homme, E/CN.4/Sub.2/1997/20, Conseil Économique et Social, Organisation des Nations unies, New York, 26 juin 1997, 31 p.

ORENTLICHER Diane, *Promotion et Protection des droits de l'Homme. Ensemble de principes actualisé pour la protection et la promotion des droits de l'homme par la lutte contre l'impunité*, E/CN.4/2005/102/Add.1, Commission des droits de l'Homme, Soixante et unième session, Conseil et économique et social, Organisation des Nations unies, New York, 8 février 2005.

SECRÉTARIAT GÉNÉRAL, *Renforcement et coordination de l'action des Nations unies dans le domaine de l'état de droit*, Soixante-huitième session, A/68/213/Add.1, Organisation des Nations unies, New York, 11 juillet 2014.

SECRÉTARIAT GÉNÉRAL, *Rétablissement de l'état de droit et administration de la justice pendant la période de transition dans les sociétés en proie à un conflit ou sortant d'un conflit*, S/2004/616, Organisation des Nations unies, New York, 23 août 2004, 30 p.

VAN BOVEN Théo, *Étude concernant le droit à restitution, à indemnisation et à réadaptation des victimes de violations flagrantes des droits de l'homme et des libertés fondamentales*, E/CN.4/Sub.2/1993/8, Rapport final, Organisation des Nations unies, 2 juillet 1993.

Rapports d'institutions nationales

BARRÁN José Pedro, CAETANO Gerardo, RICO Álvaro, *Investigación histórica sobre Detenidos Desaparecidos*, Presidencia de la República, Montevideo, Tomo IV, 2007, 1035 p.

Rapports d'organisations non gouvernementales

COMISIÓN DE AMNISTÍA DEL MINISTERIO DE JUSTICIA CENTRO INTERNACIONAL PARA LA JUSTICIA TRANSICIONAL (ICTJ), *Justicia transicional. Manual para América latina*, International Center for Transitional Justice, Brasilia, New York, 2011, 582 p.

HUNTER Wendy, *State and soldier in Latin America. Redefining the Military's Role in Argentina, Brazil, and Chile*, United States Institut of Peace, Washington DC, n° 10, 1996, 57 p.

INSTITUT DE DROIT INTERNATIONAL, « Projet de résolution sur la compétence extraterritoriale de l'État : Délibérations de l'Institut en séances plénières », session de Milan, *Ann. IDI*, volume 65, tome II, 1993.

MENDEZ Juan E., « Truth and partial justice in Argentina: an update », *America's watch report*, New York, Washington DC, avril 1991, 91 p.

THE REDRESS TRUST, *L'exécution des réparations en faveur des victimes de torture et autres crimes internationaux*, Londres, mai 2006.

Articles de presse

AGENCE FRANCE-PRESSE, « L'ange blond de la mort arrêté en Argentine », *Le Nouvel Observateur*, 28 décembre 2001, http://tempsreel.nouvelobs.com/monde/20011228.OBS1910/l-ange-blond-de-la-mort-arrete-en-argentine.html (consulté le 7 septembre 2021).

AGENCE FRANCE-PRESSE, « L'Argentine libère Alfredo Astiz », *Libération*, 31 janvier 2002, http://www.liberation.fr/planete/2002/01/31/l-argentine-libere-alfredo-astiz_392312 (consulté le 7 septembre 2021).

AGENCE FRANCE-PRESSE, « Adolfo Scilingo voulait combattre la subversion », *Le Monde.fr*, 19 avril 2005, http://www.lemonde.fr/europe/article/2005/04/19/adolfo-scilingo-voulait-combattre-la-subversion_640807_3214.html (consulté le 6 septembre 2021).

AGENCE FRANCE-PRESSE, « Argentine : Astiz condamné à perpétuité », *Le Figaro*, 27 octobre 2011, http://www.lefigaro.fr/flash-actu/2011/10/27/97001-20111027FILWWW00384-argentine-astiz-condamne-a-perpetuite.php 101 (consulté le 6 septembre 2021).

AGENCE FRANCE-PRESSE, « Le juge espagnol Baltasar Garzón condamné pour écoutes illégales », *Le Monde.fr*, 9 février 2012, http://www.lemonde.fr/europe/article/2012/02/09/en-espagne-la-justice-met-fin-a-la-carriere-du-juge-garzon_1641232_3214.html (consulté le 1er avril 2021).

AGENCE FRANCE - PRESSE, « Argentine : l'ex dictateur Videla condamné à 50 ans de prison pour vols de bébés », *L'Express*, 6 juillet 2012, https://www.lexpress.fr/actualite/monde/argentine-l-ex-dictateur-videla-condamne-a-50-de-prison-pour-vols-de-bebes_1135107.html (consulté le 6 septembre 2021).

AGENCE FRANCE-PRESSE, « Argentine : 15 condamnés pour génocide », *Le Figaro.fr*, 25 octobre 2014, http://www.lefigaro.fr/flash-actu/2014/10/25/97001-20141025FILWWW00040-argentine-15-condamnes-pour-genocide.php (consulté le 1er mars 2018).

AGENCE FRANCE-PRESSE, REUTERS, « En Argentine, quinze ex-militaires condamnés pour l'opération Condor », *Le Monde.fr*, 28 mai 2016, http://www.lemonde.fr/ameriques/article/2016/05/28/en-argentine-quinze-ex-militaires-condamnes-pour-le-plan-condor_4928072_3222.html (consulté le 6 septembre 2021).

BIGO Antoine, « L'aumônier tortionnaire face à la justice argentine », *Libération*, 25 juillet 2007, https://www.liberation.fr/planete/2007/07/25/l-aumonier-tortionnaire-face-a-la-justice-argentine_98864/ (consulté le 6 septembre 2021).

CHRISTIAN Shirley, « Argentina frees ex-junta leaders », *The New York Times*, 30 décembre 1990.

CLARÍN, « Prisión perpetua para Bignone y el ex comisario », *Clarín*, 14 avril 2011, https://www.clarin.com/politica/luis-patti-perpetua_0_HJ9zR3XpPmx.html (consulté le 6 septembre 2021).

EL PAÍS, « Garzón decreta orden de prisión para el ex presidente argentino », *El País*, 26 mars 1997, http://elpais.com/diario/1997/03/26/espana/859330815_850215.html (consulté le 1er avril 2021).

GALAUD Flore, « Le dernier dictateur argentin condamné pour tortures », *Le Figaro*, 20 avril 2010, https://www.lefigaro.fr/international/2010/04/21/01003-20100421ARTFIG00165-le-dernier-dictateur-argentin-condamne-pour-tortures-.php (consulté le 6 septembre 2021)

GENOUX Flora, « Au Chili, une assemblée constituante largement issue de la société civile », *Le Monde*, 26 mai 2021, https://www.lemonde.fr/international/article/2021/05/26/assemblee-constituante-au-chili-nous-souhaitons-recuperer-tous-les-biens-elementaires-necessaires-a-la-vie_6081549_3210.html (consulté le 10 juin 2021).

KRAUSS Clifford, « New Argentine President Orders Purge of 'Dirty War' Remnants », *The New York Times*, 16 février 2000, https://www.nytimes.com/2000/02/16/world/new-argentine-president-orders-purge-of-dirty-war-remnants.html (consulté le 9 juin 2021).

MARY Claude, « Les enfants obstinés des Mères de mai. Les fils de disparus argentins portent plainte, en Espagne, contre la junte », *Libération*, 9 décembre 1997, https://www.liberation.fr/planete/1997/12/09/les-enfants-obstines-des-meres-de-mai-les-fils-de-disparus-argentins-portent-plainte-en-espagne-cont_224386/ (consulté le 1er avril 2021).

LAZARP Julio M., « Garzón decreta la orden de captura internacional de 48 de los 98 militares argentinos procesados por genocidio », *El País*, 31 décembre 1999, http://elpais.com/diario/1999/12/31/internacional/946594818_850215.html.

MARY Claude, « Les enfants obstinés des Mères de mai. Les fils de disparus argentins portent plainte, en Espagne, contre la junte », *Libération*, 9 décembre 1997, https://www.liberation.fr/planete/1997/12/09/les-enfants-obstines-des-meres-de-mai-les-fils-de-disparus-argentins-portent-plainte-en-espagne-cont_224386/ (consulté le 1er avril 2021).

MARY Claude, « Argentine. L'ex-chef de la junte arrêtée : Jorge Videla est accusé de l'enlèvement de cinq mineurs », *Libération*, 11 juin 1998, http://www.liberation.fr/planete/1998/06/11/argentine-l-ex-chef-de-la-junte-arrete-jorge-videla-est-accuse-de-l-enlevement-de-cinq-mineurs-sous-_241048 (consulté le 9 août 2021).

MARY Claude, « Argentine : Videla reste en prison. L'ex-dictateur est accusé d'avoir enlevé les enfants de détenues », *Libération*, 16 juillet 1998,
H ttps://www.liberation.fr/planete/1998/07/16/argentine-videla-reste-en-prison-l-ex-dictateur-est-accuse-d-avoir-enleve-les-enfants-de-detenues_241752/ (consulté le 9 août 2021).

MARY Claude, « Astiz condamné pour la première fois en Argentine », *Libération*, 10 mars 2000, http://www.liberation.fr/planete/2000/03/10/astiz-condamne-pour-la-premiere-fois-en-argentine_318670 (consulté le 20 mars 2018).

MAUPAS Stéphanie, « La justice internationale en procès », *Le Monde*, 18 septembre 2014, https://www.lemonde.fr/idees/article/2014/09/18/la-justice-internationale-en-proces_4489666_3232.html (consulté le 10 octobre 2018).

SIMONNOT Dominique, « Le cas Pinochet, casse-tête juridique en Europe. Un juge français a lancé hier un mandat d'arrêt », *Libération*, 3 novembre 1998, https://www.liberation.fr/planete/1998/11/03/le-cas-pinochet-casse-tete-juridique-en-europe-un-juge-francais-a-lance-hier-un-mandat-d-arret_252520/ (consulté le 8 avril 2021).

SUR Nicolas, « "L'ange de la mort" libre, mais toujours poursuivi », *RFI.fr*, 16 août 2001, http://www1.rfi.fr/actufr/articles/020/article_11846.asp (consulté le 2 février 2021).

VILLIERS-MORIAME Aude, « En Argentine, la course contre la montre des procès des crimes de la dictature », *Le Monde*, 20 février 2021, https://www.lemonde.fr/international/article/2021/02/20/en-argentine-la-course-contre-la-montre-des-proces-des-crimes-de-la-dictature_6070636_3210.html (consulté le 6 septembre 2021).

WARREN Michael, « Argentine : 15 ans de prison de plus pour l'ex-dictateur Reynaldo Bignone », *La Presse*, 29 décembre 2011, https://www.lapresse.ca/international/amerique-latine/201112/29/01-4481683-argentine-15-ans-de-prison-de-plus-pour-lex-dictateur-reynaldo-bignone.php (consulté le 6 septembre 2021).

YOLDI José, « El juez Garzón detiene a Scilingo por su participación en la represión argentina », *El País*, 8 octobre 1997, https://elpais.com/diario/1997/10/08/internacional/876261608_850215.html (consulté le 24 mars 2021).

Archives audiovisuelles

BADINTER Robert, « Les chemins de la connaissance », Le pardon, ultime instant de la justice, *France Culture*, 28 septembre 2000, https://www.franceculture.fr/droit-justice/robert-badinter-l-importance-du-pardon-c-est-que-lui-apaise (consulté le 29 novembre 2019).

BRAULT Annie, DE LA MOISSONNIERE Marine, « Le Magazine de la Rédaction », Les enfants perdus de l'Espagne, *France Culture*, 4 janvier 2013, https://www.franceculture.fr/emissions/le-magazine-de-la-redaction/les-enfants-perdus-de-lespagne (consulté le 3 juin 2019).

GUILLAUME-CLAVIÈRE François, PITTE Jean-Marc, « Videla en prison », *France 3*, 10 juin 1998, http://www.ina.fr/video/CAC98023637. 104 (consulté le 9 août 2021).

LERNER Olivier, « Assassinats religieuses », *France 2*, 27 février 1996, https://www.ina.fr/ina-eclaire-actu/video/cab96009469/assassinat-religieuses (consulté le 18 mars 2021).

JURISPRUDENCE AMÉRIQUE LATINE

ARGENTINE

CAMARA NAC. DE APELAC. EN LO CRIMINAL Y CORRECCIONAL FEDERAL. CAPITAL FEDERAL, CIUDADAUTÓNOMA DE BUENOS AIRES, *VIDELA, J. A. s/ excepciones* - causa 30.311 SENTENCIA 9 de Septiembre de 1999 Nro. Interno : 735 Tribunal origen: J.7 - S. 13. CAMARA NAC. DE APELAC. EN LO CRIMINAL Y CORRECCIONAL FEDERAL. CAPITAL FEDERAL, CIUDADAUTÓNOMA DE BUENOS AIRES Sala 01, Magistrados: Vigliani - Riva Aramayo Id SAIJ: FA99260237, 9 p.

CANICOBA CORRAL Rodolfo, *Suárez Mason, Guillermo y otros s/ homicidio agravado, privación ilegal de la libertad agravada*, Planteos de inconstitucionalidad y nulidad de los indultos dispuestos mediante los decretos 1002/89 y 2746/90, Juzgado Nacional en lo Criminal y Correccional Federal 3, 19 de marzo de 2004.

CORTE SUPREMO DE JUSTICIA DE LA NACION ARGENTINA, *Ramón Juan Alberto Camps y otros*, 22 juin 1987, n° C000000547.

CORTE SUPREMA DE JUSTICIA DE LA NACION ARGENTINA, S. 176 7. XXXVIII. RECURSO DE HECHO, *Simón, Julio Héctor y otros s/ privación ilegítima de la libertad, etc.* - causa n° 17.768, 14 de junio de 2005, 363 p.

CORTE SUPREMO DE JUSTICIA DE LA NACION ARGENTINA, *Reynaldo Benito Antonio Bignone et autres*, Recours extraordinaire, CSJ 1574/2014/RHl, 3 mai 2017, 60 p.

FIRMADO R. CATTANI (H.), IRURZUN MARTIN (H.), LURASCHI (E.), Jueces de Cámara, PABLO J. HERBON, Prosecretario de Cámara CAMARA, *Los Fallos de la Sala II de la Cámara Federal ratificando la nulidad de la O. Debida y el P. Final*, Causa n° 17.889, *Incidente de apelación de Simón, Julio (Continuación)*, 9 de noviembre de 2001, 27 p.

JUZGADO NACIONAL EN LO CRIMINAL Y CORRECCIONAL FEDERAL 4, Juez Gabriel Cavallo, Causa N° 8686/2000 *Simon, Julio, Del Cerro, Juan Antonios/ sustracción de menores de 10 años* del registro de la Secretaría 7, 6 de marzo de 2001.

PODER JUDICIAL DE LA NACION, Buenos Aires, 6 de marzo de 2001, AUTOS Y VISTOS: *Para resolver en la presente causa Nro. 8686/2000 caratulada ASimon, Julio, Del Cerro, Juan Antonio s/ sustracción de menores de 10 años@ del registro de la Secretaría Nro. 7 de este Juzgado Nacional en lo Criminal y Correccional Federal Nro. 4; en particular, sobre el contenido de la presentación del Centro de Estudios Legales y Sociales de fs. 1153 y ss.*

CHILI

CORTE SUPREMO DEL CHILE, *Decision sobre recurso de inaplicabilidad del decreto ley N° 2191*, 24 de Agosto de 1990.

URUGUAY

CORTE SUPREMA DE JUSTICIA DE URUGUAY, *Sentence n° 436/986*, 19 novembre 1986.

CORTE SUPREMA DE JUSTICIA DE URUGUAY, *Detta, Josefina ; Menotti, Noris ; Martínez, Federico ; Musso Osiris ; Burgell, Jorge s/ inconstitucionalidad de la ley 15.848. Arts.1, 2, 3 y 4, sentence N° 112/87*, résolution du 2 mai 1988, épreuve, folios 2256-2318.

OFFICIAL LEGAL DOCUMENT FROM THE MONTEVIDEO COURT OF APPEALS, Case n° 98, 31 May 2000.

EUROPE

BELGIQUE

TRIBUNAL FRANCOPHONE DE PREMIERE INSTANCE DE BRUXELLES, *Civ. Bruxelles*, ordonnance, 6 novembre 1998.

ESPAGNE

AUDIENCIA NACIONAL, MADRID, TRIBUNAL SUPREMO DE LA NACION ESPANOLA, STS 1362/2004, (sala de lo penal), 15 de noviembre de 2004, Argentina (Scilingo).

JUZGADO CENTRAL DE INSTRUCCIÓN N° 5 AUDIENCIA NACIONAL – MADRID, 12 septembre 2000, Procedimiento : Sumario 19/97-L - Delito: Terrorismo y Genocidio.

ROYAUME-UNI

HOUSE OF LORDS, Judgments - *Regina v. Bartle and the Commissioner of Police for the Metropolis and others EX Parte Pinochet (on appeal from a Divisional Court of the Queen's Bench Division. Regina v. Evans and another and the Commissioner of Police for the Metropolis and others EX Parte Pinochet* (on appeal from a Divisional Court of the Queen's Bench Division), 25 novembre 1998.

Décisions des juridictions internationales

CPJI, 7 septembre 1927, *Lotus*, Recueil des arrêts, série A, n° 10.

CPJI, 13 septembre 1928, *Usine de Chorzow*, fond, arrêt n° 13, Série A, n° 17.

CIJ, 5 février 1970, *Barcelona Traction, Light and Power Company Limited*, arrêt, *CIJ Recueil 1970*.

CIJ, 27 juin 1986, *Activités militaires et paramilitaires au Nicaragua et contre celui-ci (Nicaragua c. États-Unis d'Amérique)*, Fond, jugement.

CIJ, 13 juillet 1989, *Sénégal v. Guinée Bissau*, sentence arbitrale, *CIJ*, *Recueil 1991*.

CIJ, 13 octobre 1995, Tribunal arbitral, *Argentine c. Chili*.

CIJ, 8 juillet 1996, avis consultatif, *Licéité de la menace ou de l'emploi des armes nucléaires*, *Rec.*, pp. 254-255.

TPIY, *Le Procureur c. Drazen Erdemovic*, jugement, La Haye, 29 novembre 1996, 39 p.

TPIY, *Le Procureur c. Fatmir Limaj, Haradin Bala, Isak Musliu*, IT-03-66-T, jug., 30 novembre 2005, 326 p.

Décisions des juridictions régionales des droits de l'Homme

Cour IDH, 22 septembre 1982, *« Autres traités » objet de la fonction consultative de la Cour*, Série A n° 1/82.

Cour IDH, 30 janvier 1987, *Habeas Corpus dans les situations exceptionnelles, (Arts. 27(2), 25(1) and 7(6) American Convention on Human Rights)*, OC-8/87, Série A, n° 8.

Cour IDH, 29 juillet 1988, *Velásquez Rodríguez c. Honduras*, Fond, Série C, n° 4.

Cour IDH, 21 juillet 1989, *Velásquez Rodríguez v. Honduras*, Réparations, Série C, n° 7.

Cour IDH, 17 août 1990, *Interprétation de l'arrêt sur l'indemnisation compensatoire, Velásquez Rodríguez c. Honduras*, série C, n° 9, 15 p.

Cour IDH, 9 décembre 1994, *Opinión consultiva oc-14/94 del 9 de diciembre de 1994 responsabilidad internacional por expedición y aplicación de leyes violatorias de la convención (arts. 1 y 2 convención americana sobre derechos humanos)*, 17 p.

Cour IDH, 2 juillet 1996, *Blake c. Guatemala*, Exceptions préliminaires, Série C, n° 27.

Cour IDH, 24 janvier 1998, *Blake c. Guatemala*, Fond, Série C, n° 36.

Cour IDH, 29 mai 1999, *Suarez Rosero (interprétation)*, Série C, n° 51.

Cour IDH, *Luis Maria Gotelli (h) v. Argentina*, Caso 11.709, Informe 68/99, Inter-Amer. C.H.R., INFORME 68/99 CASO 11.709 LUIS MARÍA GOTELLI (h) ARGENTINA 14 de mayo de 1999.

Cour IDH, 19 novembre 1999, *« Niños de la calle » (Villagràn Morales y otros) c. Guatemala*, fond, série C, n° 63.

Cour IDH, 26 janvier 2000, *Trujillo-Oroza v. Bolivie*, Réparations.

Cour IDH, 25 novembre 2000, *Bámaca Velásquez c. Guatemala*, Série C, n° 70.

Cour IDH, 14 mars 2001, *Barrios Alros c. Pérou*, Fond, Série C, n° 75.

Cour IDH, 3 septembre 2001, *Barrios Altos c. Pérou*, Interprétation, Série C, n° 83.

Cour IDH, 30 novembre 2001, *Barrios Altos c. Pérou*, Réparations, Série C, n° 87.

Cour IDH, 25 novembre 2003, *Myrna Mack Chang c. Guatemala*, Fond et réparations, Série C, n° 101.

Cour IDH, 1er mars 2005, *Les sœurs Serrano Cruz c. Le Salvador*, Fond, Série C, n° 120.
Cour IDH, 22 novembre 2005, Fond et réparations, *Gómez Palomino c. Pérou,* Série C, n° 136.
Cour IDH, 21 septembre 2006, *Servellon Garcia y otros. c. Honduras.*
Cour IDH, 26 septembre 2006, *Almonacid Arellano et autres c. le Chili*, Exceptions préliminaires, Fond, Réparations, frais et Dépens.
Cour IDH, 29 novembre 2006, Fond et réparations, *La Cantuta c. Pérou,* Série C, n° 162.

ISRAËL

DISTRICT OF JERUSALEM, *Attorney-General of the Government of Israel v. Adolf Eichmann*, Criminal case n° 40/61,11 décembre 1961.

LÉGISLATIONS
AMÉRIQUE LATINE

ARGENTINE

Décrets

PODER EJECUTIVO NACIONAL, DECRETO n° 3090/84, 20 de septiembre de 1984, *Creación de la Subsecretaría de Derechos Humanos en el ámbito del Ministerio del Interior*, *BO*, 20 de septiembre de 1984.
PODER EJECUTIVO NACIONAL, DECRETO NACIONAL DECRETOS N° 1002, 1003, 1004 y 1005, de fecha 7 de octubre de 1989.
PODER EJECUTIVO NACIONAL, DECRETOS N° 1.003/1989, N° 1002/1989, N° 1003/1989, N° 1004/1989, N° 1005/1989, Buenos Aires, 6 de Octubre de 1989 *Boletín Oficial*, 10 de Octubre de 1989, *Individual, Solo Modificatoria o Sin Eficacia.* PODER EJECUTIVO NACIONAL, DECRETOS 2741, 2742 y 2743, del 30 de diciembre de 1990, *Disponese el indulto a Jorge Rafael Videla, Emilio Eduardo massera, Orlando Ramon Agosti, Roberto Eduardo Viola, Armando Lambruschini; Ramon Juan Alberto Camps, Riccheri Ovidio Pablo*, Fecha de sanción 29 de diciembre de 1990, *Boletín Nacional*, 3 de enero de 1991.
PODER EJECUTIVO NACIONAL, DECRETO 70/91, 10 de enero de 1991, *Establécense beneficios para aquellas personas que hubieran sido puestas a disposición del PODER EJECUTIVO NACIONAL por acto emanado de éste, antes del 10 de diciembre de 1983 y que, habiendo iniciado juicio por indemnización de daños y perjuicios por tal motivo antes del 10 de diciembre de 1985, no hubieran obtenido satisfacción por haberse hecho lugar a la prescripción mediante sentencia firme* , *Boletín Oficial*, 16 de enero de 1991.
PODER EJECUTIVO NACIONAL, DECRETO n° 645/91, 12 de abril de 1991, *Reestructuración administrativa. Creación de la Dirección Nacional de Derechos Humanos*, *BO*, 19 de abril de 1991.
PODER EJECUTIVO NACIONAL, DECRETO N° 1537/94, PERSONAL MILITAR, *Apruébase el Régimen para el Personal de Soldados Profesionales, según las prescripciones de la Ley N° 19.101. Particularidades*, 29 de agosto de 1994.
PODER EJECUTIVO NACIONAL, DECRETO n° 660/1996, 24 p.
PODER EJECUTIVO NACIONAL, DECRETO 83/98, JUSTICIA MILITAR *Impónense las sanciones de Arresto al Capitán de Navío (R.É.) Aurelio Carlos Martínez y de Destitución al Capitán de Fragata* (R.É.) Alfredo Ignacio Astiz. Bs. As., 23/1/98, *BO*, 27 de enero de 1998.

Lois

CONSTITUCION DE LA NACION ARGENTINA, *Ley N° 24.430, Ordénase la publicación del texto oficial de la Constitución Nacional (sancionada en 1853 con las reformas de los años 1860, 1866, 1898, 1957 y 1994).*, Sancionada Diciembre 15 de 1994, Promulgada Enero 3 de 1995.

LEY n°22.924, promulguada de 22 de septiembre de 1983, *Ley de Pacificación Nacional*, *BO*, de 27 de septiembre de 1983.

HONORABLE CONGRESO DE LA NACION ARGENTINA, Ley N° 23040 PACIFICACION NACIONAL LEY N° 22.924 - SU DEROGACION, *Derogase por inconstitucional la Ley N° 22.924 y se la Ley de facto N° 22.924.*, Sancionada: Diciembre 22 de 1983, Promulgada : Diciembre 27 de 1983, *BO*, 29 de diciembre de 1983.

HONORABLE CONGRESO DE LA NACION ARGENTINA, LEY N° 23.049 Sancionada Febrero 9 de 1984, *Codigo de Justicia militar, Modificaciones*, Promulgada Febrero 13 de 1984, *B.O.* 15 de febrero de 1984.

HONORABLE CONGRESO DE LA NACION ARGENTINA, LEY N° 23.466, 10 diciembre 1986, *Otórgase una pensión no contributiva a familiares de personas desaparecidas*, Requisitos.

HONORABLE CONGRESO DE LA NACION ARGENTINA, LEY N° 23492, 23 de diciembre de 1986, *Dispónese la extinción de acciones penales por presunta participación, en cualquier grado, en los delitos del artículo 10 de la Ley N° 23.049 y por aquellos vinculado a la instauración de formas violentas de acción política, Excepciones*, *BO*, diciembre 1986.

HONORABLE CONGRESO DE LA NACION ARGENTINA, LEY n° 23521, 4 de junio de 1987, *Justicia militar. Obediencia debida. Se fijan límites,* promulgada 8 de junio de 1987, *BO* de 9 de junio de 1987.

HONORABLE CONGRESO DE LA NACION ARGENTINA, LEY N° 23.554, DEFENSA NACIONAL, *Principios básicos. Finalidad y estructura del sistema. Organización de las Fuerzas Armadas. Servicio de Defensa Nacional. Organización Territorial y Movilización. Disposiciones generales y transitorias*, 13 de abril de 1988, *Boletin oficial*, n° 26375, 5 de mayo de 1988,

http://servicios.infoleg.gob.ar/infolegInternet/anexos/20000-24999/20988/texact.htm (consulté le 24 avril 2020).

HONORABLE CONGRESO DE LA NACION ARGENTINA, LEY N° 23.793 PENSIONES, sancionada de 20 junio de 1990, *Sustitúyese el artículo 3° de la Ley N° 23.466*, promulgada julio 25 de 1990.

HONORABLE CONGRESO DE LA NACION ARGENTINA, LEY n° 24.059, *Principios básicos. Sistema de Seguridad Interior. Finalidad, estructura, órganos, misiones y funciones. Cuerpos policiales y fuerzas de seguridad del Estado Nacional. Empleo de los cuerpos policiales y fuerzas de Seguridad. Complementación de otros organismos del Estado. Empleo Subsidiario de elementos de combate de las fuerzas armadas en operaciones de seguridad interior. Control parlamentario de los órganos y actividades de seguridad interior e inteligencia. Disposiciones transitorias y complementarias*, Sancionada Diciembre 18 de 1991, promulgada Enero 6 de 1992.

HONORABLE CONGRESO DE LA NACION ARGENTINA, LEY N° 24.043, 23 de diciembre de 1991, *Otórganse beneficios a las personas que hubieran sido puestas a disposición del P.É.N. durante la vigencia del estado de sitio, o siendo civiles hubiesen sufrido detención en virtud de actos emanados de tribunales militares*, Requisitos.

HONORABLE CONGRESO DE LA NACION ARGENTINA, LEY N° 24.321 DESAPARICION FORZADA DE PERSONAS, Sancionada 11 de mayo de 1994, *Declaración de ausencia. Juez competente. Procedimiento. Plazos. Efectos civiles.*

Reaparición con vida del ausente. Alcances a caos de ausencia con presunción de fallecimiento, promugaldo de 8 de junio de 1994.
HONORABLE CONGRESO DE LA NACION ARGENTINA, LEY N° 24.411, DESAPARICION FORZADA DE PERSONAS, Sancionada 7 de diciembre de 1994, *Beneficios que tendrán derecho a percibir por medio de sus causahabientes, personas que se encuentren en tal situación*, promulgado 28 de diciembre de 1994, Recaudos para su obtención. Alcances.
HONORABLE CONGRESO DE LA NACION ARGENTINA, LEY 24.823, *Desaparición forzada de personas. Reparaciones. Modificaciones al régimen de la ley 24.411*, 7 de mayo de 1997, *BO*, 28 de mayo de 1997.
HONORABLE CONGRESO DE LA NACION ARGENTINA, LEY 24.952 *Derógase las Leyes Nros. 23.492 y 23.521.*, Sancionada Marzo 25 de 1998, Promulgada de Hecho: Abril 15 de 1998. *B.O*, 17 de abril de 1998.
HONORABLE CONGRESO DE LA NACION ARGENTINA, LEY 25.457, sancionnada 8 de agosto de 2001, *Comisión Nacional por el Derecho a la Identidad (CONADI)*, *BO*, 7 de septiembre de 2001.
HONORABLE CONGRESO DE LA NACION ARGENTINA, LEY 25.914, sancionnada 4 de agosto de 2004, *Beneficios para las personas que hubieren nacido durante la privación de la libertad de sus madres, o que siendo menores hubiesen permanecido detenidos en relación a sus padres, siempre que cualquiera de estos hubiese estado detenido y/o desaparecido por razones políticas, ya sea a disposición del poder ejecutivo nacional y/o tribunales militares. Alcances a víctimas de sustitución de identidad*, promulguada 25 de agosto de 2004, *BO*, 30 de agosto de 2004.

BRÉSIL

PRESIDENCIA DA REPUBLICA, LEI 9140/95, Lei n° 9.140, de 04 de dezembro de 1995, *Reconhece como mortas pessoas desaparecidas em razão de participação, ou acusação de participação, em atividades políticas, no período de 2 de setembro de 1961 a 15 de agosto de 1979, e dá outras providências*, *D.O.U* de 5 de dezembro de 1995.

CHILI

DECRETO LEY N° 2191, *Diario Official*, n° 30.042, Chile, 19 de abril de 1978.
MINISTRO DEL INTERIOR, LEY 18 825, 17 de agosto de 1989, *Proyecto de reforma de la Constitucion politica de la República de Chile.*
PODER EJECUTIVO MINISTERIO DE JUSTICIA SUBSECRETARIA DEL INTERIOR, Decreto supremo n° 355, 29 avril 1990.
MINISTERIO DEL INTERIOR, LEY 19 123, *Crea corporacion nacional de reparacion y reconciliacion, establece pension de reparacion y otorga otros beneficios en favor de personas que señala*, 8 de febrero de 1992.
MINISTRO DEL INTERIOR, LEY N° 19 687, *Establece obligacion de secreto para quienes remitan informacion conducente a la ubicacion de detenidos*, 21 junio 2000, *Diaro official*, 23 junio 2000.

URUGUAY

Décrets

DECRETO LEY n° 14.157, 21 de febrero de 1974, *Ley organica militar*, Publicada 5 de marzo de 1974.

Lois

LEY N° 15.738, 6 de marzo de 1985, *Actos legislativos dictados por el consejo de estado se convalidan desde el 19 de diciembre de 1973 hasta el 14 de febrero de 1985, excepto las declaraciones de nulidad y las derogaciones que se determinan El Senado y la Cámara de Representantes de la República Oriental del Uruguay, reunidos en Asamblea General*, Publicada *Diaro Official*, n° 21906, 22 marzo de 1985.

LEY n° 15.737, 8 de marzo 1985, *Se aprueba la ley de amnistia*, Publicada *Diaro Officia*, n° 21906, 22 de marzo de 1985.

LEY n° 15.783, 28 de noviembre de 1985, *Se establece el derecho a ser reincorporadas al organismo correspondiente a todas las personas que hubieran sido destituidas entre el 9 de febrero de 1973 y el 28 de febrero de 1985*, Publicada *Diaro Official*, n° 22069, 2 de diciembre de 1985.

LEY n° 16.102, 10 noviembre de 1989, *Frigorífico nacional declárase que los ex-trabajadores tienen derecho a una indemnización por haber cesado en su actividad laboral, dispuesto en el decreto-ley 14.810*, Publicada *Diaro Official*, n° 22996, 29 noviembre de 1989.

LEY n° 16.163, 21 de diciembre de 1990, *Frigorífico nacional dispónese que los ex-trabajadores, excluidos en la indemnización prevista en la ley 16.102, percibirán la citada reparación*, Publicada *Diaro Official*, n° 23259, de 23 enero de 1991.

LEY n° 17.449, 4 de enero de 2002, *Dispónese que todos los trabajadores de la actividad privada que, entre el 9 de febrero de 1973 y el 28 de febrero de 1985, se hubieran visto obligados a abandonar el territorio nacional por las razones que se detallan, quedan comprendidas en la presente ley*, Publicada *Diaro Official*, n° 25929, de 14 de enero de 2002.

LEY n° 17.650, 27 de mayo de 2003, *Amparo jubilatorio especial prórroga para trabajadores de la actividad privada exiliados o presos políticos*, Publicada *Diaro Official*, n° 26273, 10 junio de 2003.

LEY n° 17.858, 20 de diciembre de 2004, *Trabajadores de la actividad privada comprendidos en la ley n° 17.650*, Publicada *Diaro Official*, n° 26657, de 24 de diciembre de 2004.

LEY n° 17.894, 14 de septiembre de 2005, *Personas cuya desaparición forzada resultó confirmada por el anexo 3.1 del informe final de la Comisión para la paz*, Publicada *Diaro Official*, n° 26835, 19 de septiembre de 2005.

LEY n° 17.949, 8 de enero de 2006, *Personal militar destituido, desvinculado, dado de baja, pasado a situación de reforma o similares, por razones políticas o ideológicas modificación de los derechos jubilatorios*, Publicada *Diaro Official*, n° 26916, 13 enero de 2006.

LEY n° 18.596, 18 de septiembre de 2009, *Actuación ilegítima del estado entre el 13 de junio de 1968 y el 28 de febrero de 1985 reconocimiento y reparación a las víctimas*, Publicada *Diaro Official*, n° 27838, 19 de octubre de 2009.

EUROPE

ESPAGNE

Constitucion Española, approuvée le 31 octobre 1978, ratifiée par référendum le 6 décembre 1978, sanctionnée le 27 décembre 1978, in B.O., n° 311.1, 29 décembre 1978, pp. 29315-29339.

Décrets

DECRETO 2940/1975, 25 de noviembre 1975, *BOE*, n° 284, 26 de noviembre de 1975, p. 24666.

DECRETO 670/1976, de 5 de marzo de 1976, *Por el que se regulan pensiones a favor de los españoles que habien do sufrido mutilación a causa de la pasada contienda no puedan integrarse en el Cuerpo de Caballeros Mutilados de Guerra por la Patria*, *BOE*, n° 84, 7 de abril de 1976, pp. 6967-6982.

REAL DECRETO-LEY SOBRE AMNISTIA, 10/1976, 30 juillet 1976, *in BO*, n° 186, 4 août 1976, pp. 15097-15098.

REAL DECRETO-LEY 6/1978, de 6 de marzo de 1978, *Por el que se regula la situación de los militares que tomaron parte en la guerra civil. Jefatura del Estado, BOE*, n° 56, de 7 de marzo de 1978, BOE-A-1978-64, p. 5384.

REAL DECRETO 1883/1996, de 2 de agosto de 1996, de estructura organica basica def Ministerio de Defensa, *BOE*, n° 189, 6 de agosto de 1996, pp. 24204-24015.

Lois

LEY 1/1977, de 4 de enero de 1977, *Ley para la Reforma Política, Boletín Oficial del Estado,* 5 de enero de 1977, pp 170-171.

LEY DE AMNISTIA, 46/1977, 15 de octubre de 1977, *in B.O.*, N° 248, 17 de octubre de 1977, pp. 22765-22766.

LEY 10/1980, de 14 de marzo de 1980, *sobre modificación del Real Decreto-ley 6/1978, de 6 de marzo, por el que se regula la situación de los militares que intervinieron en la guerra civil, BOE*, n° 76, de 28 de marzo de 1980, p. 6853.

LEY ORGANICA, 1/1984, de 5 de enero, *de reforma de la Ley Organica 6/1980 de 1 de julio, Que se regulan loss criterios basicos de la defensa nacional y la organizacion militar, BO*, 7 de enero de 1984, pp. 389-390.

LEY 37/1984, de 22 de octubre de 1984, *de reconocimiento de derechos y servicios prestados a quienes durante la guerra civil formaron parte de las Fuerzas Armadas, Fuerzas de Orden Público y Cuerpo de Carabineros de la República. Jefatura del Estado, BOE*, n° 262, de 01 de noviembre de 1984, pp. 31889-31890.

LEY 4/1990, de 29 de junio de 1990, *de Presupuestos Generales del Estado para 1990. Jefatura del Estado, BOE*, n° 156, de 30 de junio de 1990, pp. 18669-18710.

LEY 52/2007, 26 de diciembre de 2007, *Por la que se reconocen y amplían derechos y se establecen medidas en favor de quienes padecieron persecución o violencia durante la guerra civil y la dictadura, Jefatura del Estado, BOE*, n° 310, de 27 de diciembre de 2007, p. 53413.

FRANCE

https://www.legifrance.gouv.fr/codes/article_lc/LEGIARTI000006417533/2022-07-13/ (consulté le 31 mai 2018).

https://www.legifrance.gouv.fr/codes/article_lc/LEGIARTI000027811403/ (consulté le 31 mai 2018).

Décret n° 87-916 du 9 novembre 1987 portant publication de la convention contre la torture et autres peines ou traitements cruels, inhumains ou dégradants, adoptée à New York le 10 décembre 1984, JORF, 14 novembre 1987, https://www.legifrance.gouv.fr/loda/id/LEGIARTI000006488527/1987-1114/#LEGIARTI000006488527 (consult & le 31 mai 2018)

AMÉRIQUE DU NORD
ÉTATS-UNIS

US CONGRESS, 12 mars 1992, *Tort Victim Protection Act*, Became Public Law, n° 102-256, https://www.govinfo.gov/content/pkg/STATUTE-106/pdf/STATUTE-106-Pg73.pdf (consulté le 13 avril 2021).

Table des matières

TITRE 2.
L'OBLIGATION INTERNATIONALE DE POURSUIVRE LES AUTEURS DE VIOLATIONS DES DROITS DE L'HOMME

www.ingramcontent.com/pod-product-compliance
Lightning Source LLC
LaVergne TN
LVHW011446061026
849535LV00004BA/978
9782336436401